国家社会科学基金重大项目"构建服务全民终身学习的教育体系研究"（项目编号20ZDA070）

构建服务全民终身学习的教育体系研究

史秋衡 季玟希 谢 玲／著

科学出版社

北 京

内 容 简 介

本书是研究阐释党的十九届四中全会精神国家社科基金重大项目成果，书名体现了全会报告中教育的主题句。紧扣新时代国家重大战略之诉求、经济社会变革之走向及教育发展之规律，融汇国际视野与本土实践，从基于终身学习的教育体系政策实践、现实困境嬗变、理论要点辨析、标准框架格局、未来国策定位与战略制度设计等方面，结构化、全方位地对服务全民终身学习的教育体系建构进行深度阐释与系统规划。总体而言，以构建服务全民终身学习的高质量教育体系为深化教育现代化发展的主要目标与价值取向，既体现出党和国家以人民为中心、以中国特色社会主义为方向、服务中华民族伟大复兴的重要使命，又顺应了全体国民对美好生活、优质教育向往的切身需求，彰显出中国式教育现代化的内涵特质。

本书主要适用于教育行政部门管理者、教育学学科研究者。

图书在版编目（CIP）数据

构建服务全民终身学习的教育体系研究 / 史秋衡，季玟希，谢玲著. —北京：科学出版社，2024.7

　ISBN 978-7-03-077373-9

Ⅰ. ①构⋯　Ⅱ. ①史⋯　②季⋯　③谢⋯　Ⅲ. ①终生教育-教育体系-研究-中国　Ⅳ. ①G729.2

中国国家版本馆 CIP 数据核字（2023）第 244875 号

责任编辑：孙文影　高丽丽 / 责任校对：王晓茜
责任印制：赵　博 / 封面设计：有道文化

科 学 出 版 社 出版

北京东黄城根北街 16 号
邮政编码：100717
http://www.sciencep.com

三河市春园印刷有限公司印刷
科学出版社发行　各地新华书店经销

*

2024 年 7 月第　一　版　　开本：720 × 1000　1/16
2025 年 1 月第二次印刷　　印张：19 3/4
字数：358 000

定价：139.00 元
（如有印装质量问题，我社负责调换）

序　言

Preface

　　党的十九届四中全会审议通过《中共中央关于坚持和完善中国特色社会主义制度　推进国家治理体系和治理能力现代化若干重大问题的决定》，首次系统提出"构建服务全民终身学习的教育体系"，以满足人民日益增长的美好生活及发展需要。本书是以史秋衡为首席专家的国家社会科学基金重大项目"构建服务全民终身学习的教育体系研究"的总论专著，该项目于 2020 年 4 月立项主持，并于 2023 年 3 月获得结项证书。该项目高质量完成了这一国家教育治理体系和治理能力现代化的重大问题研究任务。

　　构建服务全民终身学习的教育体系具有广泛的国际经验基础。以终身学习的教育体系发展为分类标准，终身学习可分为社会散发型与政府集约型两类。社会散发型的发展特征表现为以学习文化革新为主轴，以社会变革需求为驱动力，实践行动往往在顶层设计之前，表现出极强的创新与变革意识。诸如英国的终身学习与成人教育相伴而生，法国以民众教育促进终身学习教育体系构建，联合国教科文组织积极推动终身教育在世界各国发展，欧盟在高等教育一体化之下构建终身教育资历框架等。政府集约型的发展特征表现为立法为先，理念落实，其终身教育实践与高等教育体系的关系更为密切，行动的整体性特征明显，顶层设计走在实践行动之前，表现出极强的规划性与目的意识。诸如美国终身教育发展得益于终身学习自由市场政策体系的搭建，日本从学前教育到成人教育全面系统地开展学习终身化的教育改革，韩国终身学习的教育体系建设以专项立法与理念指导为基础，德国发达的职业教育是终身学习教育体系发展的重要基础。构建服务全民终身学习的教育体系已然在国际社会达成共识，成为推进人类社会发展与擘画全球社会秩序演进的崭新蓝图。

　　虽说我国关于构建服务全民终身学习的教育体系的实践起步稍晚于西方发达国家，但仍有几十年的积累与沉淀。自新中国成立开始，我国终身学习的法治历程大致经历了四个发展阶段。1949—1966 年为法治理论与实践的探索期，内容主要涉及识字教育、扫盲教育、农民教育、职工教育等领域的政策颁布和推进；1967—1976 年为法治理论与实践的异动期，主要关注工农教育、成人教育，此时的法治价值观念政治性与阶级性特征鲜明；1977—1999 年为法治理论与实践的创建期，关注内容转向构建终身学习的教育体系和推进立法化进程，此阶段终身学习的法律地位得以确立；2000 年至今为法治理论与实践的深化期，终身教育不仅实现了从教育政策到国家发展战略的提升，更是进入地方立法的高峰期，国家层面的相关立法也在积极酝酿之中。现代终身教育思想从欧美成人教育的孕育，到"教育平等、教育自由、教育公平"思想内核的形成，再到深刻反省人的有限性，接受人性的不完善，并用终身学习追求人的全面发展，揭示出现代终身教育思想是一个不断发展的思想论体系。我国基于终身学习的教育体系实践要点主要表现为以国家战略引导为主线，探索地方多元策略创新，非正式组织的积极参与等，具体包括义务教育阶段巩固实施、扩大高等教育资源辐射范围、建设开放大学、探索建设学习型城市、尝试建立学分银行、发展社区教育等一系列初级阶段的实践探索。

　　基于历史条件、时代机遇与发展诉求，我国教育体系要素变革实现了从重建学校教育系统到完善学校教育系统，再到关注人人成长与终身发展的历史性飞跃。但是现阶段我国构建服务全民终身学习的教育体系仍面临诸多困境，具体表现为意识认知相对滞后、整体设计构建缺乏、实践推进存在偏差等。在此背景下，首先，我国应明确"终身教育"与"终身学习"概念的异同，二者具有内生一致性，"终身教育"是理念，在教育体系整体运行中得以实现，"终身学习"是实践方式，必须始终坚持贯彻党的"以人民为中心"的宗旨与价值观。二者共同之处在于均是以超越教育本身的发展、实现教育公平以及构建可持续的教育与社会的关系为目标。不同之处在于，就主体而言，"终身教育"侧重各种教育资源的整合与重构，即更关注教育供给方的改革；"终身学习"不仅强调"学"，更关注学习者在观念、能力等方面的更新，也强调行政部门应构建人人可依靠、可支撑的国家制度。就过程而言，"终身教育"强调"由外到内"的变革路径，而"终身学习"更强调"由内到外"的改造路径。其次，构建的服务全民终身学习的教育体系机制应趋于完善，更加注重制度的系统性与协同性，坚定不移走法治化道路。最后，构建服务全民终身学习教育体系的实践成果应再度深化，主要表现为学习资源持续扩大、学习组织更加多元、学习形式不断创新。在构建服务全民终身学习的教育体系进程中,我们要坚持设计的先进性、政策的引导性以及体系建设的渐进性,充分调动群众参与的积极性,建立多维动态的学习评价制度,促进终身学习落地生根,聚焦高质量动态调整,形成个人发展与社会发展的双向循环。

对我国服务全民终身学习的教育体系进行格局调整与标准确立绝非一件易事,终身教育理念的本土发展是中国在"变局中谋新局"的教育改革问题之答案。我国构建服务全民终身学习的教育体系的研究经验可从社会需求角度、职业中心思维角度、教育理念角度展开。一方面,其贯穿于学历教育系统内研究型教育子系统、应用型教育子系统、职业技能型教育子系统、开放大学教育子系统的衔接设计,实现功能交叉、层次交叉;另一方面,实现学历教育、家庭教育与社会教育的有效衔接,关注终身教育体系的全过程与全方位,发展并链接到个体在一生中的任何时间、任何地点所接受的一切教育。在具体行动中做到盘活教育存量以调动校外教育资源,调整资源布局以协调区域教育发展,优化教育结构以加快各类教育融通,最终对在服务全民终身学习教育体系下的各级各类教育,按照办学理念、办学模式、办学管理进行标准设置。

现行教育体系中存在职前教育与职后教育严重脱节的现象,也表现为学校教育与学校后教育之间的割裂,而构建服务全民终身学习的教育体系本质上便是在弥合割裂,将终身学习思想贯穿人的一生。质性研究发现,终身学习力是一项含义广泛的综合能力,包括目标管理能力、自我评估与指导能力、合作能力、学习能力、综合解决问题能力、批判思维能力等。在社会主义现代化建设发展阶段,构建服务全民终身学习的教育体系便是要发展人的终身学习力,并针对建设中暴露的薄弱环节开展查缺补漏式的重点建设,既明确存在于供给层面的核心要素以及不容被忽视的关键要点,又将政府意志真正落实在体系构建的实践之中。遵循服务全民终身学习的教育体系的理论框架及实施的基本路径,构建"政府主导、个人主体、社会主动"的发展格局,建设集"内容制造、传输传播、支撑保障"于一体的全民终身学习平台,建立"中央统筹、地方系统、央地协同"的服务全民终身学习的教育体系管理机构。

我国已然意识到终身教育的重要性,将终身教育理念思想转化为终身学习的实践行动得到了各方的强烈认同。《中共中央关于坚持和完善中国特色社会主义制度 推进国家治理体系和治理能力现代化若干重大问题的决定》《中国教育现代化 2035》两份战略性、纲领性文件均强调将终身学习作为指导教育改革与发展的统领性理念,并将其视为推进国家治理体系和治理能力现代化发展的一项重要任务。本书立足于国家教育治理体系与治理能力现代化基本诉求，充分把握终身学习在我国教育体系发展进程中的阶段性特点，对终身学习进行学理溯源与教育体系价值重构，既进行理论梳理，也基于顶层设计角度重点考虑终身教育、终身学习等相关理念的应用性重构。

在学术研究方面，著者刻苦钻研，其中关于院校分类发展、学情发展规律、教育体系结构建设的相关研究成果荣获高等学校科学研究优秀成果奖（人文社会科学）二等奖和全国教育科学研究优秀成果奖二等奖。著者关于院校分类发展、学习收获结构、教学范式重构、数智化改革、就业能力提升等难点问题的学术论文 5 次被《新华文摘》全文转载，项目团队发表了数十篇相关 CSSCI 期刊论文，其中不少被《人大报刊复印资料》全文收录，研究成果得到学界的广泛好评及广泛引用。"构建服务全民终身学习的教育体系研究"项目上询政事，以著者为核心的国家社会科学基金重大项目团队撰写了高教资源布局结构调整、乡村教育振兴、现代职业教育发展等关键堵点问题的资政报告，多次被相关中央政府部门采用并 5 次获国家领导人批示；立志攻关，"构建服务全民终身学习的教育体系研究"课题组积极响应国家顶层设计中关于构建服务全民终身学习的教育体系的话语，通过分析我国教育体系运行发展的现实情况摸清问题与症结，开展了大规模实地调研、深度访谈与问卷调研并获得宝贵的一手资料，另外花了大量时间与精力整理资料，最终完成本书。本书很好地凝聚了项目团队深度学理建构与顶层咨政智慧之精华。希望本书的出版能够加快构建服务全民终身学习的教育体系的建设步伐，能够为教育体系深层改革的国家顶层设计、中央与地方实践探索以及学界理论发展提供重要的参考，尽到高等教育研究者的一份责任。

参与重大项目研究的子课题负责人有吴遵民、高宝立、马陆亭、褚宏启。参与重大项目研究的其他人员有季玟希、谢玲、阙明坤、文静、杨院、李维、张妍、黄蕴蓓、王芳、董小平、周曾艳、李玲玲、张纯坤、杨玉婷、周良奎、王春、王智腾、孙昕妍、冯路玉、蒋晓蝶、王娜、陈慧青、吴雪、张湘韵、冯涛、陈秋燕、薛栋、卢丽君、武春岭、陈志伟、陈勤、孙俊华、杨强、康敏、吕小亮、国兆亮、沈威、汪雅霜、徐晓丹、陈宏昇、刘文华、徐素珍、孙希幔、徐军伟、陈衍、宁斌、冯典、矫怡程、万华、瞿凡、王其寓、任可欣、李瑞、林波、刘学东、刘文杰、温聪聪、刘丽丽、王爱萍、王凌峰、闫飞龙、陈恒敏。特此致谢！

史秋衡

2023 年 9 月 28 日

目 录
Contents

第一章

绪　　论

　　为充分贯彻党的十九届四中全会提出的"构建服务全民终身学习的教育体系"精神，本书重点强调教育体系变革，促进教育治理现代化，提出"人人出彩"的分类管理思想，做到"超越传统育人极限，重塑现代教育体系"。面向教育治理现代化，本书致力于推动新时代教育体系要素变革，使其超越现有的国民教育体系框架，向构建服务全民终身学习的教育体系框架转变。①

---

① 史秋衡，季玟希. 新时代教育体系要素变革的理路[J]. 高等教育研究，2022（7）：14-21.

第一节　本书研究立意

本书立足于国家重大战略诉求、经济社会发展变革以及教育发展内在规律，不仅重新梳理、分析了政府政策更新变换中的历史使命与行动价值，更全面呈现了现行教育体系运行框架下的现实困境，进而在已有学术研究的基础上实现了跨越式提升与整体性迈进。

一、国家教育治理体系与治理能力现代化的基本诉求

2019 年 10 月，党的十九届四中全会审议通过《中共中央关于坚持和完善中国特色社会主义制度 推进国家治理体系和治理能力现代化若干重大问题的决定》，其中的"构建服务全民终身学习的教育体系"即为满足人民日益增长的美好生活需要之一。要解答时代命题、实现教育治理体系与治理能力现代化，须对现有教育体系做出重大变革。当前教育体系中的最基本问题在于职后教育体系大大弱于职前教育体系，教育的重点配置集中在包含学校教育在内的职前教育中，而相对忽视了受教育者数量更多、教育需求量更大的职后教育。现行教育体系仍然属于传统型，既不能完全适应国家实现教育治理体系与治理能力现代化的基本要求，也不能充分满足人的全面发展要求与社会进步的内在规律要求。因此，构建服务全民终身学习的教育体系不仅是新时代推进教育治理现代化的基本诉求，也是实现国家教育治理体系与治理能力现代化进程中的重要任务。

特别需要注意的是，国家提出"构建服务全民终身学习的教育体系"并非一种强制性政策，而是基于问题发现、原因剖析、策略探索的基本逻辑而生成的历史必然选择。在我国现行的教育体系中，职后教育体系的规模不够、服务能力不足，其主要原因就在于教育体系中"分类管理"制度的缺位，进而导致社会对职后教育发展的重视与基本认知均不到位，对职后教育存在一定程度的误解。在此情况下，人们的"一次性"学校教育观念根深蒂固，即一旦结束学校教育进入社会，其学习热情与求知欲望便会大幅度降低。

《国家中长期教育改革和发展规划纲要（2010—2020 年）》提出"建立高校分类体系，实行分类管理"，教育部哲学社会科学研究重大课题攻关项目组基于高校分类发展层面，建议"探索以人才培养定位为基础，构建研究型、应用型和职业技能型的高校分类体系"[①]，为我国教育评价改革、高校分类指导与评估提供充分的学理支撑。"分类管理"制度已然成为教育体系建设过程中的重要思想引领，这有利于维护教育体系和谐稳定的基本形态，为教育体系实现高质量发展保驾护航，同时这也是教育体系内部各子系统更新升级的必然选择。然而，服务全民终身学习的教育体系将"分类管理"制度牢牢嵌入其中，因此"分类管理"成为实现我国教育体系现代化治理的关键环节。

综上所述，构建服务全民终身学习的高质量教育体系事关国家教育治理体系与治理能力的现代化，具有重大战略意义。构建服务全民终身学习的高质量教育体系，有利于满足社会成员对学习的多样化需求，解决职后教育体系在现行教育体系中发展不充分、不平衡的问题，以维持当前教育体系的健康和有序运行，同时有利于协调经济社会全面发展与个体终身发展之间的关系，充分统筹教育强国战略与立德树人理念，坚持贯彻教育优先发展战略，促进社会实现高质量发展，助力我国加快实现全体人民共同富裕的伟大目标。

二、终身学习在我国教育体系发展进程中的阶段性特点

总结终身学习在我国的发展历程，可以根据其特点将其划分为三个阶段，其中，第一阶段为前期探索阶段，第二阶段为中期深化发展阶段，第三阶段为当前的重点推进阶段，这三个阶段呈现出层层递进的趋势。特别是中期阶段，历经 40 余年的漫长过程，又可以细分为以理念贯彻与方针设计为主的草创期、以政策落实与实践探索为主的导入期、以立法规定与政策深化为主的开拓期。并且在这个过程中，我国积极学习英国开放大学的办学模式，对当前重点推进阶段的终身教育（lifelong education）政策革新产生了重要影响。

（一）第一阶段：外引内延，协同探索中国特色发展道路

本书对我国的终身教育进行溯源式分析，发现其起源于苏联终身教育发展模式以及解放战争时期的解放区教育形式。

---

① 史秋衡，等. 高等学校分类体系及其设置标准研究[M]. 北京：经济科学出版社，2019：5.

第一，我国早期的终身教育发展来源于对苏联教育模式的参考与借鉴。20 世纪初，苏联工业迅猛发展，以 1929 年资本主义国家爆发的严重经济危机为契机，苏联快速实现了本国的工业化发展，一跃成为世界领先强国。经济发展、科技进步、社会繁荣给苏联带来了巨大变化，但教育发展滞后于经济社会发展实践的情况却越发明显，使其迫切需要对当时的教育模式进行重点改革。因此，苏联教育改革的基本方向由"教育有止境"过渡到"教育无止境"，探索面向群众的新颖教育形式，包括成人教育、干部再教育、工人和专业人员的再进修，以及各式各样的普通教育。苏联关于"终身教育"的探索起步早，基本特点为强调教育过程中的专业化学习。纵观中华人民共和国成立后的外交史，苏联是第一个与新中国建立外交关系的国家，其对中华人民共和国成立初期的影响涉及社会的方方面面。无论是经济建设、社会治理还是教育体系，我国都期望通过学习苏联的经验以实现自我发展。特别需要关注的是，我国终身教育在发展过程中带有典型的专业教育特色，这一点便是源自中华人民共和国成立初期对苏联教育模式的参考与借鉴。

第二，成人夜大、业余学校等形式的终身教育来源于我国解放战争时期的解放区教育。[①]解放战争时期解放区教育的时间跨度为 1945 年 8 月—1949 年 10 月，分别以抗日战争胜利和中华人民共和国成立为划分事件。即使在战争期间，中国共产党领导的解放区教育仍然坚持以新民主主义教育为基本方针。根据解放战争时期的形势变化，此时的解放区教育主要为解放战争和土地革命服务，以培训基层干部、吸引农民子女进行继续教育为主要形式，属于我国终身教育的前期探索。

（二）第二阶段：理念—规划—立法，自主选择与设计

我国社会各方面发展与国家重大历史事件息息相关，终身教育的发展演变同样如此。1978 年 12 月，党的十一届三中全会在北京召开，重新确立了解放思想、实事求是的思想路线，人们迫切需要摆脱原有的禁锢与枷锁，展开多维度、全方位的探索。"文化大革命"期间大量学校倒闭，致使社会上出现了一批文盲，成为影响经济建设的一个重大问题。基于早期终身教育的探索经验及现实需求，我国在改革开放后开展了大批"成人教育"，并且积极探索终身学习教育体系的设计与建设。

---

① 中央教育科学研究所. 老解放区教育资料（三）解放战争时期[M]. 北京：教育科学出版社，1991：463.

1978—1990 年，我国终身教育发展以理念学习与方针制定为主要表现形式，当时广泛开展的"成人教育"便是典型，但是其不能包含终身教育体系的全部内容。国际上关于终身教育的探讨，起源于 1965 年保罗·朗格朗（P. Lengrand）在联合国教科文组织成人教育大会上的报告①，同时我们也不能否认西方早期思想对终身教育理念的浇灌与培育，如史密斯（A. L. Smith）的《1919 年报告》、耶克斯利（B. Yeaxlee）的《终身教育》、杜威（J. Dewey）的《民主主义与教育》等。我国关于终身教育的概念引进，最早可以追溯至张人杰所撰的《终身教育——一个值得注意的国际思潮》一文②，其中详细梳理了终身教育的基本问题，厘清了终身教育的基本概念，有力地推动了我国关于终身教育理念的早期探索。理念的引入恰好契合我国的实际需要，自此我国便正式开展关于终身教育的多重探索与全维发展。由此可见，改革开放后关于终身教育的探索，从理念到实践均取得了一定的成效。

1990 年至 21 世纪初期，我国终身教育发展以政策规划与实践初探为主要表现形式。在此阶段，我国经济增长速度快、社会和谐稳定，传统的教育体系初步表现出与我国社会发展情况不适配的问题。1993 年 2 月印发的《中国教育改革和发展纲要》，首次将"终生教育"③写入其中。1995 年 3 月颁布的《中华人民共和国教育法》中，第十一条、第十九条及第四十一条均对终身学习的教育体系的完善与终身教育的实施进行了阐释。至此，我国在法律规范层面认可了终身教育，并且将其作为一项基本国策。1998 年 12 月，教育部出台《面向 21 世纪教育振兴行动计划》，其中规划"开展社区教育的实验工作，逐步建立和完善终身教育体系"，这可被视作终身教育在实践上的初步探索及发展的雏形。

21 世纪，我国终身教育发展进入深化拓展时期。在科学发展观与习近平新时代中国特色社会主义思想的引领下，关于终身教育的探讨成为我国教育改革进程中的重点领域，同时多维度、全方位的实践探索也在展开。整体而言，20 世纪 80 年代以来，我国积极学习英国开放大学的办学模式，随着改革开放进程的深入，开放大学模式逐渐成为我国开展终身教育的主要形式之一，有效提升了我国终身教育的整体水平。

---

① Lengrand P. An Introduction to Lifelong Education[M]. Paris: UNESCO, 1965.

② 张人杰. 终身教育——一个值得注意的国际思潮[A]//《外国教育丛书》编辑组. 业余教育的制度和措施. 北京：人民教育出版社，1979：131-151.

③ 同"终身教育"。

（三）第三阶段：教育治理现代化背景下，终身教育处于"火车头"位置

2019 年 10 月，《中共中央关于坚持和完善中国特色社会主义制度 推进国家治理体系和治理能力现代化若干重大问题的决定》审议通过。在此背景下，教育改革迫在眉睫，社会需求与现行教育体系不适配的问题凸显，要解决这一问题，不能扬汤止沸，而是应釜底抽薪。因此，需要以改革原有层次思想引领下的教育体系为基础，以分类为主，以构建服务全民终身学习的教育体系为重点推进事项。只有将终身教育作为思想解放与体制创新的重要抓手，才能实现教育治理体系和治理能力现代化的目标。至此，国家层面构建终身学习的教育体系的基础初步具备，终身学习的教育体系构建处于"火车头"位置，其发展具有重大战略意义。

三、终身学习的学理溯源与教育体系价值重构

在社会经济文化发展有限时期，夜校、国家开放大学等终身学习形式成为人才培养的一种特殊渠道，以查缺补漏为主要目的。如今，教育服务于人的终身发展，绝不能将教育禁锢于学校教育之中，更应该注重职后教育的高质量发展。从新时代人才成长与发展的角度而言，成才之路是不分高低贵贱的，任何人在任何时期都有接受教育的权利，因此若想彻底打破教育的层次划分观念，必须进行彻底的思想解放。关于终身教育，世界范围内已积累了相对丰富的学术研究，下面从英国终身教育的溯本求源、联合国教科文组织对终身教育的组织推广、本书对终身教育发展的未来预测三个方面进行分析。

（一）溯本求源：英国为终身学习融入教育体系的发源地之一

国际上对终身教育的重视是在 20 世纪 70 年代后，而英国早在 19 世纪 70 年代便在教育体系中明确了终身教育的重要地位，因此英国被誉为"终身教育故乡"。[①]英国的终身教育发展在很大程度上得益于其原有的成人教育实践基础，保罗·朗格朗[②]在《终身教育导论》一书中充分肯定了英国成人教育基础对终身教育发展的重要价值。[③]英国服务于全民终身学习的教育体系的建构可追溯至

---

① 刘建伟，李家永. 1997 年以后英国终身学习的政策及实践[J]. 比较教育研究，2008（1）：36-40.
② 有的译为"保罗·朗格让"，本书采用"保罗·朗格朗"的译法，文献中遵从原文，不做统一。
③ 保罗·朗格让. 终身教育导论[M]. 滕星，等译. 北京：华夏出版社，1988：66-69.

1870 年，当时英国政府认识到了初等教育的重要性，并且将接受初等教育规定为全体人民的责任与义务。20 世纪初期，英国政府再次对中等教育、高等教育以及继续教育进行规划，为终身教育的发展提供了良好的政策支撑。

早期英国关于终身教育的研究多数停留在基础理论研究阶段，并且呈现出实践走在理论之前的基本形态。1929 年，英国著名教育家耶克斯利出版了世界上第一本关于终身教育的专著《终身教育》，详细分析了"终身教育"这一概念，并指出了终身学习教育体系下教育各阶段之间的逻辑关系，他也因此被称为世界上第一位正式提出"终身教育"这一专有名词的学者。

20 世纪末至 21 世纪初，英国政府针对终身教育推出了多项支持政策，以加快英国学习型社会建设的步伐，如《学习的时代》（The Learning Age）绿皮书、《学会成功》（Learning to Succeed）白皮书、《学习与技能法》（Learning and Skills Act）。伴随一系列政策的出台，英国政府也建立了个人学习账户（individual learning accounts）机制、积极创办"产业大学"（University for Industry）、不断创新开放大学的办学模式并提升其办学水平。

（二）应用发展：联合国教科文组织推动终身教育走进各国视野

早期英国关于终身教育的研究多数停留于理论阶段，而联合国教科文组织则注重终身教育实践，推动终身教育及其相关概念走向世界。1965 年，法国教育家保罗·朗格朗在联合国教科文组织成人教育大会上第一次做了关于"终身教育"的报告，自此"终身教育""学习型社会""终身学习""成人教育"等相关概念逐渐得到国际社会的高度认可，探索与发展终身教育成为教育界的国际潮流，而保罗·朗格朗也被称为"终身教育之父"。

20 世纪 60 年代以来，联合国教科文组织大力提倡普及终身教育发展的重要性，使得许多国家在制定本国教育方案或教育政策的过程中，将终身教育发展作为思想出发点与实践落脚点。各国关于终身教育的改革与实践可归为面向顶层设计的法律法规确立、面向运行机制的教育体系变革、面向社会发展的教育渠道畅通三个方面。其一，许多国家以立法的形式，将终身教育理念作为本国教育发展与改革的基本指导思想，如法国 1971 年通过《终身职业教育法》（Lifelong Vocational Education Law）、美国 1976 年颁布《终身学习法》（Lifelong Learning Act）、日本 1990 年颁布《终身学习振兴法》（Lifelong Learning Promotion Act）等；其二，各国意识到终身教育不是一个单独的教育环节，人在成长中的各个教育环节应有机结合成一个新的教育体系，因此原有的教育体系迫切需要进行变革与优化；其三，各国逐渐认识到构建服务全民的终身学习的教育体系不能单靠政府及教育部门的一己之力，而是应团结社会上的多重力量，因此各国有意识地将文化组织、职业协会、企事业单位以及社区组织纳入终身学习教育系统之中，充分利用社会力量推动教育社会一体化进程。

（三）研精覃思：终身教育服务人类发展的教育体系价值重构

中国共产党领导下的教育始终坚持以人民为中心，构建服务全民终身学习的教育体系为民心之所向，也是党的教育建设之方向。[①]党的十九届四中全会提出，"构建服务全民终身学习的教育体系"是当今实现教育治理体系现代化的关键性举措，《中共中央关于制定国民经济和社会发展第十四个五年规划和二〇三五年远景目标的建议》中再次强调完善终身学习体系。

在当今教育学界，如何构建适应社会发展的终身学习的教育体系，已然成为一项重大命题。哲学社会科学的重要任务在于发挥其应用价值，使研究兼具理论性与实践性。因此，本书不仅对终身教育进行理论梳理，也基于顶层设计，重点考虑终身教育、终身学习等相关理念的应用性重构。在总结分析已有研究的特点及不足的基础上，结合我国目前的社会政治、经济、文化背景以及教育发展现状和发展规律，未来我国对服务全民终身学习的教育体系构建的相关研究可以从理论和实践层面进行拓展与深入。

在理论层面，要重视方法论指导下的终身学习的教育体系理论框架的建构。终身学习的教育体系构建是一个兼具理论性和实践性的领域，需要有相应的、得到广泛认可的指导思想。因此，未来的相关研究在规范统一相关基本概念内涵的基础上，需要积极引入哲学、社会学、管理学、心理学等诸多学科，构建理论上的解释框架，并且重视研究主题意义下的方法论，使得该主题有教育学理论意义和实践依据的方法论基础。

在实践层面，要厘清终身学习教育体系中的参与主体权责，明晰构建终身学习的教育体系的"发动机"。关于终身学习的教育体系的构建，我国及其他一些国家都开展了不同形式的实践，积累了一定的成功经验，未来我国对于终身学习的教育体系的构建需要在借鉴其他国家成功经验的基础上，结合我国的社会政治、经济、文化特点，总结分析我国部分已有实践效果不佳的深层次原因，明晰我国教育体系的构建动力机制，阐明政府、家庭、学校、社会等不同参与主体在终身

---

① 史秋衡，孙昕妍. 以人民为中心：我国高等教育的使命担当[J]. 中国高等教育，2021（23）：13-15.

学习教育体系中扮演的角色及作用。

综上所述，已有研究为本书研究的深入开展提供了深厚的研究基础，是未来进一步研究该论题的基石，具有参考价值。然而，距离构建科学的服务全民终身学习的教育体系以及找到学校、政府、社会等定位的科学依据，还有艰难而漫长的道路需要走，需要我们集思广益、群策群力，在理论和实践中继续探索与考究。

第二节 询 政 攻 关

学术研究应做到上询政事，了然世态，刻苦钻研，立志攻关。本书通过分析我国教育强国的现实情况，分析现行教育体系中存在的问题与困境，提出了关键性问题，探索了前沿解决方案，提出了构建服务全民终身学习的教育体系的合理路径与方法。

一、研究立足点

从 1993 年"终生教育"一词出现在《中国教育改革和发展纲要》中，到 2019 年《中共中央关于坚持和完善中国特色社会主义制度 推进国家治理体系和治理能力现代化若干重大问题的决定》完整提出"构建服务全民终身学习的教育体系"，终身教育思想在我国历经了数十年的本土化重构。其中，"构建服务全民终身学习的教育体系"的提出，既是对我国数十年教育改革与发展实践的总结与概括，也是我国最终形成的教育共识。构建服务全民终身学习的教育体系需要立足于教育强国建设的需求，以服务全民学习为价值信念，以对现有的各层次各类型的教育进行系统整合分类为要，强调构建的教育体系的初始功能与各地实践紧密结合。

本书第一作者史秋衡及其主持的国家社会科学基金重大项目的重要研究成员在教育领域积累的经验为本书研究的开展提供了强有力的支撑。尤其是笔者对教育治理体系设计、高等教育分类发展以及普职分流与职业教育改革等开展的研究，为理顺整个教育框架、构筑现代化教育体系奠定了基础；同时，笔者对高等教育领域的深入研究与相关产出更是"脉诊"出构建服务全民终身学习的教育体系的核心攻关点。史秋衡于 2014 年立项并主持教育部哲学社会科学研究重大课题攻关项目"高等学校分类体系及其设置标准研究"，其出版的《国家高校分类体系及其设置标准实证研究》《高等学校分类体系及其设置标准研究》两书凝聚了该攻关项目研究的精华，荣获国家高等学校科学研究优秀成果奖（人文社会科学）二等奖，其中课题研究成果《建议国家在顶层设计框架中将高校按照研究型、应用型、职业技能型进行分类发展》在 2017 年《教育部关于"十三五"时期高等学校设置工作的意见》中被采纳；2021 年，教育部印发《普通高等学校本科教育教学审核评估实施方案（2021—2025 年）》，强调要推进分类评估、坚持分类指导、实施分类评价；2022 年，国家第二轮"双一流"建设从高校分层转向分类发展；2023 年，教育部印发《关于深化新时代高等学校评估改革方案》，明确以分类指导为基本原则，对不同类型高校开展不同导向评估。可见，该攻关项目研究的核心观点已在国家顶层设计中得到回应，这对于推进与完善我国教育事业发展极具促进作用。

另外，笔者及项目组重要成员在中国教育现代化发展、教育治理体系设计、高等学校分类发展、学情调查、普职分流与职业教育改革、中小学教材全链管理、培训机构整治、乡村教育振兴以及学前教育发展与立法等方面都开展了深入研究，形成了相关咨询报告成果 50 余项，多次报送中央部门、全国人大、全国政协、教育部、新华社等，被相关部门采用。可以说，笔者的整体学科背景、研究能力与实践经验等确保了分析内容与已有研究基础一一匹配、相互嵌套，保障了本书研究思路的全面执行与彻底贯彻。

（一）使命使然：服务于教育强国建设的迫切需要

为进一步实现教育治理体系和治理能力现代化，促进教育强国目标的实现，我国迫切需要打造优质高效的服务全民终身学习的教育体系。从发展角度而言，这是我国教育未来发展之必须，也是我国教育改革必然的路径选择。进一步深化我国的教育强国战略，提升我国教育改革发展目标要求，以"高质量"为核心关键词的"十四五"规划擘画了当前我国教育强国战略的新蓝图。当今世情和国情日益复杂多变，我国正处于一个机遇与挑战并存的新时期。"当今世界正经历百年未有之大变局。新兴市场国家和发展中国家的崛起速度之快前所未有，新一轮科技革命和产业变革带来的新陈代谢和激烈竞争前所未有，全球治理体系与国际形势变化的不适应、不对称前所未有。"①这意味着国际体系、全球治理格局、经济发展范式等都在发生翻天覆地的变化，"变"与"不变"之间将充斥越来越多的不确定性。为此，顺应国际发展大势，要更加重视教育、科技、人才的基础性和战略性支撑作用，以教育的高质量发展建设教育强国。在此背景下，构建以"人人学、时时学、全面学、处处学"为基本特征的"服务全民终身学习的教育体系"，实现全民终身学习，提高国民文化素质和水平，必定是新时代实现"建设高质量教育体系"教育强国战略目标的迫切需要。

（二）水到渠成："分类管理"为教育体系的改革要点

为实现教育治理体系和治理能力现代化的目标，推动教育强国的建设进程，必须采用以"分类管理"制度为核心的教育体系。然而，现行教育体系中的层次观念烙印依然严重，不利于推动实现教育现代化。2017年，本书第一作者史秋衡主持的教育部哲学社会科学研究重大课题攻关项目中关于高校分类设置体系的设计方案被教育部采纳；2019年，史秋衡为第一作者的《高等学校分类体系及其设置标准研究》一书中明确提出应"探索以人才培养定位为基础，构建研究型、应用型和职业技能型的高校分类体系"，为我国教育评价理念变革提供充分的学理支撑②；2021年初，国家将对相关主题的评价角度改为分类评价，可见在多领域贯彻"分类管理"思想已成为大势所趋，从"分层分类"变为"分类分层"，国家制度已开始变革③。服务全民终身学习的教育体系应充分贯彻"分类管理"制度，因此本书可谓一举两得，水到渠成。"分类管理"思想引领下的教育体系相对稳定，有利于推进高质量教育体系的建设，同时也有利于保证教育体系的健康运转。

（三）立地生根：初始功能与各地实践紧密结合

在建设服务全民终身学习的教育体系过程中，我们可以发现终身教育机构的功能与各地社会实践紧密结合。在早期，中央广播电视大学、国家开放大学以及

---

① 习近平. 坚持可持续发展　共创繁荣美好世界——在第二十三届圣彼得堡国际经济论坛全会上的致辞[J]. 中华人民共和国国务院公报，2019（17）：7-9.
② 史秋衡，等. 高等学校分类体系及其设置标准研究[M]. 北京：经济科学出版社，2019：5.
③ 史秋衡，康敏. 我国高校分类设置管理的逻辑进程与制度建构[J]. 厦门大学学报（哲学社会科学版），2017（6）：1-9.

省级开放大学为接受终身教育的重要建设渠道。时至今日，终身教育思想已然成为引导整体教育体系应对未来变革的战略理念，终身教育的内在价值与初始功能也在持续的实践探索中越辩越明，实现全民终身学习已然成为推动整个教育体系终身化改革的共识。未来，各地教育实践需要紧密结合终身教育思想的内涵要义，以终身教育的主旨引领各地各级各类教育的实践改革，满足人们的终身多样教育需求。

二、战略定位

"构建服务全民终身学习的教育体系"旨在实现公民终身学习，积极应对世界格局变革以及日益加剧的国际竞争。因此，本书的战略定位是为国家决策服务，提供高水平的顶层设计与战略规划建议。

（一）基于未来国策定位的我国终身学习的教育体系的顶层设计

本书研究路径的选择基于以下三点：①结合国内外服务全民终身学习的教育体系建设精神与实际发展经验，通过历史梳理为本书提供借鉴与启示；②以实现教育治理体系和治理能力现代化，充分培育新时代高水平、高质量的人才为出发点，深刻回应党和国家对人才培养的需求，牢牢把握党的十九届四中全会的一系列精神要义，为本书提供基本的指导思想与理论基础；③立足于我国社会的现实需求与整体发展的长期目标，为我国未来发展与构建高水平高质量的终身学习的教育体系，提供具有前瞻性和指导性的顶层设计参考。

（二）服务于全民终身学习的教育体系供给与战略规划设计

本书的服务范围是我国的全体公民，因此本书的供给与规划设计具有极强的社会现实意义。一方面，本书着眼于"服务全民"这一基准点，充分结合我国发展不平衡不充分的现实，力图探索受益于全民并解决社会重大现实问题的合理路径；另一方面，本书充分把握教育资源之间的供求关系，对我国终身学习的教育体系进行再调整与再设计，探索出高效、全面的教育供给模式和战略规划设计。

（三）我国教育分类发展体系的战略定位明确及格局设计

本书的主旨内核在于以服务全民终身学习为价值信念对现有整个教育体系进

行系统性变革，形成服务现代化的高质量教育体系。实际上，现行教育体系中的层级管理思想致使社会在对各级各类教育目标的认识上出现了分歧和偏差，社会对职后教育的重视程度与基本认知也不到位，影响了我国教育治理体系和治理能力现代化的实现。在此问题框架下形成的"学习—工作—养老"的单线、割裂式的人生认知，不利于个人连贯性规划成长目标习惯的养成，以及其终身持续成长。以"分类管理"对现有教育体系进行战略调整，科学分类和组建教育体系内部的各子系统，有利于加强各类教育之间的内在联系，推进教育体系内部各子系统的更新升级，为教育体系实现高质量发展保驾护航。

三、研究价值

构建服务全民终身学习的教育体系既是满足人民日益增长的美好生活需要的必然要求，也是党的十九届四中全会中明确指出的发展目标。与此同时，日益多层次、多样化、个性化的教育需求，迫切要求对教育进行深度变革，加快构建服务全民终身学习的教育体系的步伐。当前，我国终身学习的教育体系发展速度与社会经济、文化发展速度不匹配，当前社会的主要矛盾为人民日益增长的美好生活需要和不平衡不充分的发展之间的矛盾，在教育层面上可理解为人民的受教育需求增多，但是社会提供的教育机会与教育质量不足以支撑并满足人民的多重教育需求。在这种情况下，服务全民终身学习的教育体系建设水平与广大人民群众的实际需求不匹配，就出现了供需不平衡的基本问题。终身教育的发展，应该面向全民并且服务全民，构建服务全民终身学习的教育体系，是满足我国当前和未来的人才需求、提高全民素质、实现国家教育治理体系与治理能力现代化的必由之路，也是促进教育强国和多水平、高层次共同富裕的必然选择。

因此，相关部门高瞻远瞩，通过决策将"构建服务全民终身学习的教育体系"确立为国家社会科学基金重大项目课题。本书参编人员积极应标，致力于摸清我国以终身学习为主题和目标导向的教育体系理论研究与实践的发展现状，运用教育学、管理学、社会学等学科理论，探索如何推动终身学习观念与意识的转变，如何构建一套科学合理、行之有效的服务全民终身学习的教育体系，以满足广大人民对美好生活的向往，为世界各国提供中国经验。本书集参编人员研究之大成，具有重要的学术价值、应用价值和社会价值。

（一）学术价值

本书具有重要的学术价值与原创性学术贡献。在学术理论研究方面，本书牢牢把握党的十九届四中全会的精神要旨，从"服务全民终身学习"的目的出发，厘清强调个人行为的"终身学习"和强调国家体系的"终身教育"两个重要概念之间的差异性与关联性，以达至"构建新教育体系"的治理现代化目标。与已有研究相比较，本书在研究意识转变、价值体系构建和学术理论突破层面提出了独到的学术见解，具有一定的原创性学术价值。

第一，创造性地构建起以各类一流学校为主力的服务全民终身学习的教育体系的理论支撑。就目前而言，在我国的教育体系运行框架中，终身学习在政策的制定和执行中都处于边缘地位。本书重要参编成员的相关研究已经提出，我国整体上对服务全民终身学习的教育体系构建的基本认知仍然存在模糊之处，基本将终身教育列为补充性教育，存在观念认知错位、思想认知淡薄的问题。在目前的教育体系运行框架中，终身教育仍然主要依靠开放大学、广播电视大学和大学继续教育学院等机构来推动。在这一现实背景下，将各类一流学校作为终身学习教育体系建设的主力军和重要阵地，具有必要性。哲学上将思想与实践视为一对辩证统一的关系，思想来源于实践，实践为检验真理的唯一标准。若想构建高质量的服务全民终身学习的教育体系，则必须将思想的正位工作摆在首要之处。其一，必须正视终身学习的重要性战略地位，充分认可一流学校在促进高质量终身学习的教育体系建设过程中的作用；其二，认清服务全民终身学习的教育体系的战略定位，将其视为实现国家社会高质量发展的强大推动力，并且提升高校认知水平，促进一流学校主动承担起更多的社会责任，将自己纳入终身学习的教育体系中，以满足社会发展的人才需要和人的发展的阶段性学习需求；其三，真正转变管理取向，以创新发展为思路做到制度革新，有力推动一流学校成为终身学习的教育体系建设的主力军，加快服务全民终身学习的高质量教育体系建设进程。

第二，完善以持续提升质量为价值旨归的多样化、多元化终身学习的理论架构。通过文献检索可知，当前我国关于终身学习的教育体系的基本建设已取得一定的成果，即民众客观存在的受教育需求和终身教育的实践进程，促使大学的管理取向逐渐转向服务全民终身学习的教育体系，其终身学习的内容、形式、机构等都在数量上实现了跨越式提升，取得了一系列进展。量的积累引起质的飞跃，在原有基础的量不断积累的情况下，本书寻求质的提升，进一步为我国构建服务全民终身学习的教育体系提供科学、合理的框架建设意见，并且设置对应的评价标准，使之能够完全回应民众对终身教育多元化、多途径发展的需求，有效推动终身教育的发展由数量增长深化跃升到质量整体提升。

第三，丰富具有中国特色、时代特征、技术特点的终身学习的现代理论体系。在第四次工业革命的大背景下，新技术引领着前瞻教育的发展与变革。新技术的产生和应用，在基础教育和高等教育领域均激发出一系列理论探索和应用研究，并且成功促进了这些阶段教育的个性化、多元化和高效化发展。因此，探索新技术如何与教育理论结合，在终身学习领域可以带来哪些突破并且具体实现何种创新，新技术如何能够完善服务全民终身学习的教育体系，促使其不断更新，成为构建终身学习的教育体系发展的内在要求与未来趋势。已有的相关研究存在方法论研究匮乏的问题，因此本书重点关注指导终身学习的教育体系构建的方法论研究，以实现终身学习领域理论研究的重大突破。

（二）应用价值

本书在理论研究方面深刻诠释了党的十九届四中全会的精神要旨，而理论作为应用的上层架构，可以指导并完善具体实践活动，因此本书研究具有一定的应用价值。针对党的十九届四中全会中提出的"服务全民终身学习"这一宏伟目标，本书在推动构建符合教育现代化发展目标指向的教育体系上具有一定价值，有利于进一步实现教育体系的结构优化，促使分类管理思想贯穿教育体系的各方各面，进而提升全体人民的终身学习能力。

其一，优化服务全民终身学习的教育体系政策顶层设计，服务国家战略决策和改革实践。目前，我国服务全民终身学习的教育体系仍处于探索发展的阶段，诸如前文所说，还存在着许多模糊、不够规范的地方。由于历史进程原因和各方利益博弈，现有的教育体系中还存在着纵向割裂和横向阻断两个重大问题，造成国家终身教育立法难以成功推进，地方性相关立法又无法满足服务终身学习的教育体系发展需要等现实困境。同时，我国仍然缺乏明确和落实到位的体系设计，思想缺位给终身学习的教育体系的发展建设和统筹管理带来了一定的阻碍。在此基础上，本书通过第一手的实证调查，充分整合全国范围内的实践经验，发挥本书参编成员的地缘优势与资源优势，借鉴世界范围内有参考意义的实践案例，调节并整合固有的国民教育体系，真正优化我国终身学习的教育体系设计，使其能够适应并满足我国的发展情况和需求，切实有效地推动我国服务全民终身学习的教育体系的深化发展。

其二，理顺终身教育各级主体及其各方的关系，盘活现有资源，并调整和优化布局。在构建我国服务全民终身学习的教育体系建设进程中，仍然存在诸多基本概念混淆的问题，具体表现为各级主体不明确、结构划分不清晰。基本概念存在认知不清的问题，会导致终身学习的教育体系出现一定程度的混乱，缺乏科学合理的划分和简洁高效的统筹指导。其中，各个主体之间发展不均衡的问题也十分突出，部分主体选择盲目发展扩大，而部分主体则处于教育体系中的边缘弱势地位，并没有发挥应有的作用。何种机构应该覆盖哪些人群？应该承担何种职能？应该发挥何种作用？它们和其他组织之间的关系如何？这都应该成为管理者和研究者需要深刻考虑的问题。与此同时，对服务全民终身学习的教育体系中各个层级主体与各方组织之间的关系也缺乏多维度、全方位的深入探讨，体系中各个层次、各个维度的社会资源未能结合成为紧密的有机整体。举例可知，一方面，"校外教育"发展面临的体制问题长期得不到解决，其地位与重要性无法得到多方认可，存在价值与属性模糊不清的问题，发展进入迷茫跌宕期；另一方面，成人教育发展遇到瓶颈，无法通过有效整合多方力量，实现资源的高效整合与充分利用，造成一定程度上的资源浪费，也给终身学习的教育体系的运行和管理造成了阻碍。本书研究通过全国范围内的调查研究和国内外经验的分析对比，深入分析我国实际发展情况，为解决我国服务全民终身学习的教育体系在构建过程中凸显的一系列现实问题，以及构建一套具有一定可行性的终身学习的教育体系，提出了实际应用方案。

其三，促进各级各类教育机构分类管理与衔接，打造畅通的终身学习的教育体系。在构建服务全民终身学习的高质量教育体系进程中，必须厘清各级各类教育机构的分类发展情况，规划各级各类教育在服务全民终身学习的教育体系中的角色定位与作用职能，让各类机构各得其所、各司其职。一方面，解决当前不同阶段和类型教育的衔接问题至关重要。当前教育体系存在的基本问题是职后教育体系大大弱于职前教育体系，我们可以认为当前的职前教育体系规划拥有清晰的路径和目标，但对职后教育体系发展的重视程度严重不足。职后教育发展的受众群体更加广泛，持续时间更长，覆盖范围更大，理应成为服务全民终身学习的教育体系中的关键环节，然而其在现行教育体系运行之中却处于边缘弱势地位。社会大多数人尚未形成职后持续学习的意识与热情，这种情况有悖于构建学习型社会的宏伟蓝图。因此，如何建设职后高质量教育体系，如何转变职后教育发展零散无序的现状，如何将学校教育体系与职后教育体系做高质量的衔接，成为构建服务全民终身学习的教育体系进程中的重要难点，也成为一块难啃的"硬骨头"。

另一方面，不同阶段和类型教育间存在的现实的隔断和割裂，阻碍了终身学习的实践和普及。各部分机构看似"各司其职""互不影响"，实际上却忽视了整体发展，忽略了终身学习作为一个流畅整体所需要的衔接和流动。哲学上认为，在同一事物中，整体统领部分，部分处于被支配的地位，要服从并服务于整体发展。在构建服务全民终身学习的教育体系进程中，必须厘清整体之中的各级各类教育机构之间的类层关系，只有如此，才能更好地发挥每一部分的最大功效，进而服务于整体构建。

其四，加强终身学习理论研究与改革实践相结合，增强教育对社会发展的推动作用。终身教育是人们在一生中受到的各种教育的总和，是人们在接受各类教育后呈现出的相互补充、相互沟通、协调发展的统一复杂系统。这一基本性质便要求打造服务全民终身学习的教育体系，必须实现从学前期到老年期的教育过程的流畅统一，有效优化学历教育、家庭教育与社会教育等各类教育之间的沟通衔接和深度设计。改革开放以来，栉风沐雨四十余年，我国与终身学习等相关概念有关联的政策被陆续提出，在构建服务全民终身学习的教育体系实践进程中，我国已取得一定的实践成果。但和其他领域已取得的成果相对比，我国终身学习的教育体系的建设成效仍然不突出，发展节奏较为缓慢，现有的基础理论研究和国家顶层设计思路出现部分脱节，缺乏整体协调性和发展可行性，这样就难免会出现政策难以落地、理论无法高效服务并指导实践等一系列问题。本书统合各级各类教育系统，结合已有研究，运用方法论系统性、全方位、多角度地深化该领域的基础理论研究，将基础理论研究与应用对策研究有机结合，以真正实现理论发展、社会实践与国家顶层设计的步调一致。由此可见，本书研究既可以提升发展理论与国家重大政策的结合水平，也可以增强该领域理论的有效性、指导性和前瞻性，进而形成理论发展与政策推进的良性循环。

（三）社会价值

中国共产党领导下的教育充分贯彻以人民为中心的宗旨，并已将其作为高等教育的使命担当。[①]遵循党的十九届四中全会的思想，构建能够服务全民终身学习的教育体系，切实满足人民群众多样化、多元化终身学习需求的优化及重构研究，既是对准教育治理现代化目标来解决国计民生问题，也在助推我国社会发展进程中教育系统的功能性提升。与此同时，本书研究也为世界提供了终身学习改

---

① 史秋衡，孙昕妍. 以人民为中心：我国高等教育的使命担当[J]. 中国高等教育，2021（23）：13-15.

革、终身学习的教育体系构建的中国模式，具有全民性、社会性和世界性意义，符合我国学习大国、人力资源强国和人才强国的战略定位与国际地位。

其一，适应我国现代化发展需求，提升我国人力资本的层次与素质。构建服务全民终身学习的教育体系与社会经济文化的发展紧密关联，二者正可谓一荣俱荣的关系。随着第四次工业革命发展进程的加快，全球化趋势越发明显，国际市场化竞争也呈现出日益加剧的状态，产业技术更新迭代速度不断加快，生产力水平大幅度提高。在这种背景之下，社会经济发展逐渐从劳动密集型产业转向知识密集型产业，劳动力市场对人才的结构和素质均提出了新要求及更高标准。对于个人而言，是否有终身学习的基本认知，能否及时更新自身的知识体系，很大程度上关乎个体在劳动力市场上的价值与竞争力；对于国家而言，社会由千千万万的人组成，而提升人力资本的整体层次与群体素质，进而构建服务全民终身学习的教育体系的紧迫性日益凸显。《中国教育现代化 2035》中明确提出，要通过教育现代化"推动我国成为学习大国、人力资源强国和人才强国"，而"建成服务全民的终身学习体系"正是面向教育现代化的十大战略任务之一。因此，若想构建服务全民终身学习的高质量教育体系，必须紧紧围绕我国对现代化人才的需求，贴合实际，从战略实践角度出发，使这套体系真正切合我国发展的现实需要与基本要求，畅通人才成长渠道，推动人才持续发展。

其二，为"一带一路"倡议实施和人类命运共同体的建设做出教育贡献，为世界提供终身学习的教育体系建设和优化的中国经验。作为一个有影响力的大国，中国向来坚持和平发展、合作共赢的道路，致力于推动人类命运共同体的建设，为实现人类繁荣发展搭建共赢之桥，而建设具有世界先进水平的优质教育则是其中的重要一环。优化我国现有的终身学习的教育体系设计，构建服务全民终身学习的教育体系，推动教育实现可持续发展，既能充分发挥我国国家制度和治理体系的巨大优势，也能有效推动中国特色社会主义现代化建设。在此目标下的具体行动，有利于实现为人民创造美好生活、更好地服务人类命运共同体建设的双重目标，真正体现我国作为世界强国的责任使命与时代担当。与西方发达国家相比较，我国服务全民终身学习的教育体系建设和探索起步相对较晚，但是发展速度相对较快。再考虑到我国巨大的人口体量以及复杂的基本国情，我国终身学习的教育体系建设的探索和实践经验特殊而宝贵，能为"一带一路"倡议实施和人类命运共同体的建设做出教育贡献，为世界提供独特且极具参考和分析价值的中国经验，有助于创造相互尊重、公平正义、合作共赢的国际环境，真正实现人类命运共同体的建设。

第三节 本书研究背景

本节主要明晰本书研究的总体问题，介绍研究的对象，展现研究的主要内容。

一、总体问题

2019 年 10 月，《中共中央关于坚持和完善中国特色社会主义制度 推进国家治理体系和治理能力现代化若干重大问题的决定》审议通过，明确提出要坚持和完善统筹城乡的民生保障制度，满足人民日益增长的美好生活需要，完善正确处理新形势下人民内部矛盾有效机制。其中，构建服务全民终身学习的教育体系是民生发展的应有之义，是满足人民日益增长的美好生活需要的必经之路，是我国教育事业发展进程中的顶层设计问题，同时成为我国实现教育治理体系和治理能力现代化并助力全面建成小康社会的重要战略任务之一。为深入贯彻党的十九届四中全会的精神要旨，把握会议理论的精髓，获得实质性成效，本书通过合理设计形成研究思路，研究重点如下：其一，厘清基本概念，包括辨析"终身学习""终身教育"等重要基本概念；其二，关注研究要点，在研究设计的基础上，牢牢把握"服务全民"这一基准点，紧抓"构建适应我国发展情况和需求的终身学习的教育体系"这一攻关点，着重强调终身学习在顶层设计中的全格局地位；其三，促进社会各界对终身教育思想观念的转变，一方面注意引导人们改变"一次性学校教育"的固有观念，另一方面着重引导一流学校充分发挥其重要推动作用，主要表现为在构建服务全民终身学习的教育体系的过程中发挥主力军作用，以合理优化现有的各级各类教育结构，整合、盘活各类教育资源，提高服务全民终身学习的教育供给水平与层次；其四，注重探索中国式终身教育发展道路，本书力图构建从理论到实践的全面建设体系，进而探索出构建服务全民终身学习的教育体系的中国模式，为世界提供值得借鉴的中国经验。

基于此，本书明确构建服务全民终身学习的教育体系是关系到国家未来发展战略的重要议题，并从三个方面进行详细剖解（图 1-1）。

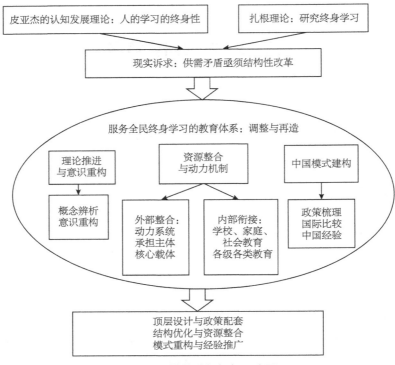

图1-1　整体分析框架示意图

（一）如何优化构建服务全民终身学习的教育体系中的顶层设计与政策配套？

若想构建出符合我国国情、服务于全民发展、切实有效的终身学习的教育体系，则必须提升研究的整体战略高度与思想意识，并且坚持以顶层设计推进和配套政策落实为重要先手棋。因此，本书着重考虑如何梳理政府部门的核心推动意识和终身教育服务多重需求的多样化意识；重点思考如何在终身教育的顶层设计与配套政策研究中，充分体现教育体系中的"放管服"改革措施与成效；如何通过政策落实对终身教育的供需双方进行规范引导。

（二）如何优化服务全民终身学习的教育体系结构，并整合相关资源？

若要发展世界范围内领先水平的优质终身教育，则需要注重两方面的协调发展。一方面，必须对终身学习的教育体系中的学习观念、多主体对终身教育的思想认知进行重塑，并且对终身学习的教育体系的核心载体进行重心调整和结构优化；另一方面，必须重视学校教育、家庭教育和社会教育的多维结合与整合统一，着重思考如何统合各级各类教育资源，使其发挥各自的功效。就我国现行教育体系而言，家庭教育和社会教育与学校教育的影响相对较大，但对学校后的职业教育的影响相对有限。

学校教育、家庭教育和社会教育三者之间既存在区别，又紧密联系。一方面，三者均相对独立，各自承担着无可替代的重要作用与使命。其中学校教育具有固定的教育场所、专业有素的教师群体、规范化的教学章程与内容，严格执行教育考核等，是一种明确规范下的教学教育。家庭教育是基于血脉亲情维系的日常教育，以家庭为生活单位，是一种非明确规范的生活教育。社会教育是人在成长过程中受到的社会化训练，是一种非明确规范的环境教育。另一方面，三者紧密相关。《中共中央　国务院关于进一步加强和改进未成年人思想道德建设的若干意见》中明确强调，要把家庭教育与学校教育、社会教育紧密结合起来。基于现行教育体系而言，学校后的职业教育处于弱势地位。教育体系中的家庭教育和社会教育对学校内的教育具有重大影响，已经达成广泛共识，但往往相对忽略了学校后教育同样也会受到家庭教育与社会教育的明显影响。①

针对终身学习的教育体系结构中存在的发展路径不科学、整体发展在教育体系面临边缘化等问题，本书在研究中辨清终身学习的教育体系中的各个承担主体，并且进一步探讨一流学校在终身学习的教育体系中应如何发挥核心作用与体现主要价值，从而更加简洁、高效地整合各类教育资源，提升公民的学习力，激发公民的学习热情，建成服务于全民终身学习的高质量教育体系。

（三）如何使终身学习教育体系的构建满足社会的多样化需求？如何探索终身教育的中国发展模式？

党的十九大报告指出，中国特色社会主义进入新时代，我国社会主要矛盾已经转化为人民日益增长的美好生活需要和不平衡不充分的发展之间的矛盾。其中，人民对教育的多重需求与继续教育需要便是对美好生活需要的重要部分，但现行的终身学习的教育体系无法支撑并满足人民对终身教育的多重需要。因此，在终身教育领域，基本问题框架主要体现为：人民对终身学习的需求逐渐增长和教育资源分布不平衡、发展不充分之间的矛盾。供给侧结构性改革是当前我国经济工

---

① 孙俊三，孙松竹. 家庭教育是基础教育，也是终身教育[J]. 湖南师范大学教育科学学报，2016（5）：103-107，128.

作的核心，这一概念同样可以用于理解终身学习的教育体系制度的再设计。通过制造多样化的教育供给，实现相关顶层设计的谋划与落实，以满足大众对终身教育多种多样的现实需求，支撑人民的职后高质量发展与可持续发展。在把握理论基准点和实践切入点的基础上，探索加大政府主导力度的中国模式，本书力图为世界提供有价值的中国经验和中国发展模式。

二、研究对象

本书的研究对象主要包括三个方面，即终身学习的相关政策、人的发展需求与终身学习的教育资源供给的供需关系、现有制度的再设计。

（一）相关政策的研究梳理

探索如何在我国构建服务全民的终身学习的教育体系，必须建立在探索性的攻关研究基础之上。其中对国外构建终身学习的教育体系的经验借鉴是重要环节，因此本书会对国内与国外的相关政策进行系统梳理。政策梳理内容又包括对政策的内容进行评析，对政策施行的效果进行辨析，对政策演变的历史以及对应的政策背景进行相关论述等。在把握国内外已有政策的基础上做研究梳理，可以为本书研究提供诸多思路，包括对服务全民终身学习的教育体系进行再调整与再设计，有效提升本书研究成果与国家重大政策的结合程度，以及大力增强配套政策在实施过程中的可行性。

（二）人的发展需求和终身学习的教育资源供给的平衡

终身学习的教育系统的供需关系是本书的重要研究对象。其中，"需"主要指向人们对教育的多重需求，"供"主要指向终身学习的教育体系中可提供的终身学习的教育资源供给，"供需关系"指向两者的平衡，即社会对终身教育的供给可以满足人们对教育的多重需求，人们的教育需求都可以在服务全民终身学习的教育体系中获得满足。具体分析内容主要包括：分析人的发展需求和资源的供给两个主体，并且充分研究和把握这一主要的供需关系，寻找政策制定和制度设计的落脚点，以此为服务全民终身学习的教育体系再设计制定切实可行的发展目标。

（三）现有制度的再设计

构建服务全民终身学习的教育体系过程并不是从零开始的，而是在现有的制度上做出调整和改良，因此终身学习的教育体系的现有制度设计也是本书必须研究的对象。现行教育体系运行过程中存在一些问题，导致其无法满足人们的终身教育需求，在构建稳定有序的终身学习的教育体系中不免乏力。主要问题表现为：各级各类教育体系缺乏相互衔接与层层递进的顶层制度设计，服务全民终身成长的高质量职后教育缺位，"人人出彩"的分类管理基本思想不足，社会各界对终身学习的思想认知存在较大可提升的空间。基于此，本书重点关注现有制度设计的整体架构、制定思路、现实问题、存在原因以及解决方法，在深入理解的基本前提下，明确现有制度设计的优缺点以及急需解决和待改进的问题，精准把握再设计的切入点。

三、主要内容

本书力图构建起兼具系统性、科学性与稳定性的服务全民终身学习的教育体系，以深刻领会党的十九届四中全会的精神要旨为理论基础，主要研究内容包括四个基本板块：第一个板块的内容为政策梳理与现实困境探讨，重点在于寻找出制度再设计的重点、难点及突破点；第二个板块的内容为关于"终身学习""终身教育"等相关概念的理论辨析与意识重构，重点在于强调终身学习在顶层设计中的全格局地位，强调一流学校在终身学习的教育体系中应承担的主体作用；第三个板块的内容立足于终身学习的教育体系整体，探讨整体性结构设计与各类资源的合理优化，通过盘活存量，对终身学习的教育体系进行再调整和再设计；第四个板块的内容为开展国际比较与梳理中国历史发展经验，国际经验可为我国的设计和优化提供经验借鉴与启示反思，国内历史梳理可为我国的设计与优化提供借鉴，避免"穿新衣，走老路"。

在研究过程中，本书注意到了西方国家在社会、经济、法制、文化等诸多方面与我国国情的区别，避免将其经验直接移植、嫁接到我国。同时，研究者从哲学视角考虑问题，认为一切事物都处于不断发展变化之中，我国历史上的经验与探索只适用于某一阶段，若想构建出符合当今时代要求的终身学习的教育体系，则必须深扎社会背景，满足人民的切实需要。四个板块的内容既相互独立，又相互联系，共同构成了一个有机的研究整体。总而言之，本书在深入理解中西方终身学习的教育体系发展不同的基础上，总结出我国独特的建设经验，并探索出中国特色社会主义发展道路。

（一）政策梳理与现实困境探讨

该部分的主要内容为梳理政策文本中的亮点与要点，整体把握政策内容，以政策背景和政策成效为两条关键逻辑线索，深度剖析政策制定的内在逻辑思路、具体实施效果和优化改良路径，并且总结出政策的发展变化趋势，进而更加全面且深入地理解相关政策。同时，分析并锁定现有政策下终身学习的教育体系发展面临的诸多困境，深刻探讨对应的政策攻关点，提高本书在政策制定方面的指导价值和参考价值，为构建服务全民终身学习的教育体系制度的优化调整和再度设计夯基固本。

（二）理论辨析与意识重构

该部分探讨与基本概念相关的理论，包括厘清终身学习、终身教育等重要概念的基本内涵，明确"终身学习"的核心指导理念，牢牢抓住研究的出发点与落脚点。本书的关键词锁定在"终身学习""终身教育""教育体系""治理现代化"上，现对其展开核心概念界定。

"终身学习"是指社会中每个公民皆为适应个体与社会发展的双重需要，展开贯穿于一生的持续性学习，可谓是"学无止境"。在党中央顶层设计思想引领下，"建成服务全民终身学习的现代教育体系"已然成为《中国教育现代化 2035》确立的主要发展目标。

"终身教育"的内涵丰富，可以从横向和纵向两个维度来理解。从横向上来说，终身教育是指人会接受来自家庭、学校、社会等各个领域教育的影响，这意味着人所接受的教育既可以是正规的学校教育，也可以是非正规的校外教育；从纵向上来说，终身教育是指教育对人的影响贯穿其一生。可见，"终身教育"的落脚点更侧重于为个体提供不同的教育服务。在现行教育体系当中，教育在各个阶段具有不同的存在方式，分类标准也具有多样性，诸如学校教育与社会教育、正规教育与非正规教育等。终身教育思想已然成为国际社会上教育改革的重要指导方针[①]，在我国的重大政策文本中也多次提及，在我国的具体实践之中也有积极落实。其实，终身教育、终身学习与学习型社会三者在理念上具有极强的内部一致性，皆是以促使人的全面发展为根本目的，但是在具体实践过程中又各有侧重，

---

① OECD. Back to the Future of Education: Four OECD Scenarios for Schooling[M]. Paris: OECD Publishing, 2020: 7, 58.

离不开相互之间的支持与协作。[①]

"教育体系"的内涵有广义和狭义之分。广义的教育体系包含教育结构体系和教育服务体系。其中，教育服务体系包括人才预测体系、师资培训体系等方面的内容。狭义的教育体系主要是指教育结构体系，特指以学制为核心的各级各类教育。由此可知，结构是教育体系的基础，关系构成了教育体系内部的联结[②]，二者的有序结合保证了教育体系的正常运行。在新时代历史背景之下，笔者认为现行"教育体系"应发生一系列要素变革，以"超越育人极限，重塑教育体系"为主旋律，以构建服务全民终身学习的教育体系为战略目标，积极促进职后教育的高质量发展建设，同时有效弥合学校内教育与学校后教育之间的壁垒。[③]

"治理现代化"的提出与落实，是中国共产党高度重视现代化进程，不断追求实现现代化的结果，也是中国共产党深化对现代化认知的最新成果。党的十八届三中全会通过了《中共中央关于全面深化改革若干重大问题的决定》，提及"要推进国家治理体系和治理能力现代化"，首次将治理体系、治理能力与现代化相结合，以现代化为基本落脚点，无不揭示出了现代化与国家治理之间的紧密联系，可谓国家治理离不开现代化建设，而现代化也自然构成了国家治理的应有之义。党的十九届四中全会审议通过《中共中央关于坚持和完善中国特色社会主义制度推进国家治理体系和治理能力现代化若干重大问题的决定》，再次全面回答了我国现阶段国家制度和国家治理进程，应当"坚持和巩固什么，完善和发展什么"这一重大政治问题。在国家治理现代化思想的指引下，教育体系应该向构建服务全民终身学习的教育体系转变，以顺应教育体系现代化的治理思想，这也正是本书的重大政策策源点。

在当前的教育体系运行框架中，存在两个基本意识形态方面的问题，即一流学校在推动终身学习的教育体系发展过程中乏力，以及终身教育基本地位的弱化与窄化。因此，本书研究一方面致力于塑造一流学校发展成为终身学习的教育体系主力军的基本意识，论述其在发展进程中的责任与使命，其地位的重要性和必要性；另一方面着重强调终身教育在引领整个教育体系改革中的重要角色和关键作用，终身教育绝不能仅仅被理解为补充教育或者成人教育，固有认知是对终身教育作用的窄化与功能的矮化。因此，本书研究为构建服务全民终身学习的教育

[①] 朱敏, 高志敏. 终身教育、终身学习与学习型社会的全球发展回溯与未来思考[J]. 开放教育研究, 2014（1）: 50-66.

[②] 马陆亭. 新时代高等教育的结构体系[J]. 中国高教研究, 2021（9）: 18-24.

[③] 史秋衡, 张妍. 中国终身学习话语体系的嬗变与重构[J]. 教育研究, 2021（9）: 93-103.

体系发展奠定了扎实的理论基础和坚实的思想认知基础。

（三）结构设计与资源优化

该部分着眼于服务全民终身学习的教育体系的整体结构调整、创新设计和资源优化。在深刻理解和分析现行终身学习的教育体系中结构和资源分布格局的基本背景下，本书以高校分类体系的调整为基础，以已取得的进展与成就为前提，充分讨论设计开放大学的定位问题，探寻不同区域、不同目标定位下各类型开放大学在终身学习的教育体系中的可持续发展路径。与此同时，本书还注意到了衔接各级各类教育子系统的重要性，力求打通学历教育系统内的衔接和设计，充分整合学历教育、家庭教育与社会教育，盘活现有资源，有效提升教育资源的可利用率。

（四）国际比较与中国经验

该部分着重分析其他国家，尤其是西方发达国家在发展与建设终身学习的教育体系过程中的指导理论和实践经验。通过选择具有代表性的案例国家和地区，将其和我国终身学习的教育体系发展实践情况进行比较，在充分了解并把握中外终身学习的教育体系发展差异性的基础上，对国外的先进经验进行吸收与借鉴，对国外的错误探索进行规避与反思，借助他国实践探索，凝练出适合我国国情的具体发展策略和优化建议。总之，本书在比较国际实践与中国情况的过程中，进一步发掘出我国实践经验的亮点与特色，进而归纳总结出一套特殊而宝贵的中国式发展道路。

第四节　本书研究方法

本节将明确本书的研究思路、采用的研究方法以及研究的技术路线等。

一、研究思路

本书研究思路清晰，以合理构建服务全民终身学习的教育体系为研究问题，通过国内外经验梳理、大规模实证调查分析、深入的理论分析与讨论等方式进行研究。研究内容创新性强且方法可靠，经历了以下七个研究阶段。

第一，文献梳理与回顾阶段。本书对与服务全民终身学习的教育体系相关的国内外研究进行文献回顾与系统梳理，在明确已有研究所处阶段和重大研究成果的基础之上做阶段性总结，并且对已有研究的重大贡献与不足之处做客观评析，此阶段研究为后续研究打下了基础，分析了已有研究的不足之处，并致力于寻找下一阶段研究的主要方向与重大突破点。

第二，全球经验分析与展望阶段。本书在全球范围内搜集在全民终身学习的教育体系方面相对发达的国家或地区，并选择具有代表性的国家或地区做细致的案例分析和现实梳理，详细介绍多个国家或地区在构建服务全民终身学习的教育体系方面的基本情况。在掌握案例国家或地区的基本建设情况后，一方面，总结其终身学习的教育体系在实际运行中的利弊之处；另一方面，分析其终身学习教育体系与其社会经济发展、文化政治形态、教育生态环境之间相互作用、相互依赖的关系。通过明确案例国家或地区的发展现状，分析服务全民终身学习的教育体系建设过程中值得我国借鉴之处，总结我国建设过程中需要规避之处，取他国之经验，与我国国情充分结合，促使我国早日构建起服务全民终身学习的高质量教育体系。

第三，历史梳理与经验总结阶段。本书重点梳理了中华人民共和国成立以后关于全民终身学习的教育体系的历史发展与一系列探索实践活动，全方位扫描式分析了中国现行的全民终身学习的教育体系的基本现状，包括教育体系的结构类型层次、要素模块组成、多方参与主体，以及各个系统部分之间的耦合关系等，并对其现状加以系统解释，明晰我国在该领域的发展情况，梳理我国该领域的政策与实践的要点演变，进而为后续研究提出问题并指明改进路径奠定基础。

第四，意识重构与理论框架再规划阶段。本书以学界的多个重要理论为支撑，具体包括皮亚杰的认知发展理论、公共产品理论、成本收益理论、公私合作理论等，并且采用多学科理论研究视角进行整体分析与系统构建。一是通过分析归纳当前终身教育的实践困境与现实偏差，深入挖掘构建服务全民终身学习的教育体系的核心内涵，结合对未来发展趋势的深入剖析，就其理论框架进行再规划和重构。二是明确构建原则，分析其动力机制，以使本书构建的服务全民终身学习的教育体系的动力系统具有层次多样、多主体共同参与、多向度内嵌共生、多部分耦合互动的特征。

第五，格局调整与标准确立阶段。我们在进行充分的理论基础分析、案例分析之后，开展了进一步的大规模实证调查研究，主要采用量化与质性相结合的研究方法。我们在全国范围内选取多研究主体作为研究对象开展了大规模问卷调查、深度访谈与实地调研，多主体调查对象包括教育领域的资深专家学者、政府相关部门行政人员、学校教职员和学生、社会各行业终身学习实践人员等以及相关组织机构。与此同时，我们还联系国内外全民终身学习领域的知名专家学者开展深度访谈。为此，本书总结梳理了我国有关构建服务全民终身学习的教育体系的有关研究经验与具体的实践特点。在此基础上，本书从分级分类角度探索规划了服务全民终身学习教育体系的准入机制与设置标准，进一步明确"中央政府→省级政府→学校"构建服务全民终身学习的教育体系的格局与标准。同时，本书还明确了一流学校的引领既是构建服务全民终身学习的教育体系的关键抓手，也是开展服务全民终身学习的教育体系实践的核心点。

第六，体系建构与创新设计阶段。本书研究以大规模的个人问卷调查作为量化分析的基础，以关键人员深度访谈作为质性分析的基础，明确个体终身学习力的要素框架及其培养路径，进一步发掘我国在构建服务全民终身学习的教育体系进程中存在的关键问题，并且通过专家访谈的方式汇总关于问题改进的专家建议，明确服务全民终身学习的教育体系构建的核心要素与关键要点，从战略意义、理论框架、基本路径、机制创新、体制建构、保障机制以及核心建设策略等方面对服务全民终身学习的教育体系的构建路径进行立体化设计与多层次论证，强调终身教育对现代教育进行引领，发出我国在建设服务全民终身学习的教育体系进程中的最强音。

第七，战略制度设计阶段。本书的建设性意见的提出以大规模的实证调查研究为基础，通过对前期质性访谈与量化分析所获得的一手资料与数据进行从现象到结构、规律以及思想的高度凝练，进行方法论式的深层分析，对教育体系治理中的痛点难点问题给予了高质量咨政和专题研究。本阶段，本书研究在明确服务全民终身学习教育体系的未来战略定位的基础上，以战略制度设计为切入点，提炼出具有中国特色的服务全民终身学习的教育体系配套政策及相关调适机制。为此，本书阐释了各级各类教育（如学前教育、学校教育、职后教育以及老年教育等）在服务全民终身学习的教育体系中的创新方向、动力和内部协创机制，同时厘清了服务全民终身学习的教育体系的设置标准，以及如何调试与外部行业的关系。

二、研究的尖端性与攻关性

2019 年 10 月，《中共中央关于坚持和完善中国特色社会主义制度 推进国家治理体系和治理能力现代化若干重大问题的决定》审议通过，该决定集中展示了党的十八大以来关于制度建设的重大理论和实践创新成果，标志着中国共产党对国家制度和治理体系的认知升华至新维度、新水平。教育体系也应遵循国家顶层设计趋势，坚定不移地向教育治理体系现代化迈进。其中，构建服务全民终身学习的教育体系是在教育治理现代化指导方向之下进行的，既符合党的十九届四中全会治理现代化之核心思想，又为人民民心之所向，体现了中国共产党领导下的教育建设的使命与担当。因此，可以说本书研究具有一定的尖端性与攻关性。

（一）研究的尖端性

本书研究思路的科学性主要体现在逻辑思维清晰、符合政策需要、立足现实国情三个方面。本书研究可称为一项"顶天立地"的研究。

其一，本书的分析思路环环相扣，形成了一个完整的逻辑闭环。整体而言，本书搭建出一个符合课题研究基本逻辑思维，且全面深入的研究框架，内容包括文献梳理与回顾，构建服务全民终身学习的相关理论分析模型，进行大规模的实证研究，探究我国终身学习的发展历史，以其他较为发达国家或地区的成果和经验作为参考，研究覆盖的内容十分广泛，并且各部分、各模块之间形成了稳定有序的内在逻辑联系。

其二，本书的理论基础成熟且完善。本书在理论梳理的基础之上，结合我国现实国情，建构起符合我国国情的具体模型，形成了服务全民终身学习的教育体系的理论分析框架，充分回应了国家顶层设计的诉求，进而保证了研究的"顶天"。

其三，本书结合我国的现实国情，充分分析了终身学习的教育体系运行的现实情况。在理论梳理的基础之上，我们开展了覆盖面广泛的研究，极具代表性与价值性。本书采用实证调查深度与广度相结合的研究，充分了解了我国的现实国情。最终，本书研究将形成适合我国短期、中期和长期发展的方案与策略，促成我国建设形成服务全民终身学习的高质量教育体系，确保了研究的"立地"。

（二）研究的攻关性

《中共中央关于坚持和完善中国特色社会主义制度 推进国家治理体系和治

理能力现代化若干重大问题的决定》首次系统地提出"构建服务全民终身学习的教育体系";《中国教育现代化 2035》将"建成服务全民终身学习的现代教育体系"作为 2035 年的主要发展目标。这两份战略性、纲领性文件都强调将终身学习作为指导教育改革与发展的统领性理念。可以说,构建服务全民终身学习的教育体系就是面向教育治理现代化,对现有国民教育体系进行超越与重构,是升华国家教育治理体系与治理能力现代化的一项国家战略。

首先,构建服务全民终身学习的教育体系是实现教育强国战略的国运之需。在以习近平同志为核心的党中央领导下,教育作为国之大计已取得了显著的改革发展成就,教育强国战略正在逐步实现。"建设高质量教育体系"是我国教育领域的重要发展目标。随着我国综合国力的提升以及教育改革发展目标要求的逐步升高,以"高质量"为核心关键词的"十四五"规划开启了我国教育强国战略的新蓝图。由此,我国也开始转向"高质量"发展新阶段。当前,在全面建成社会主义现代化强国进程中,我国经济实现了高速增长,综合国力得以明显提升,人民的物质生活也得到了极大改善和丰富。然而,与之相应的是社会剧烈变革所带来的竞争加剧以及人们所面临的日益严峻的压力。科学技术的飞速发展,新领域、新技术、新产业、新产品的不断涌现,迫使各行各业都需要高素质人才;对压力的感知,同样使人们对知识的渴望更加强烈。在此背景下,传统的教育形态已然无法满足国家经济社会高质量发展的需要以及人们自我实现的多样化需求,构建高质量的服务全民终身学习的教育体系,成为新时代中国实施教育强国战略的必然选择。

其次,构建服务全民终身学习的教育体系是实现教育终极使命的治理之要。在终身教育时代,教育的责任从国家重新回到个人身上,教育不再仅仅是国家的责任,而是个体发展的需要,是个体的责任。教育的目标从社会全员复制成功到个人选择,个体能够选择自己接受的教育;教育内容也从学科知识和实用技能转变为学会如何学习。信息技术革命推动了社会经济高速发展,改变了人类获取知识的方式以及学习方式,特别是当前,数字教育加速了人们对线上学习方式的适应与习惯。从国家角度来说,随着产业技术更新迭代的加快与生产力水平的大幅度提高,劳动力市场对人才的结构与素质提出了新要求;从个体角度来说,是否有终身学习意识、能否及时更新自身的知识体系,与个人的竞争力强弱和发展水平直接挂钩。服务于终身学习的实现是教育的终极使命。我国创造性地提出构建服务全民终身学习的教育体系,在具体的教育治理实践中,我国需要清晰地掌握目前的整个教育体系的发展情况与水平,正确把握教育改革推进的痛点与要点,找准教育体系构建的关键点，高效推进服务全民终身学习的教育体系的构建。

最后，构建服务全民终身学习的教育体系能够融通中央长治与个人久安的信念之实。改革事业，思想先行。当前，我国高度重视构建服务全民终身学习的教育体系工作，将其作为重要的教育战略。在具体的教育实践中，终身教育相关部门在执行过程中仍处于边缘地带，对服务全民终身学习的教育体系构建的认识尚未清晰，内涵把握存在偏差，往往将其归于补充教育，主要依靠广播电视大学、社区大学等机构来推动。同时，仍然存在将构建服务全民终身学习的教育体系等同于成人教育和老年教育的社会认识偏误，体系构建存在内涵模糊、主体不明以及权责不清等问题。可见，构建服务全民终身学习的教育体系在理念与实践层面还存在较大偏差。为此，有必要开展调查研究，切实了解服务全民终身学习的教育体系在实践运行中存在的现实问题，深入剖析其背后的原因，找到影响其执行效果的关键瓶颈，提出政策层面与实践层面的改进建议，在实现构建服务全民终身学习的教育体系理念与实践融合共进及高位结合的基础上，最终实现构建服务全民学习的教育体系预期的战略目标。[①]

三、研究方法

本书研究采用的研究方法具体包括文献研究法、比较研究法、混合研究法、扎根理论的研究方法。

作为一项重大攻关项目研究，本书研究的问题相对复杂，不能仅依靠单一的研究方法，必须交叉使用多样的研究方法来解决复杂的社会问题。本书根据研究需要，统筹理论分析、实证研究、建构模型的研究方式进行系统设计。本书综合采用多种研究方法，注重在不同研究板块中凸显研究方法的优劣之处，将其进行优势整合与劣势互补，并且注意各类研究方法之间的层次顺序、重点难点与相互之间的模块兼容性，从而在研究方法的选择上实现扬长避短，最终实现殊途同归。

（一）文献研究法

我们在国内外学术文献中进行文献检索，选定与"终身学习""终身教育""教育体系""治理现代化"等相关的主题词，系统分析服务全民终身学习的教育

---

① 史秋衡，谢玲. 构建服务全民终身学习的教育体系的价值解读[J]. 北京大学教育评论，2021（3）：178-187.

体系的现有学术研究成果。本书研究使用文献归纳与推理演绎的研究方法，整理了关于全民终身学习的教育体系相关概念的内涵理念、外延逻辑、理论演变与模型综述，助力本书系统设计出符合我国现实国情的服务全民终身学习的教育体系，并且寻找到可信度高、适切性强的理论依据，进而提取出相关的调查问卷指标。

在系统分析相关学术研究之后，本书深刻解读和分析了各级政府与相关部门的政策文本，内容主要包含各级部门与全民终身学习的教育体系相关的文本。首先，本书系统分析了政府政策与全民终身学习的教育体系之间的关系，并将其作为研究的基础；其次，本书深刻剖析了政府与社会对建构服务全民终身学习的教育体系的具体要求；最后，本书为构建起我国服务全民终身学习的高质量教育体系寻找到政策支撑与方向引领，进而分析归纳出我国构建服务全民终身学习的教育体系的具体目标。

（二）比较研究法

本书研究以立足于我国实际情况，构建起服务全民终身学习的高质量教育体系为研究问题与核心目标。探索与构建起服务全民终身学习的教育体系这一诉求不仅符合我国的现实需要，也符合世界各国的共同诉求。服务于终身学习的教育体系肇始于西方发达国家，欧美多国均有良好的发展经验可供借鉴，以往许多专家已经对全民终身学习的教育体系的国别发展进行了丰富的研究与探索。因此，本书在对发达国家或地区的相关研究进行文献整理的基础之上，与诸多国际团队开展合作，并且确立了稳定的合作共赢关系。总而言之，本书对国内外全民终身学习的教育体系进行了比较，系统分析并总结了我国构建服务全民终身学习的教育体系的特色之处，汲取欧美发达国家在构建全民终身学习的教育体系过程中的可操作性经验，进而不断推进我国全民终身学习的教育体系的建构进程。

（三）混合研究法

混合研究法是将量化研究与质性研究两大主要研究范式有机结合形成的第三种研究范式，这种方法有助于研究者解决一些单用量化研究或质性研究无法完整、合理、全面解释的复杂问题。混合研究法在目前的教育研究中具有极强的可行性，本书选择混合研究法来解决研究问题，进而实现研究目标；选用"先量化后质性"

的路径支撑"解释性混合研究方法"，以探究全民终身学习的教育体系构建的核心要点——"学习力"问题。

其一，量化研究方法。本书研究立足于大学生学情数据库，以问卷调查为基本的数据收集形式，运用量化研究方法对收集到的一手资料进行系统整理和深入分析。本书研究依托的是"国家大学生学情调查"（National College Student Survey，NCSS）数据平台，该平台中的问卷成熟且信效度良好，调查方案已经多次投入到具体运用之中，依然保持稳定有序的运行模式。基于"国家大学生学情调查"数据平台，史秋衡撰写专著《国家大学生学情发展研究》并获得全国教育科学研究优秀成果奖二等奖。[①]本书研究基于 NCSS 对全民终身学习的教育体系的关键主体开展了全面调查与分析，其中重点对 2011—2020 年的数据进行描述分析、规律测算、观点验证以及对重大议题进行模型推演。在软件应用方面，采用 SPSS、Stata、Mplus 等统计软件进行分析，并重点建立结构方程模型，以探究大学生学习力的结构关系，深度分析构建服务全民终身学习的教育体系的关键性主体，即大学生的学习力模型现状及其影响机制等。

其二，质性研究方法。在进行大规模的问卷调查与数据分析后，本书基于已有研究结论，开展了具有针对性的质性研究，以挖掘数据背后的深层含义。质性研究主要是通过对学校师生、教育管理人员以及相关组织机构开展深度访谈、课堂观察、实地调研等形式展开，对量化研究得出的学习力模型及其影响机制进行深入详细的说明与解读，深度挖掘数据背后的意义，并对我国终身教育开展现状与现存问题进行深度剖析，同时分析我国已有的服务全民终身学习的教育体系构建实践的特点与困境，进一步发掘我国在构建服务全民终身学习的教育体系进程中存在的关键问题，并汇总专家建议。总之，本书研究遵循解释性混合研究方法的研究路径，深度探究我国服务全民终身学习的教育体系构建的现状并分析其影响机制的内在机理，进而推动服务全民终身学习的教育体系的构建进程。与此同时，我们还联系国内外从事全民终身学习研究的相关专家开展深度访谈（德尔菲法），在保证研究专家效度的同时，进一步发掘现行全民终身学习教育体系的现实情况与存在的问题。

在具体分析过程中，本书研究使用了 SWOT 等分析工具，深入挖掘了我国服务全民终身学习的教育体系具有的系列优势，表现出的问题及不足，以及可以得到改善的诸多机会与运行过程中面临的困境。通过混合研究，对构建服务全民终

[①] 史秋衡. 国家大学生学情发展研究[M]. 厦门：厦门大学出版社，2020：5-7.

身学习的教育体系进程中的重大议题进行深度挖掘与推演。在分类对整个教育体系进行全面分析之后,我们通过深度访谈对整个教育体系中的关键问题进行了"深描"式剖析,进而加强了体系构建的生动性和规律的现实性。与此同时,我们拟采用"三角互证"的方式来验证数据模型的研究结果,以多角度、全方位的视角来理顺政府、社会各界对全民终身学习的教育体系的促进机制,进而提出相关的政策性建议。

(四)扎根理论的研究方法

扎根理论是一种定性研究方式,其主要宗旨为在剖析一手资料的基础之上建立理论分析框架。在此研究方法的指导下,研究先不设假设,而是直接进行实践观察,获取大量的原始资料,然后进行分类分层的多重分析,从原始资料中归纳总结出经验观点,再上升为指导理论。因此,本书运用系统化程序,针对某一现象总结,并归纳式地引导出扎根理论,具体如图 1-2 所示。

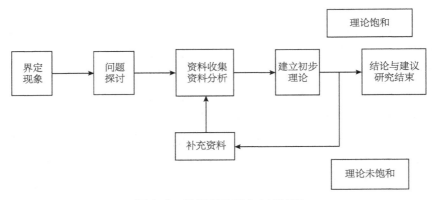

图 1-2　扎根理论研究方法流程

本书研究立足于已有研究成果,充分利用扎根理论的研究方法梳理构建服务全民终身学习的教育体系原则。具体通过在全国范围内抽取一定数量的学校和社区教育机构,并且抽取一定数量的教育领域研究专家、管理人员及一线工作者,将实地调研、问卷调查、集中深度访谈和观察等方法有机结合,梳理、归纳并提炼出构建服务全民终身学习的教育体系的原则、关键措施以及重要影响因素。具体研究是通过界定现象、问题探讨、资料收集与资料分析,合理构建我国服务全民终身学习的教育体系理论框架,即自下而上地建立实质理论基础。

四、研究手段与技术路线

本书的技术路线由五部分组成。其一，根据研究主题提炼出研究的具体目标和研究问题，并且构建研究的整体分析框架。基于已有研究中的模型建构和研究基础，确定适用于全民终身学习主题的分析模型，进而探索出服务我国当前和未来实际情况的全民终身学习的理论模型。其二，充分回顾中华人民共和国成立以来的服务全民终身学习的教育体系的发展历史，总结历史发展进程中的实践经验与教训，分析当前历史发展阶段现行教育体系的可突破之处与创新发展方向。其三，对全民终身学习比较发达的国家的相关制度与体系进行历史发展分析、现实情况总结，在此基础之上做出客观的评价，并且取其精华、去其糟粕，进行参照与借鉴，使得国际经验可为我国发展与建设服务。其四，开展大规模的问卷调查，对多主体进行深度访谈，具体主体包括学生、教师、学校管理人员和其他利益相关者，深入剖析中国现行的服务全民终身学习的教育体系存在的不足，并且深入剖析原因。其五，根据我国历史回顾、国际发展比较与实证研究的综合结论，建构出几种不同的服务全民终身学习的教育体系的改进策略方案，并通过系统动力学仿真方法进行实验比对，在充分衡量其优劣后加以选择与取舍，最终确定服务全民终身学习的教育体系的最优改进方案。

本书的研究方法与分析工具有跨学科性和综合性，具体采用了包括教育学、管理学、社会学等学科的研究方法和分析框架。其一，运用教育学的研究方法和分析工具，包括教育政策、比较教育和教育发展战略等，创新性地引入与学习力相关的研究方法，将学习力与服务全民终身学习的教育体系相关研究做充分结合。其二，运用社会学的研究方法和分析工具，着重探索终身学习的教育体系与社会之间的多重交互关系，运用扎根理论和实证研究方法来探究构建服务全民终身学习的教育体系的最佳方案。其三，运用管理学的研究方法和分析工具，探索各主体和组织内外的结构设计等。

总而言之，本书综合以上学科的研究方法和分析工具，以跨学科思维开展研究，保证了本书研究的科学性和有效性，为我国构建服务全民终身学习的高质量教育体系提供了创新观点设计和优质发展方案。

第二章
基于终身学习的教育体系政策史梳理及实践要点

构建服务全民终身学习的教育体系以国家社会发展中的教育规律为基本导向，通过梳理国际组织及各国终身教育实践的特征，来掌握终身教育实践发展的一般规律与普遍特征。本章首先对国际终身教育实践进行类别研究；其次，对我国终身学习的教育体系政策史、相关实践措施和要点进行梳理与总结；再次，对我国构建服务全民终身学习的教育体系进程中的现实困境进行深度解析；最后，对政府在构建服务全民终身学习的教育体系中的角色定位提出相关建议。

第一节　国际终身学习的教育体系构建的类别研究

我国服务全民终身学习的教育体系构建应在借鉴国际经验的基础上，探寻适合我国国情的建设完善路径。我们首先对国际终身学习的教育体系发展做分类，将其分为社会散发型与政府集约型两个类别；然后，对其整体性特征进行归纳，认为不同国家终身学习的教育体系构建既存在国际普遍性特征，又存在诸多国别特殊性特征。因此，我们需要通过了解终身教育实践的国际普遍性特征以大大降低试错成本，在综合考虑我国具体国情与社会需要的前提下，推动新时代中国特色的服务全民终身学习的教育体系构建的守正创新，逐步形成具有中国特色的终身学习话语体系。①

一、社会散发型终身学习的教育体系发展特征研究

社会散发型终身学习的教育体系的两大发展特征为以学习文化革新为主轴、以社会变革需求为驱动力，其实践行动经常走在顶层设计之前，表现出极强的机动性以及创新和变革意识。例如，英国终身教育理念的推进多以前期成人教育实践传统为基础，不断辅以一系列具体的立法措施，从而实践终身教育理念倡导的诸多原则，其间终身教育等相关实践的摸索性与零散性特征比较明显。

（一）以学习文化革新为主轴

社会散发型的终身学习的教育体系的一大发展特征为以学习文化革新为主轴，例如，英国的终身学习与成人教育相伴相随，法国发挥高等教育系统的继续教育作用来构建终身学习的教育体系。

1. 英国：终身学习与成人教育相伴而生

英国终身学习以成人教育为最重要的基础，在政策构建与实践操作方面均有

---

① 史秋衡，张妍. 中国终身学习话语体系的嬗变与重构[J]. 教育研究，2021（9）：93-103.

所表现。在英国，"终身学习"并非完全是新生事物，其思想早已在英国蓬勃开展的成人教育中就有体现并且得到成长，可以认为终身学习与成人教育是相伴而生的。[①]因此，正如吴遵民所言，英国虽然没有更早地使用"终身学习"这一术语，但其在提倡终身教育理念和在实践人的终身都必须接受教育这一原则方面，已在相当程度上走在了世界各国的前列[②]，即虽然"终身学习"这一术语最早并非应用在英国，但是英国对终身学习的理解与应用已然达到了一定高度与具有了一定基础。随着英国《巴特勒教育法》[Butler Education Act，亦称《1944 年教育法》（ Education Act 1944 ）]的颁布，继续教育完全吸收成人教育，进而使成人教育在英国的教育制度上得以确认。值得注意的是，英国实则属于较早在法律层面上将学校后教育确定为继续教育的国家，基于这个原因，相较于贯彻使用"终身学习"这一术语，英国在实际工作中更广泛地选择运用"继续教育"（ continuing education ）或"回归教育"（ recurrent education ）等更为普遍适用而含义丰富的术语，因此在英国教育体系中，可以将"终身学习""终身教育""继续教育""回归教育"做同义理解。[③]

（1）英国终身学习与法案政策的构建

从历史传统来讲，英国本身便拥有历史久远且独特的成人教育传统。其可追溯至 1919 年英国成人教育复兴委员会提交的"最终报告书"，成人教育作为一项教育制度在英国得以正式确立。[④]随后，英国在《1944 年教育法》中确立成人教育为英国教育体系运行框架的重要组成部分，并且在英国国土范围内广泛展开。然而，值得注意的是，英国终身教育理念的推进，更多是在成人教育实践传统的基础之上，辅以一系列具体的立法措施来实现终身教育所提倡的各项原则，有力推动英国终身学习实现深入发展。

其实，英国早期并未制定专门针对终身学习或成人教育的相关法案，与其内容含义相对接近的《继续教育与高等教育法》（ The Further and Higher Education Act 1992 ）是在 1992 年才正式出台的。在英国的教育法律法规之中，一般是在普通教育法规中设置包含成人教育在内的相关法规，如 1988 年英国政府颁布的《教育改革法》（ Education Reform Act ）。该法案的主要目的在于充分贯彻和落实针对学

① Cartery C F, Robbins L. The university in the modern world[J]. The Economic Journal, 1967(307): 638.

② 吴遵民. 现代国际终身教育论（修订版）[M]. 上海：上海教育出版社，2021：171.

③ 高灵丽. 终身教育思想观照下的英国成人教育走向及启示[J]. 中国成人教育，2017（17）：116-119.

④ Yeaxlee B A. Lifelong Education: A Sketch of the Range and Significance of the Adult Education Movement[M]. London: Cassell, 1929: 5.

校课程的统一性标准，但其中也明确规定"每个地方教育当局有义务确保为本地区提供充分的继续教育设施"，并鲜明地指出"继续教育是指为超过义务教育年龄的人提供的全日制和部分时间制的教育（包括职业的、社会的和娱乐的训练）"，同时也将"与这种教育相关的有组织的业余活动"涵盖在其中。

1991 年，为推动 20 世纪 90 年代以来英国的职业教育模式体系的变革重整进程，英国正式颁布白皮书《21 世纪的教育与培训》（Education and Training for the 21st Century），旨在全国范围内推行职业教育统一认证的资格认证体系。该白皮书中明确提出，现在要发动一次全新的改革，这些改革将使英国青年人有一个更好的生活开端，通过颁发信用卡、给予继续教育管理新自由等改革政策，使得青年可以拥有自由选择培训和广泛学习的机会，并且在最适应其需求的教育中获得高级文凭，意欲以此打破双轨制下学术与职业的二元划分，并且着重强调"我们的目标是简单的，就是鼓励所有青年人最充分地发展他们的能力"[①]。

1999 年，英国发布白皮书《学会成功》（Learning to Succeed），随后出台了《学习与技能法》（Learning and Skills Act）。《学习与技能法》提出一项远期目标，即要向建成学习型社会而不断奋进，配套提出 6 项主要关注目标，例如"排除学习障碍，使人人能学""与雇主、员工及社区分担责任，使学习渗透到社会的每个角落"等[②]，以期能够有效推动英国教育实现终身化发展，搭建面向全民的终身学习的教育运行体系。从该法案的基本定位、主要目标、具体内容来看，《学习与技能法》可被视为英国开展成人教育本位的终身教育法，换言之，该法案的基本内容已涵盖了成人教育以及终身学习的全部内容，为终身学习在英国的顺利发展奠定了良好的基础。值得强调的是，《学习与技能法》提出建立中央一级的"学习与技能委员会"相关责任部门，而地方分设部门则负责政策制定、经费管理、结果评估等工作。[③]

2006 年，英国相继出台了发展职业技术教育的重要文件《继续教育：提高技能水平，改善生活机遇》（Further Education：Raising Skills，Improving Life Chances），重点强调需要提高成人继续就业的能力，要以就业能力培养为核心，建立专业化的继续教育体系，进而明确质量提高、学习者个体和企业行业的需求满足方式，并且将其视为今后职业技术教育发展的建设重点。

---

① 吕达，周满生. 当代外国教育改革著名文献（英国卷 第一册）[M]. 北京：人民教育出版社，2004：150.

② Suchodolski B. Lifelong education: Some philosophical aspects[M]//Dave R H. (Ed.). Foundations of Lifelong Education. Amsterdam: Elsevier, 1976: 57-96.

③ 国卉男. 当代国际终身教育政策的回顾与展望[J]. 外国中小学教育，2013（1）：17-23.

2007 年，英国颁布《继续教育与培训法》（Further Education and Training Act），进一步确保了继续教育学院能够颁发属于自己的专业学位，进而在很大程度上推动了英国终身学习的高质量建设与发展。

总体而言，1997—2010 年，英国新工党政府举力兴起"新学习文化"，正式标志着英国终身学习时代的到来。在此之后，英国终身学习的教育体系建构不断实现新发展，例如，受到 2011 年欧盟《终身学习质量保障》（Quality Assurance in Lifelong Learning）的深刻影响，2013 年，英国政府推出了《技能的严格性与响应能力》（Rigour and Responsiveness in Skills），后来又发布了《2010—2015 年联合政府继续教育与培训政策》（2010 to 2015 Government Policy：Further Education and Training）等，聚焦于终身学习的教育体系建构的"质量保障""学习者主体地位"等相关议题。[①]

（2）英国终身学习与教育实践

英国是世界上发展终身教育较早的国家之一，整体而言经历了成人教育、继续教育、建设学习型社会三个发展阶段。在很大程度上，我们可以认为英国的终身学习本身蕴含于其蓬勃发展的成人教育传统中。《1944 年教育法》将"破"与"立"结合起来：其一，废止 1899 年成立的具备监督责任的中央教育署，将教育部设立为全国性的教育领导机构，用以强化中央对国家教育的领导与控制；其二，废止教育体系中与中小学教育不连贯，且教育内容存在相互交叉的学制，将教育体系分为三个连续的渐进阶段，包括初等教育、中等教育、继续教育；其三，义务教育的受教育时间延长，并且可以根据地区不同而做具体调试。值得注意的是，第二项变革使得英国的继续教育体系之中包含成人教育，并在日后逐渐发展成为"终身学习"的同义词。因此，在很大程度上，我们可以认为关于英国终身学习的教育实践的热烈讨论，最初主要源自英国的继续教育实践进程。英国继续教育是对超过义务教育年龄的人所进行的全日制或定时制的教育，与初等教育、中等教育具有同等重要的地位。因此，基于理论层面而言，学校后教育（以中等学校第六级完成与离校为准）应当全属于继续教育，但是实际上英国继续教育是社会公共教育的重要构成部分，表现出了一定的复杂性。除了其自身发展以外（也称为普通继续教育之外），"继续教育"这一"招牌"之下还包含高等教育、成人教育、青少年教育等具体教育体系，但相对而言各个部分之间又存在"貌合神离"的现实情况。不过，近年来，为了满足职业技术教育发展和"社会弱者"维持生计的需求，成人

---

① Bhutoria A. Economic Returns to Education in the United Kingdom[R]. Government Office for Science, 2016.

教育逐渐开始积极导入技术教育内容，以向继续教育发展建设方向逐渐靠拢。

英国提供终身教育机会的机构相当丰富，如继续教育学院、职业技术学院、开放大学、图书馆、博物馆、人力资源服务委员会、英国广播公司等。不同分类标准下的教育机构承担不同的终身教育职责，就普通继续教育而言，主要以继续教育学院为载体，实施以获得教育资格为主的教育，其中包括职业技术资格教育；就其具体实施情况而言，有全日制、日间定时制、夜间定时制普通继续教育学院等，其课程内容也可以根据学习需要修改。与普通继续教育学院平行的还有具备学位授予权的开放大学等，它们共同构成了英国学校后继续教育机会的提供者。英国开放大学主要是以广播电视为手段，不设置入学资格限制，面向所有人开展成人继续教育的专门机构。[①]1969 年，英国开放大学获得英国王室特许令，其大学章程通过正规法律程序并投入到实践应用之中，法律意义上的英国开放大学得以正式确立。1971 年，位于伦敦的英国开放大学正式开始授课，其中的电视广播课程正式开播，面向社会各界人士为其提供终身教育的受教育平台与资源，据统计，当时的注册人数接近 2.5 万人。[②]值得肯定的是，英国开放大学成立之初就提出"向所有成人开放、学习地点开放、学习方法开放、学习观念开放"的办学理念，提供包括多种学位在内的学历高等教育，以及包括职业教育、培训、继续教育等在内的非学历高等教育，其课程内容和课程设置安排也因为需要而变得富有灵活性和弹性。整体而言，开放大学受到英国社会各界的广泛欢迎与普遍认可，并伴随着英国政府的推行，其办学模式与先进办学经验逐渐传播到世界各地。

（3）英国终身教育的总结

通过以上分析可知，英国终身教育有几大特点。其一，英国终身教育的发展以其成熟的成人教育为基础，而且终身教育与成人教育具有天然的联系，可见英国终身教育的发展以成人教育的有关思想为积淀，这一点可以称为英国终身教育的本质特征，在英国终身教育发展过程中表现得尤其突出。其二，英国政府一贯重视通过相关政策立法来解决终身教育发展相关的一系列现实问题，并且通过制定一系列教育法规来保证各级政府部门有提供终身教育的责任与义务。其三，终身教育的理念倡导服务于社会的全体公民，终身教育的全民属性指的是终身教育机会与资源要面向全体国民，其思想核心是受教育机会人人平等，这一平等公正

---

① Cartery C F, Robbins L. The university in the modern world[J]. The Economic Journal, 1967(307): 638.

② 马传新. 高教园地的奇葩成人教育的典范——英国开放大学访问札记[J]. 现代远距离教育，2002（2）：60-61.

的思想在英国终身教育的发展进程之中得到了充分的体现。其四，英国政府开发了一系列终身教育形式，具体包括开放大学、社区学院、住宿制学院，使得英国社会成员能够有机会在任何地点与任何时间获得受教育机会，且多元设计也能够满足其多样化的终身学习需求。其中，开放大学为英国终身教育的最主要表现形式与最重要载体。

通过总结英国终身教育的发展经验可知，伴随着终身教育与终身学习思潮的兴起，各国均应顺应终身教育的整体发展趋势，提出适用的终身学习主张，用以推进终身学习与教育终身化的真正实现。虽然英国未如美国、日本等过多地提出终身学习口号，但其终身教育理念已经牢牢地嵌入蓬勃发展的成人教育传统之中，并且通过实践逐渐走向完善。英国终身学习在继承成人教育传统的基础上，一方面，不断通过立法等国家保障来保证英国社会的全体人民均有获得终身学习的资源、机会和权利，使得英国终身学习不断实现政策落地并且走向具体实践之中；另一方面，英国终身教育在不断走向实践的过程之中，充分结合不同的社会需求，并且向着形态多样、形式多元的当代终身学习的教育体系不断迈进，进而为世界各国的终身教育政策制定、实践活动的开展以及开放大学的创办提供了极具参考价值的经验。

2. 法国：发挥高等教育系统的继续教育的作用来构建终身学习的教育体系

第二次世界大战后，法国政府相关部门以《朗之万-瓦隆计划》（Langevin-Wallon Project，1947）为基本教育改革理论，以"正义原则"进行方案设计，提出通过终身的方式，为所有市民提供继续发展智力的、审美的、职业的、公民的及道德素养的可能性的民众教育，对过去只将民众教育视为学校的补充性教育的模式进行全盘否定，真正为现代终身教育的重要指导性原则的确定奠定了基础。[1]法国政府重视发展终身教育理念，在 2009 年 11 月 25 日正式颁布了《导向和终身职业教育法》（Guidance and Lifelong Vocational Education Law），并在其国民教育体系和高等教育体系中均提及要将终身教育思想真正贯彻执行到底。近年来，法国和国际社会逐渐使用由终身教育概念发展而来的终身学习这一理念，围绕着终身学习建立了周严缜密的管理体制和相关法律法规。在法国，服务于终身学习的教育体系是一个涵盖初始教育、普通教育、职业教育、继续教育以及任何获得知识和能力的行为的教育体系整体运行框架，也被称为"法国模式"，并且在世界上

---

① 王晓辉. 法国终身教育的发展与特色[J]. 比较教育研究，2007（12）：80-84.

被广泛借鉴与普遍应用。

（1）法国终身学习与法案政策的构建

1971 年，法国通过《关于终身教育职业继续培训组织法》（Laws Related to Continuing Vocational Education Organizations within the Scope of Lifelong Education），即《终身职业教育法》，标志着法国围绕劳动者的新教育制度得以正式确立，也使得终身学习在法国不断发展与深度融合。其重要内容主要有以下两点：其一，"1%事业"的落地实施，以义务的形式规定雇佣人数 10 人以上的企业应该将上一年度员工 1%的工资投入到员工的继续教育培训之中，在客观上为继续教育的实施奠定了经费基础；其二，开展带薪教育休假制度，被雇佣员工在满足一定条件后即可申请带薪假期，以自由选择终身教育训练课程。另外，其也对被雇佣员工继续教育的费用承担进行了详细规定，要求企业和国家共同承担相关费用。《终身职业教育法》是法国较为完善的成人教育法，使得成人教育在法国公共教育体系中的重要地位得以正式确立，进而真正推动了法国终身学习实现进步，并且在实践层面上得以真正落实。

此后，高等教育在继续教育中的作用不断受到关注与重视。1985 年，法兰西学院（Collesede Frace）提交了《关于未来教育的建议》（Suggestions for Future Education），提出在更迭迅速的时代背景之下，终身教育运行体系应该致力于持续减少学校教育后职业生涯与社会发展之间的巨大割裂，其中尤其要使高等教育发挥作用以带动全民终身学习，高等教育可以被当作充分利用校内校外的一切手段实施终身教育、消除学业与就业之间鸿沟的一种手段，同时一切国家机构都应当为已经就业的人提供再培训的新机会。1984 年，法国颁布萨瓦里法（Loi de Savary），全称为"1984 年 1 月 26 日第 84-52 号《高等教育法》"，提出了法国高等教育的基本任务，第一条要求"高等学校要进行成人教育和继续教育"，需要切实发挥高等教育机构延展而生的继续教育作用。1997 年，法国高等教育改革委员会提交了报告《构建欧洲高等教育模式》（Building a European Higher Education Model），该报告再次强调了高等教育对于继续教育的重要引导作用，并且认为高等教育机构应当或重新成为完全独立的继续培训的中学，在与社会合作者协商之后，适应拓展职业经验认定方式的需要，开设能够获得真正大学文凭的终身培训课程。[1]近几十年的法国终身学习的发展实践进程不断呈现出高等教

---

① Cresson E. Vers une politique d'éducation et de formation tout au long de la vie [J]. CeDeFop. Revue Européenne. Formation Professionnelle, 1996(9): 9-12.

育广泛参与并逐渐成为法国终身教育中坚力量的趋势。

2010 年，欧盟发布《欧洲 2020 战略》（Europe 2020）（全称为《欧洲 2020 智能、可持续和包容增长战略》），明确指出大约有 8000 万欧盟公民具有基本水平的职业技能，而终身教育与职业培训会使更多接受过教育的公民受益。[①]作为欧盟核心国的法国，理应回应欧盟教育的战略布局。2014 年，法国颁布《职业保障法》（Occupational Security Law）和《职业培训和社会民主法》（Vocational Training and Social Democracy Law），正式确定了法国职业发展委员会的作用及其相关职能，力图面向法国在职人员开展职业生涯发展教育。2015 年，法国职业发展委员会获得国家信息系统的支持，进一步推动了法国各地区的职业教育实践的发展。

（2）法国终身学习与教育实践

就法国终身学习的发展历程而言，总体对终身学习存在着广义与狭义两种理解。就广义而言，法国的终身学习意味着教育贯穿个人成长的一生，是个人一生不断积累知识和提升技能以适应社会与充实人生的持续过程；就狭义而言，意味着个体需要在学校教育结束后继续接受教育，尤其是继续接受职业教育。

立足于广义概念，法国的终身学习理念意味着早在学校教育之前，教育就进入人的成长过程之中。1977 年，法国教育部规定父亲或母亲在孩子未满 2 周岁时可以享受教育休假即育儿假，同时实现"幼保一体化"，向 2—6 周岁的孩子提供保育学校[②]，终身学习理念以法律形式得以落实并且投入实践之中。发展到义务教育阶段之时，法国为实现学校教育终身化发展而不断努力[③]，例如，加强学校教育与社区的联系、鼓励成人回归教育等，从学前教育到义务教育均设置了完整的运行逻辑框架，不断为实现教育的终身化发展而努力，进而为终身学习的完全实现与广泛贯彻奠定了基础。

立足于狭义概念，法国的终身学习理念受到法国《终身职业教育法》等的影响，主要针对企业职工、农民、待业职工、伤残人士等，为其提供继续教育尤其是继续职业教育。继续职业教育的实施主体包括地区高等中学群体、法国国立工艺学院、法国国家远程教育中心等。其中，法国国家远程教育中心于 1939 年建立，以远程教育为主要手段，面向所有人提供获得资格认证、技能提升、知识技能等培训和教育的机会，也是法国终身学习的重要教育教学机构，不断推动着法国终

---

① 中国科协创新战略研究院. 创新研究报告[R]. 欧盟统计局发布"欧盟 2020 战略"进展报告，2020.

② 吴遵民. 现代国际终身教育论[M]. 上海：上海教育出版社，1999：158.

③ Ecole Nationale d'Administration. Promotion Averroès Séminaire d'administration comparée[EB/OL]. (1999) [2023-12-10]. https://www.oecd.org/mena/governance/35526820.pdf.

身学习和国民培养的实践进程。

（3）法国终身教育的总结

法国提出并重视发挥高等教育的继续教育作用，主要核心在于围绕终身学习建立起广泛而周密的法律保障体系，并且在终身学习理念的指导下不断努力构建学习社会。在此基础之上，其分别从广义和狭义两个层面推进终身学习的实践，尤其是努力推进继续教育。尽管如此，关于劳动者终身学习尤其是带薪教育假期是否能真正保障劳动者的终身教育权等诸多分歧和争议也同样存在，受到了社会各界的广泛重视，并且社会各界围绕此问题展开了丰富的讨论。另外，如何从重视当前以职业为中心的继续教育走向真正的终身学习，也是法国终身学习实践中无法回避的问题。

（二）以社会变革需求为驱动力

社会散发型终身学习的教育体系的另一大发展特征为以社会变革需求为驱动力，以联合国教科文组织在推动终身教育在世界各国开展方面的积极举动，欧盟建立高等教育一体化框架下的终身教育资历框架为主要表现。

1. 联合国教科文组织：积极推动终身教育在世界各国的开展

联合国教科文组织有力推动了终身教育实践在全球范围内的开展，推进终身教育理念走进世界各国人民的视野。联合国教科文组织在促进世界服务于终身学习的教育体系建设过程中主要做出了三点贡献：为"终身教育"等相关理念的探讨提供了交流平台；通过发布一系列与终身教育问题相关的观点，累积构成了相对完善的终身教育认知，明确了终身教育的目的和意义，可供世界各国政府和人民参考；在世界范围内掀起了终身教育浪潮，有力推动了教育现代化改革。以下将从相关文件与实践两方面进行展开。

其一，联合国教科文组织关于终身学习文件的出台。人类社会步入20世纪以后，教育发展出现许多新的概念，其中终身教育相关理念占据极其重要的地位，亦可称为现代最基本的教育理念之一。在终身教育理念产生、推广、付诸实践的过程中，联合国教科文组织都发挥了非常重要的推动作用，出台了一系列相关文件，对其概念、价值、作用、目的等进行了讨论说明。1989年11月，联合国教科文组织召开"面向21世纪教育国际研讨会"，会议指出，在21世纪即将到来之际，社会发展面临新的挑战，要动员全社会成员更加积极地参与到教育事业当中，使人们养成终身教育的意识，建设服务于终身学习的教育体系，推进建设学习型社会。报告《教育——财富蕴藏其中》（Learning：The Treasure Within）认为，终身教育应该将学校内的正规教育与学校外的非正规教育有机结合，进而形成社会各阶段各方面的连续性教育，此报告在讲解"终身教育"的过程中，还同时增加了"学会生存""学会认知""学会共处"等新概念。[①]通过对相关文件进行分析，可知联合国教科文组织对终身教育基本形成了以下认知：终身教育的核心概念是贯穿人一生各个阶段的教育，教育内容包括文化科学教育、生活教育和职业教育等，教育形式包括正规教育、非正规教育、非正式教育三种。

其二，联合国教科文组织的终身学习与教育实践。在联合国教科文组织的带领与积极推动下，终身教育理念对各国的教育实践均产生了促进作用，教育体系发生了巨大变化，集中表现为四个方面的革新。①教育不再是学校的"垄断产品"，非正规教育和非正式教育在教育系统中的地位得到官方认可。在终身教育理念的牵动下，各国建立起服务于终身学习的教育体系，将教育体系中的各个环节统一整合起来，形成井然有序、相互配合、互为支撑的整体，其中各环节具体包括学前教育、学校教育、家庭教育、成人教育、社会教育、老年教育等。学校教育外的各个环节的教育以往都处于教育体系的边缘地位，但在服务于终身学习的教育体系之中，各个环节的教育地位都应得到正视，并被视为促进人终身成长、终身发展的关键举措。②服务于终身学习的教育体系改变了传统的学习观念。一方面，人们的学习观念从坚持"一次性学校教育"逐渐转向坚持"终身学习与成长"的终身教育观念；另一方面，在传统的教育观念中，人们对学校教育的成绩极为看重，成绩低迷或者考试失败会使其面临丢失教育机会的风险。然而，在服务于终身学习的教育体系中，随着教育机会和资源的增多，"考试定终身"的观念逐渐淡化，受教育权利成为人的根本权利，不会因任何情况被剥夺。③终身教育理念有助于培养全方面发展与个性化发展的人。在传统的教育体系运行框架中，学校教育占据教育的主体地位，比较难以兼顾人的全面发展与个性化发展。然而，在服务于终身学习的教育体系运行框架中，教育伴随一个人的出生到终老，可由其定制自己的发展成长方案，使其成长为综合、全面且兼具个性的人。④终身教育理念有助于推动学校教育改革进程，成为当代学校教育改革的最基本原则。在终身教育的影响下，更多学校向社会开放资源和平台，使学校走出象牙塔，真正融入社会。

---

① 联合国教科文组织. 教育——财富蕴藏其中[M]. 联合国教科文组织总部中文科，译. 北京：教育科学出版社，1996：90-97.

2. 欧盟：高等教育一体化之下的终身教育资历框架

1993 年，欧洲共同体不断扩充和发展，正式成立欧洲联盟（简称欧盟）。随着博洛尼亚进程（Bologna Process）的推进，欧洲高等教育一体化进程加快，各国政府逐渐意识到一次性学校教育已然不能满足人们与社会的需求，因此逐步确立了终身学习理念，致力于打造服务于终身发展的终身学习教育体系。21 世纪初期，欧盟已经形成相对完善的服务于终身学习的教育体系，并制定了配套学习政策。接下来，我们将从政策构建与教育实践两部分进行详细的介绍。

（1）欧盟终身学习与法案政策的构建

1994 年 11 月，首届世界终身学习会议召开，自此关于"终身教育"的相关概念在世界范围内日渐传播与普及，同时也在欧盟地区达成共识。次年，欧盟正式将终身学习视作促进社会发展的引领指向，并将 1996 年确立为"欧盟终身学习年"。1997 年 6 月，《阿姆斯特丹条约》（The Treaty of Amsterdam）正式出台，进一步指明了终身学习的重要意义。21 世纪，《里斯本战略》（Lisbon Strategy）再次强调了服务于全民发展的终身学习对于促进欧盟多维全面发展的重要战略价值。2000 年推出的《终身学习备忘录》（A Memorandum on Lifelong Learning）中对"终身学习"等相关概念进行了定义。从 20 世纪末至 21 世纪开局之年的发展，可以看出欧盟教育相关部门已经正视服务于终身学习的教育体系在社会发展中的重要推动作用。2000 年以后，欧盟开始制定各类与终身学习的教育体系相关的法案政策并规划明晰的发展路径。2001 年 11 月，《实现终身学习的欧洲》（Making a European Area of Lifelong Learning a Reality）正式出台，其中对终身学习的目标进行了明确：其一，提升并实现每个人的自我价值；其二，培养个人良好的公民意识；其三，提高公民在社会中的就业率；其四，增强社会凝聚力，使公民在人生的各个阶段都可以接受教育。2008 年 4 月，欧盟在已有关于服务于终身学习的教育体系的探索与发展的基础上，制定发表了《欧洲终身学习资格框架》（European Qualification Framework for Lifelong Learning，EQF）。该框架主要确定了知识水平和学术研究评价的基本格局，成为欧洲国家或地区资历框架参考的重要标准。2009 年，欧盟教育部长理事会批准"欧盟教育和培训合作战略框架"（Strategic Framework for European Cooperation in Education and Training），即"教育和培训 2020 计划"（ET2020），欧盟正式确立终身教育人才培训的基本方法。2010 年，欧盟在《欧洲 2020 战略》（Europe 2020 Strategy）中再次明确了服务于终身学习的教育体系的发展建设目标。2012 年，欧盟发布《2013 年终身学习计划》

（2013 Lifelong Learning Programme），提供了一系列可操作建议，推动终身教育融入人的终身发展，鼓励各个年龄段的公民参与到学习与各类教育活动之中。2015年，欧洲高等教育质量保证协会修订并发布《欧洲高等教育质量保证标准和指导方针》（European Standards and Guidelines for Quality Assurance in European Higher Education Area），进一步确立并落实终身教育资历框架之中的质量保证机制。

（2）欧盟的终身学习与教育实践

欧盟的服务于终身学习的教育体系建设进程可以 2007 年为重要时间划分节点。2007 年之前，终身教育是独立开展的，各个教育系统之间的衔接性不强，致使出现部分不必要的资源浪费。因此，2007 年后的欧洲终身学习计划整合各部分教育资源，减少了阶段割裂而造成的资源浪费。一方面，2007 年前的欧盟终身学习发展实践尚未形成统一名称，而是体现在一系列教育计划之中，具体包括《苏格拉底计划》（Socrates Programme）、《田普斯计划》（Tempus Programme）、《伊拉斯莫计划》（Erasmus Programme）、《达·芬奇计划》（Project da Vinci）等。各项计划基本可以划分为两类：第一类指向终身学习的教育体系的全过程设计，涉及从学前教育到成人教育的整个发展过程；第二类指向某一阶段教育的专项实践计划。例如，《达·芬奇计划》中的主要目标群体为社会上的弱势群体，目标是促使弱势群体在社会中获得公平公正的就业机会。另一方面，2007 年后的欧盟终身学习将分散的阶段整合，并将其体现在《2007—2013 年终身学习整体行动计划》（Overall Action Plan for Lifelong Learning from 2007 to 2013）中。该计划为欧盟构建服务全民的终身学习的教育体系提供了更加具有可行性的实施方案，促使欧盟社会实现整体性、持续性发展，使得欧盟能够在终身学习的知识领域的发展得到极大提升。总而言之，欧盟服务于终身学习的教育体系建设历经 20 余年的发展实践，已然构建了包含学前教育、基础教育、高等教育、职业教育、成人教育在内的终身学习教育体系，可为每位公民定制出符合个人利益的终身学习计划。

二、政府集约型的终身学习教育体系发展特征研究

政府集约型的终身学习教育体系以立法为先、理念落实为显著发展特征，其开展终身教育相关实践时，高等教育系统的整体作用更加突出，服务终身学习教育体系建设行动的整体性特征明显，即顶层设计走在实践行动之前，表现出极强的规划性、变革决心与目的意识。

（一）立法为先

政府集约型的终身学习教育体系的一大特征为立法为先，其中以美国终身教育发展得益于终身学习自由市场的构建、日本从学前教育到成人教育全面系统地开展学习终身化的教育改革为主要表现。

1. 美国：终身教育发展得益于终身学习自由市场的构建

20 世纪 70 年代，美国学者罗伯特·赫钦斯（R. Hutchins）出版了《学习型社会》（The Learning Society）一书，提出了"学习社会"概念，并进行了系统论述。伴随着国际上"终身学习""终身教育"理念的提出，以此为代表的教育终身化以及学习终身化思想在进入后工业时代的美国得到不断推广和深入，对美国相应的实践产生了深远影响。

（1）美国终身教育与政策法案的构建

"终身教育""学习社会""终身学习"等教育终身化思想不断成为美国政策法案制定的重要原则，三者在美国的终身学习教育体系的实践发展过程中很大程度上被视为同一概念。自从 20 世纪 70 年代《终身学习法》（Lifelong Learning Act）颁布以来，美国联邦政府开始改变过去在教育中所起的监督和督导作用，转而积极参与国家层面终身教育政策的设计与规划，坚持奉行以国家力量推动终身学习的教育活动在美国走向现实。[①]

美国的《终身学习法》又称为《蒙代尔法》（Mondale Act），1976 年由议会顺利通过。其内容主要包括三个方面：①明确在美国推进终身学习是因为国家需要其通过开发所有人的潜力，包括提高他们的个人福利、改进他们工作岗位的技能，以适应加速变化的生活；②确定终身学习的范围，提出了极为广泛的界定，认为终身学习包括成人基础教育、继续教育、独立学习、农业教育、商业教育、劳工教育、职业教育（即工作训练方案）、双亲教育、退休前及退休人员教育、补习教育、职业及晋升教育，以及协助各机关团体运用研究的成果或创新的方法服务于家庭需求和个人发展的空间；③规划教育学习的主要内容，其中规定主要由美国教育部中分管终身教育的助理秘书承担相关职责。[②]《终身学习法》及其相应的多项终身学习项目内容涉及面极为广泛，但由于国会拨款与经费投入等的

---

① 吴遵民. 当代终身教育理论的研究现状和课题[J]. 杭州师范学院学报（社会科学版），2007（6）：107-112.
② Jr Califano J A, Berry M F. Lifelong Learning and Public Policy[EB/OL]. [2023-10-20]. https://files.eric.ed.gov/fulltext/ED160859.pdf.

限制，《终身学习法》在实践中的实际效用有限。

之后，新的经济形势和世界格局要求美国更大地释放人力与智力潜力。如美国 1965 年颁布的《高等教育法案》（The Higher Education Act of 1965）在 20 世纪 80 年代有所修改，《高等教育法案》的第一篇在 1980 年修改为《中学后继续教育法》（The Continuing Post-Secondary Education Act），其内容包括：①不分年龄、种族、性别、宗教、出身、地理位置或经济状况，在接受中学后教育方面一律平等；②愿意参加中学后教育的人，有选择院校和选择适应他们需要与能力的计划的自由；③提高中学后教育的质量，包括保证和扩大学术自由、责任和教育多样化；④提高中学后教育对迅速变化的社会需求、经济需求的反应能力；⑤为使中学后教育能通过有效的规划和管理达到目的，必须有效利用各种资源，更好地分配人力、物力、财力资源。该法案要求加强政府与高等学校的紧密协作，并对公民终身教育的权利、保障和要求做了进一步规定，表明了终身教育实践在美国的进一步推进。

1991 年，布什发布《美国 2000 年教育战略》（America 2000：An Education Strategy），提出到 2000 年，每个美国人都要脱盲，并掌握在全球经济中参与竞争以及行使公民的权利和责任所需的知识与技能，并确定了六个奋斗目标：①做好入学前准备；②提高中学毕业率；③提升学业成绩和公民素养；④重视科学和数学；⑤实现成人脱盲和终身学习；⑥构建安全、有纪律、无毒品的学校。在此基础上，布什提出了"学生之国"理念，即在让所有未成年人获得优质教育的同时，也让所有成年人加入学习，努力建设学习型社会。[①]

1993 年，克林顿重新研究并扩充《美国 2000 年教育战略》，并于 1994 年经国会批准成为《2000 年目标：美国教育法》（Goals 2000：Educate America Act）。1997 年，克林顿在国情咨询中就《2000 年目标：美国教育法》的实施提出"四大目标"和"十大原则"，最高目标为每一个美国成年人必须坚持终身学习，"十大原则"中的第九条为 21 世纪的教育必须扩展为终身教育，终身教育之路导向美好未来，不论年龄有多大，美国人都必须有机会学习新的技能，都享有终身学习的权利和机会。[②]

（2）美国终身学习的教育活动实践

美国教育体制总体呈现出多样性和实用性，在"终身学习的教育自由市场框

---

① 赵红亚. 美国成人教育立法及其对我国的启示[J]. 陕西师范大学继续教育学报，2004（1）：19-23.

② 纪军. 当代美国终身教育的发展论略[J]. 河北大学成人教育学院学报，2002（4）：23-25.

架"中得以体现。美国终身学习围绕"商品经济"供需原则进行终身教育市场自由竞争，即自由自主选择学习形式、学习状态的自由学习者和提供丰富多样终身教育机会的终身教育提供者，结合政府、企业、财团、宗教团体等资源供给者，通过商品化市场竞争形成美国终身教育市场框架。

终身学习中的"自由学习者"主要是指在美国根据需要进行自由学习选择的成年学习者，这种"自主"体现在可以自由选择学习机会、学习方式、学习时间等，表现出高度的自主性和自由性。同样，在自主性和自由性的表现下，自由学习者的性别、年龄、职业属性、学习目的、课程种类选择等的构成背景和学习需求也表现出了极大的复杂性。美国以终身教育为重要指导原则制定的相关法案，如《终身学习法》等能为自由学习者提供学习资源支持与必要的行政支持。

由于终身教育提供者具有多样化的特点，在此主要以组织机构为载体，对终身教育提供者进行介绍。自由学习者本身的构成背景与学习需求具有复杂性，因此美国专门向自由学习者提供学习机会的终身教育机构也比较丰富，包括独立终身教育机构（如成人学校、成人教育中心、自由大学等）、正规学校教育机构（如公立中小学、社区学院）、半教育性组织（如非营利服务组织、公共图书馆、大众传媒）、非教育性组织（如工商企业、工会、政府机构）等。在此以成人学校、社区学院为例，从相对制度化的终身教育机构对美国终身教育做一简单勾勒。美国成人学校具备专门的教学场所，主要有面向高中未毕业学生、移民等的补习性教育和包含外国语、美术、音乐、家政、健康等在内的教养性教育，课程多以 3 个月为 1 期，学生多为普通居民，授课老师多为兼职。相对于较为正规的教育机构，成人学校更多地表现出家庭式气氛。社区学院作为美国特有的新兴高等教育机构，是为社区居民提供教育服务的公立短期大学，是将成人教育、高等教育及职业教育三者结合在一起的一条发展高等教育的新途径。

总体而言，美国终身学习的教育体系建构颇有成效。自由学习者面对高度发达的社会，其职业生涯表现出不稳定性，其知识、技能等还未完全得到"开发"，需要进一步学习。随着社会结构的变迁，不稳定性进一步扩大，终身教育不仅是未来教育走向学习社会的趋势，其同时也因为不断扩大的成人教育市场需求而吸引"教育经营者"进入"市场"竞争。早期，营利性学校、社区学院等积极加入竞争，而后专门团体、企业等也加入其中，直至后来拥有学位授予资格的教育机构也加入竞争。在这种竞争环境下，美国终身教育不断铺展开来，形成了复杂性和实用性并存的发展现状。

（3）美国终身学习教育体系实践总结

20 世纪 60 年代以来，终身学习教育实践在美国不断深入且实践成效颇显。在教育法案政策实践方面，美国自 20 世纪开始不断制定和修订以终身学习为重要内容的法案与政策，从各个层面提出保障终身学习者权利、义务等方面的要求。在教育活动实践方面，美国探索形成了"终身学习自由市场框架"。该框架以自由学习者和丰富的终身教育提供者为主体，具有丰富性、多样性和实用性的特征，有效推动了终身教育在美国的发展。同样，由于社会局势与各方多元需求等因素的影响，也出现了一些问题，包括《终身学习法》等部分终身学习相关文件难以落地；由于"商品化"的市场竞争，终身学习现状在表现出丰富多样状态的同时，也存在着某种混乱，从而与终身学习最为根本的诉求——人人通过终身教育实现社会适应和人生充实的需求有所背离。

2. 日本：从学前教育到成人教育全面系统地开展学习终身化的教育改革

20 世纪 50 年代，终身教育理念在世界范围内兴起，各国各自酝酿着自己的教育改革和教育主张。1972 年，日本是唯一明确提出要从学前教育到成人教育贯彻终身化的教育改革的国家。在此期间，包括文部省在内的几乎所有政府部门都发布了涉及学校教育、社会教育、体育教育、青少年教育、家庭教育、职业教育、女性问题、老人问题等众多领域的终身教育文件，其对终身教育、终身学习、回归教育、生涯教育、继续教育、成人教育、学习型社会等相关术语也几乎都有所涉及，可谓涉及面极为广泛的"终身教育总动员"，而且声势浩大。因此，日本可以被称为世界上践行国际化终身教育思潮最为先进的国家之一，其政策规定与实践活动可为世界各国推进终身学习事业提供榜样与借鉴。

（1）日本的终身学习与法案政策

日本作为一个不断走向法治化的国家，推行终身学习相关政策举措，往往需要围绕相对应的法治建设提供保障和引导。20 世纪 40 年代开始，日本就按照宪法的基本原则和精神，围绕学校教育和学校外教育等进行了相应的法治建设，在此主要围绕日本的终身学习法律、法规、政策等进行展开。

1949 年，日本根据《日本国宪法》《教育基本法》的重要原则与精神制定了《社会教育法》，具体内容如下：其一，强调社会教育有其自身的主体性和自主性，是一项国民自主性教育活动，需要和社会教育行政区别开来；其二，强调要重视地方自治的直接权限，提出了市町村主义原则，以保障社会教育的自主性；其三，提出"不干涉，不控制"原则，确保社会教育及其有关团体的相对独立性。后来，

《社会教育法》经历了几十次修改，就总体趋势而言，不断加大了地方权限，不断扩大了社会教育在日本生长的自由空间，强调中央和地方政府应主要为社会教育提供支持、帮助其进行适切的环境创设等。①《社会教育法》作为贯彻日本《教育基本法》的重要原则即"国家及地方公共团体须对家庭教育和在劳动场所及其他社会中进行的教育给予奖励"的法律文本，是日本终身学习的重要基础和重要构成部分。②

第二次世界大战后，日本经济走向复兴，产业生产对职业教育和职业人才的需求不断增加。1951年，日本颁布《产业教育振兴法》，明确指出鉴于产业教育是发展日本经济和提高国民生活水平的基础，故以《教育基本法》为准则，通过产业教育，使人民确立正确的劳动观念，掌握产业技术，同时培养创造能力。因此，为了造就出这种能够对国家的经济独立做出贡献的、有所作为的国民，日本以谋求产业教育的振兴为目的，提出振兴日本产业教育，推动职业教育发展。其中，《产业教育振兴法》的中心内容在于对学校包括私立中学、公立中学、大学中的职业教育等进行财政援助，推动日本职业教育的发展，这对之后的终身学习的推动具有重要意义。

1988年，日本撤掉了社会教育局，将其改设为终身学习局，社会教育课设立在终身学习局中，在行政上明确了终身教育和社会教育的关系，确立了终身教育在体系中的地位。1990年，日本出台了《生涯学习振兴法》，这是继美国《终身学习法》以来第二部专门面向终身学习的法律文本，以"谋求完善振兴终身学习措施的推进体制及保障终身学习的机会"为基本宗旨，形成了包括立法目的、实践注意事项、都道府终身学习体制推进、地区终身教育构想等12条条款，并在2002年修订为《终身学习完善法》，这在一定程度上促进了日本终身教育的发展。然而，《生涯学习振兴法》和此后修订的《终身学习完善法》都表现出较为浓厚的功利色彩。20世纪90年代，面对泡沫经济，日本希望通过终身学习产业化实现产业经济效益的提升，因此试图通过推动产业部门强力进入终身教育领域来直接实现产业振兴以应对日本经济危机，通篇未曾提到《教育基本法》的基本原则和精神，也与《社会教育法》的基本立场有所冲突，甚至2002年修订的《终身学习完善法》都没有在实质内容上对终身学习的根本理念——个人终身学习以促进个人素质等问题给予应有的回应。

---

① 小宫山博仁. 终身受用的学习秘诀[M]. 李芳黛，译. 台北：大展出版有限公司，2000：14.
② 吕慧，侯怀银. 日本社会教育的概念研究[J]. 日本问题研究，2015（3）：45-56.

此外，近年来日本终身学习的教育体系建构也在不断发展，如日本大学不断深入参与终身学习的教育体系建构。由于受少子化和高龄化等趋势影响，日本包括大学在内的高等学校人数约缩减 80%，如日本统计部门预计 2040 年 18 岁人口将减少为 88 万人，高等教育学校的入学者约为 74 万人，比 2017 年减少约 23 万人，其中高等教育学校的入学者约 51 万人，比 2017 年减少约 12 万人。[①]因此，日本高等教育尤其是大学为缓解招生压力，面向社会不断招收在职成人、退休者等，具体表现为开设大学专门终身学习机构、授予与终身学习相适应的学位、学分互认、公开讲座等方式。日本终身学习的教育体系建构中，参与主体包括大学不断走向多元化，其作用也日趋凸显。

（2）日本的终身学习与教育活动

日本终身学习的教育实践活动开展路径依赖于政府、民众、学术界多重主体的紧密联系与互动，往往是日本民间各式各样的终身教育活动不断开展后，政府部门进入其中进行专项调查，形成报告等交由政府进行审议；学术界对其以刊载或学术报告的形式加以深入介绍与广泛宣传。其中，必要时也会有总理大臣等加入教育审议，对其进行审议以形成正式答申报告。20 世纪 70 年代，日本终身学习实践不断推进，终身学习机会增多，如 1971 年中央教育审议会的正式报告提出，"促进、援助以人们多种多样自发学习为基础而进行的社会教育"[②]，强调在终身学习背景下要实现社会、学校、家庭在社会教育中的协调和整合，促进日本终身学习在国民多方学习中的作用。20 世纪 80 年代，日本终身学习实践开始强调构建终身学习的教育体系以构建学习型社会，如 1981 年的咨询报告《关于终身教育》首次明确了"终身学习"这一概念，提出整个社会要广泛地立足于终身学习的思想，尊重个人为提高自己所做的努力，并给予其公正的评价，亦即向所谓的学习社会的方向努力，确立建立"学习社会"的目标。[③]20 世纪 90 年代，日本则进一步进行教育实践改革，向着建设终身学习社会的目标努力，如 1990 年 7 月 1 日正式颁布并执行的《生涯学习振兴整备法》，提出推进终身学习的教育体系建设和地区民间终身学习活动保障等[④]，此后的《关于适应新时代要求的教育各项制度

---

① 文部科学省. 2040 年に向けた高等教育のグランドデザイン[EB/OL]. [2023-12-10]. https://www.mext.go.jp/b_menu/shingi/chukyo/chukyo0/toushin/1411360.htm.

② 于洪波，蔡智勇. "战后政治总决算"与日本第三次教育改革的提出及其特征[J]. 中国高教研究，2003（5）：45-46.

③ 崔世广，张洪霞. 日本开展终身教育的历史过程[J]. 日本问题研究，2005（1）：39-46.

④ 小宫山博仁. 终身受用的学习秘诀[M]. 李芳黛，译. 台北：大展出版有限公司，2000：14.

的改革》咨询报告也对学校教育在终身学习的教育体系中应有的作用有所关注，《面向 21 世纪我国教育的应有状态》更是提出学校、家庭、社区的对接，将社区教育与学习教育衔接以促进终身学习社会的实现。

在日本的终身学习实践中，政府以积极的姿态开展终身教育实践，推动学校、社区、家庭终身教育实践，以实现构建终身学习社会，其中突出强调了学校应对社会教育开放，如包括大学、短期大学、专门学校等高等教育机构需要为地区培养年轻人及为地区一般居民提供广泛的终身学习场所，推进回归教育、终身教育等，提出了"社会人特别选拔制度"、扩充夜间大学院与公开讲座、承认非正规生旁听正规课程的学分、推行电视大学全国联网化、建立终身教育中心等。同时，社会非营利性组织如野村终身教育中心积极依靠妇女力量解决社会矛盾纠纷，举办终身学习讲座、演讲会、国际交流等，积极推进终身学习在民间的实践，也为日本终身学习的发展提供了重要的支撑力量。

（3）日本终身学习的总结

在终身学习实践推进过程中，日本政府以积极的姿态，严密地推进终身学习法治化建设，并与民间、学界合作，以促进终身学习的教育体系在国民教育中的确立，并围绕终身学习社会构建而不断努力。值得强调的是，在日本终身教育推进过程中，抽象性政策方针较为突出，而具体措施等较少，如很少提及在终身教育理念下学校教育如何转向终身教育、社会经济教育如何改革等具体方案措施。同样，日本终身学习实践推进中也表现出某种徘徊，如在不断推进学习型社会目标、实现个人自主性终身学习和个人素养提高的同时，立足于终身学习产业化以实现产业振兴与经济增长的《生涯学习振兴法》也同样存在。总体而言，日本终身教育较早地得以广泛推行和实践，对后来各国的终身教育实践与体系发展有深刻的影响。

（二）理念落实

政府集约型的终身学习的教育体系的另一大特征为理念落实，韩国服务于终身学习的教育体系建设以专项立法与理念指导为基础、德国发达的职业教育是终身学习的教育体系发展的重要基础是其主要表现。

1. 韩国：服务于终身学习的教育体系建设以专项立法与理念指导为基础

服务于终身学习的教育体系的建设发展受到韩国的极大关注，这直接体现在一系列立法以及以专项立法为基础理念的实际行动之中。韩国服务于终身学习的教育体系雏形早在 20 世纪 80 年代便已经存在，并在一系列法案中得到不断完善和发展。1999 年，韩国正式颁布并实施《终身教育法》，开始尝试构建服务全民终身学习的教育体系。

（1）韩国的终身学习与法案政策

1948 年，《大韩民国宪法》正式审议并通过，在后续得到不断修改和完善。1987 年，在对宪法的第九次修订中，首次加入"终身教育"的相关概念，具体在第三十一条第五款中明确指明"韩国提倡终身教育体系建设"，这使终身教育在韩国得到法律上的真正确认。韩国也为终身教育建设进行了专项立法，1982 年，韩国颁布《社会教育促进法》。该法案指明了韩国建设服务于终身学习的教育体系的必要性与重要性，也正视了政府在建设服务于终身学习的教育体系中应承担的重要责任。1996 年，韩国政府进一步完善《社会教育促进法》，并将其正式命名为《终身学习法》，其内容涵盖了服务于终身学习的教育体系的各个教育阶段，但主要关注学校后教育阶段，如社会教育、成人教育、职后教育等。1999 年，《终身学习法》再次得以修订，并改名为《终身教育法》，而后随时代发展的需求而变化，韩国不断对专项法案进行修订和更新。韩国关于终身学习的专项立法发展经历过多次更新，因此其指导理念与表现内容都体现出一定的时代性与社会性，但也存在一些不容忽视的问题。[①]其一，韩国认为的服务于终身学习的教育体系将学校教育排除在体系之外，相对片面地将终身教育等同于学校外教育，认为终身教育与学校教育属于两个类别，这是对终身教育概念的窄化；其二，着重强调政府在服务于终身学习的教育体系建设进程中的管理职能，而对公民主体的主观能动性和重要性缺乏认知。因此，在理念匡正和激发公民学习意愿方面，其仍存在一定的不足之处。

（2）韩国的终身学习与教育实践

韩国的终身学习的教育体系具有特殊性，终身学习的相关机构可以总体上划分为独立终身教育机构、附属终身教育机构、其他公共教育机构。其中，独立终身教育机构包括现代远程教育机构、事业单位设置的终身教育相关机构、独立的企业大学、社会机构自发组织设立的终身教育机构等；附属终身教育机构是附设在已有教育机构中的终身教育性质机构，具体包括各类学校附属的终身教育机构、事业机关单位附属的终身教育机构等；其他公共教育机构包括一切为全民提供文化教育的公共场所，如图书馆、博物院、文化活动中心等。韩国终身教育的理念

---

① 奇永花. 韩国终身教育的发展与实务运作[J]. 成人教育，2009（3）：10-16.

如下：在服务于终身学习的教育体系之外，学校教育与终身教育实属两个教育系统，因此不利于终身教育理念在学校教育过程中的贯彻落实，一方面不利于终身学习理念的连续性贯彻，另一方面不利于各类资源的重新组合。

（3）韩国终身学习的总结

韩国是世界上较早通过立法途径推动服务于终身学习的教育体系建设的国家之一，系统、完善的法案法规框定了终身教育在政策关注、各参与主体、社会公众方面的建设要旨，并且成立了专业化的终身教育师资队伍。高校也开设了终身教育的相关专业，培养出了一批致力于完善国家服务于终身学习的教育体系的专业人才，其发展经验值得我们借鉴。

2. 德国：发达的职业教育是终身学习的教育体系发展的重要基础

作为一个推进教育社会化的国家，德国在终身学习方面有着相当丰富的实践经验。20世纪50年代以来，德国一直努力改变第二次世界大战以来德国因为地方分权主义所导致的教育制度的分散，以协调、统一中央与地方的关系，如1960年发表对成人教育的劝告书，指出自由和自主的成人教育和学校教育一样，是国家公共教育制度的一部分[①]，但德国终身学习的教育机构如成人教育机构等仍表现出历史传统性。因此，德国终身教育或继续教育的基本方针对继续教育的多元性及既存的传统给予充分重视，并在此基础上寻求进一步发展。[②]

（1）德国的终身学习与法案政策

1970年，德国教育审议委员会（Deutscher Bildungsrat）发布了《教育结构计划》（Strukturplan für das Bildungswesen），明确指出作为社会与国家发展的关键要素，终身学习应当受到重视，强调要将继续教育发展成为教育的第四项主要领域，赋予其与正规学校教育同样重要的价值。[③]其后，德国的终身学习不断发展，尤其是随着20世纪90年代终身教育理念在世界范围内的推广，其逐渐成为德国的重要议题。此后，德国的终身学习特别是关于继续教育成为第四教育领域的进程不断得到推进，陆续出台了《未来的教育政策：教育2000》（Zukünftige Bildungspolitik-Bildung 2000）和《终身教育的新基础：继续扩展继续教育为第四教育领域》（Lebensbegleitendes Lernen auf eine neue Grundlage stellen-die

① 吴遵民. 现代国际终身教育论[M]. 上海：上海教育出版社，1999：168.

② 任春. 终身教育理念下的德国成人教育[J]. 德国研究，2007（1）：61-65，80.

③ 朱文彪. 德国日本终身教育的发展[J]. 外国中小学教育，2004（8）：12-14，19.

Weiterbildung zum vierten Bildungsbereich weiterentwickeln）等文件。[①]

值得注意的是，德国重视以"自我导向型的终身学习能力"提高来实现学习型社会的构建。1995 年，德国研究、科技与革新审议委员会（Der Rat für Forschung，Technologie und Innovation）发布了《信息社会：机会、革新与挑战》（Informationsgesellschaft-Chancen，Innovationen und Herausforderungen），指出在信息技术不断进步的背景下，紧密相连的多元媒体世界将决定信息社会的未来，各级学校与各教育领域均应积极运用信息与沟通技术，以培养人的自我导向终身学习能力及运用媒体的能力。在接下来的发展中，德国围绕着终身学习不断进行教育改革和实践。此外，德国同样重视由高等教育延展的继续教育，例如，2001 年，德国发布了《德国高等学校发展建议》（Suggestions for the Development of German Higher Education Institutions），认为高校应当在继续教育市场中承担责任，发挥自身的优势特长，如教育质量、学位授予等方面，强调应把继续教育视为高等学校自身的任务，并在高等学校内部以负责任的态度予以完成。

此后，在欧洲资格框架的影响下，德国于 2009 年颁布了《德国终身学习国家资格框架》（Deutscher Qualifikationsrahmen），以终身学习为指导理念，提高学习者的职业能力，为"工业 4.0"国家战略提供发展动力。经过不断的实践，2013 年，德国正式实施终身学习国家资格框架，并在 2017 年对其成效进行了评估，其间借鉴欧盟资格框架和其他国家的相关经验，不断调整并进一步将非正规、非正式学习成果纳入终身学习国家资格框架中，整合各级各类教育系统的资格。

（2）德国的终身学习与教育实践

总体而言，德国终身学习的实践措施分为三类，如"第二条教育道路"、带薪教育休假制度、对个人采取继续教育援助等方式。在此主要介绍"第二条教育道路"，即德国已就职成人通过一系列在职教育过程，获准再次拥有大学入学机会的途径。具体而言：①德国已就职成人进入职业学校学习 6 个月后，进入职业高级学校学习 3—3.5 年，通过结业考试获得与中学毕业证书同等的资格；②进入"专门上级学校"进行 2 年的全日制学习；③结业考试合格后获得大学考试资格。[②]"第二条教育道路"在职业教育和普通教育之间实现了"接轨"，将回归

---

① 任春. 终身教育理念下的德国成人教育[J]. 德国研究，2007（1）：61-65，80.

② Dohmen G. Volkshochschulen[M]//Tippelt R (Eds.), Handbuch Erwachsenenbildung/Weiterbildung. Opladen: Leske Budrich, 1994: 407-413.

教育应用到德国教育实践中，尝试打破教育体系的割裂现象，对于德国终身学习的推进具有重大意义。

德国终身学习的教育实施机构同样丰富多样，如农村教育组织、继续教育、家庭教育设施、福利机构教育、职员工会等。在此主要介绍"国民高等学校"。国民高等学校又称为"市民大学"①，面向成人提供多样课程，如果系统参加课程并考核合格，将获得职业资格认证。20 世纪 70 年代，国民高等学校引起社会的广泛关注，其参加人数达到 340 万人，因此也被称为德国的"终身教育中心"。②此外，德国的补偿教育、适应继续教育、升迁教育、专业训练等职业继续教育也在不断发展，职业教育学校、商业性继续教育等机构不断在德国进行相关实践。③

（3）德国终身教育的总结

德国有着极为丰富的终身教育实践，如"第二条教育道路"、国民高等学校等，引起了社会的广泛关注。总体而言，德国的终身学习教育实践具有两方面的突出特点：一方面，联邦政府与地方之间属于协调关系，政府往往通过"协调"而非"强制"的方式促进终身学习教育实践的发展，为德国具有悠久历史传统的终身学习教育实践的发展提供了坚实的基础；另一方面，德国远近闻名的职业教育体系为其终身学习理念落地创造了条件，并促使"第二条教育道路"等教育体系与终身学习教育实践成功接轨。德国终身学习实践的发展推进，尤其是教育体系之间的衔接，为世界各国提供了另一种切实可行的方案，也提供了宝贵的借鉴参考。

（三）国外终身学习教育体系构建相关实践的梳理

关于"终身教育""终身学习"，在国际上一般不做特别区分，特别是在各国的相关实践中更是如此。本书在论述国外相关实践时，均以关于终身学习的教育体系构建的实践来囊括。终身学习的教育体系构建发展状况事关一个国家的人才培养质量，对经济、社会发展也会有重大影响。因此，很多国家尤其是发达国家很早就开始了相关的实践探索。一些国家通过制定相关政策法规，设立专门管理运行机构，或者运用现有的教育机构开展形式多样的终身学习的教育体系构建的实践尝试，将终身教育思想作为指导思想渗透到各项具体的教育改革工作中，

① 王世岳，孙武平. 人民大学：继续教育的德国模式[J]. 终身教育研究，2018（1）：72-79.

② Huntemann H, Reichart E. Volkshochschul-Statistik: 54. Folge, Arbeitsjahr 2015[EB/OL]. (2015-11-25) [2023-10-10]. https://www.die-bonn.de/doks/2016-volkshochschule-statistik-01.pdf.

③ Olbrich J. Geschichte der Erwachsenenbildung in Deutschland[M]. Opladen: Leske & Budrich, 2001: 150.

积累了不少成功的经验（表 2-1），我国未来服务全民终身学习的教育体系的构建需要借鉴这些国家的成功经验。

表 2-1　国际代表性国家终身教育实践整体评价

国别	主要特点	整体评价
英国	终身学习与成人教育相伴而生	1）以继承成人教育为基础 2）不断获得立法等国家层面的保障，保证英国民众终身学习的权利，使得英国的终身学习不断走向实践 3）终身学习不断走向实践，结合不同社会需求，向着形态多样、网络化的方向不断迈进
法国	发挥高等教育系统中继续教育的作用来构建终身学习教育体系	1）首次提出"终身教育"这一术语 2）重视高等教育的继续教育作用，关注继续教育的发展 3）围绕终身学习建立起广泛而周密的法律保障体系 4）继续教育中受教育劳动者的权益保护等问题还有待通过具体政策法规予以解决 5）未来需要探究如何从当前以职业为中心的继续教育走向真正的终身学习
美国	终身学习自由市场的构建	1）在教育法案制定方面，20 世纪以来，美国不断围绕终身学习修订和颁布相关的法案与政策，明晰终身学习者的权利、义务，力图从各个层面为终身学习者提供保障 2）在教育活动方面，逐渐形成了"终身学习自由市场框架"，具有丰富性、多样性、实用性，促进了美国终身学习的发展 3）由于社会局势的变化与各方需求的多元化，部分关于终身学习的法规和相关文件难以落地 4）由于"商品化"市场竞争，终身学习的形式丰富多样，但也存在着某种混乱，难以保证从根本上满足终身学习的诉求
日本	从学前教育到成人教育全面系统地开展学习终身化教育改革	1）政府以积极的姿态推进终身学习法治化建设 2）政府积极与民间组织、学界合作，促进终身学习的教育体系在国民教育中的确立，以及终身学习社会的构建 3）相关政策中的抽象性政策方针较为突出，具体措施等较少，终身学习理念的落实存在一定问题
德国	发达的职业教育是终身学习教育体系构建的重要基础	1）联邦政府与地方之间是一种协调关系，政府往往通过"协调"而非"强制"的方式促进终身学习教育实践的发展，为德国具有悠久历史传统的终身学习教育实践的发展奠定了坚实基础 2）德国本身发达的职业教育体系为终身学习理念落地提供了坚实基础，使得"第二条教育道路"等教育体系成为可能

三、基于终身学习的教育体系发展特征

通过对终身学习的教育体系发展的归纳，我们总结出以下两个基本特征：国

际普适性和国别特殊性。我国服务全民终身学习的教育体系构建起步相对稍晚，因此其实践可以在理性借鉴先行国家的先进经验的前提下实现高效发展，最后彰显全局性、效率性与高质量发展的体系建设特征。

（一）国际普适性

构建服务全民终身学习的教育体系已然在国际社会达成共识，诸多国家在建设终身学习的教育体系进程中制定出一系列逻辑完整的法律法案，而且大部分已有多年的实践经验。通过对终身教育的国别发展经验进行梳理，可知构建终身学习的社会成为推进人类发展与擘画全球社会秩序演进的崭新蓝图。其在国际社会中的普适性特征集中体现在终身教育是人类发展的终极目标、终身教育是国家层面的战略手段两个方面。

一方面，终身教育是人类发展的终极目标。1994年，罗马首届世界终身学习会议指明，终身学习应在知识更新速度极快的21世纪占据重要地位，即学习成为每一个社会成员的终身发展需要，也成为社会对每一个公民的基本要求。我国在《面向21世纪教育振兴行动计划》中提出逐步建立和完善终身教育体系，这显示了逐步建立和完善终身教育体系的重要性，其应成为教育建设的主导思想之一，也应成为知识经济时代人才终身成长的重要支撑。教育是一种有目的地培育人的社会活动，有助于人类把握各类知识与自然运行规律，并将所学知识应用于人类社会改造实践进程之中。对于一个国家来说，教育水平是最能直接体现其发展程度的因素，应重点关注国民受教育程度；对于国际社会而言，目前构建人类命运共同体成为重要的研究议题。在人类命运共同体概念框架下，培养终身发展的"完人"，建设并完善终身学习的教育运行体系，成为国际社会、国家、高校乃至个体层面倡导的共同目标。由此可知，服务于终身学习的教育体系发展的国际普适性表现在终身教育是人类发展的终极目标。

另一方面，终身教育是国家层面的战略手段。为了构建服务全民终身学习的学习型社会，确保每一位公民享受终身学习权利，服务于终身学习的教育体系建设已然发展成为国家的重要战略手段，而终身学习话语则是国家教育治理战略与价值的系统、直接呈现。[①]纵观世界各国服务于终身学习的教育体系建设的发展进程，可以发现政府在职责引领过程中的作用逐渐凸显。我们可以认为体系建设应以国家力量为主要载体，如果缺少国家层面的整合支持，终身学习教育体系建

---

① 史秋衡，张妍. 中国终身学习话语体系的嬗变与重构[J]. 教育研究，2021（9）：93-103.

设将困难重重。在此情况下，国家层面的政府相关部门应明确权责，逐步建立起政府主导下的终身学习教育体系推进机制及运行机制，并且通过终身教育立法的形式确立从中央到地方的分级管理结构，以期实现中央权力集中与地方权力下放的有机统一。总而言之，终身教育已成为国家层面的战略手段，应以政府权责明晰与立法支撑，有力推进服务全民终身学习的教育体系构建进程，不断推动终身教育事业走向深化。

（二）国别特殊性

首先，根据社会环境的差异精准定位。由于各国历史文化、经济社会发展阶段等存在差异，终身教育发展呈现出阶段特征、地区特征以及国别特征。部分国家和地区的终身教育发展起源于文化扫盲，历经技能培训阶段，逐渐转型发展到建设全面服务社会转型的终身学习教育体系阶段，并且在"职后教育""社区教育""学分银行"等方面创新发展体制机制，结合国家或地区的实际情况，量身制定探索终身学习教育体系的发展建设路径。

其次，根据国家的发展水平设计多元路径。构建服务全民终身学习的教育体系是一个目标性追求，而设计路径则要因国情的差异有所区分，整体呈现多元发展现状。例如，英国的终身教育推进与成人教育发展呈现出相伴相随的特征；法国相关部门在推进服务于终身学习的教育体系进程中，坚持发挥高等教育系统中继续教育的作用来推动建成终身学习的教育体系；美国服务于终身学习的教育体系推进路径呈现出"构建终身学习自由市场"的主要特征；日本服务于终身学习的教育体系建设呈现出系统全面的特征，从学前教育到成人教育进行全面且系统的改革；德国服务于终身学习的教育体系发展以发达的职业教育为重要基石与关键支撑。

第二节　我国基于终身学习的教育体系的政策与实践嬗变

毋庸置疑，我国高度重视服务于全民终身学习的教育体系的构建，将其作为建设学习型社会的着力点，以为我国的经济社会发展服务，为社会主义现代化建设服务。目前，我国已具备较好的实践基础以及较丰富的地区实践经验，有待进一步将实践经验推广至全国，推进全社会场域服务全民终身学习教育体系的建设。本节对我国终身学习教育体系的政策与实践发展进程进行总结和梳理，既着眼于终身学习教育体系的政策演变与强国建设关系，也着眼于终身学习教育体系的实践措施、经验总结与关键要点分析。

一、终身学习的教育体系的政策演变与国家发展战略布局推进的关系研究

一些学者包括本书研究团队的主要成员吴遵民对我国终身学习实践的研究主要是从 1978 年改革开放开始梳理的，也有一些学者根据 1949 年以来我国终身学习的相关实践发展历程，分析了我国已有的终身学习实践的发展特征。例如，田印红、王中华认为，20 世纪 80 年代以来，在国际终身教育思想被广泛引入国内的背景下，我国终身学习的相关实践和研究得到了蓬勃发展。他们认为我国的终身学习相关研究与实践可以分为起步阶段（1980—1994 年）、发展阶段（1995—2000 年）、多样化阶段（2001—2011 年）及理论深入阶段（2012 年至今）。[①]

本书研究团队已有的研究也是从终身学习的法治角度梳理我国终身学习的实践历程，认为从 1949 年开始算起，70 余年内我国终身学习的法治历程大致经历了四个发展阶段：其一，法治理论与实践的探索期（1949—1966 年），内容涉及识字教育、扫盲教育、农民教育、职工教育等领域的政策颁布和推进，特征表现为理论研究的琐碎与零星；其二，法治理论与实践的异动期（1967—1976 年），主要关注对象仍以工农教育、成人教育为主，然而法治价值观念却呈现出政治性和阶级性的鲜明特征；其三，法治理论与实践的创建期（1977—1999 年），关注内容转为构建终身学习教育体系和推进立法进程，其鲜明的特征为终身学习的法律地位得以确立；其四，法治理论与实践的深化期（2000 年至今）。[②]

另外，我们还从国际终身教育思想真正开始影响我国终身学习实践的角度出发，结合历年来我国颁布的有关终身学习的政策，对我国的终身学习相关实践进行了系统而全面的梳理，并将其大致划分为以下三个阶段，此处不对"文革"时期的发展进行深入分析。值得说明的是，我国有关终身学习的实践在很长一段时间内是以终身教育为主要术语开展的，因此，关于终身学习的相关实践包含前期

---

① 田印红，王中华. 近 40 年来终身教育研究的回顾与展望——基于中国知网的分析[J]. 成人教育，2016（3）：12-15.

② 吴遵民. 中国终身教育法治 70 年[J]. 教育发展研究，2019（17）：39-45，57.

以终身教育为主题的国际终身教育思想的引入和初步模仿借鉴、终身学习的提炼与延伸以及"学习型社会"的提出与构建。

（一）1949—1966 年：国家复苏战略时期终身学习的教育体系意义

其一，经济复苏与人才匮乏的时代矛盾。20 世纪 60 年代，我国的经济逐渐复苏，其对人才的巨大需求与当时我国人才稀缺的现状形成矛盾。一方面，立足于国运与经济增长角度。1959—1961 年，我国逐步恢复实事求是的发展传统，再加之"七千人大会""八届十中全会"积极调试，我国国民经济发展确立以经济调整为中心，政治、科学、文化和教育等全面调整的发展方针。1965 年，原定的各项调整任务胜利完成，各个经济部门在新基础上获得协调发展，国民经济开始展现出全新面貌，但此时人才培养无法满足国家经济快速发展需求的矛盾也逐渐凸显出来。另一方面，国民教育相对缺位，人才培育暂且匮乏。由于一些因素的影响，新中国成立初期基础教育相当薄弱。经济发展可通过国际经验借鉴、海外人才引进、政策落实到位实现高效率进步，但更重要的是要培育出可持续发展的高水平人才。因此，此阶段我国的经济发展情况与人才相对缺乏的基本现象交织，形成强烈的时代矛盾。

其二，根据地红色教育的成人教育基因。20 世纪 70 年代，以毛泽东为代表的中国共产党人开始在农村进行武装斗争，并且创建了井冈山革命根据地等多个农村革命根据地。革命根据地教育可称为"老解放区教育"，亦可称"红色教育"，其历经第二次国内革命战争时期、抗日战争时期和全国解放战争时期，成为革命总战线中的一个重要组成部分。红色教育坚持理论与实践相结合原则，对教育内容与方法进行改革，并在党的领导下，充分贯彻人民群众的发展路线，采取多种形式组织办学发展。值得一提的是，在红色教育中，干部教育、军队教育、青少年儿童教育与成人教育相结合，其中的成人教育为当前构建服务全民终身学习的教育体系奠定了基础。

其三，新中国成立初期苏联模式的成人教育特征。新中国成立初期，百废俱兴，由于苏联与我国同属于社会主义国家，且与我国的外交关系良好，所以新中国成立初期的社会主义改造期间，我国借鉴了苏联的经济、政治、教育等发展经验。这种借鉴也体现在成人教育体系中，新中国成立初期的成人教育体系带有明显的苏联印记。一方面，成人教育正规化。夜授、函授教育为苏联高等教育的重要形式，受到苏联各级政府和人民群众的高度重视。在新中国成立初期，我国对成人教育也是十分看重，其招生方案、教学计划、考察内容、学历证书在社会上的认可度较高，彰显其正规性。另一方面，重视差异性教学。苏联成人教育与普通全日制本科教育在教学方案、教学内容上均有所不同，且具体表现在学制、就业单位、教学方法上。新中国成立初期的成人教育也瞄准与普通全日制本科教育不同的发展道路，普遍认为普通全日制本科教育培养的人才专业面宽、适应性强，而成人教育培养的人才针对性强、知识偏专。与新中国成立初期的社会情况相结合，成人教育可在短时间内培育出质量高、数量多、门类全的生产第一线应用型人才，以满足我国当时的人力资源需求，以及今后全面建成社会主义现代化强国的迫切需要。

（二）1978—2017 年：国家发展战略时期终身学习的教育体系意义

1978—2017 年，我国的终身教育实践发展可以具体划分为四个阶段：其一为1978—1987 年的终身教育酝酿阶段，此阶段以成人教育的兴起与终身教育的引入为表现，各类成人教育活动蓬勃开展；其二为 1988—1997 年的终身教育初创阶段，此阶段以终身教育政策与立法的产生为表现，成人教育得到进一步的普及与深化；其三为 1998—2007 年的终身教育摸索阶段，此阶段以终身教育在各地方正式立法，确立建设学习型社会为终身教育发展的宏伟目标，并以终身教育政策化进程得以顺利推进为表现；其四为 2008 年至今的终身教育发展深化阶段，各地对终身教育进行了立法（图 2-1）。

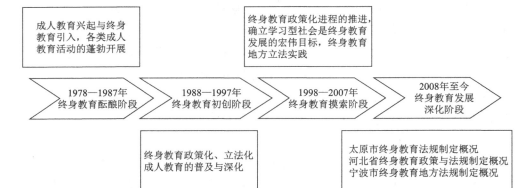

图 2-1　我国的终身教育发展阶段（1978 年至今）

1. 聚焦经济快速发展与人才规模急剧扩张的时代特征

此时期终身教育发展的四个阶段均体现出经济快速发展与人才规模急剧扩张的时代特征，下面以四个阶段为切入点做细致的分析。

（1）1978—1987 年：终身教育酝酿阶段

1978 年是我国改革开放的"元年"，终身教育思想在这一阶段传入我国，理论层面上有关的国际终身教育思想开始通过翻译介绍在我国出现。改革开放后，在国家发展对人才需求急迫这一背景下，我国积极开展各类成人教育。

1）成人教育的兴起与终身教育的引入。1978 年 12 月，党的十一届三中全会做出了将工作重心转移到经济建设的决策，至此改革开放在我国拉开帷幕。随着社会经济的快速发展和科技的进步，当时的正规教育已经无法满足社会对人才的需求。此时，"成人教育"概念被引入我国，并得到了大力的推进和扶持。1981 年，我国在全国范围内开展了针对青年职工补习初中文化和初级技术的"双补"教育运动，这也意味着从西方引进的专业术语"成人教育"开始蕴含中国本土特色，并开始指导中国的教育实践。1986 年 12 月，国家教委将成人教育纳入国民教育体系，确立了其在我国教育事业中的重要地位，指出就整个教育事业来说，大体上包括基础教育、技术教育、普通教育以及成人教育四个部分。其中，成人教育主要是对已经走上工农生产岗位的劳动者和其他从业人员进行的教育。[①]1987 年 6 月，《国家教育委员会关于改革和发展成人教育的决定》颁布，国内的成人教育正式开始实施，相关的教育形式与机制开始因得到政府政策的认可支持而蓬勃发展，如函授教育、夜大学、电视教育以及成人自学考试等。成人教育理论与实践在我国不断推进的同时，终身教育的相关思想也开始出现在我国，人民教育出版社出版的《业余教育的制度和措施》一书中发表了张人杰撰写的《终身教育：一个值得注意的国际教育思潮》，钟启泉翻译了保罗·朗格朗的《终身教育的战略》，以及之后对联合国教科文组织相关报告、其他有关终身教育的重要国际著作的翻译出版，都是重要证明。至此，随着改革开放的推进以及国家对教育改革的重视，终身教育理念开始引起国内教育界以及政府部门的关注与重视。终身教育开始逐渐上升为我国教育发展的重要政策与方针之一。

终身教育首次在我国国家政策文件中出现是在 1980 年教育部发布的文件《关于进一步加强中小学在职教师培训工作的意见》中，该意见指出，教师进修院校是培训中、小学在职教师的重要基地，承担着中、小学在职教师的终身教育的责任，是我国师范教育体系的重要组成部分，将长期存在下去。[②]在立法层面上，

---

① 吴遵民. 终身教育研究手册[M]. 上海：上海教育出版社，2019：49-50.
② 国家教育委员会师范教育司. 师范教育文件选编（1980—1987 年）[M]. 长春：东北师范大学出版社，1989：610-611.

这一历史阶段我国的立法尚未对终身教育的内容有具体涉及，但是 1982 年的《中华人民共和国宪法》有关教育发展和人才培养的表述中已经体现出终身教育的思想，即"国家发展各种教育设施，扫除文盲，对工人、农民、国家工作人员和其他劳动者进行政治、文化、科学、技术、业务的教育，鼓励自学成才"。这一阶段，终身教育理念虽未被正式提出，也没有在专门的教育领域作为政策予以实施推进，但是在很多国家政策文件的表述和重要国家领导人的讲话中，终身教育思想被反复提及，说明了这一阶段国家和政府对终身教育的密切关注。

2）各类成人教育活动的蓬勃开展。其一，广播电视大学的建立与发展。在我国，设立广播电视大学主要是为了满足当时偏远地区在职工人和农民的教育需求。1960 年 3 月，我国第一所电视大学"北京电视大学"成立，不仅为当时我国的发展培养了各领域的人才，也推进了广播电视大学在全国范围的发展。1979 年 2 月，中央广播电视大学正式开学，当时全国大部分的省份成立了广播电视大学。四川广播电视大学就是一所由邓小平同志亲自批示的新型综合性省属高校。可以说，当时广播电视大学的发展从筹备到初具规模所用时间非常短，发展十分迅速，除了中央与地方的大力推进以外，社会需求的增加以及相关技术的成熟也起到了重要作用。

其二，老年大学的产生与推进。这一阶段的另一实践成果是老年教育活动的开展。我国老年教育产生于 20 世纪 80 年代初期，1982 年，中国老龄问题全国委员会成立以后，各省市也开始成立类似的工作机构或组织。1983 年，我国建立第一所老年大学——山东省红十字会老年大学，后改名为山东老年人大学。1984 年，中国老年教育协会成立。截至 1985 年底，我国共创办老年大学 61 所，在校学员 4 万多人。[①]这一阶段的老年教育机构主要有两种办学形式：一种是由县市一级以上机构创办的老年大学；另一种是城市街道、社区以及农村乡镇建立的老年学校。我国的老年大学一直是以政府办学为主，其他组织机构办学为辅。参与老年大学的教育对象从最初的以离休干部为主，到以退休人员为主，后来开始慢慢面向全社会的老年人。

3）高等教育自学考试制度的建立。《1978 年国务院政府工作报告》提出的"建立适当的考核制度，业余学习的人们经过考核，证明达到高等学校毕业生同等水平的，就应该在使用上同等对待"，是我国高等教育自学考试制度的萌芽。1981 年 1 月，《高等教育自学考试试行办法》发布，北京、上海、天津等地开始进行

---

① 董之鹰. 试析我国改革开放以来老年教育的发展历程[J]. 社会科学管理与评论，2009（1）：77-82.

高等教育自学考试制度试点，之后开始在全国进行推广。截至 1985 年，我国有 25 个省份实施了高等教育自学考试制度，这一教育制度属于中国独创，具有浓厚的中国本土特色，其建立与快速发展也是国家发展和培养人才的体现。

4）职工"双补"教育活动的推动。1981 年 11 月，教育部颁布《关于职工初中文化补课工作的若干问题的通知》，指出应根据中央要求，认真做好青壮年职工的文化补课工作，进一步为提高职工政治水平、科学文化知识和接受技术的能力创造条件。1982 年 1 月，《全国职工教育管理委员会、教育部、国家劳动总局、中华全国总工会、共青团中央关于切实搞好青壮年职工文化、技术补课工作的联合通知》发布，对"双补工作"的对象、重点任务（初中技术补课）、补习整体进度等都提出了要求，同时还提出了四条政策规定：①从 1983 年起，学徒没达到初中毕业水平的要延期转正。文化、技术学习优秀的可提前转正，提前转正的人数可控制在徒工总数的 5% 左右。退休顶替的子女，也按上述规定执行。②从 1984 年起，技术工种和关键岗位的青壮年职工，文化、技术补课没取得合格证的，在职工升级时不能晋升，并要限期补上。限期补课仍不合格的要调离技术工种或关键岗位。③对参加脱产学习的职工，实行奖学金制度。④把积极参加补课并取得优异成绩，作为评选和奖励先进的条件之一。国家颁布了具体政策，统一对职工的"双补"工作进行了部署，各地也积极按照文件的要求开始贯彻落实。

5）夜大学的产生和发展。夜大学也是中国成人教育的重要形式之一。我国的夜大学主要包括职工大学、教育学院、管理干部学院、独立设置的函授学院、市民电视大学、普通高校举办的夜间大学等。其中的职工大学、管理干部学院是我国特定历史发展阶段产生的教育机构，由一些单位建立，旨在提高本系统内现有干部的管理水平和职工素质。我国的夜大学是依托已有的普通大学设立的，因此在教学课程设置、教师资源以及教学设备等各方面很大程度上保障了教学质量。

（2）1988—1997 年：终身教育初创阶段

20 世纪 90 年代，我国社会经济高速发展，由此产生的教育变革需求日趋强烈，教育改革在全国范围内全面展开。同时，终身教育理念也在我国得到深入发展，从引进终身教育思潮上升到政策甚至立法层面，指导我国的教育改革实践。

1）终身教育的政策化、立法化。随着终身教育理念在我国的不断深化，以及经济体制改革的推进对教育改革提出新的要求，从 20 世纪 90 年代开始，构建服务于终身学习的教育体系逐渐成为我国教育改革与发展的一项重要战略决策。1993 年 2 月，中共中央、国务院印发《中国教育改革和发展纲要》，指出成人教育是传统学校教育向终生教育发展的一种新型教育制度,对不断提高全民族素质,促进经济和社会发展具有重要作用。至此,终身教育理念开始出现在我国国家教育政策中,标志着在我国终身教育开始从一种理念转变为指导实践的国家政策。《中国教育改革和发展纲要》主要明确了成人教育发展的目标、战略和方针,并将终身教育作为成人教育的发展目标,这实质上是国际终身教育思想与我国现实社会经济、教育状况结合后的"软着陆""本土化",对于推动终身教育在我国上升到政策制定和战略决策层面有很重要的奠基作用。

关于终身教育立法化,主要体现在1995年颁布的《中华人民共和国教育法》中,其明确提出"国家适应社会主义市场经济发展和社会进步的需要,推进教育改革,促进各级各类教育协调发展,建立和完善终身教育体系"。相关条款明确规定了我国进行教育改革以及发展教育事业的总体目标,明确指出要建立以及完善终身教育体系。至此,终身教育被正式列入教育法,确立了其基本国策的地位。随后,每年的政府工作报告及相关的政策文件都有关于终身教育的表述,但基本都是将终身教育视为终身职业教育,并尝试将其融入成人教育或职业教育之中。

2)成人教育的普及与深化。这一阶段对国际终身教育思想的引入使得终身教育的概念开始逐渐代替传统教育观念而深入人心。这一时期,人们对终身教育的理解主要是停留在成人教育层面,成人教育在这一时期得到很大的发展。发展成人教育是终身教育初创期的主要表现之一。《国家教育委员会关于改革和发展成人教育的决定》的发布提高了成人教育的地位,加深了人们对成人教育的理解,促进了人们教育观念的转变。成人教育在这一时期的发展和深化,对于促进未来终身教育政策的全面贯彻落实有着极其重要的作用。

3)普通高等学校成人教育的规范与完善。这一时期国家对成人教育制度规范建设非常重视,从而推进了普通高等学校成人系统的建立和发展。在这一时期之前,国家教委、财政部联合颁布了《一九八六年各类成人高等学校招生规定》,国家教委颁布了《普通高等学校函授教育暂行工作条例》。1988年11月,国务院学位委员会发布《成人高等教育本科生毕业生学士学位暂行规定》;1994年10月,国家教委办公厅印发《普通高等学校函授教育评估基本内容和准则》。一系列指导性政策的发布,一方面推动了我国成人高等教育的改革与发展,另一方面提升了我国成人教育的质量。

4)广播电视大学学历教育的发展。随着终身教育理念的不断深化,我国广播电视大学在组织框架、管理模式、教学模式等方面不断改革发展,日渐成熟。1988

年 5 月，国家教委颁布《广播电视大学暂行规定》，对广播电视大学的性质、任务、设置原则与标准、教学与管理体制、审批程序与职责等方面都做出了明确规定。广播电视大学积极开展教育形式方面的改革，利用各种教育资源和手段，实行学分制，并根据不同的教育对象及其教育需求，推行成人专科教育、普通专科教育以及中等学历教育三种教育形式。

5）高等教育自学制度的普及。在这一时期，自学考试制度在政策制度层面得到了加强。《关于进一步健全各地高等教育自学考试机构和配备编制的通知》发布后，各地根据自学考试的任务，按照当地开考专业和应考人数进一步健全机构，充实力量，同时配备与其任务相适应的编制，以切实保证自学考试工作的顺利进行；自学考试组织管理机构也得到了进一步的完善。中央层面、地方层面都设置了相应的自学考试委员会管理各主考学校以及其他自考办事机构和组织，以确保自学考试制度的顺利推行。另外，自学考试管理系统在这一阶段得到了很大的完善，从而促进了高等教育自学考试的快速发展。

（3）1998—2007 年：终身教育摸索阶段

20 世纪 90 年代以后，我国教育领域的秩序进一步恢复，社会经济也得到进一步发展，社会经济发展和科技的进步促使人们日渐认识到传统学校教育的局限和僵化，推进了这一时期传统教育制度的改革以及终身教育理念的进一步政策化。

其一，终身教育政策化进程的推进。2000 年以后，终身教育在我国进入不断深入拓展的政策化阶段，不仅频繁出现在宏观教育政策中，也得到了政府部门实质性的推进与支持，不少具有实践性、可操作性的政策出台。2001 年 3 月，《关于国民经济和社会发展第十个五年计划纲要的报告》第一次将终身教育明确列入国家五年计划，明确提出"发展成人教育和多种形式的继续教育，逐步形成终身教育体系"。2003 年 10 月，中国共产党第十六届中央委员会第三次全体会议通过的《中共中央关于完善社会主义市场经济体制若干问题的决定》中继续重申了"构建现代国民教育体系和终身教育体系，建设学习型社会"的目标。2004 年 9 月，中国共产党第十六届中央委员会第四次全体会议通过的《关于加强党的执政能力建设的决定》中又一次着重提出了"营造全民学习，终身学习的浓厚氛围，推动建设学习型社会"的目标。2006 年 10 月通过的《中共中央关于构建社会主义和谐社会若干重大问题的决定》中再次提出要"积极发展继续教育，努力建设学习型社会"。2006 年发布的《中华人民共和国国民经济和社会发展第十一个五年规划纲要》中虽未直接提到终身教育及其体系，但从更高层面提出构建学习型社会的宏伟目标。众所周知，实施终身教育的最终目标就是要建设一个人人皆学、处处有学、时时可学的学习型社会，因此该计划无疑把终身教育提升到了一个更高的层面。2007 年 10 月，党的十七大报告中继续沿用了两个"教育体系"的说法，但描述相较于之前更为精练："现代国民教育体系更加完善，终身教育体系基本形成，全民受教育程度和创新人才培养水平明显提高。"总的来说，这一时期，终身教育理念在党和政府的重要文件中多次出现和被强调，充分表明终身教育已经上升到了党和国家重大战略地位的高度。

其二，确立学习型社会是终身教育发展的宏伟目标。2002 年 5 月，《2002—2005 年全国人才队伍建设规划纲要》印发，提出构建终身教育体系，加大继续教育力度，形成国家、单位、个人三方负担的继续教育投入机制；开展创建"学习型组织""学习型社区""学习型城市"活动，促进学习型社会的形成。2003 年 12 月，《中共中央 国务院关于进一步加强人才工作的决定》中进一步指出，加快构建终身教育体系，促进学习型社会的形成；在全社会进一步树立全民学习、终身学习理念，鼓励人们通过多种形式和渠道参与终身学习，积极推动学习型组织和学习型社区建设；加强终身教育的规划和协调，优化整合各种教育培训资源，综合运用社会的学习资源、文化资源和教育资源，完善广覆盖、多层次的教育培训网络，构建中国特色的终身教育体系。2004 年，教育部在《2003—2007 年教育振兴行动计划》中提出，以更新知识和提高技能为重点，开展创建学习型企业、学习型组织、学习型社区和学习型城市的活动。2005 年，《中共中央关于制定国民经济和社会发展第十一个五年规划的建议》指出，坚持教育优先发展。加快教育发展，是把我国巨大人口压力转化为人力资源优势的根本途径，加大教育投入，建立有效的教育资助体系，发展现代远程教育，促进各级各类教育协调发展，建设学习型社会。2007 年，国务院批准的《国家教育事业发展"十一五"规划纲要》中指出，中国特色社会主义现代化教育体系不断完善，学习型社会建设取得明显进展；加快构建现代化教育体系，积极推进学习型社会建设。

从以上系列政策文件中可以看出，这一时期终身教育的推进及其政策的制定均指向了实现和构建一个以促进个人人格完善与人性健全为目的的学习型社会，更是从政策上明确了实现终身教育的最终目标就是构建服务于终身学习的教育体系，促进学习型社会的形成。这样一种政策导向既与国际社会倡导的终身教育理念基本一致，同时也把终身教育的发展提升到了哲学思考的深度，即发展终身教育究竟是为了促进经济增长还是促进人性完善的问题。

其三，终身教育地方立法实践。这一时期，我国部分地方开始在国家相关政策的指导和支持下进行地方终身教育立法尝试。2005 年，福建省制定了《福建省终身教育促进条例》，随后北京市和上海市相继出台相关政策推进终身教育实践。

1）福建省终身教育立法概况。2005 年，福建省颁布实施的《福建省终身教育促进条例》是我国第一部关涉终身教育的地方立法，明确指出该条例拟实现的政策目标是"发展终身教育，鼓励终身学习，提高公民素质，促进人的全面发展"。该条例确定了政府推进终身教育的相关职责，同时设立了终身教育促进机构（终身教育促进委员会），也规定了媒体对终身教育的宣传职能，以及确立推动终身教育活动日等，可以说是我国第一次以法律形式为如何在现有条件下推行、开展终身教育提供相关立法保障的实例，有着非常重要的借鉴作用。但由于该条例的出台是由福建省人民代表大会常务委员会直接审议和制定的，缺乏政府的具体支持，在落实方面存在局限性。

2）北京市终身教育政策法规概况。北京市在正式推行终身教育政策之前，一直致力于各级各类教育事业的恢复工作，大力推进重视技能和岗位培训的成人教育，为发展终身教育奠定了坚实基础。北京市在构建服务于终身学习的教育体系的政策实践方面紧跟国家政策的指导。1995 年，构建服务于终身学习的教育体系成为国家教育改革与发展的基本方针。2002 年，党的十六大报告又进一步提出了构建"学习型社会"的发展战略目标，以上这些变化在北京市终身教育政策的制定及实施过程中都有较为明显的体现。党的十六大召开后，构建"学习型城市"的理念更是成为北京市终身教育政策中最重要的发展导向。可见，北京市将终身学习与构建"学习型城市"联系起来，具有一定的前瞻性和超越性。

3）上海市终身教育政策的推进和立法概况。作为一个国际化大都市，上海在经济社会发展取得巨大成就的同时也积累了很多教育改革方面的有益经验。近年来，上海市在构建服务全民终身学习的教育体系上取得了突出成绩。1999 年 9 月，上海市召开迎接 21 世纪教育工作会议，会上市长徐匡迪提出要努力把上海建成适应新时代的"学习型城市"。[①]2006 年，《上海市终身教育促进条例》的制定工作正式启动，以建立和完善上海市终身学习的教育体系，并从法律保障角度为其提供支撑。2006 年，《关于推进学习型社会建设的指导意见》正式颁布，提出上海市在 2010 年要初步建成"人人皆学、时时能学、处处可学"的学习型社会。另外，上海市还积累了"技能+学历"、打通学历晋升通道、推进学习型城市建设

---

① 蔡克勇. 21 世纪中国教育的走向[M]. 广州：广东高等教育出版社，2004：581.

等方面的终身学习体系构建经验。①总体来说，该阶段上海市的终身教育取得了积极的成果。

（4）2008年至今：终身教育发展深化阶段

这一时期，终身教育不仅从教育政策上升到国家发展战略，更是进入地方立法的高峰期，国家层面的立法在积极酝酿之中，同时其他方面的发展也进入深化阶段。

2010年7月，《国家中长期教育改革和发展规划纲要（2010—2020年）》在"第二章 战略目标和战略主题"中提出"构建体系完备的终身教育。学历教育和非学历教育协调发展，职业教育和普通教育相互沟通，职前教育和职后教育有效衔接。继续教育参与率大幅提升，从业人员继续教育年参与率达到50%。现代国民教育体系更加完善，终身教育体系基本形成，促进全体人民学有所教、学有所成、学有所用"。但现实问题是，若无立法的保障，不在法律框架体制下制定相关政策与举措，则无法得到政府教育经费的资助，最终难以实现该纲要所确定的教育战略目标。

2012年11月，党的十八大报告提出，我国全民受教育程度和创新人才培养水平明显提高，进入人才强国和人力资源强国行列，将教育现代化基本目标的实现与全面建成小康社会和全面深化改革开放联系在一起，并在其第七部分"加强社会建设"方面提到了"努力办好人民满意的教育"，"完善终身教育体系，建设学习型社会"。党的十八大报告还强调，要扎实推进社会主义文化强国建设，努力实现教育现代化。上述决议亦为我国服务于终身学习的教育体系和学习型社会的建设与完善提供了前瞻性和政策意义上的大力支持。

2014年8月，《教育部等七部门关于推进学习型城市建设的意见》发布，提出在全国各类城市广泛开展学习型城市创建工作，形成一大批服务于终身学习的教育体系基本完善、各级各类教育协调发展、学习机会开放多样、学习资源丰富共享的学习型城市，充分发挥这些城市在学习型社会建设中的引领和示范作用。在该文件印发之后，全国学习型城市建设迅速开展，有效推动了学习型社会建设。

2015年12月，《全国人民代表大会常务委员会关于修改〈中华人民共和国教育法〉的决定》通过，这是1995年《中华人民共和国教育法》颁布实施以来我国对其进行的第一次修订。这次修订共涉及13项内容，而终身教育就是其中的一

---

① 打造终身教育体系的"上海经验"[EB/OL]．（2019-12-10）[2023-10-10]．http://www.moe.gov.cn/jyb_xwfb/moe_2082/zl_2019n/2019_zl29/ 201912/t20191210_411480.html.

项重要内容。2015 年的《中华人民共和国教育法》在第十一条中将原有的"建立和完善终身教育体系"修改为"完善现代国民教育体系，健全终身教育体系，提高教育现代化水平"。第十八条新增的内容中，将"学前教育"纳入我国目前的教育体系中，这意味着现代教育体系向服务于终身学习的教育体系转变。修改后的第二十条则把第一款的"成人教育"修改成"继续教育"，在第三款中增加了"促进不同类型学习成果的互认和衔接，推动全民终身学习"的内容。修订后的《中华人民共和国教育法》中，有关终身教育的内容明显增多，对学前教育和继续教育更为关注。

2019 年 10 月，党的十九届四中全会再次提出"构建服务全民终身学习的教育体系"。

2. 终身教育政策的浅层尝试

这一阶段，党和国家已经充分认识到终身教育的重要性。为了推进终身教育实践，国家层面以及地方层面的立法调研、相关文件的起草和正式颁布等工作相继启动，特别是地方性终身教育法规取得了新的进展。我们以太原市、河北省、宁波市的终身教育法规制定情况为例进行展开，此阶段的终身教育政策及立法可看作一次积极的尝试。

其一，太原市终身教育法规制定概况。2012 年 8 月，太原市通过了《太原市终身教育促进条例》。此条例为我国国内首个采用章节式行文的地区性终身教育法规，此条例层次清晰、条理清楚，对太原市终身教育有关事项做了具体的规定和详细的说明。此条例在管理体制上的规定与上海类似，对领导机构协调部门的工作都做了约定，但其更为具体，如注重终身教育教师专职队伍和管理人员队伍的同步建设。关于学习者学习权利保障方面的有关内容也更加具体、全面，同时在强调终身教育经费投入渠道多元化的基础上，对于政府和企业的投入也提出了可量化的标准。但该条例在违规处罚细则方面的描述仍不够明确、具体和全面，缺乏一定的可操作性。

其二，河北省终身教育法规制定概况。2014 年 5 月，河北省第十二届人民代表大会常务委员会通过了《河北省终身教育促进条例》，该条例吸收了福建、上海以及太原等地方立法的经验，对本省终身教育的发展规划有着详细的规定。该条例对组织和保障措施、监督管理以及法律责任等各方面都进行了明确规定，从立法技术角度来说比较专业，条理也比较清晰。该条例同时明确了在终身教育工作中政府部门和社会团体的有关职责，以及社会中各群体的受教育权利。

其三，宁波市终身教育法规制定概况。2014 年 10 月，宁波市通过了《宁波市终身教育促进条例》，并于 2015 年 3 月 1 日起施行。该条例共 33 条，这是继福建、上海、太原、河北之后，正式出台的又一个终身教育地方性法规。该条例分别对农民教育、本职人员教育、老年教育、社会弱势群体教育和社区教育等五个大类进行了规范，明确了建立学分管理体系的发展目标；规范了终身教育经费的筹措机制和保障措施；明确了终身教育人员配备的要求；创建了终身教育专职教师的职称晋升渠道；丰富了终身教育资源的供给方式，但仍存在将学校教育排除于终身教育范畴之外的问题。

总体而言，我国终身教育实践历经 40 多年的发展历程，已经形成了有一定中国特色的实践经验，可以视为一个从成人教育迈向终身教育，进而迈向终身学习和学习型社会的实践轨迹。可以说，在改革开放等中国特色社会主义思想的正确路线指导以及国际现代终身教育思想的影响下，我国终身教育实践发展十分迅速，成效也十分显著。

（三）党的十九大以后：国家强国战略时期终身学习教育体系的意义

党的十九大报告指出，新时代中国特色社会主义发展的宏伟目标是全面建成社会主义现代化强国，其中建设教育强国成为中华民族伟大复兴的基础性工程。强国须由教育奠基，教育助力强国建设，因此必须将教育事业摆在优先发展的重要位置，深化教育改革，加快教育现代化，办好人民满意的教育。在教育事业全面发展进程中，构建服务全民终身学习的教育体系是关键之举，对国家建设具有积极促进作用。

其一，强国时期的人才战略要求。在社会主义现代化强国建设阶段，一项基本的人才战略要求为：建设一支规模宏大、结构合理、素质较高的人才队伍，真正使我国完成由人口大国向人才资源强国的转变。当今时代，全球经济和信息一体化进程加速，国家之间的竞争本质上是综合国力的竞争，而人才竞争则成为其中的重要环节。因此，必须充分掌握我国目前的人力现状，制定一系列人才培养措施，加强人才建设工作，尤其是要重点推进服务于终身学习的教育体系的建设，以实现人才强国的宏大战略目标。

其二，终身教育服务强国战略。在教育强国建设过程中，不可回避的是教育资源区域发展不平衡、不充分这一问题，因此必须通过构建服务全民的终身学习的教育体系来全方面提升人民的教育水平。党的十九大之后，我国充分重视终身教育的实施开展，党的二十大报告进一步强调"建设全民终身学习的学习型社会、学习型大国"，构建全民终身学习的教育体系已然成为实现人才强国战略的重要渠道，主要表现在以下三点：第一，构建服务全民的终身学习的教育体系是提升全民素质的重要途径；第二，构建服务全民的终身学习的教育体系对培养各行各业的顶尖优秀人才具有重要作用；第三，构建服务全民的终身学习的教育体系是实现人才强国宏大战略目标的重要保障。终身教育贯穿人的一生，可谓"从摇篮到终老"，是一个连续、长期的过程。大学教育并非人生教育的终点，完成学校教育后，仍需要在工作与生活中再度接受教育，不断适应社会的快速更新与迅速发展，以实现个人的社会价值最大化。综上所述，大力发展终身教育是实施教育强国战略的重要保障，有利于持续提高全体人民的基本素质，促进科技进步与经济社会的健康快速发展。

二、我国基于终身学习的教育体系的实践措施总结与要点分析

现代终身教育思想从欧美成人教育的最初孕育，到其"教育平等、教育自由、教育公平"的思想内核形成，再到通过深刻反思人的有限性，承认人性的不完善，进一步提出用终身学习追求人的全面、自由、充分发展，已经阐释清楚了现代终身教育思想是一个不断发展的思想论体系。其发展和实现受到生产力水平不断提高、劳动者体力和思想解放、社会阶层关系冲突和重构、教育需求与供给不断变化等众多因素的影响，是一个复杂且持续变化的过程。因此，需要结合特定时期的社会政治、经济、文化背景，用发展的眼光看待终身教育思想的内涵和核心价值，以全面、深入地理解现代终身教育思想。值得一提的是，构建服务于终身学习的教育体系是一个理论和实践兼具的主题，面对综合论题，已有研究首先在理论层面形成了终身教育、终身学习、学习型社会、服务于终身学习的教育体系等概念，并对相应概念的内涵进行了充分的研究和阐释，从而为该主题的实践推进奠定了一定的理论基础，确定了该主题实践发展的方向。

（一）我国基于终身学习的教育体系实践措施总结

我国关于终身学习的教育体系构建的实践是受国家政策引导与推动的，几乎是与学界理论研究同步进行的，终身学习的教育体系构建的实践并非一步到位，而是在国家政策对终身教育理念的不断明确、学界有关终身教育相关研究的不断成熟以及众多地区的终身教育相关实践经验积累的基础上不断改善推进的。但目前我国终身教育理论研究和终身教育实践推进之间仍存在各方面的矛盾。已有的

理论研究和政策法规对终身学习的教育体系中各参与主体的责权利的规定尚不明晰和充分、对各类型教育的衔接关系仍未厘清等，导致现有的终身学习的教育体系的构建实践难以有效推进，实践成果有限。

1. 对英国开放大学模式的自主选择

1969 年，英国成立开放大学（The Open University），以国家公立院校为基本定位，办学层次包括预科、学士、硕士、博士四个类别。[①]一方面，英国开放大学的专业设置偏重学科交叉课程与职业规划类课程，办学理念为向全部公民提供平等的受教育机会，即为"开放"一词的真谛；另一方面，英国开放大学有着一套完备的制度保障体系，在法律政策、管理制度、教学评价、课程研发、教师管理、学业质量等方面均十分成熟。我国的国家开放大学以广播电视大学为实践根基，前期有着丰富的实践探索与发展经验，2012 年正式成立。我国在构建服务于终身学习的教育体系实践过程中，对英国开放大学发展模式进行自主选择，并进行了许多借鉴。其一，我国国家开放大学与英国开放大学有些基本办学理念相似，但更加重视教学质量，并且提高了学校的开放性。一般认为，开放大学的规模效益远远大于普通高校，但仍然需要进一步提高开放性，可通过设立法律法规加以规范。其二，我国国家开放大学在制度体系建设方面借鉴了英国开放大学的经验，但更加重视完善法律与政策的相关保障，逐步建立起系统化的管理制度，构建了完善的教学评价机制，不断研发课程教学内容，致力于打造高素质、高质量的教师团队等。其三，我国开放大学在办学模式方面借鉴了英国开放大学的相关做法，并且逐步优化开放式人才培养模式，通过产学研合作建立人才培养机制，通过联合培育不断革新人才培养机制，以实现优质资源共享、资源配置到位等。

2. 国际终身教育理念的引进与错位

我国有关终身教育的相关理念主要来源于对国家相关思潮的引入，之后，我国的终身教育相关实践也一直都在强调学习和借鉴英国、美国、德国、法国、日本等国家的实践经验。"他山之石，可以攻玉"，已有学者通过对一些发达国家的实践进行充分研究，根据我国不同阶段的社会经济状况以及教育系统的历史积淀和现实情况，"取其精华，去其糟粕"，努力寻求构建出一套既能够符合世界潮流、进行国际接轨，又能够适应我国国情发展阶段需求、展现中国特色的终身学习教育体系。

---

① 王立科. 英国高校招生考试制度研究[M]. 武汉：华中师范大学出版社，2016：259-260.

就目前来看，我国在构建服务全民终身学习的教育体系中仍然存在九方面的不足。其一，终身教育相关概念繁多且混用。目前，一些研究对"终身教育""终身学习"等概念的使用存在一定的混淆，部分研究出现相关概念混用、套用的情况，这种现象不利于研究者、实践者深刻把握终身学习教育体系构建这一主题的核心价值和内涵。本书研究的主题是"服务全民终身学习的教育体系构建"，其中很重要的一个任务就是对相关概念进行明确规定和统一，这将有利于推进未来研究对相关概念的统一。

其二，关于服务全民终身学习的教育体系构建的方法论研究匮乏。"服务全民终身学习的教育体系构建"是一个理论性和实践性都极强的研究领域，其中任何研究的开展都需要理论指导实践的进步。尽管已有研究在理论上对终身教育相关概念内涵、核心价值及体系构建的路径等开展了深入的探讨，研究成果数量颇丰，但是现有的研究中仍然缺乏系统的、专门的、有针对性的理论用于终身学习的教育体系构建。为此，本书尤其需要开展指导终身学习的教育体系构建的方法论研究，以实现理论研究的突破，也为实践研究提供科学、有效的着力点。

其三，服务全民终身学习的教育体系构建实践中存在认识错位。我国的终身教育相关政策以及相关实践呈现出以成人教育、继续教育为基础，逐步推进终身学习的教育体系构建的特征。但已有研究和实践将学校教育独立于终身教育以外，或者忽视了学校教育对终身学习的教育体系构建的重要作用，导致在认识上我国的终身教育被视为次等教育、补充教育和二流教育，与我国构建全民终身学习的教育体系这一重要国家发展战略目标严重不符，也导致全民终身学习的教育体系构建难以有效推进。

其四，对不同国家有关服务全民终身学习的教育体系构建实践的差异分析不明显。已有研究对"终身学习""终身教育""学习型社会"等重要概念的内涵进行了系统的分析梳理，发现相关概念的核心思想趋于一致，国际上对相关概念一般没有做特意区分。然而，我们通过梳理各国已有的构建服务全民终身学习的教育体系相关实践发现，有关终身教育的思想在不同国家呈现出明显的差异化。诸如在以英美体系为主的西方发达国家相关实践中，无政府状态比较明显，市场行为非常强，"终身学习""终身教育"可以混合使用。但是，在欧陆体系国家中，政府力量在社会经济、文化、教育发展中比较强大，因此在构建服务全民终身学习的教育体系的顶层设计中，需要区分"终身教育"与"终身学习"，强调国家和政府的作用与责任，切合国家社会背景，这样才能有效推动服务全民终身学习的教育体系的构建。

其五，服务全民终身学习的教育体系构建的顶层设计整体性不足。在我国终身学习的教育体系构建实践中，早期成人教育和继续教育的发展是重要基础，但在目前我国的教育规模不断扩大、高等教育进入大众化后期的背景下，对构建服务全民终身学习的教育体系的顶层设计不能停留于试图利用发展成人教育、自学考试或者办开放大学等单一措施推动整个终身学习的教育体系构建。现有的关于终身学习的教育体系构建，未能从整体、全面和统筹的角度充分考量整个体系构建的方方面面，没有从时间上设计安排各阶段教育在终身学习的教育体系中的角色与作用、从结构上厘清不同类型教育的分类关系，因而导致在具体实践中终身学习的理念无法在各级各类教育的衔接中有序推行和实现。对顶层设计的理解和把握不足，是我国服务全民终身学习的教育体系实践出现断层和模块化等问题的主要原因。

其六，现有的各级各类教育"服务全民"的观念不足，"终身学习"观念弱化。构建服务全民终身学习的教育体系最重要的一点在于，要求终身学习的教育体系中的各级各类教育都有培养个体终身学习意识、接受和服务全民的使命感。一方面，各级各类教育存在与培养目标严重脱节的情况，如基础教育特别是中学教育的培养目标停留在帮学生提高考试分数，以应对高考等，部分高等学校的人才培养目标停留于帮学生实现工作就业等，少有基于培养终身学习意识和能力、服务学生终身发展的目标，现有一些教育体系的培养目标存在功利化、终身学习观念弱化的问题；另一方面，各级各类教育未能主动思考如何更好地利用资源、服务于非常规学习者的学习需要的意识从而满足全民对其教育的需求。特别是高等教育在继续教育和成人教育方面的作用发挥不足，更未在构建服务全民终身学习的教育体系中起到承上启下的中枢作用。

其七，学术研究与实践部门在认知、判断与决策上相对脱节。学者在理论研究中所取得的成果，部分停留于理论探讨层面，没有和学校、其他社会教育组织机构、教育行政等实践部门在认知上达成共识，因而也没有取得决策意义上的认同，使得已有的教育政策在操作中有些无所适从，比如，政策法规条例中缺少可具体操作的措施与手段、相关经费来源没有明确、各类参与主体权责不明且缺乏具体政策条例调动其参与积极性等，各地区的终身教育特色化发展更是难以推进。

其八，相关实践中各级政府责任的衔接不完整，管办评体制不成熟。已有研究和实践已表明，我国服务全民终身学习的教育体系构建需要以国家政府为主导，制定科学全面的政策法规，提供各类资源和支持政策推动其体系构建。但我国已有的相关实践中也存在一些问题。一是各级政府权责衔接不完整，特别是一些地区在开展终身学习的教育体系构建的立法化实践中，制定的相关政策法规没有明晰下级市、区、县、镇等各级政府的权责与义务，以致中央有关"构建服务全民终身学习的教育体系""建立学习型社会"等的教育理念和目标无法切实得到实施。二是相关实践的管办评体制脱节。目前，我国构建服务全民终身学习的教育体系的实践管办评主体没有完全明确，特别是缺少服务全民终身学习的教育体系的实践质量评估组织和科学标准，管办评主体之间的关系尚不清晰。

其九，研究方法上存在实证性不深入、不全面的局限。虽然思辨的方法和定量的方法均有涉及，但研究深度稍显不足，且研究方法在研究中的定位也不够明确。早期的研究思辨性较强，倾向于采用理论性和政策化的研究方式。虽然也有一些地区较早地开展了一定的服务于终身学习的教育体系构建实践，但更多的是在对一些地区的教育文化背景进行调查后，再结合理论思辨和资料分析等制定终身教育法规条例，即法规条例制定前缺少全面深入的实证调查和定量分析，更缺少法规条例实施后的持续性的效果追踪调查。随着终身教育思想不断成熟以及我国教育的不断发展，构建服务全民终身学习的教育体系需求日渐凸显，学者意识到研究服务于终身学习的教育体系必须以客观事实为依据，充分利用调查数据和统计方法，只有这样才有可能提升研究结果的有效性和可靠性，但目前并没有真正实现以实证的方式研究全国不同省份多元化的服务全民终身学习的教育体系。

3. 终身教育未来实践的多元设计

目前，我国社会各界基本在构建服务全民终身学习的教育体系方面达成了共识，但在实践层面仍然处于多维尝试阶段，尚且具有进一步突破的空间。在未来发展过程中，我国服务于终身学习的教育体系的实践运行应注意以下七个方面：其一，强化政府的投入与支撑作用，转变政府职能，强化终身学习理论研究，加大政策的扶持力度等；其二，完善终身学习相关立法，构建我国终身教育的系统法律法规，推动我国构建终身学习教育体系和学习型社会；其三，增加有关终身教育的学术研究和各类宣传，以期全社会各个行业与相关部门自觉实施终身学习实践，加深民众对终身教育的理解；其四，使服务全民终身学习的教育体系变得更加开放，满足多样化的教育需求，形成纵向衔接、横向沟通、纵横交织、整体优化的开放格局；其五，大力发展高质量的职后教育，使民众在离开学校后仍然有多种渠道满足受教育需求；其六，高校应承担起更重要的责任，推动建成服务于终身学习的教育体系，发挥高校在教学、管理、服务等方面的积极带头作用；

其七，充分利用互联网信息技术，将教学资源与现代远程信息技术充分结合，扩大教育资源的适用范围，缓和地区教育资源不均衡、城乡教育资源不对等的矛盾。

（二）我国基于终身学习的教育体系实践要点分析

我国尚未建立起健全、成熟的终身学习的教育体系。大量的前期研究成果对该问题予以了关注，并为今后的研究做了理论准备与铺垫，但同时也存在一些不足，值得我们深入总结。其所存在的不足，一方面给未来的研究指明了方向，让我们能够据此进入下一阶段更加深入、全面的研究之中；另一方面给未来的研究指出了发展的空间，使我们能够在现有高度上更好地前行，大有可为。基于对前期成果的总结，未来的实践要点集中在以下三个方面。

1. 以国家战略引导为主线

构建服务全民终身学习的教育体系是建设学习型社会的必然要求，也是顺应国际终身教育浪潮的时代要求，未来应进一步以国家战略引导为主线进行发展，不能偏离主线谋发展。早在 1995 年我国就出台了《中华人民共和国教育法》，已然明确将构建服务于终身学习的教育体系作为国家发展的基本方针与战略；2003年，党的十六大报告中再次提出构建"学习型社会"的基本战略目标；党的十八大报告又进一步完善了对服务于终身学习的教育体系战略的描述，并且体现在各项教育政策之中。地方性法规政策也在积极响应国家基本战略，可谓从中央到地方均将构建服务于终身学习的教育体系作为完善教育政策的重要环节；党的十九大之后，构建服务全民终身学习的教育体系更是成为时代议题，在各个地区、各个系统中得到充分重视，并得以更加深层地落实在具体实践活动之中。未来发展应进一步紧密围绕国家战略主线，深刻回应人民对于多样化教育资源的需求。党的二十大提出，推进教育数字化，建设全民终身学习的学习型社会、学习型大国。

2. 进行地方多元策略创新探索

地方政府在探索服务于终身学习的教育体系构建的过程中具有先天优势，政策选择灵活多样，部门监督实施进程快，对成果的更新速度快，可谓效率更高、落地更快。因此，地方政府应在坚持国家战略的基础之上，勇于探索多元的终身教育的发展策略，坚持创新精神与实干精神，将构建服务于终身学习的教育体系落到实处。在以往的实践中，多个地区表现出了较强的探索精神，此处以北京市终身教育实践探索为例进行说明。总体而言，北京市终身教育实践可分为三个阶段。第一，终身教育理念的引入阶段。为了不断推进首都城市建设和产业发展，北京市各行各业急需大批能够与时俱进的专业人才，因此北京市大力推行各种扶持政策，率先推动成人教育发展。可以认为，最初北京市的终身教育是从成人教育延伸而来的，并且逐渐成为北京市的重要教育政策选择。第二，服务于终身学习的教育体系的转型开拓阶段。成人教育获得一定的发展后，北京市将目光锁定在范围更广、影响力更大的服务于终身学习的教育体系上，并将目光聚焦在学习型城市的构建上，多次强调大力发展终身学习、有力推动学习型城市构建。第三，发展地方特色，确立构建"学习之都"的基本畅想。2007 年，北京市印发《关于大力推进首都学习型城市建设的决定》，率先提出构建"学习之都"的发展目标，即通过创建"学习型城市"，为城市建设培育人才、提高市民素养。总体而言，北京市终身教育实践兼具本土性与国际性，围绕国家战略与国际经验，获得了极大成效，但同时也体现出理论与实践相对割裂的不足之处。因此，各地区应充分发挥地方政府的优势，以多元策略创新探索构建服务于终身学习的教育体系，落实终身教育实践。

3. 促使非正式教育积极参与

终身教育有三种形式，分别为正规教育、非正规教育和非正式教育。其中，正规教育是指在有组织结构的环境中，开展有明确学习目的、完整学习时间和充分学习资源的有意识学习行为，包括学前教育、初等教育、中等教育、高等教育、职业教育等。可以认为，无论在哪个国家，正规教育都是人们接受终身教育的最主要方式。非正规教育是指为实现学习计划，但没有明确规定的有意识学习行为，一般被认为是正规教育活动的补充，并且在成人教育活动中发挥积极作用。非正规教育具有形式内容灵活多变、时间周期相对较短、教育成效表现更快等特点，在西方国家备受重视，在我国仍需得到进一步关注。非正式教育是指在日常工作、家庭生活甚至娱乐活动中开展的学习行为，与生活更加贴近，属于一种无意识的偶发性学习。在研究终身教育时，非正式教育往往处于被忽略的地位，但其实其应该得到重视。非正式教育作为正规教育与非正规教育活动的补充，对民众形成终身学习观念具有重要的促进作用，因此非正式教育在推进服务全民终身学习的教育体系构建进程中亦具有积极作用。

三、我国基于终身学习的教育体系的政策法规与案例衔接研究

我国在构建终身学习的教育体系进程中有多类实践，具体包括义务教育的实

施与巩固、高等教育入学壁垒的打破、广播电视大学的兴衰、开放大学的建设、学习型城市的探索、学分银行（school credit bank）的尝试、社区教育的探索等。

其一，义务教育的实施与巩固。九年义务教育是国家强制执行的教育阶段，教育对象为所有适龄儿童、少年，是奠定其终身成长与发展的关键性环节，能够为终身教育与成长打下根基，是服务于终身学习的教育体系的重要组成部分。服务于终身学习的教育体系可以被看作义务教育的自然顺延，是教育不同阶段的连贯融合，范围更为宽泛。持续提高义务教育质量是我国乃至世界的共同追求，是各国教育改革的重心，因此尤其应思考在当今终身教育背景下，义务教育如何进一步改进课程设置，如何提升师资水准，如何加强德育、劳育等。政府应正视义务教育对终身教育的基础作用，给予充分的公共资源投入，消弭城乡之间和不同收入家庭之间的差距，使不同生源背景的孩子站在同一"起跑线"上。

其二，高等教育入学壁垒的打破。高校在构建服务全民终身学习的教育体系中是中坚力量。一方面，高校应面向全社会提供入学机会，扩大教育资源的辐射范围，打破招生年龄壁垒，通过开设继续教育学院，接受在职硕士、在职博士，举办各类短期培训班等，广泛开放高等教育资源，使更多人获得进入高校学习的机会；另一方面，高校应向社会开放公共资源，使社会充分利用高校的教育、文化、体育等资源。

其三，广播电视大学的兴衰。我国广播电视教育肇始于无线电培训学校，主要表现为通过广播和电视等技术相互辅助的手段开展远距离教育，其发展历程可以划分为三个阶段：萌芽、曲折前进、初步形成。第一，萌芽时期，从 1923 年至中华人民共和国成立前夕。这一时期的广播教育涵盖在无线电培训学校之中。随着我国广播电台数量的激增，广播教育逐渐呈现出日益壮大之势，广播也逐渐成为高校开展教学工作的主要媒介与教授内容。第二，曲折前进时期，从中华人民共和国成立到党的十一届三中全会召开。随着广播电视日益走进千家万户，广播电视教育也应运而生，其形式可划分为正规院校培训和短期训练班。20 世纪 60 年代，广播电视教育发展十分迅速，日益走向成熟，但在"文化大革命"时期一批广播电视教育受到影响，被撤销或取消。第三，初步形成时期，从改革开放后到 20 世纪 90 年代初期。1980 年，第十次全国广播工作会议召开，会议明确提出要进一步办好广播学院。为进一步强化宣传广播电视教育，广播电视教育正式形成，并且成为提升国民素质、文化水平的重要渠道，也是我国早期践行终身教育思想的一次实践。

其四，开放大学的建设。我国开放大学的前身是中央广播电视大学，2010 年

10月，国务院办公厅印发《关于开展国家教育体制改革试点的通知》，将北京、上海、江苏、广东、云南5个省市和中央广播电视大学确定为"探索开放大学建设模式"的试点单位，正式开启了我国广播电视大学转型成为开放大学的序幕。2012年6月，国家开放大学成立，随着教育部印发《国家开放大学综合改革方案》，国家开放大学正式成为践行我国终身教育发展理念的主要平台。至今，我国已有国家开放大学和各地各省若干分校，诸如北京开放大学、天津开放大学、河北开放大学、山西开放大学等，其以"互联网+"为基本特征，以促进终身学习为使命，面向社会各界提供终身教育服务，以促成"人人皆学、处处能学、时时可学"美好愿景的实现。①

其五，学习型城市的探索。2014年，《教育部等七部门关于推进学习型城市建设的意见》发布，提出推进学习型城市的建设与发展。该文件的指导思想是将全民终身学习视为城市发展的重要基础，激发城市活力，构建灵活开放的服务于终身学习的教育体系，促进城市各类学习资源的建设与共享。2021年10月，联合国教科文组织在第五届国际学习型城市大会上宣布上海为"联合国教科文组织2021年学习型城市奖"10个获奖城市之一，这是我国唯一获奖的城市。上海能够获此殊荣，源于以下两点：其一，上海有市级老年大学、区级老年大学、街镇老年学校、村居委学习点和基层学习点等，可以让中老年人在学习中养老；其二，上海可为数百万在岗人员提供学习机会，圆农民工的求学梦，为全体市民提供终身学习的教育资源。

其六，学分银行的尝试。"学分银行"是一种模拟银行的功能特点，给予学生更多的教育选择权，并可使学生自由选择学习内容、学习场地、学习时长的管理模式。在学分银行模式下，学生积攒日常零散的学习以获得学分，学分像货币一样存储在相关部门，当学分满足一定标准的时候，便可兑换相应的学历和非学历证书。2020年，北京市正式开启学分银行行动。北京开放大学校长褚宏启认为，学分银行能够实现职业教育、高等教育、继续教育的"三教融合"，真正发挥终身学习"立交桥"的作用。上海市的终身教育学分银行已有多年实践经验，共有学历教育、职业培训、社区老年教育三套认证标准体系，已然成为上海市服务于终身学习的教育体系建设的有效措施之一。②上海市学习者均可申请学分银行账

---

① 荆德刚. 开放大学改革：使命、发展与挑战[J]. 开放教育研究，2020（4）：4-11.
② 孙庆玲. 搭建终身学习的"立交桥"　国家级学分银行呼之欲出[EB/OL].（2020-11-23）[2022-08-22]. https://baijiahao.baidu.com/s?id=1684101745077756667&wfr=spider&for=pc.

户和个人学习档案，学习成果通过个别存入或者集中存入的方式转换为相应的学分。综上所述，构建学分银行符合我国建设服务于终身学习的教育体系和学习型社会的需要，适应国家经济社会发展，能够满足民众多元化学习需求。[①]

其七，社区教育的探索。社区教育是面向特定社区公民的教育活动，主要运用社区内的教育、文化资源来服务人的终身发展以及促进社区的整体发展。我国的社区教育探索起始于20世纪80年代初，通过借鉴国外社区教育的实践经验，结合我国本土实际特征，在试点实践后得到推广。社区教育是构建服务全民终身学习的教育体系的理想渠道之一，我国社区教育可分为三类：第一类以学校为中心，联合社区内各类单位组成社区教育委员会；第二类以社区为中心，由政府相关部门牵头，社区内的各类教育机构与各类企业共同参与；第三类以各类企业为中心，加强社区内教育机构、各类单位以及相关部门之间的沟通和联系。目前，我国仍处于建设学习型社区的探索发展阶段，应以《教育部关于推进社区教育工作的若干意见》为指导，结合北欧、日本等国家或地区的有益发展经验，实现本土实践的发展与突破。

第三节　我国服务全民终身学习的教育体系构建的现实困境

中华人民共和国成立以来，基于历史条件、时代机遇与发展诉求等背景，国家层面的教育体系要素变革实现了由重建学校教育系统到完善学校教育系统，再到关注人人成长与终身发展的历史性飞跃。现阶段，我国服务全民终身学习的教育体系构建面临一些困境，对关键阻碍与问题的核心进行明确，可以推动各级各类教育共同发展的终身教育实践的开展。本书认为，现阶段我国构建服务全民终身学习的教育体系面临的关键困境具体包括认识滞后、整体设计缺乏、理念解读与实践存在偏差等。

---

① 王海东，邓小华. 我国学分银行与资历框架建设探索：进展、问题与对策[J]. 中国远程教育，2019（12）：55-60，93.

一、服务全民终身学习的教育体系构建认识滞后

改革事业，思想先行。当前，我国格外重视"构建服务全民终身学习的教育体系"，其重要性已被提升到国家重要教育战略高度。[①]但体系构建实践中存在认识滞后问题，具体表现在理念模糊、形式不清、内容缺失三个方面。

（一）服务全民终身学习的教育体系构建理念模糊

在认识层面，无论是国家政策、法律法规还是学术研究中均存在内涵指向不明与概念模糊的基本问题，并且早期政策文本中的这种表现更为明显。

其一，国家政策中的内涵指向不明。终身教育思想价值导向已经在我国形成共识，党的十八大揭示了全体人民应实现全面发展。但是早期政策中关于"终身教育"及相关概念的定位较为模糊，内涵指向不清晰，集中体现于一个核心问题，即服务于终身学习的教育体系具体包括哪些教育阶段。教育部于 2012 年颁布的《关于加快发展继续教育的若干意见》中的相关表述与终身教育主题较为类似，但其中"继续教育"指向学校后面向社会成员的教育行为，尤其以成人教育为主，这与终身教育的内涵指向存在一定差距。

其二，法律法规中的概念含糊不明。服务于终身学习的教育体系建构中的概念含糊不明，直接体现为"终身学习的教育体系"与"国民教育体系"之间的关系充满了不确定性，存在成对垒之势的两种观点，从而使法律法规中的终身教育概念无法确定，自然无法统一指导开展实践活动。一种观点是将"终身学习的教育体系"与"国民教育体系"视为对立关系，将终身教育视为国民教育框架之外的各类形式的技能培训、市民素养教育等。例如，《2003—2007 年教育振兴行动计划的通知》中提出"形成体系完整、布局合理、发展均衡的现代国民教育体系和终身教育体系"，便是将终身教育体系独立于国民教育体系之外。另一种观点是将"终身学习的教育体系"与"国民教育体系"融合，认为终身学习的教育体系是贯穿于人一生发展的各类教育形式的整合，因此可以将终身学习的教育体系上升至与国民教育体系并重的地位，而不再是附属于正规国民教育之外的教育形式。例如，《国家中长期教育改革和发展规划纲要（2010—2020 年）》中提及"构建体系完备的终身教育。学历教育和非学历教育协调发展，职业教育和普通教育相互沟通，职前教育和职后教育有效衔接"，便是将终身学习的教育体系与国民

---

① 史秋衡，谢玲. 构建服务全民终身学习的教育体系的价值解读[J]. 北京大学教育评论，2021（3）：178-187.

教育体系统一的观点佐证。

其三，学术研究中的观点偏误。即使在学术研究过程中，关于终身教育的理念也存在混用、模糊的现象。以实事求是为主要原则，本书认为"终身教育"概念不能等同于成人教育、继续教育、非正式教育，也不是各类教育的简单叠加，而是旨在服务全民终身学习的一种全新的教育体系。因此，终身教育的内涵更加丰富，各种不同形式的教育样态都应包含于终身学习教育体系之中。

（二）服务全民终身学习的教育体系构建形式不清

构建服务全民终身学习的教育体系形式不清，具体表现在体系构建全局推动力薄弱、体系构建核心支点不明与体系构建局部试点散乱三个方面。

其一，体系构建全局推动力薄弱。立足于全局视角，当前教育体系以构建服务全民终身学习的教育体系为总体目标，但是全局推动实践力量相对薄弱。现有机制对实体建设中的治理掌握与机构运营的投入相对较少，主要对教育培训、社区教育等实体进行管控与诠释。基于这一点可知，构建服务全民终身学习的教育体系相对缺乏全局性建构思维。

其二，体系构建核心支点不明。服务于终身学习的教育体系构建思路应为以优带全，重点在于率先打造出趋于先进的一个环节，以此环节为支点推动整个终身学习的教育体系的构建与完善。然而在实践进程之中，核心支点并不明确，整体呈现出全面发展却无重点突破的境地。

其三，体系构建局部试点散乱。当前，各地区均存在不同层面的终身教育实践尝试，存在的问题在于不同实践缺少相互串联的逻辑，实践仍处于零散活动阶段，未构建出一个逻辑紧密的实践网络，因此很有可能存在重复试错、停滞不前等问题。

（三）服务全民终身学习的教育体系构建内容缺失

构建服务全民终身学习的教育体系进程中存在构建内容缺失的问题，集中体现在对成人教育地位的认知错误、与现行教育体系出现割裂两个方面。

一方面，对成人教育地位的认知错误阻碍了构建终身学习的教育体系的实践进程。通过学术梳理可知，无论国际还是国内，"成人教育"与"终身教育"理论都存在各种纠缠，两个主题产生的各种问题密切相关，尤其表现在成人教育介入终身教育实践，在很大程度上阻碍了社会各界开展服务于终身学习的教育体系构建。例如，终身教育思想下的成人教育是学校内教育的纵向延伸，还是终身教育的一部分？学界对此的看法纷呈，但绝大多数学者认为学校内教育与成人教育均为服务于终身学习的教育体系的一部分，而终身教育并非成人教育嫁接于学校内教育长出来的枝丫。①各教育子系统应按照不同于以往的方式对其进行重新编排，使其能通过多样化学习途径开展终身学习的教育实践。

另一方面，服务于终身学习的教育体系与现行教育体系出现割裂。现行教育体系过度重视学校内教育，而使得学校外教育处于边缘弱势的地位。服务全民终身学习的教育体系重点在于打造高质量的学校外教育，这与现行教育体系存在理念认知上的差异。其实，学校外教育受众面更宽广，能够满足更多人的多样化的终身学习需要，理所应当受到重视。

二、服务全民终身学习的教育体系构建整体设计缺乏

构建服务全民终身学习的教育体系是关键之举，它既体现了强国战略对人才的需求，也是终身教育服务强国战略的主要表现。但目前，体系构建缺乏整体设计仍是构建服务全民终身学习的教育体系中存在的重要问题，具体表现在法律欠缺、政策散建、制度缺乏、机制缺乏四个方面。

（一）服务全民终身学习的教育体系构建的法律欠缺

目前，服务全民终身学习的教育体系缺乏专门法律作为支撑，具体表现在国家立法空白与地方条例的作用有限两方面。一方面，国家立法空白。许多国家已经将终身教育作为一种重要价值理念来变革现行教育体系，其理念辨析与落实途径已然成为备受关注的领域。美国、日本、法国等相继实现终身教育立法，将终身教育从理念共识上升至法律规定的战略高度。考察我国关于终身教育的相关政策，也已然实现了从无到有、从理论规范到实践活动的积极转变，但仍存在终身教育专项政策缺位的问题，即没有以终身教育为主题进行专项立法。另一方面，地方条例的作用有限。各地方政府虽然推出了一系列终身教育条例，但实施成效不一，统一管理其实施进程相对不易，虽然出现了一些优秀教育实践案例，但也存在一些短板。由此可知，仅靠地方政府自主推进终身教育进程并非良策，还需中央出台终身教育相关法律法规，将其立法并推进实施。

---

① 联合国教科文组织国际教育发展委员会. 学会生存——教育世界的今天和明天[M]. 华东师范大学比较教育研究所，译. 北京：教育科学出版社，1996：105.

（二）服务全民终身学习的教育体系构建的政策散建

当前，服务全民终身学习的教育体系构建存在政策散建的情况，具体表现在政策体系设置不全面与独立条文缺失两方面。

一方面，关于终身教育的政策体系设置不全面。关于这一点，应立足于四点思考如何完善政策体系设置。其一，尝试构建地方性终身教育法规，正如前文所述，虽然部分地方政府已制定了终身教育条例，但是执行程度仍然有进一步提升的空间。目前，上海、北京等条件相对成熟的地区已经颇具运行有序的服务于终身学习的教育体系，未来应进一步扩展试点城市与试点地区，将服务于终身学习的教育体系进一步扩大。其二，修订已有关于终身教育的政策条例，补充关于终身教育的法律法规内容。其三，制定国家层面的"终身教育法"，弥补国家立法空白，并与国家发展目标与政策法律呼应，即立足于国家战略发展高度规范终身教育的实践。其四，严格执行终身教育政策法律，并将其上升至法治高度。

另一方面，关于终身教育的独立条文缺失。虽然在我国的根本大法、教育基本法、地方性法规、中央政策与相关规划纲要中均有终身教育的相关规定，但一个突出的问题在于，我国现阶段终身教育立法的法律基础比较薄弱，并且存在许多不足，独立条文缺失使终身教育缺乏法律支撑。

（三）学校教育相关制度缺乏

当前，学校教育中缺少有关终身教育的相关制度，具体表现在终身教育正式制度空白与终身学习气氛尚未形成两个方面。

一方面，学校教育仍然未形成终身教育制度。通过前文对"终身教育"一词的概念内涵的考察，可知终身教育包含教育体系内的各个阶段和各种方式，即包括学校教育与社会教育。但是，目前学校教育内的终身教育制度仍未形成，社会中更有观点将终身教育与学校后教育画等号，这既是对终身教育概念理解的偏差，也是终身教育实践缺漏的表现。

另一方面，学校内的终身学习氛围尚未形成。终身学习绝不仅仅是学校教育结束后的行为，而应贯穿于各个教育阶段。在学校内教育阶段，相关部门更关注当下的学习行为，忽略了对学生终身学习、终身成长的关注，即学校内的终身学习气氛尚且不足。

（四）非正式组织机制缺乏

当前，我国关于终身教育的非正式组织机制相对缺乏，表现在非正式组织目标模糊、权责不明、制度不全、成员薄弱四个方面。

其一，非正式组织目标模糊，关键问题在于未能明确非正式组织如何推进终身学习的教育体系建设，目标需要进一步明确。这一目标应在理性思考与深入实践后集中讨论，具有系统性、全局性，并能有力推动区域终身教育事业的发展。

其二，非正式组织权责不明。机构设置与人员分工尚且处于相对混乱的状态，应进一步明确分工、明确权责，从而更加高效地开展终身教育相关工作，在遇到问题时更快捷地处理，真正做到服务人民、奉献人民。

其三，非正式组织制度不全。组织制度设置具有严密、周全的性质，但目前我国的终身教育非正式组织仍有较大的进步空间。未来应进一步补充缺失制度，可以学习西方发达国家非正式组织制度建设的相关做法，并结合我国特殊国情加以调整并发展。

其四，非正式组织成员薄弱。在当前的家庭教育、老年教育、社区教育之中，参与主体数量仍然不多，宣传力度相对不足，具有进一步提升的空间。构建服务全民终身学习的教育体系必然需要调动广大群众参与其中，必须破除形式主义，同时也要避免其成为少数人的活动。

三、终身教育理念的错误解读与相关实践的推进偏差

构建服务全民终身学习的教育体系，旨在以新时代终身教育理念审视和革除传统教育的弊端、寻求面向未来的现代教育新质。但在学界对终身教育理念的引进、诠释与本土化构建的漫长过程中出现了一些错误解读，导致我国终身教育已有实践的推进出现了一定偏差。

（一）终身教育理念的错误解读

对终身教育理念的错误解读主要表现为将终身教育理解为拾遗补阙的成人教育、将终身教育理解为培训式的继续教育、将终身教育理解为适应补缺性教育三种，下面一一进行驳斥。

其一，终身教育并非成人教育。终身教育是人一生中所接受的包含正式教育与非正式教育在内的各种各样教育的综合。成人教育是有别于普通全日制教学的一种教育形式，以高等教育自学考试、开放大学、远程教育、成人高考为主要表

现形式。

其二，终身教育并非继续教育。无论在媒体报道中还是在学术界，都存在终身教育与继续教育的概念混淆问题。继续教育是指向学校教育之后，面向所有社会成员，特别是面向成人的教育活动，可被视为服务全民终身学习的教育体系的重要组成部分。

其三，终身教育并非适应补缺性教育。认为终身教育是对原有教育体系的补缺补漏，仅仅是对终身教育的浅层理解。实际上，终身教育是对整个教育体系的颠覆。终身教育从适应补缺到走向引领，应成为各教育阶段共同关注的重点，并且各领域应合力构建服务于终身学习的教育体系、终身学习社会。

（二）相关实践推进的偏差分析

对终身教育理念的错误解读导致实践推进出现偏差，具体表现在实践路径错置与实践成效薄弱两方面。

其一，目标混乱导致实践路径错置。一批学者与实践工作者将推进终身教育发展等同于促进成人教育、社区教育、老年教育发展。虽然成人教育、社区教育、老年教育的确为服务于终身学习的教育体系的构成部分，但如果仅从这些入手是对终身教育整体概念的窄化与矮化。正确的实践路径应是全局观照，既关注学校内教育，也关注学校外教育；既关注义务教育、高等教育的发展，也关注成人教育、老年教育等的发展。终身教育的实践进程应遵循全局观、大局观来有序准进。

其二，内涵不清导致实践成效薄弱。构建服务于终身学习的教育体系，需要关注受教育主体持续学习的基本能力，只有每个主体都拥有持续学习的能力，形成持续学习的意识，终身教育实践才能够获得更显著的成效。

第四节　政府的角色定位和作用机制的错位及调整

构建服务全民终身学习的教育体系具有国家发展战略意义，具体体现在终身教育观与科学发展观相契合，终身学习的教育体系内涵与强国战略相契合，终身学习的教育体系目标与新时代中国特色使命相契合。在构建服务全民终身学习的教育体系过程中，首先，政府应明确自身的角色定位，确立国家主导的顶层设计方案，并将其积极融入地方实践探索进程之中。其次，应完成政府作用机制的条块整合，建立中央−地方动力机制、实践运行机制、约束机制等。最后，应实现政府角色的重新定位与作用机制的调整。

一、服务全民终身学习的教育体系的国家发展战略意义

构建服务全民终身学习的教育体系，其本质上是为广大人民群众提供更为精准的可持续教育服务，应完全符合立德树人、成长成才的发展规律。构建服务全民终身学习的教育体系，对于社会发展来说，既是合理选择又是必然要求，符合国家建设中的诸多教育规律，能够充分挖掘人力资源，并形成积极向上的社会风貌，释放促进经济社会发展的强大动能，具有极强的服务国家发展的战略意义。

（一）终身教育观与科学发展观的契合

为深入贯彻落实科学发展观,中国需加快构建服务全民终身学习的教育体系。科学发展观是胡锦涛在 2003 年 7 月讲话中提出的概念，指"坚持以人为本，树立全面、协调、可持续的发展观，促进经济社会和人的全面发展"[①]。从辩证的角度审视，终身教育观与科学发展观是辩证统一的，具有多重契合之处。其一，均基于人的全面发展维度。无论是科学发展观的核心要义，还是终身教育观的内在宗旨，都指向以人为本、实现人的全面发展，以期实现国民素质的全面提高。其二，均基于和谐发展的维度。科学发展观中倡导的全面、协调、可持续可被视为一种"和谐"，而和谐社会的缔造离不开终身教育观的深入人心与全面落实。高度重视并贯彻落实终身教育观，是建设和谐社会的必经之路与必然选择。其三，均基于社会进步的维度。21 世纪，科学技术的更新速度加快，为适应快节奏的社会经济发展，人们对终身受教育表现出强烈的需求。为满足人们的受教育需求，进而使人民跟上社会发展的脚步，亟须构建服务全民终身学习的教育体系。

（二）终身学习的教育体系内涵与强国战略的契合

世界上发达国家的经济快速发展都离不开对人力资源的重视，可以认为很多发达国家将构建服务于终身学习的教育体系作为增强国家综合竞争力、实现社会

---

① 尹国胜. 科学发展观理论与实践研究[M]. 昆明：云南大学出版社，2012：17.

可持续发展的重要途径，我国也需变革教育体制，使其与我国的社会经济发展相契合。基于这一层面而言，我国服务全民终身学习的教育体系建设与发达国家具有相似的价值取向，同样符合我国"人才强国"与"科教兴国"的重要强国战略部署。建设终身学习的教育体系可以将人才强国与教育强国战略有机结合起来，使其进一步服务于社会主义现代化强国的目标设计，构建与我国国际地位、国情相当的开放教育体系。

（三）终身学习的教育体系目标与新时代中国特色使命的契合

我国构建的服务全民终身学习的教育体系需要具有世界终身教育的一般特征，同时又要符合新时代中国特色使命的时代特点，而服务于终身学习的教育体系目标就与新时代中国特色使命相契合。建设教育强国是新时代中国教育的新使命，也是新时代中国的特色使命，而建成终身学习的教育体系则是建设教育强国不可或缺的关键环节。只有全体人民的综合素质提升，具有终身学习的意愿，我国才能真正建成现代化教育强国。

二、政府的角色定位与作用机制的错位

构建服务全民终身学习的教育体系是贯彻党的十九届四中全会精神，推进我国教育治理体系与治理能力现代化的必然选择。政府在体系构建中扮演着领导者角色。我国服务全民终身学习的教育体系需要以顶层设计思想为指导，逐步开展地方实践行动。目前，政府在推进构建服务全民终身学习的教育体系进程中的作用尚需进一步增强，主要表现在政府力量的薄弱、政府作用机制的条块分割两个方面。

（一）政府力量的薄弱

政府力量薄弱有两方面的原因，分别是顶层设计概念模糊与统筹力量缺失。一方面，国家主导的顶层设计相对模糊。诸如前文所述，"终身教育"与"终身学习"概念存在本质的差异，"终身教育"是自外而内的一种理念灌输，而"终身学习"是一种自内而外的价值导向，理想目标应是促进每位公民养成终身学习的意识形态，进而达成服务全民终身学习的教育体系的构建，实现学习型社会的构建。在此理念的引导下，国家主导的顶层设计应更加关注个人的成长与发展，而不局限于关注整体布局。另一方面，地方实践的方式众多，却表现出独自实践、

反复探索的发展现状。政府应做好统筹指导工作，在已有实践的基础上吸取教训与总结经验，使终身学习实践推进实现叠加式发展，而非反复从零开始探索或重复实践。

（二）政府作用机制的条块分割

政府作用机制存在条块分割的现状，在中央-地方动力机制、实践运行机制结构、约束机制的方向与力度三个方面存在失衡与割裂的问题。其一，中央-地方动力机制割裂。在构建服务全民终身学习的教育体系过程中，中央与地方应形成良性动力机制，即中央统筹地方，地方实践反作用于中央的设计。然而，在实践过程中，中央规划与地方实践尚未形成良性互动，多为地方响应中央规划，中央规划相对较少考虑地方实践的根基，如此便形成了中央与地方动力机制割裂的现状。其二，实践运行机制存在结构性失衡问题，且约束机制的方向与力度失当。例如，家庭教育在中央规划中十分受重视，但是在以往的地方实践中却存在对家庭教育关注不足等问题。目前，中小学教育的"双减"工作持续推进，借此时机可以深入推进家校合作、家庭教育，使中央与地方的建设重点和强度保持相对一致。

第三章

服务全民终身学习的理论要点辨析与意识引导的再规划

理论要点是意识引导的基础，要点辨析有助于从宏观上把握构建服务全民终身学习的教育体系的发展趋势。本章首先对构建服务全民终身学习的教育体系的价值底蕴进行解读；其次，剖析构建服务全民终身学习的教育体系的战略发展导向；再次，在分析构建服务全民终身学习的教育体系存在的若干关系的基础上，深入探讨其体系设计的理念；最后，对新时代我国如何促使教育体系指向终身学习进行制度上的规划与设计。

第一节 服务全民终身学习的教育体系的理论研究

　　我国关于服务全民终身学习的教育体系理论是在国际经验基础上逐渐探索出的具有中国特色的终身教育理论。中国特色化的终身教育理论是构建服务全民终身学习的教育体系的重要学理依据。相关理论研究有助于对服务全民终身学习的教育体系的价值进行精确的解读，以准确把握中国教育改革的方向与尺度。

一、终身教育与终身学习的核心概念辨析

　　终身教育与终身学习在内涵概念上既存在差异，也具有共性，二者之间有着千丝万缕的关联。整体而言，终身教育是理念，但其需要在教育体系整体运行中得以实现；终身学习是实践，但党"以人民为中心"的教育宗旨始终贯穿其中，二者互为表里。从逻辑关系上看，终身学习是实现个体成长成才的一种能力，而终身教育是全社会共同实现的一种愿景与达成的一种共识，因此终身教育与终身学习是社会价值与个人价值相统一的体现。理念与实践贯穿，宗旨与体系联结，此为教育体系中上位规律与下位规律的必然要求，也成为实现教育体系要素变革的重中之重。[①]改革教育体系，使其面向服务全民终身学习的教育体系，既是本书研究的攻关点，也是本书研究的突破口。

（一）终身教育与终身学习的内涵

　　终身教育与终身学习在学界常常被混同，但二者在具体内涵上存在较明显的差异。终身教育可以被理解为一种可全球推广的教育理念，而终身学习则是一种凸显以学习者主体发展轨迹为主的终身教育过程。

　　1. 终身教育：一种可全球推广的教育理念

　　作为一种历久弥新的教育思想，终身教育贯穿于人类文明发展的始终。无论

---

　　① 史秋衡，季玟希. 新时代教育体系要素变革的理路[J]. 高等教育研究，2022（7）：14-21.

是孔子倡导在"而立之年""不惑之年""知天命"等不同人生阶段获取相应的知识，强调学习与获得应贯穿于人的发展的始终，还是柏拉图强调精英的育成总是要经历理论与实践不断交织、知行合一的历练，都体现了最为原始而又本质的终身教育理念：一方面，学习是为了使学习者不断突破自身；另一方面，学习应贯穿于人的发展的始终。终身教育从理念到概念化的发展，被誉为教育史上可与哥白尼学说相媲美的重大事件。保罗·朗格朗认为，随着社会的变化和发展，人在不同的阶段需要具备不同的能力，以应对技术、生活等方面的挑战。①依其所言，终身教育的价值归宿不仅是促进个体实现有意义的人生，更是通过人的有意义发展实现整个社会的持续性进步。换言之，教育既需要与社会、生活相互交织，又需要促进其内部诸要素、阶段的相互融合，从而实现人与社会的共同持续发展。②罗伯特·赫钦斯在《学习型社会》一书中指出，教育已经偏离了使人成为完人的本质，而成为个人与国家功利化、过度化追求的一种投资行为，从而使教育对于人真正意义上的解放、进步的功效遮蔽在浅层的技能与文凭之上。罗伯特·赫钦斯认为，真正的教育不仅仅是一种"闲时的成人教育"，更是"人、机构与制度的价值转向"，从而使教育回归教育，使人的发展从"人力"转向"自由的全人"，从而极大地丰富了终身教育的概念内涵。③联合国教科文组织在《学会生存——教育世界的今天和明天》一书中旗帜鲜明地提出了"为生存而学习"的理念，认为旧时的教育体系已经不能适应新的社会发展环境，精英化的教育传统以及僵化传播的西方式教育制度成为遏制 21 世纪教育创新发展的主要因素。为了促进"教育民主"的发展，实现教育中人人平等、人人尽学、人人乐学的目标，应以终身教育思想为指导，重新改革包括课程、教学、学校设置、师资培训等内容在内的教育体系。该书成为终身教育的标志性成果。④戴维（R. H. Dave）则在《终身教育基础》一书中强调终身教育是生活、终身与社会的统一，故此在终身教育的推进过程中，教育机构非唯一的载体形式，"正式"（formal）、"非正式"（non-formal）、"无正式"（informal）的学习形式共同组建成了贯穿人发展各个阶段的意义总和，从而构建了有关终身教育推进与实施的完整系统。⑤

---

① 保罗·朗格让. 终身教育导论[M]. 滕星，等译. 北京：华夏出版社，1988：14-15.

② Wain K. Philosophy of Lifelong Education[M]. London: Croom Helm, 1987：10.

③ 罗伯特·赫钦斯. 学习型社会[M]. 林曾，李德雄，蒋亚丽，等译. 北京：社会科学文献出版社，2017：7.

④ 转引自任宝祥. 终身教育[J]. 西南师范大学学报（人文社会科学版），1982（1）：113-117.

⑤ 转引自吴遵民. 终身教育的国际视野与中国经验 吴遵民终身教育文集[M]. 上海：上海教育出版社，2018：73.

尽管以上看法各有侧重，但有关终身教育的理念内核却是统一的，理念上的普适性加速了其在全球的推广。一是强调了终身教育对个人与国家共同持续发展的积极意义，无论是第二次世界大战后的新兴国家还是基础较好的老牌强国，均面临着新的技术、社会发展等方面的挑战，需要促进国民与社会的统一，形成持续发展的合力。二是强调了教育应回归促进人的意义发展的本质，教育的发展从来离不开"强政府"的支持与引导，但教育归根结底是指向人的发展的重要途径。功利化、私欲化、文凭化等异化发展无疑抹杀了人对于理想、品格与智慧的美好追求。三是强调了终身教育在时间上的永续性和空间上的灵活性。受传统教育体制的影响，人的学习行为往往局限于学校里、课堂上，校园往往成为闭塞的"象牙塔"，其与社会成为泾渭分明的空间。然而，终身教育所提倡的各阶段教育相衔接、融合，正式与非正式教育相交织的理念，无疑影响了课程、教学等理念的再创造。四是强调了终身教育所寓意的教育民主的划时代意义。究其根本，终身教育提倡的是教育应由少数人享受的精英教育转向面对普罗大众的公共产品；由西方长期主导的教育体系、理念转向各国的本土化、丰富化发展。这既是西方强国自我革新的新机遇，亦是第三世界国家自我发展的新时机。

终身教育的全球推广普及，受到国家、社会及市场三者的推动，呈现出不同的推进策略与形态，因此各国的政策具有不同的特征。

作为现代终身教育思想的发源地之一，英国的终身教育推进策略呈现出典型的以市场为主、政府引导的特征。英国教育家耶克斯利出版的《终身教育》一书，是世界上第一部以"终身教育"命名的学术著作。[1]早期英国的终身教育与继续教育、成人教育密不可分。《巴特勒法案》（Bartlett Act）作为第二次世界大战后奠定英国教育体系的重要法案，明确提出了"继续教育"的政策主张，从而加大了对义务教育阶段结束而未升学的青年提供必要的免费教育的力度。随后，英国政府为了弥补战争带来的经济社会损失，以职业技术教育为侧重点推进终身教育，通过供给丰沛的劳动力支撑社会的建设、发展。在英国国家重建、世界资本主义社会发展处于黄金期，以及"私有化"进程推进等多重因素的叠加下，英国逐渐以"技能策略"为主要载体来推动终身教育的发展。尤其是进入 21 世纪以来，从布莱尔政府提出的《21 世纪技能：为我们所生存的时代而学习》（21st Century Skills: Learning for Life in Our Times）到特蕾莎·梅政府在"脱欧"后提出的《技

---

① Suchodolski B. Lifelong education: Some philosophical aspects[M]//Dave R H. (Ed.). Foundations of Lifelong Education. Amsterdam: Elsevier, 1976: 57-96.

能与16岁后教育法案》（Skills and Post-16 Education Bill），无论执政党持何种政治理念，推进技能的全面发展都是英国政府在职业教育、继续教育、成人教育等方面的政策的共同出发点。[1]通过不断加强对技能教育的重视，英国加强了雇主作为技能教育体系的核心地位，遵循"谁投资、谁受益"的原则。例如，英国在实施基于工作场景的学徒制改革和基于全日制学习的"T-Level"课程改革中，均强调由雇主形成专门的委员会讨论课程内容、实习安排、考核原则等事务。可以说，市场成为英国终身教育的重要推力，国家则是通过法律的规范与政策引导，为雇主、学校及学习者之间达成合作扫清制度障碍。

与英国隔海相望的法国，得益于拿破仑教育改革所建立起的"中央-学区-省"三级集权式教育管理体系，构建了典型的以国家为主导推进终身教育的策略体系。首先，法国以法律的形式确定了国家在推进终身教育发展中的角色地位。1971年，法国国民会议通过《终身教育范围内的职业继续教育组织法》，将其作为法国终身教育领域内标志性的法案，强调为国民提供终身教育是国家的责任之一。[2]在总理、教育部部长及其他高级官员的支持下，法国建立起了包含中央政府、大区政府、企业及其他社会机构在内的联合体，负责实施职业技术培训，从而使法国的终身教育具有了职业技术培训的色彩。其次，与英国主张以雇主为核心的市场推进机制不同，法国建立起政府负责的基础性的终身教育机构和多主体参与的社会性的终身教育机构两条路径。[3]一方面，法国政府利用正式学校教育体系，将教育与培训结合起来，承担基础性的技术教育工作。在资历框架的指引下，中小学、大学针对不同教育对象，分别提供语言、核心技能等方面的一般培训、短期培训、能力认定、资历考核等。另一方面，法国积极鼓励多元主体参与，拓展"后学校"阶段的教育，例如，鼓励大学开展慕课，依据行业特色、大学标准等制定不同的文凭项目，满足学习者远程学习的需求；鼓励企业与员工建立持续的发展机制，促使企业将员工在职参与的各类培训纳入考核的标准之中；实施减税制度，鼓励各种私立培训机构积极参与服务工作。最后，法国实施一系列国家计划与项目，用以保障终身教育的顺利推行。例如，在新的改革背景下，法国建立了能力建设署，以全面负责全法职业技术教育的相关事务；法国政府还通过建立个人培训账户制度，激励公民持续接受教育、保障继续学习的权利；法国政府通过开展

---

① Hutchins R M. The Learning Society[M]. New York: Frederick A. Praeger, 1968.
② 李世刚. 关于《法国教育法典》若干特点的解析[J]. 湖南师范大学教育科学学报，2022（1）：34-40.
③ Cropley A J. Lifelong Education: A Psycholoocal Analysis[M]. Amsterdam: Pergamon Press, 1977: 62-64.

"国家继续教育信息中心""国家就业中心"等行动，建立了多部门协同保障机制。

从本土社会教育起步，日本逐渐形成了国家与社会共同推进终身教育的策略。社会教育作为日本本土的原生理念，旨在通过有组织的教育活动，以校外教育的形式与学校教育、家庭教育形成合力，因此服务对象多元且广泛，服务形式灵活协同，服务内容丰富多样。可以说，诞生于日本的"社会教育"在理念与内涵方面与日后兴起的终身教育具有相似之处。故此，在日本推进终身教育，具备良好的理论基础与舆论环境。基于此，日本推进终身教育的过程体现出国家规范与社会参与两个典型特征。①一方面，日本通过一系列立法程序，弥合社会各方对终身教育的认识。尽管日本拥有社会教育的传统，为终身教育的推广营造了宽松的舆论环境和良好的公众共识，但是如何使国际终身教育思潮实现本土化，成为日本要解决的关键问题。终身教育的理念传至日本后，日本中央政府通过中央教育审议会、社会教育审议会等机构不断发布有关终身教育本土化的相关报告，最后形成了《关于终身教育（咨询报告）》的报告，对终身教育、终身学习、学习社会等概念做了解释和说明。②通过连续制定、修订《终身学习振兴法》《终身学习完善法》《关于适应新时代的教育基本法与教育振兴基本计划的构想》《教育基本法》等的相关内容，日本逐步促使终身教育、终身学习的概念适应社会发展的不同阶段。另一方面，根植于日本的社会教育强调家庭教育、学校教育和正式教育与非正式教育的联结，故此日本形成了教育、科研、文化、体育等设施之间的协同，学校、图书馆与体育馆等公共组织之间建立起育人的共同体。可以说，较之英国、法国等国家将终身教育局限于职业技术教育，日本更倾向于将终身教育视为连接正式教育与非正式教育的桥梁。

2. 终身学习：一种凸显学习者主体发展轨迹的终身教育过程

终身学习强调以"学"为重点，关键落实在学习者本身，旨在促进学习者由被动地接受知识转向主动地发现知识、探索知识。其核心在于将学会学习、实践学习、乐于学习作为重点，释放个体对学习的渴望与追求，从而真正实现"活到老，学到老"的全面学习理想。为了解决社会发展不平衡不充分的问题，充分激发人们学习的积极性、主动性与创造性，应构建服务全民终身学习的教育体系，这有助于促进人的自身成长与社会整体进步。

---

① 持田荣一，森隆夫，诸冈和房. 终身教育大全[M]. 龚同，林瀛，邢齐一，等译. 北京：中国妇女出版社，1987：23-25.

② 瞿葆奎. 教育学文集·第23卷·日本教育改革[M]. 北京：人民教育出版社，1991：39-43.

　　首先，终身学习强调以发展的视角看待学习者及其学习活动。一方面，"终身"强调学习活动贯穿人的一生，学习者理应意识到学习活动不是仅局限于课堂上的行为，而是贯穿其一生发展的使命。纵向贯通的教育体系为个体多样化学习场景的创建与具体学习需求的满足提供了必要的支持：处于幼儿期、儿童期、少年期以及青年期的个体由家庭教育、学前教育和基础教育所覆盖，以接受基础的认知、情感与技能的训练。随后，通过考试制度分流，一部分个体进入高等学校继续深造，学习前沿的理论与技能；另一部分个体进入劳动力市场，在成人教育、继续教育以及职业技术教育的支持下，参加胜任工作、生活等所必需的知识与技能的学习和培训。这种纵向贯通、相互影响的服务于终身学习的教育体系使人们获得知识的过程具有包容性，即所有人都有权利获得知识、所有人都有权利使用知识、所有人都有权利创新知识。换言之，终身学习通过连续的、嵌套的、相应的教育体系，使学习者自幼形成了一种"学习的主人"的认识，赋予学习者"探索知识"的角色使命，鼓励学习者将已有的人类经验精华与自身的生活经历相结合，生成独属于自己的认知经验。在这一过程中，通过各级各类教育阶段的通力合作，学习者发现学习的真正意义并非获得成绩、文凭、手艺与技能等，更重要的是自己在核心技能与素养方面获得提升，学习是一个对个人的价值不断追寻与探索的过程。另一方面，"终身"强调人的终身发展。随着科学技术的发展、社会的不断变迁，知识更新迭代的速度在加快，以往所谓的"一招鲜，吃遍天"的学习价值观已经不能适应日新月异的社会。这就意味着社会需要更为广泛的"扫盲"运动，鼓励更多的个体参与到终身发展之中，例如，鼓励中老年人获取信息素养以适应数字技术发展带来的社会生活变化；鼓励传统行业从业者适应新技术带来的生产方式转变等。从生活到学习，从学习到生活，当生活与学习达到一种"你中有我，我中有你"的状态的时候，社会成员才能对新的发展与变化保持好奇与热情，才能更广泛地参与到促进社会进步发展的具体实践之中，才能使社会的发展与人的发展相互照应。

　　其次，终身学习呼吁人的全面发展，以回归教育的本质。促进人的发展本身即为教育的根本目的，促进学习者自我的发展即为教育的本质。终身学习强调个体主动地学习，主动意识到学习的目的，主动获取学习的方法，以及主动激发学习的动力。人的发展总是循序渐进的、非线性的，故此需要将育才的眼光与时间线贯穿人的一生，而非由一场考试、一项成果简单判定。一方面，实现人的全面发展，需要坚持"立德树人"的教育目的。"十年树木，百年树人"衔接了以人为本的理念和通过终身学习实现人的发展的目标，需要坚持育人为本、德育为先。

终身学习涵盖了幼儿期、儿童期、少年期、青年期以及成年期各个阶段、各个阶层的群体，在以经济建设为中心的同时，也应呼吁评价标准从外在的数字标准转向内在的质量标准。另一方面，实现人的全面发展，需要实现教育的公平，赋予个体平等地参与教育的权利。服务终身学习的教育体系是一个涵盖各个教育阶段的教育体系，其关键在于为个体的发展构建道路通畅的"立交桥"，即使是在社会工作的学习者亦能轻松、便捷地获取到教育的资源与信息；即使是年龄偏大的社会公民亦能及时获取所需知识。在每个人都有获得知识的权利的服务于终身学习的教育体系中，个体不会因获取知识存在障碍而放弃发展自我的机会，只有这样才能在真正意义上为个体的全面发展创设前提。

再次，终身学习为构建社会主义人才强国提供了智力基础。当今国际竞争的实质是人才的竞争。党的十九大报告指出，要破除妨碍劳动力、人才社会性流动的体制机制弊端。构建终身学习的教育体系、促进各级各类教育机构与组织相互协调，对培养人才、发展人才具有极大的推动作用。一方面，人才需求层次的丰富呼唤构建灵活、多样的教育体系。我国是一个发展中的大国，对人才的需求具有数量大、层次多、种类全等特点①，故此构建一支层次丰富、结构合理、衔接嵌套的人才队伍极为重要。我们既需要高素质的技能型人才，更需要具备前沿理论与技能的研究型人才；既需要培养具有扎实能力的青年人才，更需要发挥人力资源优势，充分挖掘老龄人才、低技能人才等群体的潜力，促使我国形成人人向学、人人乐学、人人尽学的社会氛围。这就需要普及家庭教育、优化学前教育、夯实基础教育、振兴职业教育、提升高等教育、健全成人教育、创新远程与开放教育②，构建立体、丰富、现代化的教育体系，为实现社会全体成员的整体素质的全面提高提供契机。另一方面，现代技术与产业的迅猛发展要求教育体系赋予个体终身学习的能力。技术与产业的发展深刻影响着经济社会的发展进程，技术的发展不仅催生了如无人机驾驶员、电子竞技运动员等全新的产业与职业，还对农业、工业等传统产业进行了重塑与赋能。这就需要通过促进教育系统的发展，提升个体的终身学习能力，以应对技术、社会发展所带来的不确定性与风险，从而维护社会的稳定发展、个人的稳定成长，以教育体系的健全支撑人才链、创新链与产业链等的深度融合，实现人才、科技、产业的共兴共荣。

最后，终身学习为实现教育现代化提供了"良方"。习近平总书记在北京大

① 崔建民. "十四五"期间深入实施人才强国战略研究[J]. 青海社会科学，2021（1）：50-54.
② 崔建民. "十四五"期间深入实施人才强国战略研究[J]. 青海社会科学，2021（1）：50-54.

学师生座谈讲话时强调"教育兴则国家兴，教育强则国家强"①。教育对提高人民综合素质、促进人的全面发展、增强中华民族创新创造活力、实现中华民族伟大复兴具有决定性意义。②构建终身学习的教育体系，能为人民综合素质的提高搭建平台、为人的全面发展提供机会、为建设创新型现代化国家提供动力。办好人民满意的教育是构建终身学习的教育体系的核心愿景。习近平总书记对职业教育发展做出重要指示，要求"营造人人皆可成才、人人尽展其才的良好环境，努力培养数以亿计的高素质劳动者和技术技能人才"，在建设服务全民终身学习的教育体系进程中尤其要"加大对农村地区、民族地区、贫困地区职业教育支持力度，努力让每个人都有人生出彩的机会"。③终身学习需要站在更高的角度看待学习者的发展，与基础教育、高等教育、职业教育等教育类型针对具体的受教群体不同，终身学习需要统筹个体的整个受教周期，使教育、学习与人的生命周期相协调，以使不同年龄、不同性格、不同需求的学习者能够自由、自主与自助地开展学习活动，促进自身的发展。

（二）终身教育与终身学习的异同

终身教育与终身学习概念既存在共同之处，也存在差异之处，不能将二者混用或随意相互替代。

1. 共同之处

终身教育与终身学习有着共同的目标，即超越教育本身的发展、实现教育公平以及构建可持续的教育与社会的关系。

首先，无论是终身教育还是终身学习，都致力于推动教育的形态由传统的割裂、知识化以及功利性转向协调、人文化以及涵养性。终身教育与终身学习的提出，可被视作教育思想领域对传统教育文明的反思，即什么才是教育真正的内核与本质。制度性的教育一经确立，便成为各国主要采用的模式，教育的活动被狭隘地定义为学校的活动，教育的行为被偏见地弱化为课堂上的教与学，教育的目的由人的自我发现与探索被简单化为教师单方面、机械式地传递信息。由此，教

① 习近平. 在北京大学师生座谈会上的讲话[N]. 光明日报，2018-05-03（002）.

② 习近平：坚持中国特色社会主义教育发展道路 培养德智体美劳全面发展的社会主义建设者和接班人[EB/OL].（2018-09-11）[2023-10-20]. http://dangjian.people.com.cn/GB/n1/2018/0911/c117092-30284991.html.

③ 习近平的教育观：让每个人都有人生出彩的机会[EB/OL].（2016-02-20）[2022-08-10]. https://edu.people.com.cn/n1/2016/0220/c1006-28136290.html.

育成了"教师的责任"，学习成了"文凭的获得"，充满情感性的人类经验的传递与再创新活动成为功利性地达到社会阶层跃进甚至是获取财富的行为。终身教育与终身学习强调用"终身"去看待教和学的过程，学习不是为了简单地获取一方面的知识、掌握一种技能，更多的是为了获取一种志趣、一种能力。志趣是指无论是个人还是整个社会，都要持有一种新的学习观念与发展观念，用"扬弃""创新"的视角面对自身的发展和社会的变化，以不断地获取知识、经验与情感作为人生的学习观。能力是指个体与社会不仅仅要掌握获取知识的能力，更要在原有经验的基础上推进知识的再创造，促进不同学科知识之间的迁移与融合。

其次，无论是终身教育还是终身学习，均致力于实现教育公平的愿景。由于制度性的教育在全球绝大多数国家或地区中占据教育体系的核心地位，义务教育已然成为适龄青少年的公共产品。经过几个世纪的发展，各个国家都明确了提供义务教育是国家的基本责任之一，但无形中却忽视了社会中其他群体对于获取教育的渴望。尽管受教育的儿童、青少年终将成为劳动力市场的"顶梁柱"，但迅猛发展的技术无时无刻不在对传统产业进行更新换代，催生新的产业群体。可以说，社会对劳动力的需求不是固定的、终身的，而是动态的、接续的。社会成员出于对自身生存境地的改善需求、对融入社会发展的需求，不断激发内部的学习动力。可见，教育不仅仅是一种公共产品，更是个体发展的"避风港"。任何阶段、地位的社会成员都希望能够从教育中获取一定的支持力量。终身教育与终身学习都呼吁搭建一个开放、包容以及灵活的学习空间，即一个制度性教育与非正式教育共存，学校、社区、博物馆、文化宫、体育馆等机构通力合作的共同体，一个淡化分数与文凭导向、促使对个体的评价转向获得感与参与感的场所。由此，教育才实现了真正的"有教无类"，即社会上任何年龄阶段、任何文化背景、任何受教育程度的个体对教育的需求都得到了满足。

最后，终身教育与终身学习都致力于构建可持续发展的教育与社会关系。教育与社会是一个分不开的组合体，二者相互影响、相互作用，通过培育人的持续发展实现双方关系的黏合。一方面，教育本身就是"取之社会、用之社会"。在疫情的影响下，线下停课成为常态，然而学习者更多地怀念与同学、友人面对面交流和对话的时光。这就意味着教育的场所不仅仅是课堂，更是在广泛的生活之中；学习所获取的知识不仅仅用于完成资历考试，更多的是要广泛地应用于生活与工作中。另一方面，保罗·朗格朗等开启的现代终身教育与终身学习思潮，源于对成人发展的反思。正如他们所认为的那样，当个体在工作与生活中面临挑战和困难时，应该得到足够的支撑，从而使知识与现实产生联结。构建终身教育与终身学习的教育体系或者说是保罗·朗格朗所提出的"教育型社会"，离不开教育、人社、劳动、新闻传播等的行政主管部门之间的相互配合、相互嵌套，从而实现集成化教育资源供给体系、学习空间支持体系，由此使教育与社会实现"你中有我，我中有你"的共生关系。

2. 差异之处

终身教育与终身学习也存在着一些差异，主要体现在主体与过程两个方面。

就主体而言，终身教育更加侧重于各种教育资源的整合与宣构，侧重于教育供给方的改革；终身学习更加强调"学"这个关键词，侧重于学习者在观念、能力等方面的更新。保罗·朗格朗在《终身教育导论》中指出，终身教育的含义在时间上跨越了人的整个生命周期，而非在传统的学校教育结束后就戛然而止；在空间上需要打破与各种社会机构、工作场所、生活场景等的隔阂。[①]由此，终身教育更为强调一种"教育民主"的核心理念，即以终身教育机制的建立来捍卫包括成人、劳动者在内的全体社会成员的受教育权利。此外，终身教育这一富有历史传统的教育理念与当代社会发展相结合，造就了现代终身教育思想。终身教育打破了只有特定群体才能修习各阶段教育的传统观念，以理念亿、非实体的形式促进了教育系统的变革。故此，终身教育特别强调教育的供给方——政府与社会应负起应有的责任，通过制度设计和安排优化各级各类教育体系衔接的程度；通过多主体参与使学习的概念外延得到真正确立。终身学习则强调"学"的转变，即学习者观念、学习方式以及学习评价等多方面的转变。学习者观念的转变，即无论身处哪个年龄阶段、哪种社会地位的个体，都应该将学习视为终身的职业，将学习与日常生活联系起来；学习方式的转变，即学习者应发挥主观能动性，而非一味地依赖于教师、课本以及知识本身，应善于利用信息技术提供的便利条件，促进认知等多维能力的跃进；学习评价的转变，即扭转"文凭社会"的不利影响，减少短期、短视的目标机制，将学习成果的最终评价标准相对化、内维化，强调学习是一种过程而非最终的目标，学习最终是为了解放自己、使自己成为真正自由的个体，即学习是为了"认识自我"。故此，终身学习特别强调学习者的自我回归，需要通过教师的教学方式、社会资源的供给方式以及政策和相关利益方的引导来实现变革，使学习者意识到自己的角色，并形成良好的学习观，从而为实现终身学习提供内在动力。

---

① 保罗·朗格让. 终身教育导论[M]. 滕星，等译. 北京：华夏出版社，1988：45-48.

就过程而言，终身教育更加强调"由外到内"的变革路径，终身学习更加强调"由内到外"的改造路径。终身教育的目标是使正式教育、非正式教育之间形成体系化的结构，具体目标是实现所有受教育者不受时间、空间等条件限制、自由地获取教育资源，这就需要政府与社会采用"自上而下"的方式，以政策的引导、法律的规范以及财力的支持为基础，构建起一个全新的教育系统。换言之，终身教育是为了实现教育体制上的革新，至于是否能够实现预期的效果，取决于学习者自身能否真正有效地利用这些资源。这就为终身教育设置了障碍，主要体现为传统的学校体系已经形成了结构化、系统化的循序渐进的知识体系，英国、法国等国主要通过对成人教育、继续教育进行体系完善建立一种嫁接式的终身教育系统，以学校教育为代表的正式教育系统与非正式教育系统之间表面看似形成了连续的学习轨道，实际上各成一派，这就造成了当前终身教育在推进的政策话语中被狭隘地定义为成人教育、继续教育。有鉴于此，社会呼吁学习者进行内部变革，从而实现社会整体学习氛围变革的终身学习受到了更多的关注。终身学习强调"学会学习"，是一种由学习者的变革引发整个社会进步、转型的路径，即从人的转型实现组织的转型。在知识传授速度远慢于知识更新速度的当今时代，学习者需要识别什么样的知识与技能是自己所需要的，以及需要具有获取这些内容的相关能力，也就是"学习力"。涵养学习力亟须拓展学习的机会，诸如时下流行将文化与旅游相结合的"研学"，基于信息化技术发展而产生慕课、微学位，基于企业技术优势而开启各种专业技能认证等，均在不断地拓展学习的空间。换言之，通过实现学习者在学习观、学习方式、学习技能等方面的终身性和可持续性，传统的社会提供的教育正逐步转向为"教育的社会"的实现。在重视提升个人及全社会学习能力的背景下，政府、企业、社会机构和个人主观意愿之间应建立起互动的循环，从而使学习型或者说是教育型的新社会形态得以真正形成。

（三）终身教育与终身学习的关系

终身教育与终身学习具有内生一致性，终身教育是理念，但其需要在教育体系的整体运行中得以实现。终身学习是实践，"以人民为中心"的教育宗旨始终贯穿其中。换言之，终身教育与终身学习是互为表里、相互支撑的关系。

1. 终身教育为理念，终身学习为实践

教育是学习者自我发展、自我生成的过程，归根到底，是学习者自我的义务与使命。自 20 世纪 70 年代现代终身教育思想兴起以来，尽管各国在政策推进中

呈现出不同的路径，但无不指向同一个目标，即实现整个社会的教育民主发展。可以说终身教育的价值指向就是实现人人可学、人人尽学、人人乐学的教育民主理念。在这种理念的指向下，各国开始重视成人教育与继续教育，关注劳动者在工作之余的学习权益，推动各级各类教育的衔接，促进教育机构与社会机构进行合作，从而拓宽人的发展空间、增加人的学习机会。正如前文所述，体系机制的搭建仅是创设外在条件，只是从时间、空间以及机会的角度赋予每个人同样的学习权利，但学习者能否抓住机会、利用好平台、行使好权利，则取决于学习者自身的行为取向。终身学习更加强调学习者内部动力与意识的唤醒，这也是各国在实现教育民主的终身教育理念的指导下，在具体学习实践上取得的巨大进步。构建服务全民终身学习的教育体系，本质是从外部的机制体系构建转向真正的学习内部场所，从课程、教学、学习方式等多个角度重塑"学习"的定义，将知识的传授拓展为学习能力的获得，从而使个体拥有终身的学习观念、持续的学习动力、丰富的学习方法，使学习者在"为什么而学、学习什么、怎么学习"方面形成正确观念，促使学习者充分、正确地行使学习的权利，使教育民主的观念深入人心。

2. 终身教育与终身学习互为表里

终身教育与终身学习作为"教"与"学"的两面，互为表里，呈现出"你中有我，我中有你"的支撑联结关系。正如前文所述，终身教育为理念，是内部贯穿一致的价值观念；终身学习为实践，是外部表现明确的执行路径。

一方面，终身教育为终身学习提供强有力的资源、机制支撑。学习需要充足的政治、经济、文化、社会、科技资源的支持，体现出强大的"国家意志"。个体的学习权益能否得到保障，个体日益丰富的学习需求能否得到满足，依赖于国家与社会的资源供给程度。终身教育与终身学习所强调的"终身"：一是对象的广泛性，即全民享有学习的机会与权利；二是时间的跨越性，即覆盖全民发展的始终，这就使得终身视野下的教和学体现出多样性、灵活性、全面性、过程性的特征。因此，需要国家站在战略的高位上对整个体系与系统、内容与载体、方法与方式等方面进行重构，从而为学习者提供可行、可用、可持续的发展环境。

另一方面，终身学习的践行将进一步推动终身教育在理念上的发展。终身学习的最终目的是让全民享有自由的发展，让学习成为生活的一部分。当社会中的每个成员都具备良好的学习力时，必然会对社会的形态进行重塑，从而推进政策理念的更新换代，进一步促进教育理论的丰富与发展。可以说，社会最终形成的"学习文化""终身学习氛围"进一步促进了教育体系主动适应变革的需求，才能使社会与教育、学习与生活打破隔阂、交织发展，从而使人的发展与社会的发展真正形成合力，释放出强大的创新动力。

3. 终身教育与终身学习在体系层面向服务全民终身学习的教育体系集聚

随着经济社会的发展，我国各类群体对学习的需求不断增加，相应地加大了对有限教育资源的争夺程度，因此构建服务全民终身学习的教育体系的实质，是通过教育体系的系统性改革，激活各阶段教育的活力，并形成合力，为全民提供丰富的教育资源。首先，终身教育与终身学习都体现了"以人为本"的价值观念，都强调"民生价值观"，强调社会的教育体系和人的学习能力不应功利化、指标化，而是每个人都拥有学习权。这恰恰与服务全民终身学习的教育体系要求保障社会各阶层、各群体学习的权利不谋而合。其次，终身教育与终身学习均强调社会发展与个人成长的统一。服务全民终身学习的教育体系的目的是强调人人均能实现"修身、齐家、治国、平天下"的理想，以人的发展自上而下地带动整个社会的发展。终身教育与终身学习，既侧重于社会整个教育系统朝着开放、多元、个性的方向发展，又侧重于学习者在理念、能力与方法上进行创新，归根结底是为了形成人与社会的相互影响、相互融合、相互促进的关系。最后，终身教育与终身学习体现了与时俱进的可持续发展观。终身教育与终身学习均指向人必须要适应科技、社会等方面的新发展、新变化、新挑战，鼓励各国利用新的技术来辅助、指导、规范个体的学习，如学分银行、开放大学等。服务全民终身学习的教育体系最大的亮点在于促使全民跨越年龄的界限，始终保持学习的动力。故此，终身教育与终身学习体现了把个体的持续学习与社会责任结合起来，把职业能力提升与社会道德养成结合起来的现实意义。[①]

二、服务全民终身学习的教育体系的主旨解读

我国教育体系在数十年的改革实践中积累了丰富的经验，各种成功与失败的经验最终指向教育体系必须坚持人民性的原则，要支撑全体人民的终身发展。对服务全民终身学习的教育体系价值的解读，首先要对构建服务全民终身学习的教育体系的概念嬗变进行梳理，同时深刻解读其价值内涵。

---

① 史秋衡，张妍. 中国终身学习话语体系的嬗变与重构[J]. 教育研究，2021（9）：93-103.

（一）服务全民终身学习的教育体系的概念演变

构建服务全民终身学习的教育体系概念经过多次演变，从服务于国民终身学习的教育体系，发展至构建学习型社会，再进一步发展为构建学习型城市。

1. 服务于国民终身学习的教育体系

教育体系作为社会系统的子部分，受到政治、经济、文化及科技等多方面因素的影响。服务于国民终身学习的教育体系的建构，体现了终身教育这一国际理念是如何在中国得到本土化发展，并与中国自身的教育体系实现融合的。

改革开放后，终身教育的相关研究被引进国内，拉开了我国服务于终身学习的教育体系建构的时代序幕。首先，1993 年，《中国教育改革和发展纲要》首次在政策制定中体现终身教育的地位和价值："成人教育是传统学校教育向终生教育发展的一种新型教育制度，对不断提高全民族素质，促进经济和社会发展具有重要作用。"在我国此时的政策话语体系中，一方面，终身教育仅面向成人，特别是劳动者群体；另一方面，终身教育仍被视为正式教育之外、学校教育之后的一种补充教育的形式。

其次，1995 年颁布的《中华人民共和国教育法》明确提出，"国家适应社会主义市场经济发展和社会进步的需要，推进教育改革，促进各级各类教育协调发展，建立和完善终身教育体系"，首次以法律的形式确立了终身教育在我国的地位，并首次提出了建立"终身教育体系"，推动我国终身教育事业发展迈向新阶段。1998 年，《面向 21 世纪教育振兴行动计划》明确提出，"开展社区教育的实验工作，逐步建立和完善终身教育体系，努力提高全民素质"；党的十七大报告进一步指出，"现代国民教育体系更加完善，终身教育体系基本形成，全民受教育程度和创新人才培养水平明显提高"，这是我国首次正式使用"国民教育体系"与"终身教育体系"并行的政策术语；《国家中长期教育改革和发展规划纲要（2010—2020 年）》明确提出构建灵活开放的终身教育体系，一方面要求以继续教育、社区教育、远程教育等形式进一步改善学习者的学习条件，另一方面要求搭建终身学习"立交桥"，促进各级各类教育纵向衔接、横向沟通，满足个人多样化的学习和发展需要。在这一阶段，构建服务于终身学习的教育体系的内涵得到了新的阐释：一是终身教育的适用对象由成人扩大到全体国民；二是终身教育由非正式教育转向正式教育与非正式教育的结合；三是明确了服务于终身学习的教育体系的构建方式，强调应以"立交桥"机制的建立作为抓手。

至今，服务于国民终身学习的教育体系仍然在不断深化发展，并呈现出新的特征与内涵。《中华人民共和国国民经济和社会发展第十三个五年规划纲要》明确指出，"大力发展继续教育，构建惠及全民的终身教育培训体系。推动各类学习资源开放共享，办好开放大学，发展在线教育和远程教育，整合各类数字教育资源向全社会提供服务。建立个人学习账号和学分累计制度，畅通继续教育、终身学习通道，制定国家资历框架，推进非学历教育学习成果、职业技能等级学分转换互认。发展老年教育"。《中国教育现代化2035》提出，"建立全民终身学习的制度环境，建立国家资历框架，建立跨部门跨行业的工作机制和专业化支持体系。建立健全国家学分银行制度和学习成果认证制度"。在此阶段，服务于终身学习的教育体系得到新的阐释，其关注点从外在的教育体系"互联互通"转向了以国家资历框架、学分等为工具的学习者内在学习能力和态度的涵养，实现了教育体系由"教"转向"学"，贯彻了以学习者为中心、以人民为中心的教育理念。

2. 学习型社会

学习型社会最早是由罗伯特·赫钦斯在《学习型社会》一书中提出的，其主要思想为学习应回归到学习者自身发展的初心与原点，而非将个体培训视为劳动力学习的最终要义。[①]这就内在地要求学习者与社会体系应发生内在的深刻变化，学习者需要转变学习理念、方式与能力等，社会体系需要在教育结构、评价方式、保障机制等方面进行改革，从而配合学习者的发展需求。联合国教科文组织在报告《学会生存——教育世界的今天和明天》中明确指出，旧有的、被动的、灌输的教育体系已经不再适合新的时代发展要求，教育体系必须鼓励、允许和指引学习者主动地发现知识、获取知识、创新知识。[②]学习能力将成为新的发展阶段中个体必不可少的生存能力。这些变化既是社会发展带来的，也会进一步影响社会的发展，从而形成社会与教育的新型关系。"这样一个社会的出现，只能把它理解为一个教育与社会、政治与经济组织（包括家庭单位与公民生活）密切交织的过程。这就是说，每一个公民享有在任何情况之下都可以自由取得学习、训练和培养自己的各种手段，因此，从他自己的教育而言，它将基本上处于一个完全不同的地位。教育不再是一种义务，而是一种责任了。"[③]由此，正如顾明远与石

---

① 罗伯特·赫钦斯. 学习型社会[M]. 林曾，李德雄，蒋亚丽，等译. 北京：社会科学文献出版社，2017：35-37.
② 联合国教科文组织国际教育发展委员会. 学会生存——教育世界的今天和明天[M]. 北京：教育科学出版社，1996：105，202-203.
③ 联合国教科文组织国际教育发展委员会. 学会生存——教育世界的今天和明天[M]. 北京：教育科学出版社，1996：105，202-203.

中英所言，学习型社会的实质是"以学习求发展的社会"，学习型社会不仅是为了进一步满足不同人对学习的多样化需求，更是为了通过学习求得整个社会的进步和发展。①毋庸置疑，一个人人向往学习、人人有能力学习的社会，必然会调整其社会各子系统的结构以适应个体，必然会加速知识与技术的创新和累积速度，必然会促进社会形成持续的前进动力。

党的十六大正式提出构建学习型社会，"形成全民学习、终身学习的学习型社会，促进人的全面发展"②，这既是我国首次以政策方针的形式确定了学习型社会的地位，也是我国建设小康社会的目标之一，具有深远的意义。党的十七大报告中进一步提出了"发展远程教育和继续教育，建设全民学习、终身学习的学习型社会"的要求。③我国在政策层面上将终身学习视为构建学习型社会的重要组成部分，并且在政策实践中本土化处理了终身教育、终身学习和学习型社会三者间关系的理论实践。党的十八大报告中进一步丰富了其内涵，提出"办好学前教育，均衡发展九年义务教育，基本普及高中阶段教育，加快发展现代职业教育，推动高等教育内涵式发展，积极发展继续教育，完善终身教育体系，建设学习型社会"④；党的十九大报告提出，"办好继续教育，加快建设学习型社会，大力提高国民素质"⑤。《中国教育现代化 2035》进一步指出，"扩大社区教育资源供给，加快发展城乡社区老年教育，推动各类学习型组织建设"，阐述了学习型社会的构建离不开各类学习型组织的建设。换言之，学习型社会作为一种社会形态的特殊形式、一种社会建设的理念，必然要依靠各种实体组织得以维持、运转和发展。

结合学习型社会的概念演变和我国政策的推进逻辑，不难发现学习型社会有以下几个特征：一是学习型社会的构建依赖于终身教育和终身学习的教育体系，只有形式多样的正式教育与非正式教育结合才能实现学习型社会平台的搭建；二是学习型社会作为一种理念、一种社会的理想形式，需要依赖于各种学习型组织的深度参与，教育机构、社会机构、企业、政府等都要广泛地参与；三是学习型社会归根结底是要促进人的全面发展，关键在于国民素质的提升；四是学习型社会需要营造全社会的学习文化，从而促使学习者与各类组织通过自身的"扬弃"

① 顾明远，石中英. 学习型社会：以学习求发展[J]. 北京师范大学学报（社会科学版），2006（1）：5-14.
② 中共中央文献研究室. 十六大以来重要文献选编（上）[A]. 北京：中央文献出版社，2011：15.
③ 中共中央文献研究室. 十七大以来重要文献选编（上）[A]. 北京：中央文献出版社，2011：29.
④ 中共中央文献研究室. 十八大以来重要文献选编（上）[A]. 北京：中央文献出版社，2014：27.
⑤ 中共中央党史和文献研究院. 十九大以来重要文献选编（上）[A]. 北京：中央文献出版社，2019：32.

"革新"促进社会的整体发展和进步。

3. 学习型城市

学习型社会在城市的具体实践，即为学习型城市。20 世纪 70 年代，经济发展与合作组织（Organization for Economic Co-operation and Development，OECD）提出了"教育型城市"（educating city）的概念，旨在实现社会的可持续性发展。1992 年，OECD 提出"学习型城市"这一概念，引发了全球建设学习型城市的热潮。在推进学习型城市建设的过程中，国际组织发挥了巨大的作用。OECD 率先提出"学习型城市"的概念；欧盟通过一系列计划、项目与工程，深入地推动成员国建设学习型城市的实践发展；联合国教科文组织将城市视作学习型社会实践的"主阵地"，充分地分析了学习型城市的组成部分、机制体系等，使学习型城市的构建呈现出具象的抓手。2013 年 10 月，首届国际学习型城市大会在北京召开，会议发布了《建设学习型城市北京宣言》《学习型城市主要特征》等重要文件，对学习型城市进行了定义：一个学习型城市能动员和运用各个环节的资源，全面提高从基础教育到高等教育的入学率，活跃家庭和社区的学习氛围，促进职业培训和工作场所的学习，扩展现代学习技术的应用，改善并优化学习质量，创造充满活力的终身学习文化，并通过这些措施提升个体能力，促进社会和谐，促进经济发展，繁荣城市文化，实现可持续发展。①2015 年，第二届国际学习型城市大会在墨西哥召开，大会发布的《可持续学习型城市墨西哥城声明》（Mexico City Statement on Sustainable Learning Cities）将学习型城市与可持续发展理念结合起来，提出"包容、全面、发展、持续"的学习型城市建设主张。"包容"强调全体国民，特别是妇女、残疾人等弱势群体也应享有同样的学习机会；"全面"强调教育与社会、家庭、经济、文化和政治等相互交融；"发展"强调基本伦理价值观的广泛普及、个人的终身成长以及社会的广泛进步；"持续"则强调以终身的观念看待人与环境、人自身的发展。②2017 年，第三届国际学习型城市大会在科克召开，大会发布的《建设学习型城市科克倡议》（Cork Call to Action for Learning Cities）强调政府是建设学习型城市、贯彻可持续发展理念的重要推力，呼吁政府、公营部门以及私人部门等多个主体参与构建学习型城市；呼吁在全社会形成"学习文化"，以实际行动促进学习者形成全球责任与公民

---

① 联合国教科文组织终身学习研究所. 学习型城市主要特征[J]. 职业技术教育，2013（33）：44-48.

② UNESCO Institute for Lifelong Learning. Mexico City Statement on Sustainable Learning Cities[R]. 2015-09.

意识。[①]2019 年，第四届国际学习型城市大会在麦德林召开，大会承上启下发布了《麦德林宣言：学习型城市促进包容》（Medelin Manifesto：Learning Cities for Inclusion），提出包容是终身学习最为本质的意义。一方面，终身学习需要建构包容、灵活、开放的教育体系，以满足不同社会群体对学习的需求；另一方面，教育、社会、经济、政府等体系的转变和合作，必然会促进城市向更为包容的一面发展。[②]

我们通过透视历届国际学习型城市大会所做出的各项声明的深层意义，不难发现有关学习型城市的概念意义不断地从理念落到实践，最终呈现为一个个具体的领域与方向。其呈现出以下几个主要特征：一是学习型城市是城市发展的一种形态，是城市发展的一种民生理念，是城市自我更新发展的重要路径；二是学习型城市依托政府主导、多主体参与，目的是鼓励更多的社会成员参与自我发展，最终实现社会的整体跃进；三是学习型城市是一种实践活动而非理念构建，需要各政府部门、社会群体以及企业等协同参与，以构建学习型城市为契机，促进社会运转与合作升级。

（二）服务全民终身学习的教育体系的内涵、特征与价值

对构建服务全民终身学习的教育体系内涵价值开展解析，将主要从内涵、特征、价值三方面入手。

1. 内涵方面

其一，落实以"人民为中心"的理念。服务全民终身学习的教育体系，首先要落在"全民"这一关键词眼上。当前，高质量发展是我国经济社会建设的关键词，教育体系应注重内涵建设，以更为优质的教育资源供给体系建设支撑全社会的发展。落实到全民，就要求教育作为一种公共服务、公共资源做到"质优、高效、公平"。首先，质优强调真正的教育体系应是支撑社会发展与个人成长相统一的机制。当前，我国各级各类教育取得了一定的成效，形成了一定的育人范式和理念，虽然学校教育体系逐渐健全，但校外学习支撑体系依旧处于不成熟的状态；各级各类学校承担了绝大部分的育人任务，相反家庭、社区等社会组成单元并未积极地参与。20 世纪 90 年代末，我国开始实行高等教育扩张政策，人口的

---

① UNESCO Institute for Lifelong Learning. Cork Call to Action for Learning Cities[R]. 2017-12.
② UNESCO Institute for Lifelong Learning. Medelin Manifesto: Learning Cities for Inclusion[R]. 2019-10.

文化素质整体上有了一定的提升。我国应利用好人口发展的红利期，推动学习型家庭、学习型社区、学习型社会的建设，使终身学习的观念深入人心。其次，高校强调更有效率地进行资源调控与配置。教育体系存在自身的发展逻辑，其着眼于人一生的成长，在人才培养方面具有一定的滞后性。必须承认的是，我国中西部与东部地区在经济发展方面存在一定的差异，城乡发展遵循不同的路径，各行各业在新技术的冲击下均积极谋求变革，这就需要在市场配置资源的基础上，发挥国家宏观调控的作用。也就是说，以政策的调试与激励、体系机制的重塑与完善等为主要手段，通过国家调控与市场配置相结合的方式，促进我国由现在的教育资源紧张造成的各群体受益不均，逐步转向"人人学、时时学、处处学、全面学"的全民受益。最后，公平是指我国教育事业的根本逻辑在于"人民中心"。随着经济技术的迅猛发展，不会使用电子产品逐渐成为新一代的"文盲"表征。特别是处于经济不发达地区的群体或老年人群体往往被称为"被遗忘的群体"，技术的发展也使人们产生了"机器换人"的社会恐慌。此外，当前物质需求得到了一定的满足，人们开始追求精神上的满足。信息技术的迅猛发展使得短视频、公众号等宣传媒介的功效大大增强，人们获取知识与信息的难度大大降低，各类群体对学习的需求显著增加。因此，教育体系应当释放活力，特别是高水平的大学应当发挥社会服务的基本职能，将更优质的知识通过媒介、终端传递给各类受众。

其二，完善教育体系的机制。服务全民终身学习的教育体系，重点强调"教育体系"这个关键议题。党的十九届四中全会明确指出"构建服务全民终身学习的教育体系"，《中共中央关于制定国民经济和社会发展第十四个五年规划和二〇三五年远景目标的建议》中明确提出"建设高质量教育体系"这一命题。作为全局性、基础性、前瞻性的战略谋划，进一步深化现行的教育体系，在未来一个时期内对我国国民经济和社会发展具有深远意义。可以说，高质量教育体系的主要功能是服务全民终身学习[①]，通过完善教育体系，鼓励、引导、支持全民终身学习的实现。故此，构建服务全民终身学习的教育体系是提升我国教育治理能力的关键路径。首先，需要形成强有力的教育治理合力。深化改革教育体系，需要教育、财政、人力资源与社会保障等多个政府部门协调共进，需要社区、学校、企业、公共机构等多主体协商共建，这就对我国教育职能部门、教育体系各组成部门提出了更高的要求。其次，需要形成多元的学习支持力量。构建服务全民终

---

① 史秋衡，黄蕴葆. 高质量教育体系的主要功能是服务全民终身学习[J]. 中国高等教育，2021（21）：11-13.

身学习的教育体系，不仅需要各级各类教育机构之间产生联动，还需要建立起高质量的教师教育体系、高效率的教育信息化体系、公平合理的教育评价体系等，从而使教育体系真正从灌输的"教"转向主动的"学"，从成绩、文凭本位转向学习的能力，实现由体系的深化发展到个体学习理念与方式的转变。

其三，促进产科教的高质量融合发展。服务全民终身学习的教育体系，重点强调"服务"这一关键旨归。习近平总书记强调，要"坚持教育公益性原则，把教育公平作为国家基本教育政策"①。归根到底，教育是服务人民成长、服务全社会发展的战略路径，强调教育体系应服务全民学习，无疑是对教育的质量提出了更高的要求。也就是说，教育体系的重构就是教育治理现代化，其目的是让全民能够方便地、高质量地接受终身教育，获得终身成长的机会。②一方面，新的产业革命的到来，势必会对个体的学习方式与需求进行重构，社会也应满足个体的这些需求。教育与社会永远是相互影响、相互作用的两大主体，教育对社会的促进发展功能主要体现在社会创新能力与人文素养两方面。改革开放后，我国高等学校集中力量进行内部的改革与发展，成人教育与职业教育成为推进终身教育发展的重要抓手。随着高等教育体系的建立与完善，我国各级各类教育都在加速融入终身教育的行列。教育与产业的关系从并行到融合，由低级的劳动力培训转向更高水平人才与研发成果的互融合力。另一方面，建设创新型国家要求有一定的科技实力。"科教兴国"作为我国的一项国策，始终推进着科技与教育体系之间的融合发展。高质量教育体系旨在建立现代化人才强国、教育强国，促进全社会创新能力与实力的持续发展，因此高质量的教育体系需要做到"识人善用"，通过识别出处于创新链条中不同岗位、扮演不同角色的人才，并将其放置在适合的教育场域中培育，为其提供合理、有效、高质量的教育资源，以实现人才的持续供给、社会的持续进步。

2. 特征方面

其一，服务全民终身学习的教育体系具有开放性特征。首先是空间的开放。服务全民终身学习强调学习的空间不再局限于传统的课堂，学习不再是学校的专属行为，而是全体社会成员赖以生存的一种能力。无论是在家庭、社区还是工作岗位，都必须实现个体的"处处学"，使学习与生活交织在一起。服务全民终身

---

① 刘河燕. 加快义务教育优质均衡发展[深入学习宣传贯彻党的二十大精神][EB/OL]. (2023-03-01)[2024-05-24]. https://m.gmw.cn/baijia/2023-03/01/36398435.html.

② 史秋衡，冯路玉. 论高质量教育体系设计的逻辑指向[J]. 重庆高教研究，2022（1）：15-20.

学习最终指向学习型社会的构建，这就要求纳入所有正式的、非正式的学习环境，从而为学习的展开降低启动成本，鼓励更多的个体进行终身学习实践。其次是体系的韧性。当前的发展环境复杂、多变，严峻的国际形势等深刻地影响着每一位社会成员的生活、工作与学习，这就要求建立面向风险、充满韧性的教育体系，以抵挡外部环境带来的压力，使正常的教与学活动能够在风险下仍保持较好的活力与适应性。构建韧性的教育体系不仅需要进行组织机制上的协调，允许各主体、各单位协作，更需要拥抱新兴技术，增强教育资源供给方式的灵活性，因此教育体系要从封闭走向开放。最后是服务全民终身学习要求建立共享的理念与氛围。全民终身学习落脚在全社会形成知识"共享、共创、共生"的具体实践，学习不再是个人的专属，知识的生产方式呈现出多样、交叉的态势，从而使知识的获得更加便利、知识的传播更加迅速和知识的利用更加充分。这就要求社会全体成员形成"共同利益"理念，并进行相关实践，承担起构建终身学习社会的责任，从而使每个人的学习权利落到实处，推动知识经济的进一步发展。

其二，服务全民终身学习的教育体系具有包容性特征。全民终身学习即实现学习内容的"全面学"和学习对象的"人人学"，践行教育的人文取向和公平取向。一方面，学习内容的"全面学"彰显了教育民主。传统的学习观认为学习是接受既定的、法定的知识，在一定程度上形成了一些弊端：①不利于个体学习主动性的发展。学习的主动性依赖学习者的兴趣、偏好及批判能力等方面，当个体只能被迫地接受知识而非发现知识时，则会导致学习的机械性、应试性，甚至会出现失趣行为。②不利于学习活动的扩散。学习被狭隘地定义为"获取教科书所规定的知识"，通过其他非正式学习活动所汲取的知识与技能则不被计算入学习者的成就中，这容易造成学习活动被窄化为只有学生才能进行的活动，学习的对象范围亦会被圈定在特定群体中，不利于全社会的广泛参与。全民终身学习则强调学习的内容是广泛的、个性的，知识的内涵是丰富的、广阔的，它应该能够真正适应每个人的需求。另一方面，学习对象的"人人学"彰显了教育公平。无论是终身教育、终身学习的践行还是学习型社会及学习型城市的构建，都要求全体社会成员广泛参与，以"人"的发展带动整个社会的发展，这就是典型的教育公平精神的体现。互联网上流传着一种说法，即图书馆成为当代社会的精神高地，无论是学生、劳动者还是一些社会弱势群体，都可以在图书馆汲取精神力量，丰富精神世界。我们不难发现，当下社会对教育公平的定义从仅仅关注适龄青少年拓展到了全社会。"全民"不仅仅指年龄意义上的儿童、青少年、青年人、中年人、老年人，还应该包括各类社会弱势群体，这样才能真正发挥教育促使个体自我发展、自我生成的本质作用。

其三，服务全民终身学习的教育体系具有持续性特征。全民终身学习指向学习时间的"时时学"和学习支持体系的"分类学"，彰显了学习强有力的生命力。一方面，"时时学"强调了学习者内部的自我持续发展。长期以来，学习活动总是呈现出阶段性、断裂性特征，例如，高中老师总是会激励学生"受累在前，大学就是自由的"；高等教育领域呈现出"入学紧、出口松"的特征；步入职场后，更多的劳动者选择放弃接受新的技能、知识等。这种非持续的学习观念与学习方式将学习视作一种"任务"，而非推进自己前进和发展的"良方"，将学习视作"磨难"，而非"本职"。终身学习则强调学习周期、生命周期的融合并行，从根本上扭转个体对学习的误解，是学习本质的一次再创造。另一方面，"分类学"更加体现出了整个教育体系的可持续性。教育是服务全民发展的，因此教育体系需要满足不同人的学习需求。"分类"作为教育发展的"牛鼻子"，是促进教育资源合理配置、优化教育资源的质量、提升教育资源的效率的有效方式。相关部门应引导学校教育体系的分类与布局，鼓励各主体在自身范围内形成独具特色的育人方式，使学习环境更加友好、学习行为更加便捷、学习文化更加浓厚和学习资源更加有针对性，这样才能真正落实"处处学、全面学、人人学、时时学"的学习型社会构建原则，使得服务全民终身学习的教育体系"开放""包容""持续"的特征及其内涵得到彰显。

3. 价值方面

其一，实现教育强国与人才强国的战略。高质量建设教育强国和人才强国是实现社会主义现代化的重要步骤。当前，我国迈入社会主义现代化建设的新时期，社会发展与经济建设等方面由量转向质的飞跃，在深化改革的关键时刻，我国需要通过足够多的人才、技术、智力形成强大的创新动力，实现多个方面的突破。《中华人民共和国国民经济和社会发展第十四个五年规划和 2035 年远景目标纲要》中提出，"把提升国民素质放在突出重要位置，构建高质量的教育体系和全方位全周期的健康体系，优化人口结构，拓展人口质量红利，提升人力资本水平和人的全面发展能力"。不难发现，提升国民素质成为近几年乃至更长一段时间内教育体系所要实现的目标。构建面向服务全民终身学习的教育体系，在于实现"人人学、时时学、处处学、全面学"的理想，在于促进全社会各年龄段、各职业的群体投身到学习事业中，不断增强其科学文化素养与社会主义品德修养，从而使全社会形成"好学、乐学、能学、优学"的局面，缩短技术更新换代的周期，为建设创新型国家持续提供动力。

其二，实现人与社会关系的可持续发展。人与社会是相互影响、相互促进的，最终会走向融合发展。纵观历史的发展脉络，我们可以发现不同发展阶段的社会总会为个体指明不同的学习方向，而个体通过不断累积更新迭代的知识体系，又无时无刻不在对社会进行改造、更新。作为桥梁，教育既培育了社会的人，又造就了人的社会。近年来，国家不断推动教育与社会、人与社会的深度融合发展。慕课平台、社区学院、老年大学、开放大学、学分银行等一系列措施的实施，打破了学习的时间、空间、年龄及职业限制，使得学习成为一件比较容易的事情。社区教育试验区、学习型城市建设等项目的开展，使得我国的教育体系朝着"多形式、多领域、多主体"的方向发展，逐渐形成了具有时代印记的教育发展格局。可以说，国家旨在打破传统的壁垒，以使更多的教育资源流向全体国民，通过这种方式提升全体国民的文化素养，培养有文化、有思想、有品德的新时代学习者。在此过程中，越来越多的组织机构、人员投身到这项事业中，从而使社会实现从注重功利到注重人文的转变。近年来，一系列文化类节目在国内受到热捧，从而形成了"考古热""文博热""汉服热"等现象，不仅促进了经济社会的发展，也使国民在无形之中汲取了文学、文化与文明的知识和精髓，更是增强了国民的文化认同与文化自信。由此可见，构建服务全民终身学习的教育体系，就是通过各种各样的形式促进个体对社会的认同、理解，把握社会发展的主旋律、主航道，从而进一步将现有社会改造、发展成更文明、具有创新性、持续发展的现代化社会。

其三，贡献中国教育智慧与治理理念。构建服务全民终身学习的教育体系是立足我国发展实际的战略需求，是我国多年来将终身教育思潮与具体实际相结合的产物，是体现出我国教育智慧的卓越创造。就终身教育的推进机制而言，英国的市场主导、法国的国家意志，以及日本的国家、社会携手并进，体现出其不同的治理思路、基础与能力。就终身教育的实施路径而言，英国以技术教育为切入口，美国将以社区学院为代表的中学后教育体系作为主要阵地，日本强调各类社会机构与教育机构相协调，体现出其对终身教育的不同理解、教育体系的独有特征。一方面，我们必须坚持牢牢抓住教育的"公益性"这个牛鼻子。公益性是党中央对我国教育基本属性的判断，是我国教育事业改革发展的出发点与落脚点，是我国教育体系与事业有别于其他国家的鲜明特征。坚持公益性的教育体系，势必涵养全民的学习力，丰富全民的学习机会，推动全民学习的社会氛围与文化建设。这种以人民为中心的学习观、发展观、教育观的构建，是指引我国构建服务全民终身学习的教育体系的方向。另一方面，必须将现代化的教育体系与传统的教育哲思结合起来。尽管保罗·朗格朗等被视为现代终身教育思想的先驱，但这并不意味着我国的终身教育是从零起步的。无论是古代孔子等思想先哲所提出的理念，还是在中国革命、建设、改革各个时期兴起的"扫盲运动"，都体现了终身教育与终身学习的精髓。可以说，服务全民终身学习的教育体系继承了我国优秀的传统文化、革命文化、改革开放的时代精神，以及新时代中国特色社会主义建设的实践经验。故此，构建服务全民终身学习的教育体系是中国对终身教育、终身学习做出的回应，是体现了中国特色的发展方案。

第二节　服务全民终身学习的教育体系发展趋势分析

党的十九届四中全会首次系统提出"构建服务全民终身学习的教育体系"，《中国教育现代化 2035》提出未来 15 年要建成服务全民终身学习的现代教育体系，这些对于建设教育强国、学习大国和人力资源强国，对于全面推进社会主义现代化国家建设具有重大的战略意义。纵观以往有关理论、政策设计以及实践经验的不断深入和完善，结合党的十九届四中全会对构建服务全民终身学习的教育体系的总体目标、基本原则、战略任务等的顶层设计，本节对构建服务全民终身学习的教育体系未来的发展思路和方向进行展望。服务全民终身学习的教育体系的发展趋势主要表现为以下四点：理论研究趋向成熟、实践成果再度深化、教育体系持续建构、体制机制趋向完善。

一、服务全民终身学习的教育体系理论研究趋向成熟

无论是在改革开放伊始引入终身教育理念，还是在"十四五"时期正式提出构建服务全民终身学习的教育体系，关于服务全民终身学习的教育体系的理论研究始终在紧跟时代发展、支持政策设计、指导实践创新过程中不断完善，未来发展将呈现出以下态势。

（一）理论路径更加注重本土创生

改革开放后，基于国家实行的教育开放战略，终身教育、终身学习理念及相关理论正式传入我国，学界也对此进行了一系列研究。此时的研究大多停留于概念介绍与背景分析层面，侧重引介式的理论研究，存在一定的思维定式，对本土文化的内在规定和与西方话语的本质区别尚未有充分认识和把握。20世纪90年代，基于经济增长战略的需要，政府相继出台"终身教育""终身学习""终身教育体系"等相关政策，政策话语逐渐关注到对国际终身教育思想的本土理解与构建。学术界的研究基本上围绕终身教育、终身学习政策与实践的开展而不断深入，偏重理论与中国本土实践相结合。党的十八大以来，基于民生可持续发展战略，党的十九届四中全会将"构建服务全民终身学习的教育体系"作为保障民生的重点任务，既强调国家层面教育体系的重塑重整，又突出个体层面终身学习能力的提高，这一极具中国智慧的教育策略实现了理论的守正创新和中国方案的本土设计。未来，我国全民终身学习的教育体系研究仍需进一步积淀研究的本土文化根基，以制度设计作为全民终身学习的教育体系的动力和引擎，以构建服务全民终身学习的教育体系的总体规划与战略任务要求为立足点与突破点，考虑如何进一步从内生思想文化中生发出我国终身学习相应的认知路线及内在规律，构建基于本土性、原创性的中国特色终身学习理论。

（二）理论内涵逐渐深化

《中国教育现代化2035》指出，全面建成服务全民终身学习的教育体系是面向教育现代化的战略任务之一，这不仅是终身教育理念在中国深化发展的一个崭新视角，更是对未来新教育体系的基本展望。这一政策要求指向未来理论研究内涵深化的三个要点：服务全民、终身学习与体系建设。首先，终身学习理论中的受教育对象是全民而非个别群体，这就要求研究者更加关注教育公平，特别关注重点人群的学习需求，探索构建适合不同群体终身学习的教育体系，满足全民终身学习的需要。其次，从终身教育体系到服务全民终身学习的教育体系，这一战略转移的要点体现为从外部终身教育体制机制的建设和完善、终身教育资源与学习机会的提供，转向内部全民终身学习需求的满足与质量提升、终身学习能力的发展与提高，强调社会与个人的配合、供给与需求的内洽。故此，理论关注点应更多地倾向于培养全民终身学习的态度、变革终身学习方式、提升终身学习能力等方面，使得终身学习逐渐成为一种生活方式。最后，构建服务全民终身学习的教育体系是一种关涉总体性、全局性的大教育观，政策重心从早期集中发展成人教育、继续教育转移到推动整个教育体系变革转型。这就需要理论研究者从教育宏观框架出发，运用系统化的思维，充分把握教育与经济、政治、文化之间的关系，对教育体系适应和引领终身学习需求进行高屋建瓴式的设计与规划。

（三）理论研究领域逐渐拓展

自改革开放之初引入终身教育理念，经过 40 多年的发展，学者主要通过以下三条路径实现终身学习理论的研究范围的不断拓展。首先，遵循理论脉络，加深研究深度。理论研究初期，主要是围绕国外终身教育理念的学习与借鉴，同时集中于概念界定、内涵理解、价值功能等方面的探讨。在对基本理论要素进行界定和澄清的基础上，研究逐步深入到终身学习的内容结构、构建原则、实施路径等方面，研究不断加深。遵循跨学科的理论发展路径，终身学习研究也应注意融合社会学、人类学、哲学、心理学等多学科的视角。其次，在终身学习的研究领域拓展过程中，不仅要遵循自上而下的理论逻辑，而且要注重自下而上的实践逻辑，基于现实困境开展应用研究，包括对终身教育立交桥的构想，打破各种教育资源整合的制度壁垒，构建体系运行机制、协调机制、联动机制，进一步完善学分银行、国家资历框架等。最后，立足时代发展，更新研究领域。随着信息技术的不断发展，在线教育、慕课、智慧教学、融合式课堂成为促进终身学习的新动能，因此研究者要积极探索适应"互联网+教育"的终身学习服务模式，对移动学习、碎片化学习、自我导向学习等学习方式给予更多关注。同时，要注意构建服务全民终身学习的现代教育体系的需求已然扩展到社会治理、民生保障、文化改革等各方面，故而应从更开阔的社会层面进行研究，使研究领域不断拓展。

二、构建服务全民终身学习的教育体系实践成果再度深化

经过 40 多年的发展，终身学习理念逐渐深入人心，终身学习的社会文化氛围持续向好，实践成果再度深化，主要表现在终身学习资源持续扩大共享、终身学习型组织更加开放多元、终身学习形式更加灵活新颖三方面，通过实践成果的深化不断满足全民终身学习的需求。

（一）终身学习资源持续扩大共享

"泛"教育资源对实现"时时学、处处学、全面学、人人学"的终身学习的教

育目标至关重要，这不仅需要整合各级各类学校教育内部的资源，也需要充分利用和统筹社会、家庭等学校教育外部的学习资源，同时对学校内外的资源进行融通、开放、共享。首先，学校教育资源要积极向社会公众开放，尤其是高校要积极发挥社会服务功能，向社会开放优质教育资源，如优质课程资源、学习场地及设施等。其次，应发挥民办教育机构在体系构建中的作用，调动市场参与终身学习资源供给与服务的活力。再次，要充分挖掘城市或乡镇的图书馆、博物馆、美术馆、科技馆等社会公共文化设施以及工作场所、学习培训平台等的教育意义和价值，将其作为开展终身教育、促进终身学习的校外终身学习资源加以利用，并通过举办讲座、文化科普活动等满足大众多样化、个性化的学习需求。最后，借助人工智能、大数据等信息技术手段，建立各种线上线下一体化终身学习服务平台，整合可供社会共享的线上线下教育资源或课程，最终汇聚成更具开放性、智能化、服务性、自由化的国家终身学习资源库，提供面向全民的个性化终身学习服务。

（二）终身学习型组织更加开放多元

在学习型社会建设的推动下，服务全民终身学习的组织和机构持续增加，传统学校教育机构和新兴正式、非正式学习组织可以共同为满足全民终身学习需求做出贡献。在终身学习理念的影响下，正规学校教育机构的样态及边界正在发生持续性变革，各级各类学校逐渐由封闭走向开放，与社会公众共享学习资源，发挥设备设施、教学资源和师资上的优势，为全民学习提供教育支持服务。以往处于"非显性"地位的老年大学、开放大学、社区学校、校外培训机构、行业学习组织等正逐渐发挥与正规学校同等重要的价值，终身学习型组织更加多元。例如，在学习型城市建设中，社区五级网络已初步形成，自上而下分别是社区大学、社区学院、社区教育中心、居民学校和社区培训机构，还搭建了基于"社会学习点""养教结合点""白领学堂"等的学习圈。另外，各个区县可以创建学习型党组织为龙头，带动学习型部门、学习型企业、学习型社区、学习型学校等各类学习型组织的创建。未来应考虑面向不同文化背景、不同教育层次、不同年龄阶段的个体，建设互联互通、开放多元、多级分布、覆盖全国的终身学习平台与组织，提供个性化学习服务，促进形成"人人皆学、处处能学、时时可学"的社会风气和文化氛围。

（三）终身学习形式更加灵活新颖

当前，在信息技术革命的影响下，"互联网+"教育、在线教育、数字化教育等新型教学模式迎来了爆炸式增长，这为终身学习的教育体系实现新突破提供了机遇。在教育信息化 2.0 的推动下，终身学习渠道逐渐丰富，远程学习平台成为主流，终身学习方式更加多元，移动学习、碎片化学习、在线学习成为新型的全民学习形式。未来要充分发挥数字化教育的优势，利用其智能化、共享式、可学习的特性，打造智能全媒体资源的数字化学习平台，形成线上线下衔接融通的灵活学习方式。这不仅能有效降低学习者的学习成本、扩大学习群体的覆盖面，提供多样化的学习资源和机会，而且也能利用新技术实现学习服务的精确化、个性化，提高学习内容与个体需求之间的契合度。在全国范围内开展终身学习活动周的推动下，终身学习的形式新意频出，部分社区根据当地发展实际和群众需求，依托民生福祉类重点项目和社会公益性实体平台打造了终身学习品牌项目，如乡村振兴课堂、混合式智慧教学、爱心驿站等。相关部门通过创办汇聚多种文化、科技和教育资源的终身学习体验基地，提供了互动式、体验式的学习平台，设计常态化体验项目和主题性体验活动，让社会公众充分感受到体验式学习的乐趣，深入理解终身学习的理念。

三、服务全民终身学习的教育体系持续建构

传统教育体系主要是指以学校为主体，以适龄儿童、青少年、青年为教育对象的学校教育体系，呈现出一种封闭、固定的教育环境，把在学校接受固定年限教育视为人一生的教育生涯。然而，服务全民终身学习的教育体系是一种不同于传统的现代教育体系，它立足全民，以人的全面发展、终身发展为中心，以服务全民终身学习为宗旨，强调开放、灵活、融通。基于此现代教育体系的理念和设计，"后学校化"理念为教育体系要素变革提供了广阔的场域，在新型教育观念的指引下，社会亟须构建服务全民终身学习的教育体系，进而实现并服务全民终身成长与发展。服务全民终身学习的教育体系将持续从广度、深度及融通性三方面进行建构。

（一）服务全民终身学习的教育体系的广度不断扩大

1993 年，中共中央、国务院印发《中国教育改革和发展纲要》，"终生教育"首次在国家政策文本中出现，并把成人教育视为传统学校教育向终生教育发展的一种新型教育制度。在很长一段时间内，终身学习往往以成人教育、继续教育、补充教育为起点，依赖于广播电视大学、老年大学和社区大学等机构的推动。《国

家中长期教育改革和发展规划纲要（2010—2020 年）》中对构建灵活开放的终身教育体系做出了统筹安排，不断扩充终身教育的边界，跳出了把终身教育简单理解为校外成人教育、继续教育的认知局限，终身学习的教育体系与国民教育体系由并行转向并轨。此后，"终身学习体系""学习型社会""服务全民终身学习的教育体系"等关键词相继出现，这一政策导向将教育体系的边界逐渐扩展至学校外的教育，开始在广义上探讨教育体系的边界，即囊括一个人一生因发展而需要的各级各类教育，除学历教育、学校教育之外，还有非学历教育、社会教育、家庭教育等。在非正规教育体系中，各种类型的教育形式将持续为服务全民终身学习发力，诸如家庭教育应发展成为覆盖城乡的服务体系；社区教育应以特色项目品牌和特色课程建设为抓手提升服务质量；完善老年教育应成为积极应对老龄化社会的必然选择；职工教育应以增强职工的职业技能和终身学习能力为重要目标；农村成人教育发展应以助力乡村振兴为目标。服务全民终身学习的教育体系不再拘泥于固定的课程、课堂与课本，而是期待通过学校内外、线上线下等灵活、多元的模式开展全方位的教育，更能够对全员进行个性化教育。

（二）服务全民终身学习的教育体系的深度不断提高

服务全民终身学习的教育体系并非另起炉灶，而是在已有的各级各类教育体系的基础上进一步深化和提升服务全民终身学习的能力，促进学校内外教育更好地融入终身学习的教育体系，建设高质量的学习型社会。在学校教育系统内部，提高服务全民终身学习的深度,相关主体需要认清发展各级各类教育的重点任务，以满足不同阶段、不同类型的学习者对优质教育的需求。具体表现为：推动学前教育普惠发展、义务教育优质均衡发展，全面普及高中阶段教育、优化普高与职高比、畅通转换渠道，促进高等教育内涵式发展等。高水平大学要牢记五大重要使命——人才培养、科学研究、社会服务、文化传承、国际交流，充分利用自身的资源优势，提供覆盖面广、质量高的终身学习服务，在构建服务全民终身学习的教育体系中发挥主导作用。同时，相关部门也要考虑如何将职业教育、社区教育、家庭教育等更好地融入终身学习的教育体系之中。基于学者对该教育体系内涵的分层分级阐释，目前我国呈现出了鲜明的"资源、机会与供给导向"的 1.0 版本，各级各类教育资源较为丰富，已初步搭建起较为完整的终身学习平台。然而，2.0 版本的"能力、素养与自主学习导向"，3.0 版本的"意愿、收益与人力资源导向"，以及 4.0 版本的"价值、发展与生活方式导向"，尚有不足和欠缺，需要不断演进、步步深入。[①]因此，构建服务全民终身学习的教育体系更应注重对全民终身学习能力的培养，以教会学生"学会学习"为目标，落实学分银行和国家资历框架制度，将个人学习需求和社会人力需求结合起来，并将"学习成为人的基本生活方式"这一价值认同作为不懈的追求。

（三）服务全民终身学习的教育体系的融通性不断增强

受传统教育管理体制和机构设置的影响，当前我国各级各类教育体系之间仍处于纵向割裂和横向阻断的状态，这对于构建服务全民终身学习的教育体系来说是一个亟待破解的难题。打通各级各类教育体系之间的连接通道，促进彼此间的纵向衔接与横向沟通，将学校内外教育予以零距离对接，是构建服务全民终身学习的教育体系的发展方向和必由之路。在推进教育体系从增量转向提质的过程中，需要体现系统化思维，统筹各级各类教育资源，打通各级各类教育。教育是一个统一的有机体，学习过程强调整体性，因此要推动教育或学习从阶段性的、割裂型的形态转变为连续性的、融通型的形态，实现正规教育、非正规教育和非正式教育的整合、协调和互动。在实践中，关于教育机构之间的融通，我国已有初步的探索，如联结高等教育与老年教育（联结"高老"）、依托高等教育资源以及信息化服务的华东师范大学老年大学，推动隔代学习、促进老少教育机构连接的"跨域学习"等。对此，未来相关部门应加大教育资源开放和融通的力度，搭建各级各类教育协作创新平台，并以搭建沟通各级各类教育、衔接多种学习成果的全民终身学习立交桥，作为教育体系间融通的主渠道，在纵向上衔接具有时间序列特征的从学前教育到老年教育等的各级各类教育，构建更加开放、畅通的人才成长通道；在横向上，使教育资源相互补充、渗透，协调不同类型教育的发展，促使我国形成各个阶段和各种类型的教育前后衔接、相互补充的局面。

四、构建服务全民终身学习的教育体系体制机制趋向完善

体制机制的创新和完善，不仅可以为终身学习发展增添新的要素和内容，也是整个教育体系构建的有力保障和强大引擎。国家层面已经初步建立起服务全民终身学习的教育体系的政策支持框架，今后相关部门要着力提升政策的支持强度和指导细度，推动体制机制深入贯彻落实。目前，我国构建服务全民终身学习的

---

① 陈廷柱，庞颖. 分层分级构建服务全民终身学习的教育体系[J]. 终身教育研究，2021（6）：3-9.

教育体系体制机制的关键在于在制度系统化、治理协同化以及法制化建设等方面实现新的突破。

（一）制度设置应更加注重系统性

现代教育体系体制机制建设的出发点和落脚点在于服务全民终身学习，因此相关部门要从全局出发，从服务全民终身学习需求的层面健全和细化相关政策与制度，优化全民终身学习的制度环境，增强教育体系体制建设的科学化和系统化。在宏观政策的指引下，为避免出现政策虚浮和断层，相关部门应进一步制定相应的配套政策和跟进政策。从宏观上看，可以从领导管理体制、组织或部门协同制度、学习资源与服务制度、经费保障制度、评价监测与质量保障制度、学习成果认证、学分累积与转换制度、激励与奖励制度等多方面着手进行系统设计。从促进终身学习的过程来看，要建立更加灵活的招生入学制度、弹性的学习时限制度、多元且人性化的继续教育制度，构建更加开放、畅通的终身学习通道；推动社区教育制度化，加大其资源供给，推进城乡社区老年教育发展以及充分发挥社区教育等其他教育的作用；完善公共职业培训制度，加大对制定企业行业职工教育培训制度的支持。在终身学习成就评价认定制度方面，要加快各方教育之间的学习成果相互认定与转换，推进国家资历学分银行以及个人学习账户等机制制度的建设与完善。另外，相关部门要注意完善学习能力和需求监测制度，推动开展大规模调查，注重循证改进终身学习政策的制定，这将有助于进一步监测国家或地区的终身学习实践成效。

（二）治理机制更加注重协同性

构建服务全民终身学习的教育体系，要从推进国家治理体系和治理能力现代化的战略高度出发，针对治理机制中存在的"碎片化"、条块分割、政府部门统筹不到位、社会与个体参与不足等问题，加快形成政府统筹主导、学校担负实施、社会有效融入、个体全面参与的治理机制。构建服务全民终身学习的教育体系，本质上是一种协同创新行为，因此要积极推动形成社会、政府、学校及个体多元教育主体共同参与的教育治理新格局，促进构建多主体协同、多中心治理、多环节发力、多维度育人的终身学习协同治理机制。首先，在国家层面，应设置专门促进终身学习的领导机构，统一负责终身学习教育体系的整体规划和统筹协调，打破体制、机制融通的各种壁垒，促进各部门之间的纵向贯通与横向融合，使部门联动形成治理合力。政府要加大统筹力度，树立全国"一盘棋"的思想，建立从中央到地方的沟通反馈渠道，实现智慧互鉴、治理协同。其次，在教育系统内部，要注重各级各类教育的互联互通和资源的协调整合，以满足不同阶段、不同类型学习者的个性化学习需求。再次，在全社会场域，社会各行各业等本身就是终身学习教育体系建设的主体，应积极融入、主动作为和创新发展。最后，要充分调动个体参与终身学习的积极性，强调个体责任，发挥个体的主观能动性，促使个体主动学习、自主学习，进而健全人格、提高素养。

（三）走法治化之路

随着国家政策层面对构建服务全民终身学习的教育体系的积极引导和实践层面的渐次铺开，终身学习观念深入人心，并成为全民对教育体系的美好期待。为了更快实现服务全民终身学习的教育体系构建，当前的一个紧迫任务就是制定和出台国家层面促进终身学习的专门法律，以及修订推进教育体系改革的一揽子相关法律，为服务全民终身学习提供有力的组织保障、经费保障以及学分认证规范保障等。国内已有不少学者对国家终身教育立法展开了研究，对国外终身学习立法经验以及国内法律制定的障碍、立法思想、法律框架等进行了深入的分析。地方层面的终身教育立法在福建省、上海市、河北省等地取得了实质性的进展，在法律层面对终身教育的管理方式、组织责任、监督规划以及资源经费制度等明确做了规定。国内外立法实践表明，制定和出台促进终身学习相关法律，可为保障全民终身学习权利，推动各级各类教育沟通衔接和资源共建共享提供更加有力的法律保障。应加快制定国家层面的终身学习促进法，即通过国家法律的制定，对终身学习体制机制推进、学习资源有效整合、公民终身学习权利与机会保障等进行严格规范与调整，以保证现代教育体系在正确的轨道上发展。

第三节　服务全民终身学习的教育体系意识的引导重构

我国构建服务全民终身学习的教育体系进程中的一个突出现实问题是，现行教育体系为学校内教育提供了相对强有力的支撑，而学校外教育所提供的支撑较弱，两者之间存在明显失衡和严重断层。因此，要想在意识层面对服务全民终身学习的教育体系构建进行合理引导与重构，首先，需要明确服务全民终身学习的教育体系与优化我国现行教育结构之间的关系；其次，需要明确构建服务全民终身学习的教育体系与优化人力资本之间的关系，重申教育对于充分挖掘人才红利、释放促进经济社会发展的强大动能的关键作用。

一、服务全民终身学习的教育体系与我国教育结构升华的关系研究

党的十九届四中全会提出的"服务全民终身学习的教育体系"和党的十九届五中全会提出的"建设高质量教育体系"，是对同一个教育体系的不同方面的表述，高质量是教育的内在要求，服务全民终身学习是社会的外在要求，层次间关系主要体现在教育层次的不断提高上。[①]以高等教育为例，按照人才培养层次、学科专业构成、组织办学形式以及高等教育资源的空间分布情况，宏观上可以将高等教育结构分为层次结构、形式结构、科类结构、布局结构、能级结构等亚结构；按照高等学校内部的教育教学系统，微观上可以将高等教育结构分为组织管理结构、专业结构、课程结构、教材结构、师资队伍结构等。[②]虽然一般情况下层次结构的使用较多，但本书参照高等教育的结构层次从层次结构升华角度对教育体系进行论述，进而对全民终身学习的内容展开分析。我国现行的教育体系主要包括学历教育和其他教育，占主体的是学历教育。学历教育主要包括学前教育、初等教育、中等教育、高等教育等这些由有形实体的各级学校提供的教育，其他教育对学历教育起补充作用，包括高等教育自学考试、远程教育、成人教育、社区教育等学校教育之外的部分。

学前教育、初等教育和中等教育均包含在基础教育之中。学前教育通常为三年制，也有一些地区的学前教育采用四年制。初等教育一般指小学教育，我国大部分地区的小学教育为六年制，个别地区的小学教育是五年制。小学是人们最初接受正规教育的学校，是基础教育的重要组成部分。中等教育分为初级中学和高级中学，通常都是三年制。个别地方的小学教育为五年制，初级中学则为四年制。小学教育和初级中学教育合并在一起，就是九年义务教育。我国十分重视九年义务教育，1986 年《中华人民共和国义务教育法》颁布以来，全国大部分地区已经普及了九年义务教育，目前部分经济发达地区普及中等教育，

---

① 马陆亭. 新时代高等教育的结构体系[J]. 中国高教研究，2021（9）：18-24.
② 何晓芳，迟景明. 我国高等教育结构形成与演进机理的要素分析[J]. 高等教育研究，2018（11）：20-24，36.

有关全国普及十二年义务教育的提案也在论证中。

中等教育除普通初级中学和普通高级中学教育之外，还包括普通中等专业学校、技工学校、职业中学这些中等职业教育。中等职业教育是我国高中阶段教育的重要组成部分，担负着培养高素质初、中级技能型人才的重要任务。中等职业学校是实施中等职业教育的学校，全日制中等职业学校学历教育主要招收初中毕业生或具有同等学力者，基本学制以三年为主；而招收普通高中毕业生或具有同等学力者，基本学制以一年为主。

1981 年起，中国实行学位制度，学位分为学士、硕士和博士三级。目前，我国高等教育已经形成了涵盖专科、本科、硕士研究生、博士研究生四个层次的相对完整的体系。普通高等教育指专科、本科、研究生（包括硕士研究生和博士研究生）等高等学历层次的教育。普通全日制专科，学制为 2—3 年；普通全日制本科，学制为 4—5 年；普通全日制第二学士学位，学制一般为 2 年；普通全日制统招硕士学位研究生，其中一种是学术型硕士，学制一般为 3 年，另一种是专业硕士，学制一般为 2 年；非全日制统招硕士学位研究生也分为学术型硕士和专业硕士；普通全日制博士学位研究生，目前学制一般为 4 年，最长可以就读 8 年。

成人教育包括各级各类以成人为教学对象的学校教育、扫盲教育和其他形式的教育。成人初等教育一般指职工初等学校、农民初等学校和扫盲班等组织的教育。成人中等教育一般指各类中等专业学校和成人中学组织的教育。

高等教育自学考试是成人教育的形式之一，简称"自考"，凡是中国公民，不受性别、年龄、民族和已受教育程度的限制，都可以参加自学考试。自学考试采用学分累计的方式逐步完成学业，学习者完成专业考试计划规定的全部课程并取得合格成绩，完成毕业论文或其他教学实践任务，就可以毕业并取得相应的毕业证书。符合学位条件的自学考试本科毕业生，由有学位授予权的主考学校依照有关规定授予学士学位。自学考试制度是以国家考试为主导，以个人自主学习为基础，富有一定特点的自由考试形式，是自学成才的摇篮，也体现了终身教育理念和学习型社会高等教育制度的开放性。

远程教育，即网络教育，是成人教育的一种形式。远程教育的学校选择较多，而且多数为重点大学。只要有网络，学习者就可以随时随地进行远程学习。特别是随着互联网的迅猛发展，远程教育在形式、内容与师生角色定位等方面都有了质的飞跃，成为高新技术条件下的远程教育。现代远程教育突破了时空的限制，是多种媒体组合的教育实践。

社区教育以某一社区及其成员的双重发展为办学目标，是基于社区内教育、文化等资源的丰富程度所提供的促进本社区全体成员成才成长的各类教育活动与形式的总和。教育部在全国范围内设立了多个社区教育示范区和实验区，各地区也设立了多个社区教育实验区和示范区。全国的社区教育可分为三类：一是以一所学校为中心，联合所在社区的部分工厂、事业单位与政府部门共同组成，由社区教育委员会组织实施的社区教育；二是以社区为中心，由街道办事处或区级政府牵头，社区教育机构等企业单位共同参与实施的社区教育；三是以工业区或农业县为地域界线进行的社区教育，旨在加强企业、农村未来劳动者素质的培养和社区文化建设。

老年教育是通过让老年人继续学习而进行的教育活动，它既不同于基础教育，也不同于职业教育，是为丰富老年人的文化知识和娱乐活动进行的一种特殊教育。老年教育的开展形式主要有各类讲座、学习班、老年学校，老年学院和老年大学是普遍而重要的老年教育形式。

二、服务全民终身学习的教育体系与人力资本优化的关系研究

中国的教育体系发展到今天，已经比较全面和完善，为经济发展提供了充足的人力资本保障，为社会进步提供了稳定的人口素质支持。但随着科技、经济和社会的发展，我国的教育发展也面临着一定的挑战，因此需要通过全民终身学习来重构教育体系。

现行教育体系存在一些难以忽视的问题，这些问题会影响人力资本的优化发展。当然，基于这一层面，我们也可以发现构建服务全民终身学习的教育体系的必要性和迫切性。现代科技的迅速发展对个人的工作乃至生活都提出了更高的要求，知识更新速度加快，消费模式变革迅猛，迫使个人不断学习新知识、掌握新技能，因此个体需要通过终身学习不断积累人力资本，以适应飞速发展的社会，同时满足自身的工作和生活需求。从教育体系角度来审视服务全民终身学习的教育体系与人力资本优化的关系，我们可以发现一些问题。

其一，教育体系相对滞后。21世纪是科技迅猛发展的时代，人工智能、新能源汽车、互联网金融等新科技和产品层出不穷，在很大程度上改变了人们的工作和生活方式，人们需要更新原有的教育思维和已有知识基础，以适应不断变革的科技和经济。同时，科技和经济的飞速发展致使出现教育体系相对滞后的局面，主要表现在面对新科技、新经济时，教育体系内的知识结构相对滞后、教材相对滞后、教育体制相对滞后、教学方法相对滞后等。这是因为教育体系相对严谨，

需要一定时间将科技进步与经济发展带来的变化转化为教育内容，凝聚和形成共识后，才能形成比较严谨、客观的教育成果，并将其用于对受教育者的教育，教育体系自身的这种特点决定了其不可能跟随科技和经济的迅猛发展而很快调整到位，因而呈现出了相对滞后性。

其二，学习结构前重后轻。由于教育体制及文化传统的原因，我们的教育体系中的基础教育、中等教育和高等教育阶段受到了家庭和个人的重视，绝大部分人认为完成高等教育阶段，就基本完成了人力资本积累，然后找到一份经济收入和社会地位相对较高的工作，学习的历程基本上就结束了，后续在工作中主要是完成日常既定任务。一、二线城市中部分日常既定任务是很繁杂的，需要人们耗费大量的精力来完成，除非个体特别自律，否则在耗费大量精力完成日常工作后很难再进行学习。三、四线城市中的部分工作相对轻松，但继续学习的氛围不浓厚，也不像一、二线城市那样拥有比较丰富的教育资源可供学习者利用。另外，从社会和高等教育机构角度来说，当前还没有形成一种比较好的继续学习、终身学习的氛围和环境，也没有完善的制度支持，这就导致我国的教育体系以高等教育为界线，形成了前重后轻的学习结构。高等教育之前（含高等教育阶段）是重心，个体一旦完成了自己的全日制教育（涵盖本科、硕士、博士阶段，不过每个个体涉及的阶段不一），踏上工作岗位，由于前述因素的影响，相对而言，继续学习所占的比重就小了。21世纪，在科技和经济飞速发展的时代背景下，从终身学习的角度而言，这种前重后轻的学习结构无论对个人自身发展，对企业运营、科技研发，还是对社会长远发展和国家进步都是不利的，急需加以扭转。

其三，基础教育和中等教育师资存在知识更新需求。相对于高等教育，基础教育和中等教育领域的教师更多是教学型人才，而不是科研型和教学科研型人才。因此，基础教育和中等教育教师更多的是对知识进行重复性讲授，当然也包括较少部分的创新性培养。相对于高等教育而言，基础教育和中等教育教师的知识更新速度相对较慢，他们更加看重如何牢固掌握知识和讲授知识，进而培养学生打下扎实的知识基础。但前文已述及，科技、经济的飞速发展，要求我们从基础教育和中等教育阶段开始就强调人才培养的创新性，这就要求基础教育和中等教育教师加快知识更新的速度，并将新知识应用到自己的教学中，进而为培养未来的创新型人才打下坚实的基础。另外，基础教育和中等教育教师自身也有一定的知识更新需求，他们需要通过全民终身学习来提升自己，并确保所培养的学生在初级教育和中级教育阶段就具有开放性思维和创新能力。

其四，"学历通货膨胀"导致继续高等教育倾向加剧。我国正在经历发达国家 20 世纪 70 年代所经历的学历通货膨胀阶段，即原有学历教育的不断升级，原来人们拥有本科学历就能从事的工作，现在很多需要硕士学位作为准入门槛，原来人们拥有硕士学位就能从事的部分研究工作，现在一般需要拥有博士学位，而由于历史、文化、传统的影响，高职院校毕业的学生往往在就业市场上不具有这方面的优势。在一些一线城市，如果孩子不能顺利就读高中，而是到职业院校去就读，有的父母会觉得没有面子。很多本科生会考虑考研，觉得这才是人生未来职业发展的一个保障。考研报名人数近些年屡创新高，专业硕士不断扩招，博士申请竞争加剧，正是这一现象的综合反映，预计这一现象还会持续 10—20 年，直到企业和社会对人才招聘形成更加良性、健康的观念。在很大程度上，学历通货膨胀导致的继续高等教育倾向其实完全可以通过全民终身学习加以缓解和扭转。

其五，校外培训冲击学校教育。近年来，校外培训愈演愈烈，从初级教育、中级教育到高等教育，一定程度上都对正规的学校教育产生了冲击。校外培训产生了一定的负面作用，如给一些学生及其家庭带来了沉重的经济负担，部分学科类校外培训主要在于强化学习者的考试能力，而这对人的发展没有太大帮助。2021年，各级政府开始了对校外培训的专项整治行动。然而，校外培训并不是只有坏处，没有益处，如果引导得当，是可以在全民终身学习中发挥一定作用的，关键在于要对其进行良性的、有效的规制和监管，把它纳入全民终身学习的总体布局中来，在充分发挥其益处的同时，尽量控制其不利影响。综上所述，一方面，科技、经济和社会的飞速发展对个体提出了不断学习以适应工作和生活节奏与发展的要求；另一方面，教育体系自身还存在一定的问题，决定了推进全民终身学习具有很大的必要性。

第四节　服务全民终身学习的教育体系理论框架的再规划

基于横向的国际比较研究，我国终身学习教育体系构建的纵向历史剖析，以及中国特色及本土特征相结合的要求，本书从服务全民终身学习的教育体系的构建原则与动力机制两个方面，对服务全民终身学习的教育体系理论框架进行再规划。

一、服务全民终身学习的教育体系的构建原则

综合前文的分析，本书提出服务全民终身学习的教育体系的三大构建原则：其一，要确保体系设计的先进性，在设计理念上不仅要考虑中国特殊的国情以凸显政策的本土价值，更要保持设计理念的国际先进性和全球引领性；其二，应充分发挥政府政策的引导性，因为国家政策对于终身学习理念及终身教育在全社会的推广和普及起着重要的引导作用；其三，基于我国特殊国情，构建全民终身学习的教育体系必须注重渐进性，在确定国家层面终身学习教育体系建构的基本原则的同时，应为地方政府提供更多进行创新探索的可能。

（一）服务全民终身学习的教育体系设计应具有先进性

构建服务全民终身学习的教育体系，需要确保教育体系设计，即顶层设计的先进性，以确保终身学习的教育体系发挥应有的作用。综合来看，无论是政策文件，还是社会公众的认识，对终身学习的教育体系都还没有一个明确的概念界定，这就导致在实践发展的过程中出现一些概念认识上的模糊：一是将终身学习的教育体系视为去除学校教育体系之后的成人教育体系；二是将终身学习的教育体系视为从学前教育到高等教育的全部学校教育体系；三是将终身学习的教育体系视为各种类型、各个阶段的教育立体交叉、无缝衔接的教育体系。第三种认识正在得到越来越多政策的认可和采纳，能保障不同年龄阶段个体的不同类型的个性化学习需求得到满足，比较接近关于终身学习教育体系的国际共识。为保证教育体系设计的先进性，需要从以下方面着手。

第一，借鉴国际发展经验，更新终身教育理念，在新理念的指引下设计终身学习的教育体系。从概念上来说，"终身教育"是一个舶来品，它被引入后，经过长时间的发展，逐渐与中国本土实际结合，迸发出强大的生命力。国际终身学习教育体系的一个重要特征是面对全体国民开放，人人都可以通过终身学习的教育体系实现终身学习这一目标，有效满足不同年龄学习者不同类型的学习需求。在我国，由于优质教育资源相对缺乏，学前教育、初等教育、中等教育、高等教育之间的衔接都有较为严格的入学政策或升学考试，这些学校教育主要面向适龄学生开放，特别是高等教育阶段的学校尚未成为服务终身学习教育体系的主力军。终身学习教育体系具有开放性特征，在我国承担终身教育任务的主要是各种类型的成人教育学校。成人教育的开放性较强，这也使人们形成了成人教育受认可度不高的负面印象。此外，在我国的劳动力市场，职前教育受到重视，特别是一些

用人单位比较看重"第一学历"，导致一些人更重视职前学校教育而忽视了职后的继续学习，这不利于终身教育理念在全社会的推广，同时这也是未来构建终身学习的教育体系过程中需要着重解决的问题。高质量的开放是我国未来终身学习的教育体系顶层设计的重要指向，所以要逐步将优质高等教育资源作为终身学习教育体系的中流砥柱，为全民开放更多职后学习资源、提供更多职后学习机会，不断满足人民群众日益增长的终身学习需求。

第二，注重本土实际，设置多元发展目标，在新目标体系的定位下完善服务终身学习的教育体系。1995 年《中华人民共和国教育法》颁布，明确规定"国家适应社会主义市场经济发展和社会进步的需要，推进教育改革，促进各级各类教育协调发展，建立和完善终身教育体系"[①]。自此之后，无论是中央政策还是地方政策都将构建服务全民终身学习的教育体系作为教育发展的重要目标。首先，构建服务全民终身学习的教育体系是一个宏观目标，需要形成更加具体的目标体系，使服务全民终身学习的教育体系构建更具有针对性，以解决过去终身教育发展过程中存在的问题和矛盾，推动我国服务全民终身学习的教育体系实现高质量、内涵式发展。其次，构建服务全民终身学习的教育体系这一政策可以为我国的教育综合改革服务，在构建过程中，以往教育发展过程中所形成的关键矛盾能得到统筹解决，例如打破各级各类教育之间的障碍和壁垒，形成立体交叉融合的教育体系，进而可以满足人们的职前、职后等多种学习需求。最后，服务全民终身学习的教育体系设计应当突出"优质"这一关键词，将优质的学校教育资源，特别是一流学校纳入终身学习的教育体系中，使其发挥中坚作用，充分满足新时代人民群众对于优质教育资源的需求，同时着力解决优质教育资源分布不均衡的矛盾。

第三，终身学习的教育体系设计应更多体现学习者的主体性。从终身教育到终身学习的概念变化，突出了学习者的主体性和主动性。[②]未来，我国在构建服务全民终身学习的教育体系过程中应当注重调动学习者的积极性，让学习者成为主体，并使终身学习的教育体系为全体学习者服务。实现终身学习是有前提条件的，当各种教育服务都较为充足且开放，学习者在任何年龄、任何类型的学校都可以接受教育的时候，学习者才可能成为主体，否则终身学习只是一个空泛的概念。因此，政府需要构建服务全民终身学习的教育体系，来满足全民终身学习需求。然而，从目前我国终身教育发展的实践来看，各类型、各阶段的教育资源都

---

① 何东昌. 中华人民共和国重要教育文献（1991—1997）[A]. 海口：海南出版社，1998：3791.
② 何思颖，何光全. 终身教育百年：从终身教育到终身学习[J]. 现代远程教育研究，2019（1）：66-77，86.

相对紧张，距离满足全民终身学习的需求尚有一些差距，仅仅依靠各种类型的成人教育是无法满足我国越来越多高学历、高素质人才的终身学习需要的。终身学习中学习者的主体性的体现，需要以政府提供终身教育服务为前提条件，只有如此才能更好地调动全民终身学习的主动性，从而更好地服务经济社会的高质量发展。

（二）服务全民终身学习的教育体系政策应具有引导性

从全球范围来看，终身学习从理念思潮到政策实践经历了半个多世纪的发展历程。以欧美为主的发达国家在终身学习教育体系发展、成熟过程中逐渐形成了较为完善的终身学习体制机制，其中国家政策对终身学习理念及终身教育的全社会推广和普及起到了重要的引导作用。我国的终身教育理念的形成及相关实践起步较晚。改革开放后，在党中央和各级政府的大力推进下，终身教育在国内取得了长足发展，但是我们仍应当客观地审视我国终身教育发展实践中遇到的诸多困难和限制。目前，终身教育的发展现状与新时代党中央提出的构建服务全民终身学习的教育体系的目标依然有一定差距。在此情况下，政府适时调整宏观政策，引导不同社会主体形成合力，共同推进服务全民终身学习的教育体系的建设和完善，就显得尤为紧迫。

第一，新政策的调整与创新离不开对以往顶层设计指向和现实运行走向的剖析与审视。首先，改革开放初期，终身教育理念进入中国后的重要发展形式是成人教育。此时，结合时代背景与中国特殊国情，中央政府及时推出各种政策，使得成人教育得到了长足的发展，极大地缓解了人才培养断层对经济社会发展的影响，同时也有效满足了不同年龄阶段民众学习知识、提高素质的需求。因此，在这个阶段，终身教育理念在中国的发展主要体现为成人教育取得巨大发展成就。这一时期，中央的顶层设计政策主要在于鼓励各种形式的成人教育发展，积极促进教育的恢复和发展，千方百计提高国民文化素质，为经济社会发展奠定人才基础。从这个角度来看，成人教育在国内的发展为终身教育理念的推广做出了巨大贡献，很多人通过各种形式的成人教育改变了发展轨迹和人生命运。同时，成人教育政策取得的成就也为终身教育政策的进一步调整和完善提供了无限可能。在这样的背景下，我国终身学习教育体系以成人教育为主，并没有将学校学历教育纳入终身学习教育体系中，导致了终身教育理念的窄化，一些人产生了终身教育等同于成人教育（或继续教育）的错误认知，这无疑影响了终身教育在我国的高质量发展。无论是从人民群众日益增长的高质量教育资源需求来看，还是从终身教育的内涵来看，终身学习教育体系都应当涵盖包括学校教育在内的各种教育，服务于各个年龄阶段的学习者，这也是未来构建服务全民终身学习的教育体系需要着重关注的方面。回首过去，以终身教育理念框架来审视改革开放初期成人教育的发展，我们既要看到当时成人教育发展对经济社会发展的巨大促进作用，又要看到我国终身学习教育政策体系的历史发展脉络。当前的服务终身学习的教育体系是在继承过去发展的基础之上形成的，我们应对过去终身教育在我国的发展有较为客观和清晰的认识，以在未来对我国服务终身学习的教育体系构建政策进行调整与创新。

第二，为实现政策精准引导，需要对国际发展经验与本土实践效果进行深层次研究。纵观世界发达国家与我国的终身教育理念、政策的发展历程，我们不难发现，我国的终身教育实践有着鲜明的中国特色，与其他国家有着较大区别。在其他一些国家，终身教育理念兴起较早，且一些发达国家的教育体系得到了长时间稳定地运行和发展，高素质人才对于经济社会发展的促进作用较大，社会对终身教育理念的认可度较高。终身学习的教育体系中包括提供学历教育和非学历教育的各类学校，并且一流学校在终身学习教育体系中发挥了中坚和引领作用。我国当前的终身学习教育体系主要以各种形式的成人教育为主，有几个方面的原因。改革开放初期，大批劳动人民缺失初等、中等学校教育，成人教育作为学校教育的补充，极大地促进了教育的恢复和发展。此后，由于我国教育资源发展的不均衡、不充分与人民日益增长的优质教育资源需求存在矛盾，各类学校教育资源供给不足，国家开始重点关注各阶段学校教育的发展，对成人教育的重视相对不足。作为学校教育的补充，成人教育的含金量和社会认可度相对不高，并且优质的学校教育资源并未被纳入终身学习教育体系中。随着经济社会的发展和国民受教育年限的不断增加，人民群众对于优质终身教育资源的需求难以得到充分的满足，这导致人们对终身教育理念的狭隘理解和终身学习教育体系的失衡。综合来看，我国终身教育应充分利用现有学校教育资源，形成立体交叉的教育体系，以使不同年龄阶段的人民群众均能够在这个体系中得到发展。终身教育理念与我国本土实践结合有着特殊的时代背景和国情考量，显示出强大的生命力，但是随着时代的发展和我国教育资源供给能力的提高，人民群众对我国终身教育实践发展提出了新的要求。新时代构建服务全民终身学习的教育体系，应充分吸收和借鉴国际上先进的相关实践经验，通过政策调整引导我国终身教育实践的高质量发展。

第三，分析地方政府关于服务终身学习的教育体系建设的政策动向，以期为中央政府的政策调整提供实践支持。我们通过对代表性地区服务终身学习的教育体系相关政策进行梳理和研究，分析了地方政府在执行国家政策、探索自身特色发展方面的差异，特别是对不同经济社会发展条件下各地区针对地区现实情况形成的政策文本展开了重点探讨，挖掘政策制定的动因、已有教育体系的特征和政策产生的实际效果。我国国土面积辽阔，不同地区的经济社会发展水平不同，从而导致不同地区终身教育推广和发展的情况不尽相同，在推动终身教育实践发展过程中遇到的问题也各不相同。只有在承认经济社会发展水平客观差异的基础上，才能更好地推动终身学习的教育体系在不同地区的建设，从而促进全国范围内服务终身学习的教育体系的建构和完善。此外，国家层面的终身教育政策较为宏观，充分考虑了各地区之间的发展差异和客观限制，而地方政府可以通过专门立法、相关政策制定等保障手段，对体系建设过程中出现的具体问题给予指导，同时也可以对不同地区服务终身学习的教育体系构建重点和热点问题进行分析，从而分析终身教育政策在不同地区的分化与实效，以为中央政府的政策调整提供支持。从我国各地区的终身教育实践发展情况来看，福建省较早地实现了地方终身教育立法，积极推动服务终身学习的教育体系构建；上海市各类教育的发展水平处于全国前列，终身教育实践发展较好，构建服务全民终身学习的教育体系的基础较好；北京市积极响应国家创建学习型社会的号召，大力创建学习之都，推动终身教育在北京的进一步发展。另外，其他地区也通过立法、出台具体政策来推动终身教育实践的发展，不断建设服务终身学习的教育体系。地方终身教育相关政策的出台，既是在执行中央顶层设计要求，又是各地根据自身经济社会发展情况探索出的发展终身教育的举措，是对国家层面政策的有益补充。因此，本书也注重分析各地区推动终身教育发展的政策差异，为后续中央政策的调整提供支撑，充分保障国家政策的引导性，使其引导服务全民终身学习的教育体系构建始终走在预先设计的发展轨道上。

（三）服务全民终身学习的教育体系构建应具有渐进性

我国地区经济发展不均衡，近年来，随着经济社会的发展，我国整体教育水平有了较大的提升。但是从全国范围来看，不同地区所拥有的教育资源是不同的，并且不同地区承载的受教育人口、职前职后学习需求千差万别。基于这一基本国情，建设服务全民终身学习的教育体系必须注重渐进性，确定国家层面构建服务终身学习的教育体系的基本原则，给地方政府提供更多创新探索的空间。在推动服务全民终身学习的教育体系建设的过程中，我国各级政府应首先开展更多样化的活动，增强全民参与终身学习的自主性和积极性；其次，应逐步打破各级各类教育资源之间的壁垒与障碍，增强服务终身学习的教育体系的开放性和包容性；

最后，应逐步吸纳优质教育资源进入服务终身学习的教育体系，不断提高服务终身学习的教育体系质量，让越来越多的人认可终身学习教育体系并从中受益。

第一，通过多样化活动，逐步增强公民参与终身学习的自主性和积极性，其中创建学习型社会是构建服务全民终身学习的教育体系的重要一环。无论是国际上提出从终身教育向终身学习转变，还是国内强调学习型社会及城市建设，都表明了构建服务全民终身学习的教育体系首先要促使全民意识转变，通过让全民了解终身学习的重要性，来调动其学习的积极性和主动性。特别是当前和未来一个时期，我国经济社会发展以高质量为特征，全民需要不断加强职前和职后教育，提升整体素质，以有力推进我国现代化进程和实现经济社会高质量发展目标。在国家建设学习型社会的号召下，各级政府和各类组织要充分响应国家号召，营造浓厚的学习氛围，助力终身教育理念深入人心。当前，我国国民整体受教育年限和受教育水平有了长足进步，但是应当注意到社会上仍然存在功利化学习理念，即过于注重职前学习，简单地认为学习就是为了找一份好工作，从而忽视了人的全面发展和终身学习，对职后学习重视不足。国家提出构建学习型社会有助于改变这些现状，激发群众参与终身学习的兴趣，以形成终身学习受益终身的正向循环。

第二，逐步打破各级各类教育资源之间的障碍与壁垒，构建更加顺畅、开放的终身学习的教育体系。实际上，我国一直都在进行打破各级各类教育资源之间的障碍与壁垒的实践，但始终没有实现教育体系的整体化、科学化综合改革。服务全民终身学习的教育体系具有开放性和包容性，要求打破各级各类教育资源之间的障碍与壁垒，这也是我国教育综合改革中的一项重要任务。例如，普通教育与职业教育衔接、正式学习与非正式学习互认等都需要解决。目前，我国相关政策的重点在于促进职前各个阶段学校教育的衔接和发展，但是对于普通教育与职业教育的融通、不同类型教育之间的学分互认与转移等还存在发力不足的情况。时代在发展和进步，我国应当以服务全民终身学习作为指导理念，从人的全面发展理念出发，使全民在不同年龄、不同阶段都能从服务终身学习的教育体系中获益。同时，不断增强各级各类教育资源的开放性，使人人都可以接受各种形式的终身教育，构建更加开放、顺畅的服务全民终身学习的教育体系。

第三，逐步吸纳优质教育资源进入服务全民终身学习的教育体系，并提高其质量和认可度。从国际角度审视终身教育体系的发展，西方一些发达国家的终身教育体系建设较早，从最初发展各种类型的成人教育以解决第二次世界大战后国民受教育中断造成的大批成年文盲，到后期随着经济社会的发展和国民整体受教育水平的提升，西方发达国家终身学习的教育体系从成人教育不断拓展至各类优质学校教育资源，特别是一流教育资源，从而满足国民整体素质提升后各个年龄段个体的多样化终身学习需求，改变了传统只有青少年接受学校教育的狭隘观念，越来越多的中年人和老年人接受终身教育，在社会上形成了终身学习的氛围，提高了公众对于终身教育体系的认可度。相较于西方发达国家，我国终身教育实践的起步较晚，但是发展历程较为相似。改革开放初期，我国存在大批未接受学校教育的中青年劳动力，成为影响经济发展的重要因素。此时终身教育理念被引入国内，各种类型的成人教育迅速发展，大批中青年劳动力通过广播电视大学、夜校等成人教育提升素质，有力地促进了经济社会的发展和进步。然而，由于我国人口规模大、受教育人口多，长期以来教育资源不足的矛盾始终未能得到有效解决，因此我国的终身教育体系从成人教育向其他类型教育延伸和拓展的步伐受阻，难以充分满足人民群众的高质量终身学习需求。因此，未来我国在构建服务全民终身学习的教育体系过程中，应当逐步吸纳各类优质学校教育资源，让各类型一流学校发挥越来越重要的作用，构建质量更高、社会认可度更高的服务全民终身学习的教育体系。

二、服务全民终身学习的教育体系的动力机制

构建高质量的服务全民终身学习的教育体系，可以满足不同地区、不同行业、不同发展阶段个体的多元化教育需求。各级政府应当依据教育、经济、社会、文化、科技等多个方面的发展程度，动态、可持续地调整和优化构建服务全民终身学习的教育体系的方针与政策，并着力消除成人教育主导终身教育所带来的一些弊端，通过释放各类一流学校的实力，提高职后教育的质量。综合我国教育、经济、社会等各方面的发展情况来看，服务全民终身学习的教育体系的动力机制主要有三个方面：一是各种类型的教育资源面向全民开放，提高全民参与的积极性；二是建立多维、动态的学习评价制度，为实现服务全民终身学习的教育体系内各级各类教育资源的融合贯通提供重要支撑，同时也可以作为提高全民终身学习质量的重要手段；三是在服务全民终身学习的教育体系推动下实现个人发展与社会发展的双向循环，为我国尽早实现现代化和中华民族的伟大复兴提供智力支撑。

（一）在开放服务的过程中调动全民参与的积极性，是构建服务全民终身学习的教育体系的不竭动力

综合我国教育整体的发展情况来看，国家政策的重心主要在于解决职前教育

中存在的若干突出矛盾，如义务教育就近入学、中等教育普职分流、高等教育招生考试改革等，集中反映了社会对职前教育的期望以及人民群众对于优质教育资源的强烈需求。然而，随着高等教育进入普及化发展阶段，未来我国教育资源不足的情况会逐渐得到缓解，而人口老龄化以及人口红利向人才红利转型的问题将越发突出，此时将各级各类学校资源纳入服务全民终身学习的教育体系就有了现实基础。未来，应当使越来越多的各类教育资源面向全体国民开放，调动广大人民群众参与的积极性，以构建服务全民终身学习的教育体系。

第一，人口老龄化与高等教育普及化等现实国情要求构建更加开放的服务全民终身学习的教育体系，以应对我国未来经济社会发展将面临的种种挑战。我们从《第七次全国人口普查公报》可知，与第六次全国人口普查结果相比，我国总人口增长率下降，其中0—14岁人口的比重上升1.35个百分点，15—59岁人口的比重下降6.79个百分点，60岁及以上人口的比重上升5.44个百分点，65岁及以上人口的比重上升4.63个百分点[1]，我国人口老龄化趋势进一步发展。与此同时，该公报中还显示我国人口的受教育程度、平均受教育年限有所提高，文盲人口进一步减少，这与近年来我国教育整体发展水平不断提升密切相关。特别是我国高等教育迈入普及化发展阶段，接受高等教育的人口越来越多，全民综合素质不断提高。特别需要注意的是，我国人口老龄化与高等教育普及化的叠加影响是巨大的，预示着未来我国劳动力人口和接受高等教育的人口都将在达到顶峰后逐渐下降，过去依靠数量的外延式发展模式已经不再适用。在这样的现实国情下，未来学校资源将会相对充足，适时将各级各类学校教育资源纳入服务终身学习的教育体系中，既能够减少人口老龄化对学校教育体系的冲击，又能够有效提升服务终身学习的教育体系的质量，此时构建服务全民终身学习的教育体系就是在进一步挖掘我国的人才红利，特别是能够促进职后教育的发展，引导全民形成终身学习理念，充分发挥人口整体素质提升对于经济社会发展的促进作用。

第二，服务全民、全民参与是构建服务终身学习的教育体系过程中需要实现的重要目标，因此要推进教育综合改革进程，提高人民群众对教育的整体满意度。教育公平是社会其他领域公平的基础，终身学习教育体系天然具有开放性，可以进一步增加全民受教育机会，因此构建服务全民终身学习的教育体系能够促进教育公平，消除各种显性和隐性壁垒与障碍，保障全民接受教育的权

① 国家统计局，国务院第七次全国人口普查领导小组办公室. 第七次全国人口普查公报[EB/OL].（2021-05-11）[2023-10-15]. http://www.gov.cn/guoqing/2021-05/13/content_5606149.htm.

利,使不同年龄、不同阶段个体的个性化教育需求更好地得到满足。教育是人民群众通向美好幸福生活的重要路径,而构建服务全民终身学习的教育体系能够让教育更加公平。无论是在我国的政策领域,还是在公众的认知中,都存在终身教育是学校教育之外的成人教育或继续教育的狭隘观点,加之政府和社会对学校之外的教育重视不足,以及全民职后教育发展相对滞后,现有的服务终身学习的教育体系并未承担起服务全民各阶段、各类型学习的重任。因此,通过构建服务全民终身学习的教育体系,可以保障教育公平,满足中年人、老年人等各类群体的受教育需求。除此之外,关于服务终身学习的教育体系的立法进程也需要进一步加快,从当前国家和地方层面发布的关于终身教育的法律法规来看,我国仍处于终身教育实践发展的第一步,法律的具体落实与操作还存在欠缺。我们应随着经济社会发展的步伐,及时调整终身教育相关的法律法规,以法律法规作为政策制定的依据,凸显法律的强制性和教育的公平性,切实推进服务终身学习的教育体系的构建,保障全民接受教育的权利,提高全民对教育的满意度和整体的人口素质。

第三,积极利用新科技手段进一步增强服务终身学习的教育体系的开放性,逐步突破时间和空间限制,让全民可以随时随地参与到终身学习活动中。随着新一轮科技革命的深入发展,以数字化和智能化为特征的大数据、虚拟现实技术手段的革新为教育形态的改变创造了技术条件,网上课堂、虚拟大学等新教育形态的出现,使得全民接受教育更加便捷、高效,成本更低。未来,服务终身学习的教育体系需要着重发展高质量的职后教育,这就要求终身教育资源具有开放性和可获得性,各级各类教育资源可以通过网络、虚拟技术储存在云端。同时,应充分考虑职后教育人群的学习特点,为他们清除接受职后教育的障碍,转变传统的终身学习教育体系建设中重视各类实体教育资源的理念,减少对职后教育人群工作、生活等的影响,以推动终身学习深入发展。在构建服务全民终身学习的教育体系的过程中,相关部门要特别注重对新技术手段的运用。改革开放后,邓小平提出建设电视大学等成人教育形式[1],极大地提高了终身教育的效果。新时代,科技手段日新月异,国家需要进一步丰富网络虚拟终身教育资源,降低终身学习的成本,增强终身学习教育体系的开放性,使每一位公民都能够随时随地开展终身学习。

---

[1] 陈志立:改革开放二十年的我国教育[EB/OL].(2004-08-16)[2024-01-09]. http://www.moe.gov.cn/jyb_xwfb/xw_zt/moe_357/s3579/moe_90/tnull_3161.html.

（二）建立多维、动态的学习评价制度促进终身学习落地生根，是构建服务全民终身学习的教育体系的重要支撑

终身学习教育体系具有开放性、公平性、公益性等特征。建立多维、动态的学习评价制度，是实现终身学习教育体系内各级各类教育资源融合贯通的重要支撑，也是提高全民终身学习质量的重要手段。构建终身学习的教育体系，一方面要进一步增强其开放性；另一方面要持续提升其质量。能够同时满足这两方面要求的措施，就是建立多维、动态的学习评价制度。对个体的终身学习情况进行客观的评价，可以使个体在整个终身学习教育体系中获得更高质量的成长，实现各级各类教育资源的融通，打破职前教育与职后教育、成人教育与学校教育、职业教育与普通教育之间的壁垒，充分拓展当前的自学考试、学分银行①等学习评价方式，建设在线课程等教学形态的评价制度，建立多维、动态的评价制度，让每一位终身学习者都能够在终身学习教育体系中获得高质量发展。

第一，建立多维、动态的学习评价制度，打破服务终身学习的教育体系内各级各类教育资源间的壁垒。未来，服务终身学习的教育体系涵盖的教育资源会越来越广，应理顺服务终身学习的教育体系中各级各类教育之间的衔接，为广大终身学习者提供更多的资源和受教育机会。当前，我国不同教育类型之间存在较多的障碍与壁垒，已有省份在进行职业高考方面的探索改革，逐步实现普通教育与职业教育之间的立交融合，但是尚未从构建服务终身学习的教育体系角度出发，尝试对教育整体进行综合改革，以跨越不同类型教育之间的鸿沟，让受教育者有更多成长的可能。面对新时代，踏上新征程，国家应进一步统筹规划对构建服务全民终身学习的教育体系的总体要求。②

第二，利用多维、动态的学习评价制度提高全民终身学习质量，改变传统终身教育质量不高的社会认知，提高终身教育的社会认可度。一方面，我们需要吸纳更多的学校教育资源进入服务终身学习的教育体系，并将这些资源向全民开放；另一方面，我们需要提高服务终身学习的教育体系质量，改变传统终身教育质量不高的社会认知，让人民群众认识到终身教育的开放性不等同于终身学习的低质量。建立多维、动态的学习评价制度能够有效监测终身学习者的学习效果和质量，为其后续选择其他类型的教育提供参考，实现服务终身学习的教育体系内的立交融通。

① 刘剑青，方兴，马陆亭. 从终身教育（学习）理念到学分银行建设[J]. 中国电化教育，2015（4）：132-135.
② 史秋衡，张妍. 中国终身学习话语体系的嬗变与重构[J]. 教育研究，2021（9）：93-103.

第三，多维、动态的学习评价制度连接个体学习者与整个教育体系，是实现个人、服务终身学习的教育体系之间互动发展的保障。改革开放以来，我国的劳动力素质有了大幅度提高，新一代青年接受高等教育的比例越来越高，以往以各类型成人教育为主的终身教育体系已经不能满足未来高素质劳动力职后教育的需求。未来，服务终身学习的教育体系将实现高质量发展，需要吸纳优质学校教育资源，但是这并不意味着各类学校教育资源的质量会降低。服务终身学习的教育体系以其普遍的开放性吸引全民参与终身学习活动，而多维、动态的学习评价制度能够有效地引导终身学习者向更高质量的学习迈进，使其在服务终身学习的教育体系中获得各类教育机会，特别是满足职后学历进修、技能提升、兴趣爱好、创新研发等多种需求，以获得更加全面的发展。

（三）个人发展与社会发展的双向循环，是构建服务全民终身学习的教育体系的必然选择

经济社会发展的外部规律与教育体系的内部规律均表明，追求规模和数量的外延式发展方式已经成为过去时，高质量是我国"十四五"时期及未来长期坚持的发展特征。"高质量"倡导动态特征，不同的发展阶段有不同的任务，其对人才的各种能力的要求也具有阶段性特征。因此，各级政府在推动构建服务全民终身学习的教育体系时，要依据本区域的经济社会需求、教育资源存量以及未来战略发展方向等，深入思考如何推动教育链、人才链与产业链、创新链的结合，形成"育人—聚人—用人"良性循环。与此同时，要在社会层面推进终身教育实践发展和提升全民素质，为经济社会发展提供高素质的人才资源，实现终身教育发展与经济社会进步的双赢。反过来，再通过服务全民终身学习的教育体系推动形成个人发展与社会发展的双向循环，为我国实现现代化和中华民族的伟大复兴提供智力保障。

第一，通过引入各类一流学校资源，提升服务终身学习的教育体系质量，增强其吸引力。一流学校是支撑地方经济、社会、科学、文化、教育等多项事业发展的"锚点"，一流学校将通过提供优质的教育机会，吸引更多人才的聚集；释放教育资源，鼓励各年龄阶段的个体积极享受学习知识的乐趣；创新技术源流，支撑地方经济社会深度转型。因此，在我国幅员辽阔、人口众多、各地经济社会发展不平衡不充分的国情下，一流学校深度参与教育体系的深化改革是应有之义。大学是引领社会发展的重要组织，随着高等教育步入普及化发展阶段，各类型一流学校将在服务终身学习的教育体系中发挥更加重要的作用。与此同时，相关部门应制定更加清晰、更容易执行的服务终身学习的教育体系构建政策。在政策调

整的过程中，应当综合考量个人发展与经济发展、公民文化道德建设与社会公共价值进步等多个因素，通过构建服务终身学习的教育体系，推动全民终身学习习惯的养成，加快建设学习型社会，营造浓厚的文化氛围。

第二，政府应该更加重视全民职后教育，引导全社会形成终身全面发展的理念，使学习型社会、创新型社会等发展理念深入人心。目前，社会存在过于重视教育的功利目的的现象，人们将接受更好的教育与获得收入更高的工作联系起来。加之我国劳动力市场尚不完善，一些用人单位对毕业生的受教育经历进行过度筛选，将"第一学历""985高校""211高校""35岁以下"等设为招聘门槛，社会公众比以往更加重视适龄青少年接受学校教育。然而公众对工作之后的学习提升缺乏足够的认识，导致人力资源利用率不高，对创新型社会的建设不利。同时，功利化的教育理念也不利于引导个人形成正确的终身教育观。职后教育的发展直接影响了社会的整体学习与创新氛围。学习是个人终身要做的事情，学校教育结束并不等于学习的结束。政府应当出台更多的政策，强化公民的终身学习观念，增加职业技能、在职学习、家庭教育等职后教育供给，提高各年龄阶段公民获得教育机会的便利性。

第三，逐步形成构建服务全民终身学习的教育体系配套政策，综合运用多种手段实现终身教育与经济社会的双向互动发展。纵观中国共产党的发展历史可以发现，运用政策推动教育发展是战胜多种困难的重要法宝。无论是新中国成立早期开展的扫盲运动，还是改革开放初期各类成人教育的快速发展，国家都运用了多种政策手段促进教育的发展，通过教育的发展带动经济社会的进步，取得了教育发展与经济社会发展的双赢，这充分体现了教育与经济之间的辩证发展关系。如今，服务全民终身学习的教育体系构建同样离不开配套政策的支持。例如，现有个人所得税专项附加扣除中包含继续教育，这极大地增强了人民群众接受继续教育的积极性和主动性，同时政府综合制定的其他多种配套政策也促进了终身教育的发展。此外，服务终身学习的教育体系一边连接着个体，给予终身学习者更多的教育资源，提供更多提升个人素质的机会；服务终身学习的教育体系另一边连接着经济社会发展整体，为经济社会发展提供更多高素质劳动者，为经济社会高质量、创新性发展提供充足的人力资源保障。因此，构建服务全民终身学习的教育体系需要完善的配套政策支持，国家应综合运用多种手段实现终身教育与经济社会的双向互动发展。同时，服务全民终身学习的教育体系也会在这个过程中获得强大的发展动力，实现高质量发展。

第四章

服务全民终身学习的教育体系格局调整与标准确立

　　世界正处于大发展、大调整、大变革的时期，新时代的中国教育既面临新的挑战，也迎来了重要发展机遇。加快构建服务全民终身学习的现代教育体系是实现教育强国的战略目标，是引领世界教育发展并贡献中国治理方案的、具有颠覆性的教育现代化改革之路。未来，服务全民终身学习的教育体系构建应做整体格局调整与体系标准设立。本章首先分析我国构建服务全民终身学习的教育体系应遵循的理论价值与实践需求；其次，从全局出发，规划服务全民终身学习的新时代教育体系的图景；最后，对服务全民终身学习的教育体系设置标准进行建构。

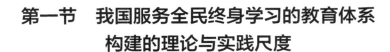

第一节　我国服务全民终身学习的教育体系构建的理论与实践尺度

促进终身教育理念的本土发展是中国如何在"变局中谋新局"这一教育改革问题的答案。我国服务全民终身学习的教育体系的理论构建主要源于对以往我国服务全民终身学习的教育体系研究经验的汇集，而实践尺度主要源于对已有服务全民终身学习的教育体系优秀经验的总结和推广。

一、我国服务全民终身学习的教育体系构建的研究经验

本部分首先基于逻辑层面分析服务全民终身学习的教育体系要素；其次，基于操作层面分析服务全民终身学习的教育体系构建条件；再次，基于设计层面分析服务全民终身学习的教育体系衔接问题；最后，基于实践层面分析服务全民终身学习的教育体系构建路径。

（一）逻辑层面的服务全民终身学习教育体系的要素

在逻辑层面，我们重点从社会需求、职业中心思维与教育理念三方面对服务全民终身学习的教育体系的要素进行讨论。

1. 从社会需求的角度探索服务全民终身学习的教育体系的要素

发展伊始，我国终身学习的实践活动就深刻体现了服务人人、人人有事做的内涵。"人人"思想作为一种深层逻辑一直贯穿于我国的教育体系之中，也是我国建设服务全民终身学习的教育体系的要素之一。奠定"人人"思想这一地位的基础，一方面来源于我国社会经济快速发展过程中产生的大量人力资源缺口；另一方面来源于社会经济发展到一定水平后我国人民群众的新的文化精神需求。20世纪70年代，伴随着我国社会经济和思想文化的迅速发展，成人教育和终身教育等概念借着文化传播的东风传入我国，我国终身学习思想开始酝酿与传播，各类

成人教育活动蓬勃开展。①随后，在"人人"思想的影响下，为加速培养社会发展所需人才，服务广大群众，尤其是满足偏远地区在职工人和农民的学习需求，我国在借鉴英国开放大学办学经验的基础上，于20世纪70年代设立了中央广播电视大学，并在全国大部分省区市设立了广播电视大学。其后，为了应对21世纪以来社会经济发展的新需要，我国于2012年在中央广播电视大学和地方广播电视大学的基础上设立了国家开放大学，组建了一套较为完整的教学和管理体系。其组织结构由总部、分部、地方学院、学习中心和行业企业学院共同组成，分部和学习中心覆盖了全国的大多数城市，影响范围广泛。可以说，我国教育体系构建中的"人人"思想本质上起源于我国社会经济发展过程中对人力资源升级产生的需求，是作为一种对劳动力缺口的应对和解决措施出现的。

随着社会经济的发展，我国广大人民群众的个人教育需求发生了极大的变化。首先是在逐渐开放多元的经济市场和国家产业更新升级不断加快的背景下，新技能需求和多种类的岗位缺口大量产生，其变化的频率和范围远远超出了原有的人才储备结构，一大批人产生了学习新的技能和进一步提升学历的需求，原有的正规教育体系滞后于社会对人才和技能需求的发展，同级教育的覆盖面相比以前更广，因此一些已经参加工作的成人需要重新回到线下或线上课堂。在这种需求的推动下，继续教育发展出了多种多样的形式，覆盖了不同种类、不同需求的人群。

其次，社会经济飞速发展，人民的物质需求得到满足后，转而追求更高层次的精神需求。党的十九大报告强调，我国社会的主要矛盾已经转化为人民日益增长的美好生活需要和不平衡不充分的发展之间的矛盾。人民对美好生活的广泛追求，使得对学习的时间和空间的要求更高，学习已不再是部分人的需要。作为人民美好生活的重要组成部分，现如今，学习已成为人人可参与、人人有需求的一项活动。这些不断发展、数量庞大的新的学习需求，共同组成了我国服务全民终身学习的教育体系建设中的"人人"思想这一要素，深刻影响了我国服务全民终身学习的教育体系的整体制度设计和具体实施建设，也是我国教育体系建设过程中服务全民这一关键着力点的基本逻辑起点。

2. 从职业中心思维的角度探索服务全民终身学习的教育体系的要素

2021年10月，中共中央办公厅、国务院办公厅印发《关于推动现代职业教育高质量发展的意见》，指出"职业教育是国民教育体系和人力资源开发的重要

---

① 吴遵民. 改革开放40年中国终身教育的历史回顾与展望[J]. 复旦教育论坛，2018（6）：12-19.

组成部分，肩负着培养多样化人才、传承技术技能、促进就业创业的重要职责"。在现代化新征程中，职业教育大有可为。我国服务全民终身学习的教育体系建设的另一个要素是以职业为中心的思维，这一要素深刻影响了教育体系建设过程中的以职业和技能培养为核心的导向目标和评估标准。

一方面，为了应对我国现有迅速发展的行业技能需求和产业更新，规范引导国家职业教育培训发展建设，为职业技能鉴定和水平评价提供参考依据，人力资源和社会保障部应保持每年更新国家职业技能标准，在保持内容相对稳定的同时，根据社会经济变化情况实现动态调整。习近平总书记强调，"加快形成有利于人才成长的培养机制、有利于人尽其才的使用机制、有利于人才各展其能的激励机制、有利于人才脱颖而出的竞争机制"[①]。国家职业技能标准和国家职业资格目录的管理、修订和发布，正是国家规范行业管理、激发市场主体创新活力、稳定和促进就业的重要方式。我国职业技能标准的制定以职业活动为导向，以职业技能为核心，在我国职业技能规范发展方面发挥了重要作用。

另一方面，为了加快发展现代职业教育，建设现代职业教育体系，建立可持续的人才和技术竞争优势，2014年6月，教育部等六部门共同编制了《现代职业教育体系建设规划（2014—2020年）》。该文件强调职业教育的终身一体，以产教融合为主线，推动职业教育面向全社会、面向人人，建设开放型职业教育体系，推进信息化平台体系建设，建立各级政府、行业、企业、学校和社会各方面共同参与的制度创新平台，目标是到2020年基本建成中国特色现代职业教育体系，建成一批高水平职业院校，各类职业人才培养水平大幅提升。由人力资源和社会保障部主导制定的职业标准和由教育部主导布局的职业教育规划，一方面根据经济社会发展和行业生产一线的需要，为推动市场行业高质量发展，对职业资格和职业标准做出了规范化、科学化和标准化的管理；另一方面则通过对市场和行业人才需求的分析与把握，以及对我国国家建设发展规划的理解和前瞻，预测并有方向地培养我国现阶段发展所需要的高素质劳动者和技术技能人才。这两种由不同部门主导、面向不同对象并且作用于不同群体的管理形式，最终汇聚于我国教育体系的建设中，连通了产业行业、人才市场和教育场所，成为我国教育体系为社会经济发展和强国建设服务的重要通道。这种融合贯通，既从根源上解释了我国教育体系建设中以职业为中心思维这一要素的逻辑起点，也是以职业

---

① 习近平：深入实施新时代人才强国战略 加快建设世界重要人才中心和创新高地[EB/OL].（2021-12-15）[2023-12-20]. https://www.gov.cn/xinwen/2021/12/15/content_5660938.htm.

为中心思维这一要素在教育体系建设实践中的具体外显。

3. 从教育理念的角度探索服务全民终身学习的教育体系的要素

1983 年，美国学者伯顿·克拉克（B. Clark）在《高等教育系统：学术组织的跨国研究》一书中，首次提出并建构了高等教育发展的政府、市场、大学的三角协调模式。在该模式下，高等教育发展主要受政府、市场及大学三种力量的综合影响。政府、市场及大学这三种力量共同组成了一个协调的三角形，三角形的每个角代表三种力量中一种力量的最高水平与其他两种力量的最低水平，三角形内部的不同位置的点代表三种力量的不同维度的结合。虽然伯顿·克拉克的这一三角协调模型理论存在一些不足和缺憾，例如，对"市场"作为子系统的矮化以及无法把握不同国家历史和现实情况的动态发展等，但依然能够为针对性地分析和理解某个教育系统的内外部关系和动力平衡提供一种较为成熟与可靠的思路。在我国教育体系建设的历程中，随着社会经济的转型和开放发展，以及市场经济体制的建立和不断完善，三角协调模型中属于市场一方的力量不断壮大，大学与政府和市场间的三角逐渐由原本的以政府为完全主导、大学服从、市场缺位的关系转变为大学、政府和市场三者之间互相影响、互相联系的关系。政府为大学提供重要的领导和支持，而大学则通过政府的政策指引，与社会、市场发生各种联系，发挥相应的作用。

与此同时，随着我国社会经济的飞速发展和人民对精神文明丰富追求的不断增长，我国教育系统的协调模型中的市场这一方也不再简单地对行业产业技术需求进行回应，而是不可避免地反映了人民群众对不同种类、不同层次教育的需求，进而对我国教育体系的建设产生影响。刘秀明和史秋衡在《香港大学管理的取向：向终生学习体系转轨》一文中，就从学校和市场互动的角度出发，在院校战略的层面构建了一个基于用户和教育供应的高等教育供需关系模型。[1]该模型对拥有不同教育需求的学生进行分类，并指出不同类型学生对教育机构管理决策的影响。其中点明了向教育机构寻求成人学习机会的"职业用户"在与教育机构互动时具有更强的商业性质。这种类型的供需关系虽然发展历史较短，却有着广泛的受众群体。他们还指出，无论是在管理层面还是在院校层面，学习需求的多样化使用户与供应商之间的关系变得更加复杂。在我国教育体系建设的过程中，个人的教育选择权最终会回归于个人，逐渐崛起的职业用户和不断增长的终身学习需求必然会通过教育的内外部关系影响教育的供应方式与管理方式。

---

① 刘秀明，史秋衡. 香港大学管理的取向：向终生学习体系转轨[J]. 教育研究，1999（4）：63-67.

（二）操作层面的服务全民终身学习的教育体系构建的条件

在操作层面，我们主要从我国幼儿教育的普及、高考分类改革、高端高等教育的资源优势、继续教育的完善四个方面展开深入探究。

1. 幼儿教育的普及

幼儿阶段是人一生向善的起点和开端，学前教育则被认为是所有其他教育的开端，尤其是在终身教育和终身学习等教育理念逐渐成为全球教育体系设计与发展的重要指导的今天，幼儿阶段教育与其他阶段教育的密切联系越来越受到重视。幼儿阶段是培养个人逻辑思维的重要环节，儿童早期发展是对入学准备的重要投资，为儿童终身学习奠定了重要基础。幼儿教育作为教育链条的第一环节，对幼儿的成长有着举足轻重的作用。从广义上来说，一切能够促进幼儿身心成长的有目的的活动都可称为幼儿教育。从狭义上来说，幼儿教育专指幼儿园及其他专设的幼儿教育机构实施的教育。

吴遵民在《论幼儿教育的本质》一文中指出，幼儿阶段不仅是人生命的起点，也是教育启蒙的源泉，学前教育是国家教育体系中的一个重要组成部分，其性质、功能和定位体现了一个国家对儿童的立场与态度。[1]意大利幼儿教育家蒙台梭利（Montessori）认为，后天环境的影响能够弥补儿童先天的不足。通过创造健康环境并采取科学合理的措施，尽早地对幼儿进行教育，可以防止甚至消除幼儿智力落后，能激发幼儿内在的潜能。她将环境列为教育的第一要素，强调要促进儿童天赋能力的正常生长。[2]此外，促进儿童早期发展已被证明是对经济增长的有效投资。刘晶波将我国幼儿教育的现代化发展划分为初步发展（1949—1965 年）、停滞（1966—1978 年）和复兴（1978 年至今）三个主要阶段。[3]在初步发展时期，我国幼儿教育将培养爱国主义思想放在首位，强调培养幼儿的国民公德，关注个体自身道德品质与行为习惯的培养，这与新中国成立初期的政治局面密切相关。1978—1985 年，我国幼儿教育的重要性多次被中共中央强调，一系列文件的发布规范了幼儿教育的目标和任务，幼儿教育的实践活动逐渐恢复。20 世纪 80 年代中期，一些经典的心理学研究理论被引入国内，例如，皮亚杰（J. Piaget）的认知发展理论等。我国的教育工作者由此积极开展了一系列广泛的探索。随着社会经济的发展，幼儿

---

① 吴遵民. 论幼儿教育的本质[J]. 新疆师范大学学报（哲学社会科学版），2019（2）：138-144.

② 玛利亚·蒙台梭利. 童年的秘密[M]. 金晶，孔伟，译. 北京：中国发展出版社，2011：93-96.

③ 刘晶波. "幼儿园究竟应该教些什么"讨论之五：新中国幼儿德育目标与内容的历史回顾[J]. 学前教育研究，1996（5）：22-26.

教育逐渐受到政府和民众的重视，这也影响了市场，促使我国幼儿教育走上多元化发展的道路。近年来，幼儿教育越来越强调幼儿个性的发展与幼儿的社会性发展，重视幼儿的主体感受，使幼儿教育在目标设定和具体实施上更加科学化、合理化。

2010 年 11 月，《国务院关于当前发展学前教育的若干意见》印发，强调了学前教育的重要性，提出"把发展学前教育摆在更加重要的位置。学前教育是终身学习的开端，是国民教育体系的重要组成部分，是重要的社会公益事业"，要"大力发展公办幼儿园，提供'广覆盖、保基本'的学前教育公共服务"，"积极扶持民办幼儿园特别是面向大众、收费较低的普惠性民办幼儿园发展"。2017 年 1 月，国务院印发《国家教育事业发展"十三五"规划》，明确提出"加快发展学前教育。继续扩大普惠性学前教育资源，基本解决'入园难'问题……提高幼儿园保育教育质量。健全学前教育管理体制，强化省级政府的统筹责任，落实县级政府发展学前教育和幼儿园监管的主体责任。加大对贫困地区、民族地区学前教育薄弱环节的扶持力度"。2021 年 8 月，教育部发布的《2020 年全国教育事业发展统计公报》显示，2020 年我国普惠性幼儿园达到 23.41 万所，比上年增加 3.12 万所，增长 15.40%，占全国幼儿园的比例为 80.24%；全国共有幼儿园 29.17 万所，在园幼儿 4818.26 万人，专任教师 291.34 万人。[①]

近年来，学龄前儿童抚养成本高的问题已成为家庭抚养和教育孩子需要考虑的重要方面，影响了育龄家庭的生育意愿，因此将学前教育纳入义务教育等提案屡次被提及。但教育部对此明确答复：总体上看，目前我国将学前教育纳入义务教育的条件尚不成熟。我国义务教育均衡发展的基础依然薄弱，城乡、区域、群体、校际差距还较大，学前教育尚未普及，投入保障机制还不完善、质量发展很不均衡，现阶段的主要任务是扩大学前教育资源特别是普惠性学前教育资源，让适龄儿童有园上、上得起。[②]从教育部的答复可以看出，学前教育虽然暂无进入义务教育的可能，但现阶段幼儿教育的工作重心已经向普及化建设转变，鼓励集合社会力量共建惠普性幼儿园，其实质依然是关注幼儿教育的普及化建设，尽可能满足社会民众的入学需求，而不是强制要求所有适龄儿童都参与学前教育，学前教育不进入义务教育与学前教育的普及化、惠普化发展并不冲突。

此外，涉及学前教育立法、尽早出台"学前教育法"的呼声也逐渐高涨。健

---

① 2020 年全国教育事业发展统计公报[EB/OL]．（2021-08-27）[2023-10-20]．http://www.moe.gov.cn/jyb_sjzl/sjzl_fztjgb/202108/t20210827_555004.html.

② 关于政协十三届全国委员会第三次会议第 2059 号（教育类 160 号）提案答复的函[EB/OL]．（2020-10-26）[2024-01-19]．http://www.moe.gov.cn/jyb_xxgk/xxgk_jyta/jyta_jijiaosi/202011/t20201120_500970.html.

全学前教育法律制度，对于促进学前教育事业健康发展、打造服务全民终身学习的教育体系有着重要意义。2020 年 9 月，教育部发布了《中华人民共和国学前教育法草案（征求意见稿）》，学前教育的法律规范和保障建设取得重大进展。

2. 高考分类改革

1977 年 8 月 8 日，邓小平在科学和教育工作座谈会上发表重要讲话，宣布我国恢复高考。[①]其后的几十年，围绕人才培养和公平保障两条主线，我国高考的相关规定和制度被多次调整，其中最主要的几项包括高考命题改革、科目改革和招生方式改革。从全国统考到分省命题，从定向招生到并轨，从文史理工两大类到"3+X"，高考的形式在不断变化，既有前所未有的创新举措，也有部分政策的反复探索。高考数十次改革调整的背后，是全国高考考生的个人选择权与国家针对社会发展需求调控的拉锯与博弈。

2013 年 11 月，党的十八届三中全会审议通过了《中共中央关于全面深化改革若干重大问题的决定》，作为推进社会事业改革创新、深化教育领域综合改革的重要部分。该决定直截了当地提出要"推进考试招生制度改革，探索招生和考试相对分离、学生考试多次选择、学校依法自主招生、专业机构组织实施、政府宏观管理、社会参与监督的运行机制，从根本上解决一考定终身的弊端"。2014 年 9 月，国务院发布《关于深化考试招生制度改革的实施意见》，提出了一系列深化考试招生制度改革的任务，计划于 2014 年正式启动考试招生制度改革试点，2017 年全面推进，到 2020 年基本建立中国特色现代教育考试招生制度。这一文件的出台，标志着新一轮考试招生制度改革全面启动。

2015 年以来，随着全国各省考试招生制度改革的推进落实，"新高考元年"逐渐成为媒体和大众格外关注的热词，学生个人选择权的扩大也引发了一系列讨论。一方面，学生个人选择权的扩大是考试招生制度改革中重视学生作为学习主体、尊重学生个人意愿的关键举措，从文理分科到"3+X"（"3"指语文、数学和外语，"X"则指考生需要从政治、历史、地理、物理、生物和化学六门科目中选择三门）模式，学生能够更加灵活地根据自己的实际情况选择考试科目，一些过去被认为是"偏科"的学生更有扬长避短的机会；另一方面，学生个人选择权的扩大也带来了一些明显弊端，其中最突出的是"3+3"和"3+2+1"（"2"指考生需要从生物、化学、政治和地理中选择任意两门作为考试科目，"1"则指

---

① 中共中央文献研究室. 邓小平论教育[M]. 北京：人民教育出版社，1995：37-38.

考生需要从物理或历史中选择一门作为考试科目）这两种考试改革方案推行后，出现了由于科目考试难度偏大和学习成本较高等种种原因，一些学生拒绝选择物理和化学两个科目的现象，这无疑与招生制度改革的初衷相背离，且严重影响了人才培养的平衡。因此，"3+3"和"3+2+1"的制度也不得不重新调整，以平衡学生的个人选择权与社会总体人才培养的需求。赋予学生更大的个人选择权，是培养和挖掘学生兴趣和潜能、促进学生个人积极参与终身学习的重要举措。

3. 高端高等教育的资源优势

从"985 工程""211 工程"到以世界一流大学和一流学科为目标的"双一流"建设，我国高水平院校的建设成效愈加显著，高水平院校在我国坚持创新、科技自立自强以及教育强国等核心战略中扮演着重要角色。随着终身学习这一概念的发展和传播，我国终身学习的相关实践逐渐扩展深入，取得了一系列成果。与此同时，我国原有教育体系服务终身学习的种种短板开始暴露，尤其是高水平院校在学习型社会建设中的缺位问题更加突出。

我国高端高等教育入学壁垒尚在，高水平院校的主要培养对象依然是经过层层选拔的极少数精英人群，高中学生进入高水平院校的主要路径是普通高考和包括"强基计划"在内的各类特殊招生。一方面，我国高水平院校的入学壁垒是高水平院校集中力量培养优秀尖端人才、助力国家创新驱动发展的必然结果，也是对我国高等院校分水平分层发展趋势的顺应，不可能在现有的全日制学生培养阶段大规模扩张和开放；另一方面，我国高水平院校在财政支持和社会影响力等方面占据绝对优势，即使在"双一流"高校内部，顶尖高校得到的资源也远远超过了排名稍后的其他"双一流"高校。严重倾斜的资源分配加上较高的入学壁垒，客观上造成了资源的高度集中，高校的宝贵资源在实际使用中存在利用不彻底和部分浪费的现象。因此，如何进一步挖掘和消化我国高水平院校的现有资源，是我国平衡教育资源分配、完善教育体系需要考虑的重要因素。

与此同时，高水平院校如何融入终身学习社会形态、如何在我国服务全民终身学习的教育体系的建设中发挥领头作用，也应成为高水平院校建设工作应考虑的重点。我国终身学习的发展仍受到成人教育、补充教育的地位边缘、社会认可度较低和发展缺乏体系等短板的影响，呈现出体系零散、层次不高以及推广程度低的现状，人们的高水平、高质量终身教育需求亟待满足。然而，发展高水平、高质量的终身教育，必然需要高水平院校的深度参与。首先，引入高水平院校可以充分发挥和利用好这些院校在各类资源上的巨大优势，在不影响高水平院校原有职能的情况下，全面提高资源利用率，盘活存量资源，尤其是可以依托线上平台的蓬勃发展、利用数字资源易于复制和传播的特点，深入挖掘和开发各类数字资源，如课程视频、电子教材和数据库等。其次，将高水平院校纳入服务全民终身学习的教育体系，能够借助高水平院校广泛的社会影响力和极高的社会美誉度，有力地打破民众将终身学习等同于补充教育、终身学习在教育体系中处于次级地位的固有认知，进而使终身学习得到更多的社会关注，吸引广大潜在的学习者加入终身学习的队伍，实现自我的发展和完善。

4. 继续教育的完善

2019 年 10 月，《中共中央关于坚持和完善中国特色社会主义制度 推进国家治理体系和治理能力现代化若干重大问题的决定》审议通过，提出构建服务全民终身学习的教育体系，"完善职业技术教育、高等教育、继续教育统筹协调发展机制。支持和规范民办教育、合作办学"。2014 年 6 月，教育部等六部门联合印发《现代职业教育体系建设规划（2014—2020 年）》，对我国的教育体系基本框架做了初步界定。我国教育体系基本框架如图 4-1 所示。

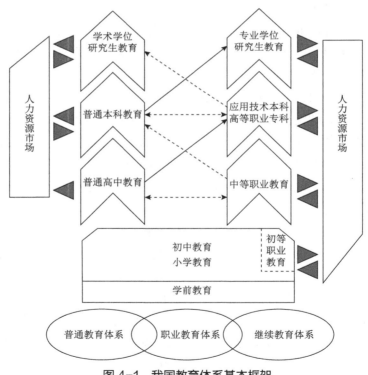

图 4-1　我国教育体系基本框架

这个教育体系框架已经与联合国教科文组织制定的《国际教育标准分类法（2011 年）》较好地接轨，高等职业专科对应 5 级短线高等教育，应用技术本科和普通本科教育对应 6 级本科教育，但分属两个不同体系，研究生教育对应 7—8 级硕士博士教育，分属学术与专业两个不同体系。《教育部关于"十三五"时期高等学校设置工作的意见》规定了我国高等教育总体上分为研究型、应用型和职业技能型三大类型。《国务院关于印发国家职业教育改革实施方案的通知》进一步将我国教育体系基本框架底座限定为"职业教育与普通教育是两种不同教育类型"。近年来，全国高校教育教学审核评估和"双一流"建设也走向分类体系。新体系设计传达了这样一些信息：①普通教育与职业教育是不同类型的高等教育，分别以学术和专业为导向，但相互之间又有交叉；②应用技术本科与高等职业专科属于同一类型的不同层次；③整个体系搭建的立交桥是互通的，但关系分主次。可以说，我国继续教育的进一步完善和发展是构建服务全民终身学习的教育体系的重要部分。几十年以来，我国继续教育取得的种种成就为后续构建服务全民终身学习的教育体系的理论和实践探索提供了宝贵的经验和案例。

1978 年是我国继续教育发展的一个分水岭。改革开放后，大量的学习需求被释放，成人教育和继续教育迅速恢复并发展壮大。1986 年 2 月，成人教育协调指导工作委员会在北京成立，负责指导和协调成人教育工作。1987 年 6 月，国务院批转《国家教育委员会关于改革和发展成人教育的决定》，提出提高全社会对成人教育在社会主义现代化建设中的重要地位和作用的认识，积极开展大学后继续教育和专业培训、实践培训等。1993 年 2 月，中共中央、国务院印发《中国教育改革和发展纲要》，明确提出"成人教育是传统学校教育向终生教育发展的一种新型教育制度"，要把大力开展岗位培训和继续教育作为重点，建立和完善岗位培训制度、证书制度、资格考试和考核制度、继续教育制度。1995 年颁布的《中华人民共和国教育法》第十九条明确提出"国家实行职业教育制度和成人教育制度"，第四十条明确提出"从业人员有依法接受职业培训和继续教育的权利和义务"。2010 年 7 月，《国家中长期教育改革和发展规划纲要（2010—2020 年）》发布，单独将继续教育归为一章，并明确提出加快发展继续教育、建立健全继续教育体制机制和构建灵活开放的终身学习的教育体系三大目标，要求"建立继续教育学分积累与转换制度，实现不同类型学习成果的互认和衔接"。

在我国的成人教育和继续教育实践发展中，开放大学发挥了重要作用。我国的开放大学是在广播电视大学的基础上成立的。1977 年，邓小平同志在会见英国前首相爱德华·希思（E. Heath）时，与其就中国教育的恢复和发展展开了讨论，爱德华·希思向邓小平介绍了以电视为主要传播载体的英国开放大学。①
1978年2月,教育部和中央广播事业局联合呈送《关于筹备电视大学的请示报告》,
邓小平同意成立面向全国的广播电视大学。②1979年1月,国务院批转《教育部、
中央广播事业局关于全国广播电视大学工作会议的报告》,指出举办广播电视大
学,是我国高等教育事业发展中的新事物,对于扩大高等教育的规模,提高广大
群众的科学文化水平,加速培养大量又红又专的人才,将会起到重大作用。③1979
年,中央广播电视大学在北京正式成立,其后各地广播电视大学也相继成立,我
国的广播电视大学体系初步形成。经过40余年的发展,我国广播电视大学已经形
成了覆盖城乡、面向基层的主要格局,为众多学习者提供了教育机会,推动了我
国教育体系的完善与发展。2012年7月,国家开放大学揭牌,面向成人开展远程
开放教育,非学历继续教育和学历继续教育并举。2020年8月,教育部印发《国
家开放大学综合改革方案》,指出广播电视大学和开放大学办学40余年,仅学历
教育一项就累计招收学生2050万人,培养毕业学生1512万人,并明确提出要把
国家开放大学建成"我国终身教育的主要平台、在线教育的主要平台和灵活教育
的平台、对外合作的平台,成为服务全民终身学习的重要力量和技能社会的有力
支撑"。《国家开放大学综合改革方案》的发布标志着开放大学的发展和改革步
入新阶段,以提高办学质量、提升学校治理体系和治理能力现代化水平为新时期
的主要目标。与其他普通高等教育不同的是,开放大学在很大程度上依赖网络技
术存在,可以说它是教育类型的一种升级。开放大学的教育对象不再局限于普通
高等教育领域的学生,而是更加侧重于学校教育之后的成人学习者。因此,开放
大学不能拘泥于效仿普通高等教育的办学模式,需要根据成人学习的特点制定与
之相匹配的人才培养方案,坚持开放教育理念,满足构建学习型社会的需求。若
要使开放大学在构建服务全民终身学习的教育体系中发挥应有的作用,需要对现
有的开放大学系统进行重构。

可以说,近几十年来,我国继续教育在政策法规制定和具体实践方面都取得
了丰富的成果,发展出了多种多样的教育形式,为我国构建服务全民终身学习的
教育体系奠定了坚实的基础。在探索教育实践形式、迅速扩张增加存量的同时,

---

① 邓小平与中国教育信息化的开启[EB/OL].（2019-09-03）[2024-01-19]. http://cpc.people.com.cn/n1/2019/0903/
c69113-31334142.html?ivk_sa=1024320u.

② 改革开放以来我国远程教育的发展[EB/OL].（2018-08-20）[2024-01-19]. http://www.xinhuanet.com /politics/
2018-08/20/c_1123295112.htm.

③ 何东昌. 中华人民共和国重要教育文献（1949—1997）[A]. 海口：海南出版社，1998：1661.

我国继续教育也紧紧抓住"高质量发展"这一关键，通过年度检查等管理规定保障继续教育的质量。例如，为规范办学行为，保证教育质量，2021 年，江苏省教育厅在原有管理办法的基础上，制定了《江苏省高等学历继续教育函授站（校外教学点）管理办法》，提出了"省教育厅负责统筹协调、监督指导工作，各设区市教育局承担属地监管责任，主办高校承担办学主体责任。站点接受主办高校和站点所属法人机构（以下简称为设站单位）直接管理，负责协助主办高校对高等学历继续教育学生开展思想政治教育、教学辅导和组织管理"[①]的分层管理原则，压实各级管理部门、各相关单位的权责。近年来，山东省陆续颁布了《山东省现代远程教育校外学习中心监督管理办法》《山东省高等学历继续教育校外教学点设置管理办法》等规章制度，从机构设置、教育教学以及监督检查等环节强化对本省继续教育质量的把控。在《山东省高等学历继续教育校外教学点设置管理办法》中，山东省教育厅强调"对要求整改的校外教学点，高校应指导校外教学点限期改正，整改期满后由高校提交整改报告，经校外教学点所在设区市教育（教体）局核查、省教育厅复核，确认整改合格后，方可继续招生"[②]，进一步着力于本省继续教育的提质增效。

（三）我国服务全民终身学习的教育体系的衔接设计

设计层面的衔接问题研究，将重点集中于以下两方面：其一，学历教育系统内的衔接设计研究；其二，学历教育、家庭教育与社会教育的衔接设计研究。换言之，既要考察学历教育系统内部各环节的衔接设计，又要考察教育系统内部各环节的衔接设计。

1. 学历教育系统内的衔接设计

随着教育的发展，目前的教育体系又有了新的变化。根据课题组首席专家以往的研究成果，从全民终身教育的视角看，当前的学历教育系统可以分为四个子系统（图 4-2）。四个子系统在义务教育阶段后形成分流：一是研究型教育子系统；二是应用型教育子系统；三是职业技能型教育子系统；四是开放大学教育子系统。从发展趋势上看，开放大学教育子系统承接终身教育的功能在逐渐弱化，

---

① 江苏省教育厅关于印发《江苏省高等学历继续教育函授站（校外教学点）管理办法》的通知[EB/OL].（2021-09-16）[2023-04-01]. http://www.jiangsu.gov.cn/art/2021/10/18/art_64797_10077133.html.

② 山东省教育厅关于印发山东省高等学历继续教育校外教学点设置管理办法的通知[EB/OL].（2022-12-01）[2023-04-01]. http://www.shandong.gov.cn/art/2023/1/3/art_100619_41907.html.

其他系统承接终身教育的功能显著增强。从各个子系统的关系来看，四个子系统间建立了一定的交叉升学的通道（图中的实线、虚线），通道间存在强弱、主次关系，但基本已经打通，初步具备了搭建"终身学习立交桥"的功能。从系统功能上看，四个子系统存在众多的交叉衔接点，形成了较为混乱的局面，需要进一步梳理和调整。

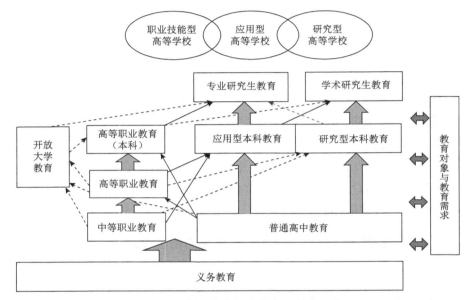

图 4-2　基于终身教育的学历教育系统

交叉衔接点主要体现在两个方面。

一是功能上的交叉。根据课题组前期进行的已被国家政策采纳的高等教育三分类发展的研究成果，应明确研究型、应用型、职业技能型三个教育分类子系统。[①]目前，三个教育分类子系统在人才培养、社会服务、科学研究等方面存在功能交叉，部分功能相似甚至相同，区分度不足。例如，学术研究生和专业研究生、研究型本科与应用型本科在人才培养模式、课程设置上的区分度不足，高职教育本科与应用型本科办学可能出现同质化，高职与中职课程内容趋同等问题。子系统间存在交叉现象是正常的，交叉是衔接的有效手段，如中高职衔接贯通过程中，少量的课程趋同是合理的。因此，在对交叉衔接部分进行研究分析的基础上，需要进行重新设计。在未来的调整中，要保留科学的能够促进系统发展的部

---

① 史秋衡，等. 高等学校分类体系及其设置标准研究[M]. 北京：经济科学出版社，2019：5-7.

分，减少影响系统整体功能的部分。

二是层次上的交叉。在现行的系统中，虽然四个子系统的各个办学主体都有着清晰的办学层次界定，但在实际运行过程中，普遍存在跨界的行为。例如，研究型大学普遍开展专业研究生教育，应用型本科甚至是研究型本科院校开办高职专科教育，高职院校开办中职教育。开放大学的办学定位在本科和专科两个层次，在层次上与其他三个子系统有重叠之处。层次上的跨界意味着在服务全民终身教育的过程中，办学主体可能会开展自己不擅长的终身教育服务活动。这样不仅会影响效果，面对庞大的人口基数和更为复杂的需求，还容易造成系统的混乱。在未来的设计中，需要对层次上的交叉进行梳理，通过研究进一步明晰子系统间的边界，做出科学的顶层设计，更好地服务于全民终身教育的实施。

整体来看，我们的学历教育系统面临着全民终身教育在数量、形式、内容上大幅度提升的要求。随着原来承接全民教育主要任务的开放大学子系统的功能逐渐弱化，其他三个子系统服务全民终身教育的能力需要尽快提升。因此，相关部门需要通过研究和分析进一步调整子系统结构，科学地设计系统，明晰功能定位，提升其服务社会的能力，这样才能更好地服务全民终身教育，构建学习型社会。

2. 学历教育、家庭教育与社会教育的衔接设计

"终身教育"由联合国教科文组织成人教育局局长保罗·朗格朗正式提出。对于终身教育，比较普遍的看法为终身教育是人们在一生中受到的各种教育的总和。它包括个体从婴儿到老年每个发展阶段所接受的各级各类教育。同时，在横向上，它囊括了在家庭、学校以及社会不同场所接受的教育。终身教育的终极目标在于持续提高个体的社会生活质量。因此，服务全民终身学习的教育体系的构建关键措施在于，科学设计衔接学历教育、家庭教育与社会教育等各类教育的方案，体现教育的终身性。

总而言之，构建服务于终身学习的教育体系，就是要建立集学前教育、普通教育和继续教育于一身，融家庭教育、学校教育和社会教育于一体，且职前教育与职后教育相衔接的一体化教育体系。在我国，服务于全民的终身学习的教育体系主要由基础教育和继续教育两大体系构成，它们既相互独立，又存在适当交叉。我们也应该看到，服务于全民终身学习的教育体系是各类教育相互衔接补充的复杂系统，促进学历教育、家庭教育与社会教育的有效衔接，是促进终身教育体系发展的有效手段与必经之路。

（四）我国服务全民终身学习的教育体系构建的现实路径

当前阶段，我国要集中力量构建服务全民终身学习的教育体系，具体来说，有以下三种现实路径。

首先，盘活校外教育存量，调动校外教育资源。目前，我国校外教育资源的利用率较低，成人、社区等校外教育存量不足，体制僵化。就终身教育体系构建的本质而言，就是要为人一生不同阶段的发展提供教育方面的帮助，而校外教育是促进人的发展的重要途径。因此，盘活校外教育存量，调动校外教育资源，发挥其作用，服务于满足人一生发展的持续需要，至关重要。这既是服务全民终身学习的教育体系的核心意义之所在，也是形成该教育体系的关键因素。从当前的困境来看，盘活教育存量，一方面要破除校外教育（非正式教育）的体制及观念障碍，提高存量资源利用率。同时，要立足于提高社会对校外教育的认可度，强化相关学历及资格证书的效用。当务之急是加快建立国家资历框架，完善学分银行制度，促进学历文凭互认，尽快对为学习者提供的服务质量进行客观公正的认定，继续调动社会民众参与校外学习的积极性。另一方面，要加大校外教育资源供给，促进校外教育发展。相关部门要在合理规划的基础上，借助各方力量增加图书馆、博物馆、文化馆等公共文化机构数量以及其他公共教育配套设施，让所有民众能够平等拥有学习的自由与机会。

其次，调整资源布局，促进区域教育发展。参与构建服务全民终身学习的教育体系的组织机构主要包括各级各类学校、公办和民办教育培训机构以及图书馆、博物馆、文化馆等。然而，目前我国不同地区间的教育发展水平并不一致，全国的学校以及图书馆、博物馆、文化馆等各种公共教育机构的资源供给不平衡，城乡间的资源供给也存在差异。我国中西部地区的终身教育的组织机构供给明显不足。同时，受区域经济发展水平的影响，部分地区教育组织机构的经费投入不足，发展水平不高。

从目前的情况来看，构建服务全民终身学习的教育体系需要协调全国教育资源布局，资源供给应向中西部地区倾斜，努力补齐终身教育"短板"。其一，中西部地区政府部门应加大对终身学习的经费投入，建设服务功能更加完善、覆盖范围更加广泛的终身学习公共设施以及提供丰富、优质的学习资源。其二，中西部地区教育部门可以通过设立终身学习奖/助学金、减免学费、发放终身学习卡等方式减轻公民的学习费用负担。同时，中央应加大对中西部地区教育的扶持力度，可设立支持中西部地区终身教育专项资金。其三，鼓励支持社会力量办学，减轻中西部地区教育财政负担，相对弱势地区的公民应正确看待学习费用投入问题，摆脱"等、靠、要"的思想，牢固树立"知识改变命运"的信念。

最后，优化教育结构，加快各类教育融通。终身学习的教育主体包括各年龄阶段的人。构建服务全民终身学习的教育体系，需要充分考虑教育层次的连续与教育阶段的完整，着力打破不同层级教育间的壁垒，加快各级各类教育融通，实现整体结构优化。然而，在现实中，不同层级以及不同类型的教育隶属于不同级别的管理部门，各部门在实际的管理工作中缺乏充分的合作与协调，各级各类教育由于行政组织的归属不同、利益关系的博弈形成纵横向割裂阻断，由此导致服务于终身学习的教育体系结构失调。

针对上述问题，首先应在教育部专设终身教育发展推进办公室，即通过在中央层面设立行政机构，使人们对终身教育的认知定位摆脱成人教育、继续教育等狭小范畴的限制，上升到统筹整个教育领域。在此基础上，各省、市、县以及乡镇层面也应成立能够统筹各方责任主体的终身教育发展推进的统一机构，并在该机构的统筹领导下，各责任主体协同开展相关工作。其次，相关部门应继续探索普通教育与职业教育分流并与继续教育结合的制度框架，加快推进职业教育分类招考、注册入学，规范"线上线下"教育形式，不断优化整体教育结构。最后，中央应加快制定"终身教育法"，敦促各地方政府出台"终身教育法实施条例"及相关配套文件，积极推动教育主管部门协同人事、文化、财政、新媒体等多个主体履行发展终身教育的责任。

二、我国服务全民终身学习的教育体系构建的实践特点

在我国已有关于构建服务全民终身学习的教育体系地方实践中，上海市、浙江省与福建省等均有所尝试，其有益的经验可以为其他地区提供参考和借鉴，其遇到的问题与困境也可以作为规避的重点。

（一）上海市服务全民终身学习的教育体系构建的方案特点

经济的迅猛发展需要教育体系的智力和技术支持，因此创建学习型城市成为上海市政府推动经济向高质量发展的重要抓手。上海市通过启动《上海市终身教育促进条例》的制定工作，以及市委、市政府联合发布《关于推进上海学习型社会建设的指导意见》等措施，拉开了地方主动探索学习型社会建设的序幕，进一步思考如何从制度设计上保障终身教育的开展。总体来说，该阶段上海市的终身

教育取得了积极的成果。2011年，上海市颁布了《上海市终身教育促进条例》。该条例主题鲜明、人本性强，明确要求"终身教育工作应当坚持政府主导、多方参与、资源共享、促进学习的方针"，并且在"终身教育学分积累与转换制度""带薪学习制度""专职教师的职务评聘""教育培训机构学杂费用专用存款账户监管制度"等方面做出了原则性规定①，标志着上海市终身教育工作在依法治教、依法办学方面有了新的突破。

2021年，上海市人民政府印发《上海市教育发展"十四五"规划》，将"十四五"期间的上海市教育发展目标定为："到2025年，教育现代化全面深入推进，实现上海教育更加包容、更具活力、更大开放、更高品质发展，高质量教育体系总体建成，教育事业发展和人力资源开发主要指标接近全球城市先进水平。"②仅2022年，上海市相关部门联合区、社区学院（校）等开发社区教育类7个主题107个微课视频；联合上海教育电视台，推出以"学智能应用 做智慧长者"为主题的24集系列课程；扩大实施"上海社区健康大学堂"项目；推出10本学习坊STEAM系列读本；推进学习型乡村建设，认定16个第三批上海学习型乡村、31个第五批试点村；启动"乡村15分钟学习圈资源配送项目"，将优质学习资源进一步下沉到全市乡村学习点③，使上海市终身教育服务体系真正做到了覆盖各年龄阶层、城乡各区域，以及提供了全方位的学习内容。

《中共上海市委关于制定上海市国民经济和社会发展第十四个五年规划和二〇三五年远景目标的建议》提出，到2035年，上海市要成为具有全球影响力的长三角世界级城市群的核心引领城市，成为社会主义现代化国家建设的重要窗口和城市标杆。④

2019年，上海开放大学和德国哈根远程大学在中德对话论坛上签署了合作备忘录。2021年2月，上海开放大学正式上线中德开放在线学习平台，充分调动高校和企业资源，发挥了上海在高校和产业行业的资源优势地位，集聚了上海外国

---

① 上海市终身教育促进条例[EB/OL]．（2011-01-05）[2023-04-01]．https://flk.npc.gov.cn/detail2.html?NDAyOGFiY2M2MTI3Nzc5MzAxNjEyN2VkOTk3NTTJkNTU%3D.

② 上海市人民政府关于印发《上海市教育发展"十四五"规划》的通知[EB/OL]．（2021-07-26）[2023-04-01]．https://www.shanghai.gov.cn/202120zfwj/20211022/5c25efb3b4014436900b88d5a5f45dc9.html．

③ 2022年上海市教育工作年报[EB/OL]．（2023-03-24）[2023-04-01]．http://edu.sh.gov.cn/xxgk2_zdgz_jygzydynb_02/20230327/4cd452a549f44a468f0b04fbcf20ee1c.html.

④ 中共上海市委关于制定上海市国民经济和社会发展第十四个五年规划和二〇三五年远景目标的建议[EB/OL]．（2011-01-05）[2023-04-01]．https://www.shanghai.gov.cn/nw12344/20201210/db7c931062214590851570 6f467fd45a.html.

语大学、同济大学、德国哈根远程大学、阿里巴巴等十家知名机构建立联盟。其目的是进一步挖掘现有高质量教育资源存量，充分利用互联网平台低门槛的优势，为不同需求、不同层次的学习者提供适需、优质、有特色的在线教育课程资源和学习支持服务。中德开放在线学习平台已初步形成了语言、商贸、文化艺术、数字经济、智慧城市五大主题的体系架构。①

时任上海市教委副主任倪闽景曾提出，上海市的终身教育必须对标国际最高标准、更好水平，强调终身学习是提升城市软实力的重要基石。同时，他指出为了实现"十四五"规划和2035年远景目标，上海市需要率先建成以城市学习力为驱动的更高质量和更高水平的学习型社会，营造出普惠多元、泛在可选的终身学习环境。具体要求如下：运用多种新媒体以及新平台加大终身学习宣传力度，广范围地彰显具有时代特征的终身学习文化；积极推进各级各类教育学习成果互认衔接制度；利用现代信息技术，汇集并丰富各类学习资源，形成线上线下融合的新学习模式，打造泛在、可选的终身学习生态；进一步激发社会力量参与终身教育建设的活力和积极性，形成政府主导、社会多元主体参与的终身教育建设发展格局，实现终身教育的共建共享共治。②

吴遵民认为，上海市终身教育地方立法的特色有以下几点③：建立专门实施机构、协调统筹推进；强调学习者的自主性；避免功利主义，立足人的全面发展；明确法律责任，保障学习权利；立足不同人群，实施不同的教育方式。

（二）浙江省服务全民终身学习的教育体系构建的方案特点

浙江省坚持把教育摆在优先发展的战略地位，致力于打造"全面展示中国特色社会主义制度优越性的重要窗口"④、打造人才强省和创新强省，并将数字化改革作为省内教育系统建设和发展的重要实现途径。"十二五"期间，浙江省出台了《浙江省中长期教育改革和发展规划纲要（2010—2020年）》《浙江省教育信息化"十二五"发展规划》，大刀阔斧地对教育领域进行改革创新。这两个文

---

① 人民网：高校优质资源汇聚 中德开放在线学习平台试运行[EB/OL]．（2021-02-27）[2024-01-21]. https://www.sou.edu.cn/2021/0302/c3834a78801/page.htm.

② 高层视点 | 让终身学习成为城市软实力提升重要基石：专访上海市教育委员会副主任倪闽景[EB/OL]. （2021-09-16）[2024-01-21]. https://www.sohu.com/a/490261460_100016406.

③ 吴遵民，黄欣. 实践终身教育论：上海市推进终身教育的路径与机制研究[M]. 上海：上海教育出版社，2008：157-158.

④ 李中文，江南，窦瀚洋，等. 践行"八八战略"打造"重要窗口"（沿总书记的足迹·浙江篇）[EB/OL]. （2022-06-03）[2024-01-21]. http://politics.people.com.cn/n1/2022/0603/c1001-32437646.html.

件中，明确了继续教育、终身教育体系在浙江省人才工作中的战略支撑作用，强调了以教育信息化支撑终身教育的发展思路，规划并落实了浙江省终身学习数字化教育教学资源库和浙江省终身教育学分银行等重要项目。2015 年 1 月，由浙江省教育厅主管的浙江省终身教育学分银行正式成立，其依托浙江广播电视大学，以服务学习型社会建设、搭建终身学习"立交桥"为宗旨。浙江省终身教育学分银行的主要功能包括管理学习成果认定积累、充当学习成果转换服务的平台以及整合教育大数据。①

2021 年 6 月 11 日，浙江省发展和改革委员会、浙江省教育厅印发《浙江省教育事业发展"十四五"规划》。②该规划将构建服务全民终身学习教育体系作为重要任务和关键突破点，提出要"推进各类教育互联互通、共建共享，形成服务全民终身学习的发展合力，不断完善终身学习教育体系，加快建设学习型社会，推动社区教育发展水平保持全国领先"，并且已经有了品牌打造意识，提出打响"学在浙江"品牌。在该规划中，浙江省发展和改革委员会、浙江省教育厅详细阐明了浙江省构建服务全民终身学习的教育体系的具体实施路径：完善全民终身学习推进机制；稳步推进社区教育；创新发展老年教育；规范发展成人教育。该规划中特别设定了社区教育以及老年教育"培育建成 100 个学习型社区、10 个社区教育师资研训基地，建成 200 个社区教育品牌项目"的具体建设目标，同时也关注到了数字学习资源，要求"建立起支撑发展的学习资源库和数字化资源配送体系，全省资源总数达到 500 万个"。

（三）福建省服务全民终身学习的教育体系构建的方案特点

福建省是我国较早开展终身教育和终身学习实践活动的省份，尤其是在地方立法方面的探索为全国先例，为其他省份的实践提供了宝贵的经验。为建设全民学习、终身学习的学习型社会，2005 年 7 月 29 日，福建省第十届人民代表大会常务委员会第十八次会议通过了《福建省终身教育促进条例》，并于当年的 9 月 28 日正式实施，这是我国较早的关于终身教育的地方立法，是终身教育立法先行的重要典范。《福建省终身教育促进条例》第一条明确指出"为发展终身教育，鼓励终身学习，提高公民素质，促进人的全面发展，根据有关法律法规，结合本

---

① 学分银行有哪些主要功能[EB/OL]. [2024-01-21]. http://www.zjcb.org.cn/.

② 浙江省发展和改革委员会 浙江省教育厅关于印发《浙江省教育事业发展"十四五"规划》的通知[EB/OL].（2021-06-11）[2023-04-01]. https://www.zj.gov.cn/art/2021/6/28/art_122950585723 07023.html.

省实际，制定本条例"①。该条例明确了政府推进终身教育的职责，指出了各级各类部门在推进终身教育中的责权利，并提出多元主体参与、多元主体筹资的思路，对地方政府推进终身教育进行了开创性的探索。可以说，《福建省终身教育促进条例》是我国第一次以法律形式为如何在现有条件下区域性推行和开展终身教育提供立法保障的实例。虽然《福建省终身教育促进条例》的施行缺乏直接和具体的支持保障，部分条例的设置没有明确的实施主体，在落实推进方面存在一定的局限性，其展示出的终身教育立法象征意义和宣传意义大于实际操作性，但这一文件的制定和施行依然为终身教育与终身学习的法制探索和实践提供了重要的经验。

2008 年，依据《福建省终身教育促进条例》的规定，福建省民政厅批准成立福建省全民终身教育促进会，成为推动福建省终身教育和终身学习发展的重要组成部分。2010 年，福建省将终身教育作为教育强县检查评估的重要部分，进一步加强和引导各级政府对终身教育和终身学习建设的投入。②截至 2022 年，福建全省建设高校老年大学 20 所，全省共有老年开放（互联网）大学 70 所，终身教育师资库在库教师、志愿者等 3.5 万人，同时开发省级各类终身学习特色课程、"智慧助老"课程、"能者为师"特色课程等 920 余门，并在"福建终身学习在线"等各类学习平台免费共享。③2020 年 12 月 23 日，福建省人民政府办公厅印发《福建开放大学综合改革方案》，这是全国第一份以省级人民政府办公厅名义出台的省级开放大学综合改革方案，为充分发挥开放大学在服务全民终身学习的教育体系中的重要作用指明了方向。

（四）香港服务全民终身学习的教育体系构建的方案特点

香港的终身学习理念已经在社会范围内达成普遍的共识，终身学习日益受到香港特区政府和市民的高度关注与重视。香港的服务于终身学习的教育体系建设也在很大程度上促进了经济、文化、政治的繁荣与发展，进而为香港持续不断地培养大批优秀人才提供了基础。香港的终身教育发展是牢牢嵌套在各种层次严密

---

① 福建省终身教育促进条例[EB/OL].（2023-04-01）[2024-01-21]. https://flk.npc.gov.cn/detail2.html? NDAyOGFiY2M2MTI3Nzc5MzAxNjEyODAxYjIwMjQzMzc%3D.

② 《福建省终身教育促进条例》实施十周年[EB/OL].（2015-09-25）[2024-01-21]. https://www.eol.cn/fujian/fujian/201509/t20150925_1321418.shtml.

③ 2022 年福建省全民终身学习活动周福州启幕[EB/OL].（2022-11-30）[2023-04-01]. http://www.fj.chinanews.com.cn/news/2022/2022-11-30/514094.html.

的教育法规之中的，并且有一揽子周密的资助政策体系为其提供相关保障。香港服务于终身学习的教育体系中的各类进修培训机构，在客观上为其终身教育发展提供了良好的土壤，并且使得香港持续向全民终身学习的学习型社会的实现迈进。

1. 香港终身学习与法案政策的构建

1998 年 10 月，香港特别行政区行政长官董建华在施政报告中提出"终身学习"的相关概念，并且明确表示将推进政府、学校为社会提供关于终身教育的课程、资源，使得更多人可以获得终身教育机会。①在此理念的鼓舞下，相关部门设立了终身学习中心，并且将中心理念设置为帮助每个人实现综合全面发展。理念确定后，香港出台了一系列有关终身教育的相关文件，彻底维护并有力促进了终身教育的建设与发展。

20 世纪末，香港开始推行大规模的教育现代化改革，对现行教育运行情况进行彻底摸排，并开展了若干次大体量的咨询。1999—2000 年，相关部门出台一系列咨询报告，从理念到实践层层推动终身学习社会的构建。其一，1999 年 1 月，香港教育统筹委员会制定第一阶段咨询报告《21 世纪教育蓝图——教育制度检讨：教育目标》，确定发展终身学习，并将其视作日后改革的重点进行推进。②其二，同年 9 月，香港教育统筹委员会发布第二阶段咨询报告《教育制度检讨：教育改革建议——终身学习　自强不息》，提出关于高校学分互通的建设建议，用以促进香港终身学习社会的建成。③其三，2000 年 5 月，香港教育统筹委员会发布第三阶段咨询报告《教育制度检讨：改革方案——创造空间　追求卓越》，再次提出要着重促进人的全面发展，并且将其理论思想真正融入实践行动之中。④至此，一系列咨询报告为香港开展终身教育建设奠定了坚实的基础，也为后续相关政策的出台做好了前期铺垫。

21 世纪，香港相关部门再次发布一系列教育咨询报告，以期促进学生关于终身学习的基本价值观的形成，使这一思想在其终身发展中发挥基础性作用，具体包括《教育改革进展报告（一）》《教育改革进展报告（二）》《教育改革进展报告（三）》《教育改革进展报告（四）》。其中，明确强调了一系列关注要点：

---

① 丁辉，任建华. 香港终身学习政策发展探析. 职业技术教育，2012（1）：81-84.

② 21 世纪教育蓝图——教育制度检讨：教育目标[EB/OL].（1999-01）[2024-01-10]. https://www.e-c.edu.hk/sc/publications_and_related_documents/on4_1st3a.html.

③ 教育制度检讨：教育改革建议——终身学习　自强不息[EB/OL]. [2024-01-10]. https://www.e-c.edu.hk/mobile/sc/publications_and_related_documents/on4_2nd2.html.

④ 丁辉，任建华. 香港终身学习政策发展探析. 职业技术教育，2012（1）：81-84.

其一，终身学习的教育理念是培养德智体美综合发展的全方面人才；其二，在教育改革进程中要做到学分互通，以增加受众的终身教育机会；其三，设置关于终身教育推进的运行框架以及相关的质量保障机制，以期推动香港终身教育的发展；其四，多维培养学生的可持续学习能力，为实现学生的全面发展奠定基础。总而言之，香港特别行政区政府的终身教育嵌套在各类教育相关政策文件之中，并且以终身教育作为教育改革的重点方向。①

2. 香港终身学习与教育实践

香港的终身学习理念已经深入人心，加之一系列政策保障作为相关支撑，香港社会各界人士都可以在人生的各个阶段获得终身教育机会。一方面，服务于终身学习的教育体系的受教育对象主体多样。无论是工人、文员还是家庭主妇，都有机会接受再进修与再学习，从而进一步充实自己的知识系统，让知识得到不断刷新，充分满足雇主、社会等多主体的需求。另一方面，提供终身教育学习资源、平台的高校众多，包括香港大学、香港科技大学、香港中文大学、香港理工大学等。其中，涉及的专业涵盖会计、英语、法律等。开展终身教育的学习机构不仅包括知名大学，还包括私立院校、海外教育机构、社会其他教育机构等。

3. 香港终身教育的总结

整体而言，香港终身教育在发展进程中彰显出多维度的特点。其一，人们达成基本共识，共同推进终身教育在香港地区的全方面发展。香港终身教育的一系列配套政策，将服务于全民终身学习的思想深深烙印在教育改革进程之中，目的是促进社会各界人士在人生的各个阶段都可以得到发展，为其终身成长奠定坚实基础。其二，各主体积极参与，形成了政府引导、高校落实、民众参与、社会支持的有序系统，共同推进服务于终身学习的教育体系在实践中得以落实。其三，以实现人的全面发展为核心目标，以社会多主体共同参与为教育价值观念。人的全面发展需要在知识结构层面、观念认知层面、技术能力层面、可迁移能力层面形成持续改进的动力机制。其四，以政府为牵引，以高端技术更新为重要支撑。香港各界重视终身学习的相关理念，政府也相继在一系列教育政策文件中阐明终身教育思想，积极构建了在社会范围内广受认可的服务于终身学习的教育体系，

---

① 香港教育统筹委员会. 教育改革相关的文件[EB/OL]. [2024-01-10]. https://www.e-c.edu.hk/mobile/sc/publications_and_related_documents/education_reform.html.

有助于香港地区人民形成终身学习、终身发展的正确认知，并使其有政策可依、有平台可依、有资源可依。

（五）我国服务全民终身学习的教育体系构建的部省关系特点

在我国终身教育和终身学习的发展实践中，部级和省级的各种举措与实践穿插交融，其互动关系塑造并影响了整个教育体系的设计模型与运行结构。其主要特点表现为以部为核心，引领发展方向；省级自主探索，结合各地实际情况发展；共同发展，相互促进。一方面，教育部充分发挥其顶层视野优势，研究、起草并印发了多项指导教育事业发展的规划，如《教育部等七部门关于推进学习型城市建设的意见》《国家中长期教育改革和发展规划纲要（2010—2020年）》等；同时，其也在多项国家级重要文件的起草、解读和具体推行中发挥了关键作用，包括在《中国教育现代化2035》等文件的起草过程中赴各地深入开展调研，起到了规划引领总体发展方向的作用。另一方面，在中央的领导和指引下，各地方开展了丰富多样的终身学习探索和实践，积累的种种经验也反哺了中央政策的调整和设计。同时，各地方的终身学习实践活动探索不是相互独立的，而是在围绕中央核心指导精神的前提下，通过考察和调研等方式分享实践经验。例如，福建省在终身教育立法方面率先进行探索，其成果和经验成为极有价值的典范，后续接连出现了一大批省级、市级的终身教育立法实践活动，如《上海市终身教育促进条例》《河北省终身教育促进条例》等。需要注意的是，这种地方经验对中央规划和设计的反哺也存在时间上的滞后，这一点在终身教育立法实践方面表现得尤为明显。

第二节　服务全民终身学习的教育体系整体发展规划研究

终身学习理念的孕育、萌芽、发展、形成和成熟是在一个漫长、逐步和系统化的进程中实现的。中国服务全民终身学习的教育体系也是在这样一个进程中逐步构建和发展起来的，中央政府、省级政府和高校从不同层级和功能整体推进了服务全民终身学习的教育体系的构建与优化。

一、中央政府宏观设计下的服务全民终身学习的教育体系构建

1949 年后，我国的政治、经济、文化、教育等社会系统逐步构建起来。为了更好、更快地推动社会经济发展，中央政府制定了新中国的第一个"五年计划"，系统、科学、全面地布局，推进了社会生产力的发展，优化了生产关系。第一个"五年计划"设计推进了包括 156 个中苏合作推进的重点项目在内的 800 余个大中型建设项目，为我国工业化基础的完善发展，农业、手工业和私营工商业的社会主义改造提供了坚实的物质基础与条件，工业、农业合作社、工商业得到充分发展，人民生活水平得到有效改善，文教、卫生、科学和艺术事业也得到快速发展。之后，通过多个"五年计划"的推进实施，教育秩序不断恢复、教育体系逐步构建、教育条件有效改善。[①]

（一）"一五"计划到"十五"计划的终身学习体量发展

自"一五"计划到"十五"计划，终身学习的体量不断扩大，质量与高度建设也在持续推进。

1. "五年计划"格局下的终身学习体量发展

新中国成立至今，国家总计推出了 14 个"五年计划"（前 10 个为"五年计划"，从第 11 个开始改为"五年规划"）。在社会主义建设和改革的推进与深化阶段，"五年计划"被视为引领中国经济和社会发展的实践指南，其内容从最初以经济建设的重大项目为主，逐渐发展到以经济为主，政治、文化、教育、社会、军事等兼顾的国民经济发展的整体规划。作为兴国、强国的重要途径，在"五年计划"的支持和助力下，新中国成立 70 多年来，教育实现了体量、体制和体系的跨越式发展。

"一五"计划（1953—1957 年）明确提出要通过发展文化教育和科学研究事业，为国家建设特别是工业建设培养更多的急需人才。"一五"时期，国家将调整和扩大现有的各类高校，"新设置高等学校六十所……到一九五七年，我国将共有高等学校二百零八所，其中：综合性的十五所，工科方面的四十七所，农林方面的二十九所，财经方面的五所，政法方面的五所，师范方面的四十三所，医药方面的三十二所，语文方面的八所，体育方面的六所，艺术方面的十四所，其

---

① 李颖. 第一个五年计划的"156"项[EB/OL].（2019-10-17）[2024-01-21]. http://dangshi.people.com.cn/n1/2019/1017/c85037-31404885.html?ivk_sa=1024320u.

他方面的四所……五年内，派遣留学生一万零一百人"。"一九五七年，中国科学院所属研究机构……研究人员将达到四千六百余人，比一九五二年增加三千四百余人。"在培养熟练工人方面，"必须保证熟练劳动力的及时补充。五年内，国营的工业部门和运输部门需要补充的熟练工人约为一百万人，大部将由企业内部培养和工人技术学校来解决；国营商业和合作社营商业需要补充的工作人员，大部将由吸收私营商业的工人职员来解决"①。除此之外，"一五"计划明确指出，"普通教育发展的重点是中学，特别是高级中学。五年内，高级中学招收新生一百零八万人……一九五七年在校学生数达到七十二点四万人，比一九五二年约增长一点八倍……五年内，初级中学招收新生六百零三点七万人……一九五七年在校学生数达到三百九十八点三万人，比一九五二增长百分之七十八点六"②。"一五"计划期间围绕着我国工业发展的实际需求，大力促进各级各类教育的发展，为我国后续建设工业大国、工业强国奠定了人才基础。

"二五"计划及其调整时期（1958—1965 年），在"一五"计划的基础上提出"在第二个五年计划期间，我们要建立社会主义工业化的巩固基础，进行国家建设和推进国民经济的技术改造，就必须努力培养建设人才，加强科学研究工作"。业余教育和中等专业教育被首次提出并推进实践。③"二五"计划及其调整时期，虽然经历一些波折，但总体而言教育和科技得到快速发展，高校和中专毕业生大幅增加，科技成果大量涌现、科技生产力得到空前发展。

"三五"计划时期（1966—1970 年），由于当时国内外环境特殊，计划数易其稿，最终以强调和推进新技术发展为主要内容。

"四五"计划时期（1971—1975 年），开始制定农村普及教育战略，这是中国教育体系建设史上又一重要的突破。

"五五"计划（1976—1980 年）初期，受"文化大革命"的影响，教育（尤其是高等教育）面临许多发展困难和障碍。邓小平提出"靠空讲不能实现现代化，必须有知识，有人才"④。1977 年 8 月，邓小平出席科学和教育工作座谈会作《关于科学和教育工作的几点意见》报告，提出"今年要下定决心恢复从高中毕业生

① 中共中央文献研究室. 建国以来重要文献选编（第六册）[A]. 北京：中央文献出版社，2011：455-465.
② 中共中央文献研究室. 建国以来重要文献选编（第六册）[A]. 北京：中央文献出版社，2011：471-472.
③ 关于发展国民经济的第二个五年计划的建议的报告[EB/OL].（1956-09-16）[2023-04-02]. https://www.gov.cn/ gongbao/content/2006/content_268766.htm.
④ 邓小平. 邓小平文选（第二卷）[M]. 北京：人民出版社，1994：40.

中直接招考学生，不要再搞群众推荐"①，做出恢复高考的战略决策，这是中国高等教育发展的历史性转折点。

1982 年 11 月，《1982 年国务院政府工作报告》指出"不断提高全体人民受教育的程度和科技文化水平，既是保证现代化物质文明建设的重要条件，又是加强社会主义精神文明建设的重要内容。第六个五年计划安排教育、科学、文化、卫生、体育事业的经费占国家财政支出总额的百分之十五点九，其中一九八五年将达到百分之十六点八……第六个五年计划规定，到一九八五年全日制高等学校招生数将从一九八〇年的二十八万人增加到四十万人，增长百分之四十二点二"②。

"七五"计划时期（1986—1990 年），实施智力开发的战略，要求"逐步实行九年制义务教育。五年内，各类全日制中等职业技术学校毕业生比'六五'期间增长一点一倍。五年内。普通高等学校本、专科毕业生比'六五'期间增长百分之七十，毕业研究生增长三点五倍。发展多种形式的成人高等教育。通过多种途径，加强对在职干部、工人和农民的培训"③。"七五"计划的实施有效增强了我国人才队伍的基础，为改革开放初期经济社会发展提供了强有力的智力支持，通过提出实行九年义务等措施，逐步降低了教育体系的准入门槛。

"八五"计划（1991—1995 年）提出，发展教育事业，推动科技进步，改善经济管理，调整经济结构，加强重点建设，为 21 世纪初叶我国经济和社会的持续发展奠定物质技术基础。发展教育事业，提高全民族素质，是建设社会主义的根本大计。继续深化教育改革，调整和优化教育结构。在继续整顿成人高等学历教育的基础上，办好成人高等教育，切实提高教育质量。④

"九五"计划（1996—2000 年）提出，"重点普及义务教育，积极发展职业教育和成人教育，适度发展高等教育，优化教育结构。二〇〇〇年，全国基本普及九年义务教育，基本扫除青壮年文盲。小学学龄儿童入学率达到百分之九十九以上，初中入学率达到百分之八十五左右，青壮年文盲率降到百分之五左右"⑤。"优化教育结构"作为"九五"时期教育改革的重点方向之一，是党和政府着眼于

① 中共中央文献研究室. 邓小平论教育[M]. 北京：人民教育出版社，1995：37-38.

② 1982 年国务院政府工作报告[EB/OL].（2006-02-23）[2024-01-21]. https://www.gov.cn/premier/2006-02/23/content_208652.htm.

③ 中共中央文献研究室. 十二大以来重要文献选编（中）[M]. 北京：人民教育出版社，1986：418.

④ 中共中央文献研究室. 十三大以来重要文献选编（中）[M]. 北京：人民教育出版社，1991：731，751-753.

⑤ 中共中央文献研究室. 十四大以来重要文献选编（中）[M]. 北京：人民教育出版社，1997：804.

世纪之交我国面临的国际国内发展形势做出的战略决策，可见，优化教育结构与经济社会发展的一致性、协同性的重要性不言而喻。

"十五"计划（2001—2005 年）把科技、教育放在突出的位置，进一步实施科教兴国战略，振兴科技，培养人才，促进科技、教育与经济紧密结合。21 世纪的第一个"五年计划"期间，中国教育发展呈现出新的特征：巩固基本普及九年义务教育和基本扫除青壮年文盲的成果，加快高中阶段教育和高等教育的发展，重点建设一批高水平大学和学科；大力发展职业教育和职业培训，建立职业教育与普通教育相互沟通的教育体系；发展成人教育和多种形式的继续教育，逐步形成终身教育体系。[①]

2. "十一五"规划后的终身学习体量发展

从"十一五"开始，"五年计划"改为"五年规划"。"五年规划"的导向在于更加重视市场对资源配置的基础性作用甚至是决定性作用，过多过细的量化指标被逐步淡化，政府减少与企业的冲突，克服"越位""缺位"问题，更加注重把握经济社会发展的宏观调控，增加了对人文和社会的关注，强调加强义务教育。

"十一五"规划期间（2006—2010 年），国家继续坚持优先发展教育战略。全面实施素质教育，着力完成"普及、发展、提高"三大任务，加快教育结构调整，促进教育全面协调发展，建设学习型社会。教育发展重点工程包括：西部地区农村寄宿学校建设、农村中小学校现代远程教育、中西部农村初中改造、职业教育基础能力建设、高等教育"211 工程"和"985 工程"。[②]"十一五"期间，农村教育、民族地区教育的经费投入显著增加，教学条件明显改善，同时还培养了大批有文化、懂技术、会经营的新型农民。

"十二五"规划（2011—2015 年）提出，加快教育改革发展，造就宏大的高素质人才队伍，保障公民依法享有受教育的权利，办好人民满意的教育。"十二五"规划要求统筹发展各级各类教育、大力促进教育公平、全面实施素质教育、深化教育体制改革。其中财政性教育经费支出方面要占到国内生产总值的 4%。[③]

① 中共中央文献研究室. 十五大以来重要文献选编（下）[M]. 北京：人民教育出版社，2003：761，768.

② 中华人民共和国国民经济和社会发展第十一个五年规划纲要[EB/OL]. （2006-03-14）[2023-04-02]. https://www.gov.cn/gongbao/content/2006/content_268766.htm.

③ 中华人民共和国国民经济和社会发展第十二个五年规划纲要[EB/OL]. （2011-03-16）[2023-04-02]. https://www.gov.cn/2011lh/content_1825838.htm.

"十三五"规划（2016—2020 年）提出教育现代化取得重要进展，坚持教育优先发展，加快完善现代教育体系，全面提高教育质量，促进教育公平。"十三五"规划提出了加快基本公共教育均衡发展、推进职业教育产教融合、提升大学创新人才培养能力、加快学习型社会建设、增强教育改革发展活力等多项目标任务。在常规目标的基础上，还提出了产教融合发展、世界一流大学和一流学科建设、发展继续教育。①

"十四五"规划（2021—2025 年）提出建设高质量教育体系。其聚焦在推进基本公共教育均等化、增强职业技术教育适应性、提高高等教育质量、建设高素质专业化教师队伍、深化教育改革等方面，尤其提出要发挥在线教育的优势，完善终身学习体系，建设学习型社会。教育提质扩容工程包括普惠性幼儿园、基础教育、职业技术教育、高等教育和产教融合平台。其中，产教融合平台，围绕集成电路、人工智能、工业互联网、储能等重点领域，布局建设一批国家产教融合创新平台和研究生联合培养基地。②

通过 10 个"五年计划"、4 个"五年规划"的推进和实施，我国教育体量迅速增加，成为世界教育大国。教育体量增长的同时，教育体制改革也在不断推进，教育体系构建正在逐步成熟。

（二）全国教育工作实践中的终身学习体制发展

随着 10 个"五年计划"和 4 个"五年规划"的建设与发展，中国服务全民终身学习的教育体制也逐步丰富和发展起来。党的十六大以后，深化办学体制和教育管理体制改革被提上日程，国家依法强化落实高校办学自主权、继续推进高校后勤服务社会化，在增加财政性教育经费投入的同时，也鼓励、支持和规范社会力量办学；在农村税费改革上，加强县级政府对基础教育经费的统筹能力，落实教师工资统一发放的措施。中央财政和省级财政持续加强对困难地区、民族地区教育的转移支付和专项投入，健全和优化了奖学金、助学金和助学贷款等制度。在多项举措和机制体制变革引领的共同作用下，在职教育、民办教育、普及教育、远程教育、农村教育、高等教育以及教育财政支出等呈现出蓬勃发展的态势，表现出多样性、层次性的特点。

---

① 中华人民共和国国民经济和社会发展第十三个五年规划纲要[EB/OL]. （2016-03-17）[2023-04-02]. https://www.gov.cn/xinwen/2016/03/17/content_5054992.htm?url_type=39&object_type=webpage&pos=1.

② 中华人民共和国国民经济和社会发展第十四个五年规划和 2035 年远景目标纲要[EB/OL]. （2021-03-12）[2023-04-02]. https://www.gov.cn/xinwen/2021/03/13/content_5592681.htm.

其一，发展在职教育。"二五"计划时期，国家就提出要有计划、有步骤地发展业余的高等教育和中等专业教育。在之后的几十年中，在职教育蓬勃发展，尤其是在高等教育领域，职工大学、成人大学、夜大学、函授等多种形式的在职（学历）教育得到充分发展，成为我国服务全民终身学习的教育体系的重要组成部分。

其二，发展民办教育。为了缓解教育需求与供给矛盾，国家提出和动员社会力量办学，发展民办教育。至今，在以幼儿园为代表的学前教育体系，以中小学、高等教育为代表的学历教育体系，以及以专项技能、职业及业务培训为代表的市场化培训中，民办教育成分都显著增加、规模不断扩张，成为我国服务全民终身学习的教育体系中非常重要的促进力量。

其三，发展普及教育。普及教育的提出、发展和实现，从基础上提升了中国全民终身学习的质量和水平。从城市普及小学五年教育、农村普及小学五年教育，再到全国普及九年义务教育的实现，全国普及教育得到空前发展，文盲基本扫除，教育人口显著增加，国民总体教育年数和素质水平得到显著提升。普及教育成为我国服务全民终身学习的教育体系中最为基础、覆盖面最大的教育成分。

其四，发展远程教育。"十一五"计划重点推进了包括西部地区农村寄宿学校建设、农村中小学校现代远程教育建设的项目，意味着远程教育向纵深发展。虽然之前远程教育也有一定程度的发展，但是总体而言，我国远程教育的规模化建设和发展是在"十一五"期间启动的。远程教育基于互联网技术发展和经济社会发展水平，其内容和形式多种多样，成为我国服务全民终身学习的教育体系的重要创新。

其五，发展农村教育。农村教育是我国教育的重要组成部分，从新中国成立初期的扫盲运动开始，农村教育一直受到国家的高度重视。"四五"计划提出农村普及五年制教育，"十一五"规划重点推进了西部地区农村寄宿学校建设、农村中小学校现代远程教育建设、中西部农村初中改造工程等。农村教育成为国家教育扫盲、普及技能培训和老年培训的重要方式，成为服务全民终身学习的教育体系的重要载体。

其六，扩大财政支出。经济基础决定上层建筑，只有不断增加教育投入才能促进教育的快速发展。"八五"计划期间各级政府逐步增加了教育经费的投入，"十二五"规划期间推进教育体制改革，提出财政性教育经费支出方面要占到国内生产总值的 4%。国家财政性教育经费的数量和占比的不断提高，民间和社会化办学投入的高涨热情，使得以财政经费为代表的教育投入成为服务全民终身学习的教育体系的重要保障。

其七，发展高等教育。自"九五"计划开始，我国高等教育扩招规模大幅提高，在校生数与毕业生数规模逐年递增扩张。"十一五"期间提出高等教育"211工程""985工程"，之后产教融合发展、世界一流大学和一流学科建设被提出，高等教育质量、数量得到显著提高，高等教育从大众化迈向普及化。高等教育逐渐成为服务全民终身学习的教育体系中的重要标杆。

新中国成立 70 多年来，中国高等教育体制与体量协同发展，公办与民办、农村与城市、学历与学力、在职与全日制等不同教育形式、教育方式和教育成分获得空前发展，教育管理、教育组织、教育投入、教育阶段等体制内涵也在守正中创新发展，服务全民终身学习的教育体制建设逐渐成熟。

（三）中国服务于终身学习的教育体系的系统构建和发展现状

中共中央、国务院高度重视教育事业的发展，曾多次召开全国教育工作会议，研究制定和推动教育事业发展、体制改革和体系构建的方案。1958 年，全国教育工作会议明确提出我国学校是共产主义的学校，全日制、半工半读两种教育制度都是正规教育，强调教育要与生产劳动相结合。会议形成了《关于教育工作的指示》，规定"在一切学校中，必须把生产劳动列为正式课程"，"今后的方向，是学校办工厂和农场，工厂和农业合作社办学校"。[1]在此方针的指导下，学校办工厂、工厂办学校越来越多，职业学校、农业中学，以及教学研究与生产实践的结合方面发展迅速，成效显著。1985 年 5 月，《中共中央关于教育体制改革的决定》发布，提出"教育体制改革的根本目的是提高民族素质，多出人才、出好人才"，教育必须为社会主义建设服务，社会主义建设必须依靠教育。该文件表明中央认为教育体制改革具有重要性与迫切性，对于开创我国教育事业空前繁荣的新局面，具有重大意义。[2]1999 年 6 月，全国教育工作会议讨论贯彻落实《中共中央、国务院关于深化教育改革全面推进素质教育的决定》，指出"教育在综合国力的形成中处于基础地位，国力的强弱越来越取决于劳动者的素质，取决于各类人才的质量和数量，这对于培养和造就我国二十一世纪的一代新人提出了更加迫切的要求"。我国将进一步开展教育体系结构变革，"扩大高中阶段教育和高等教育的规模，拓宽人才成长的道路，缓解升学压力……高等职业教育是高等

---

① 中共中央文献研究室. 建国以来重要文献选编（第十一册）[A]. 北京：中央文献出版社，2011：434.

② 中共中央文献研究室. 十二大以来重要文献选编（中）[A]. 北京：中央文献出版社，1988：187-189.

教育的重要组成部分……构建与社会主义市场经济体制和教育内在规律相适应、不同类型教育相互衔接的教育体制，为学校毕业生提供继续学习深造的机会"。与此同时，"大力发展现代远程教育、职业资格证书教育和其他继续教育。完善自学考试制度，形成社会化、开放式的教育网络，为适应多层次、多形式的教育需求开辟更为广阔的途径，逐渐完善终身学习体系"①。

中国服务于终身学习的教育体系的系统构建和发展基础是在 10 个"五年计划"和 4 个"五年规划"的推进中不断夯实的，是在落实教育优先发展战略地位的导向下逐步走向成熟的。中国教育坚持"三个面向"（面向现代化，面向世界，面向未来），坚持党的教育方针，坚持科学发展，坚持解放思想和改革创新，坚持教育公平，不断推进教育体系的构建及优化。

其一，重点发展基础教育。基础教育极大地提高了我国人民的基本素养。我国通过加强和发展农村教育(包括农村义务教育保障、免除义务教育阶段学杂费)、在西部地区推进"两基"攻坚计划等方式，早在 2007 年底，我国"两基"人口覆盖率就已经达到 99%，我们用 20 年完成了普及义务教育工程。②

其二，持续推进职业教育。职业教育是推进国家工业化进程、提高劳动者基本能力和素养的重要方式。我国职业教育包括中等职业教育、高等职业教育和在职职业能力教育多种成分，国家明确了"以服务为宗旨、以就业为导向"的发展思路，坚持产教融合，着力培养和提升学生的就业竞争力与职业发展潜力。全日制职业教育的教育年龄阶段普遍为 15—22 岁，其中 15—19 岁为中等职业教育阶段，20—22 岁为高等职业教育阶段，而在职职业教育的年龄跨度则更广，甚至跨越人的全生命周期，成为名副其实的服务全民的终身学习途径。

其三，优化提升高等教育。高等教育是教育兴国和教育强国的重要内容，为国家现代化建设培养了大量的杰出人才和高素质劳动者。随着经济和社会发展，高等教育的层次、类型、规模、属性、形式也在不断变化，在层次上有专科、本科、研究生（硕士、博士）教育等；在类型上，有职业教育、普通高等教育、中外合作办学等；在规模上，高等教育毛入学率早已超过 50%，从精英化、大众化迈向普及化；在属性上，有民办高等教育、公办高等教育和公民合办高等教育，民办高等教育还有营利性和非营利性的区分；在形式上，有全日制教育、成人教

① 中共中央文献研究室. 十五大以来重要文献选编（中）[A]. 北京：中央文献出版社，2001：37-43.

② 教育部：2007 年我国"普九"人口覆盖率已达 99%[EB/OL].（2008-02-25）[2023-04-01]. http://www.gov.cn/jrzg/ 2008-02/25/content_900845.htm.

育、网络教育、函授教育、远程教育等。高等教育的规模扩展和质量提升，成为中国构建服务全民终身学习的教育体系的最为重要的基础。高等教育的服务对象大致集中在 18—23 岁，分为本科教育、硕士研究生教育以及博士研究生教育。高等教育具有一定的特殊性，年龄的区段跨度较大，一些在职高等教育以及本、硕、博的招考年龄放开，高等教育的教育年龄界限不像过去那么明显，呈现出不规则的正态分布。

其四，普及提高成人教育。成人教育是我国教育发展中最有代表性的部分之一，经过几十年的快速发展，成人教育形成了多层次、多规格、多渠道、多形式的教育体系。在成效上，基本扫除了青壮年文盲，推进了乡镇成人文化和技术学校的发展建设，丰富拓展了成人学历教育形式和层次，完善和优化了高等教育自学考试，推动了社区成人教育的发展，大力发展远程教育，促进了学习型企业、机关等组织建设，老年教育作为成人教育的重要组成部分也获得了很好的推进。成人教育理论、实践和规划、立法工作取得一定进展。成人教育的教育年龄涵盖除未成年人以外的所有年龄段群体，既有青壮年的扫盲、学历、专业培训教育等，也有老年的文化、艺术和体育教育。成人教育以其丰富的育人形式、全方位的层次、规格和渠道，逐步成为中国服务于全民终身学习的教育体系的重要组成部分。

二、省级政府统筹指导下的服务全民终身学习的教育体系构建

中国服务全民终身学习的教育体系是在历史实践的基础上逐步构建起来的，是在中共中央、国务院的顶层设计，教育部门的规划引领和省级及其所辖区域政府的积极实践探索中形成的。从"一五"计划到"十四五"规划，全国省级及其所辖区域政府积极行动，开创了地方服务全民终身学习教育体系的新格局。

（一）省级政府推进服务全民终身学习的教育体系构建方式

省级政府在推进服务全民终身学习的进程中，采取了从专项到系统、从活动到制度、从实践到研究的多维举措，形成了意见、计划、规划和条例等不同层次的推进途径。

第一，通过"意见"推动专项工作。一般而言，意见是上级领导机关为下级机关部署工作，指导下级机关活动的原则、步骤和方法的一种方式。在国家部委和省级政府层面，多以意见的方式指导辖区下级政府开展服务全民终身学习的教育体系构建工作。在国家部委层面，为推进社区教育建设和发展，2016 年 6 月，

教育部等九部门印发《关于进一步推进社区教育发展的意见》，对全国推进社区教育的指导思想、基本原则、总体目标、主要任务、保障措施等提出指导意见，各省、自治区、直辖市的相关部门负责实施。在省级政府层面，为加快上海学习型城市建设，2006年，上海市委、市政府印发了《关于推进上海学习型社会建设的指导意见》，明确提出了推进学习型社会建设的指导思想和总体目标，要求完善服务于终身学习的教育体系，为学习型社会的创建奠定基础，发展学习型组织、培育学习型社会的载体，深化精神文明创建活动、丰富学习型社会建设内容等，并成立了上海市推进学习型社会建设指导委员会，负责学习型社会建设的规划制定、统筹决策、指导督察等工作。可见，"意见"作为国家部委和省级人民政府常用的、借以部署和推进专项工作的指导性文件，可以显示出政府构建服务全民终身学习的教育体系的基本思路、方法举措，可以反映出所在区域的实践基础和实施环境条件。研究、分析相关意见的内容，可以比较准确地了解和分析地方开展全民终身学习的基本情况、进展和成效，以及未来发展的基本态势。

第二，通过"计划"压实任务。"计划"是国家部委、省级政府经常使用的，旨在阐明政府对未来一定时期内要达到的组织目标以及实现目标的方案途径。相对于"意见"，"计划"更有针对性和指向性，能够对未来的行动方向、内容和形式进行指导。在国家部委层面，2001年7月，教育部发布《关于印发〈全国教育事业第十个五年计划〉的通知》。该计划在总结以往教育事业发展的成就和分析未来形势的基础上，明确了"十五"期间教育改革与发展的指导思想、基本原则、战略要点与主要目标。为促进家庭教育的发展，2002年，全国妇联和教育部印发了《全国家庭教育工作"十五"计划》，针对"九五"时期家庭教育工作的不足，如发展还不平衡、工作基础薄弱、指导力度不大、投入不足等问题，提出了"十五"期间的主要目标任务、分区要求、实施措施等。由于是全国性的专项计划，文中还就区域的差异进行了详细的区分，因而更有可操作性。湖南省株洲市于2010年颁布了《株洲市建设教育强市行动计划（2010—2015年）的通知》，要求构建完备的服务于终身学习的教育体系，通过计划引领，株洲市打造了株洲终身教育网、推进了家长教育项目、开展了系列培训讲座等，很好地推进了株洲地方的终身教育实践。

第三，通过"规划"明确方向。相对于"计划"，"规划"具有长期性、系统性，是比较全面长远的发展计划，是对未来整体性、长期性、基本性问题的思考和考量，是设计未来整套行动的方案。"规划"既有专项性，也有整体性。一般而言，专项规划是整体规划的组成部分，整体规划一般由多项专项规划构成。在国家部委层面，2016 年，国务院办公厅印发《老年教育发展规划（2016—2020年）》，指出规划和发展老年教育是满足老年人多样化学习需求、提升老年人生活品质、促进社会和谐的必然要求。该规划的出台背景是中国进入老龄化社会，当时中国老龄化人口已经达到 2.22 亿，占总人口的 16.1%，且未来有加速趋势。①该规划提出了总体要求、主要任务、重点推进计划和保障措施等，尤其强调了要着力拓展体验式学习、远程学习、在线学习等模式，不断扩大老年教育供给、创新老年教育体制机制、提高老年人的生命和生活质量，整合社会资源、激发社会活力，提升老年教育现代化水平。在省级政府层面，2016 年，上海市教育委员会、上海市学习型社会与终身教育促进委员会办公室印发了《上海终身教育发展"十三五"规划》，在回顾和总结过去成绩、研判形势的同时，明确了指导思想和发展目标、主要任务和实施工程，以及保障措施等，强调到 2020 年率先基本建成学习型社会，体现在"形成文明健康的都市学习文化""形成开放融合的终身教育体系""形成普惠友好的终身学习环境""形成崇尚卓越的终身学习品质"。②此外，上海还发布了《上海市老年教育发展"十三五"规划》《上海市教育改革和发展"十三五"规划》等相关终身学习规划文本。

第四，通过"条例"规范责任。"条例"是国家针对相关领域需要，依照政策或者法令制定的，为推进或规范某些事项所做出的比较全面系统、具有长期执行效力的法规性公文，是法律的表现形式之一。新中国成立 70 多年来，我国在推进法治社会建设进程上，尤其是在教育领域陆续制定和颁布了多部综合或者专项法规，条例方面主要有《扫除文盲工作条例》《干部教育培训工作条例（试行）》《高等教育自学考试暂行条例》《残疾人教育条例》，法律方面主要有《中华人民共和国教育法》《中华人民共和国职业教育法》《中华人民共和国高等教育法》等。相关条例和法规在首次颁布后，部分进行了修订，不断完善、优化。在省级政府层面，福建于 2005 年颁布了《福建省终身教育促进条例》，成为我国第一部有关终身教育的地方立法。上海于 2011 年颁布了《上海市终身教育促进条例》，河北于 2014 年通过了《河北省终身教育促进条例》；地方城市中，山西太原于

---

① 党俊武. 老龄蓝皮书：中国城乡老年人生活状况调查报告（2018）[M]. 北京：社会科学文献出版社，2018：23.

② 上海市教育委员会 上海市学习型社会与终身教育促进委员会办公室关于印发《上海终身教育发展"十三五"规划》的通知[EB/OL].（2016-09-19）[2024-01-23]. https://edu.sh.gov.cn/xxgk2_zhzw_ghjh_01/20201015/v2-0015-gw_301132016002.html.

2012 年、浙江宁波于 2014 年分别颁布了本市的终身教育促进条例。四川成都在 2016 年颁布了《成都市社区教育促进条例》，以满足社区居民的终身学习需求、促进人的全面发展，为终身教育的地方立法探索增加了新元素。

国家、地方条例和法律的制定与落实，使得我国在终身学习和终身教育领域的立法得到不断完善，终身学习领域的责任进一步规范落实，推动了终身学习和终身教育工作的重心下移、内容拓展，成效日渐凸显。

（二）省级政府构建服务全民终身学习的教育体系的基本内容

省级政府在推进和构建服务全民终身学习的教育体系的进程中，制定和实施了很多政策举措，尤其是在教育主体的发展、教育内容的拓展、教育类别的丰富和保障举措的落实方面取得了一定的进展。

其一，发展教育主体。终身学习是一项系统工程，需要强有力的教育组织支撑才有可能完成，因而教育主体的建设受到省级政府的高度重视。经过几十年的建设和发展，教育主体建设得到有效改善，发展出了学校、机构和公司等多种形态的教育主体。学校方面有公办学校、民办学校，分布在幼儿园、中小学、职业教育、高等教育和成人教育体系中，机构方面有教育部及省市教育厅，有类似于上海市学习型社会与终身教育促进委员会这样的领导协调机构，也有各级各类教育研究机构等，公司方面发展出了开展学科教育、文化艺术教育、体育教育等各种内容和类型的教育主体。不同类型的教育主体围绕不同板块和不同业务开展的教育实践工作，共同形成了服务全民终身学习的教育主体，为系统、全面和有序地推进构建全民终身学习的教育体系奠定了坚实的基础。

其二，拓展教育内容。不同群体有不同的学习需求，不同的学习需求衍生出不同的教育内容及其供给主体。从全国性的教育实践来看，我国终身学习的内容需求主要聚焦在学科知识教育、业务培训和文体素养三个方面。在学科知识教育方面，主要以学校开展的全日制教育和部分培训机构开展的学科类培训为主，以满足学习者的知识丰富、结构优化和内涵发展需求为主要目标。在业务培训方面，主要以各种职业技能、资格和专业培训为主，旨在提高受教育者的专业能力，为国家培养更高素质的劳动者。业务培训对象多以成人为主，旨在解决成人职业生涯发展的知识和技能瓶颈问题。在文体素养方面，主要以满足人民日益增长的文化体育需求为主，旨在提高受教育者的综合素养，丰富受教育者的精神世界，同时推进社会的物质文明和精神文明建设。

其三，丰富教育类别。丰富和发展教育类别是推进全民终身学习的有力途径。"一五"计划时期强调应开展干部和工农群众的业余教育，"积极广泛地开展业余的文化教育工作"，"积极地开办各种科学技术的补习学校、函授学校和夜校"。①之后，全国教育类别快速发展，逐渐形成了学校学历教育（包括中小学、高校等）、继续教育（包括扫盲教育、社区成人教育、老年教育、妇女教育）、农村教育和职业培训等。学校学历教育最成体系，包括学前教育、义务教育、高中阶段教育、高等教育和特殊教育，这一板块发展最为迅速。《2022 年全国教育事业发展统计公报》显示，全国共有各级各类学校 51.85 万所，各级各类学历教育在校生 2.93 亿人，专任教师 1880.36 万人。②继续教育在不同时代的主要内容有所不同，新中国成立初期以扫盲教育为主，之后社区成人教育、成人学历教育、妇女教育逐渐发展起来。近些年来，随着老龄化速度的加快，老年教育逐渐成为热门。农村教育与其他类别的教育有一定的关联和交叉，凸显的是农村地区，具有少量化、分散性和贫困性特点。职业培训是职业人口提高专业技能和素养的重要方式，内容涵盖各类专业、职业技能和素养方面。此外，随着教育、科技的发展，终身学习的技术形式也在不断丰富，网络教育、远程教育不断发展，与传统课堂教育、社会实践一起成为终身学习的重要实践形式。

其四，落实保障举措。保障举措是构建全民终身学习的教育体系不可或缺的基础和前提，能为相关体系的科学构建和健康运转提供组织保障与物质基础。从计划经济到市场经济的实践进程中，我国教育保障机制也发生了巨大的变化，目前主要包括经费支持、组织体系和制度保障三个方面。在经费支持方面，省级及其辖区政府会通过省级财政支持不同类别、不同层级的教育机构，为幼儿教育、基础教育、高等教育、社会培训、老年教育等提供资金保障。省级、市级和县级人民政府的财政支持对象有一定区分，一般而言，省级财政覆盖面广、受益群体大、功能性强，市级和县级财政覆盖面相对较小。例如，高等教育经费普遍由中央和地方省级政府提供，少数地区也有市级和县级财政支持的高等学校，但总体上较少。在组织体系方面，包括政府序列内的教育厅、教委、教育局等教育主管部门，以及教育研究院、考试院、教学指导委员会等机构，还有各级政府为推进或者解决某一终身学习项目而成立的专门领导组、工作组等。这些正式或者非正式的教育组织体系成为终身学习的教育体系的重要组成部

---

① 中共中央文献研究室. 建国以来重要文献选编（第六册）[A]. 北京：中央文献出版社，1993：473.
② 2022 年全国教育事业发展统计公报[EB/OL]. （2023-07-05）[2024-01-23]. http://www.moe.gov.cn/jyb_sjzl/sjzl_fztjgb/202307/t20230705_1067278.html.

分，担负着各种教育举措的落实、教育规章的执行到位和教育财政资金的科学使用等职责。在制度保障方面，提升各类教育水平的关键在于通过制度保障来促进教育公平，进而提升教育质量、优化教育资源。

（三）省级政府构建服务全民终身学习的教育体系的差异发展

在政治、经济、社会和文化等多种外部因素与内部因素的作用下，省级政府推进全民终身学习的教育体系进展有先后、内容有区别、成效有差异。一是推进终身学习的法治进程。从全国范围来看，目前仅有上海、福建和河北等省级政府，以及太原、宁波等市级政府颁布了终身教育促进条例，走在终身教育法治化进程的前列。二是加强终身教育规划引领。在全国经济社会的"五年规划"引领下，国家有关部门和省级地方政府也制定了教育事业的"五年规划"，部分省级政府还制定了老年教育、终身教育的"五年规划"，"计划""意见""通知"等各类举措也高频出现。终身教育的规划建设进展优于法治化进程，但在省级政府层面也已经出现了差异化发展的态势。主要表现在：在省级政府普遍编制教育事业"五年规划"的同时，细分领域的建设进展差异很大，有些地方制定了比较完备的老年教育、终身教育规划，还有学习型社会建设方案，有些地方则尚未深入到这个阶段。三是终身学习活动普及。从活动的组织质量方面看，经济发达地区优于欠发达地区，城市优于农村；从活动的类别频次看，科普类、讲座报告类、互动体验类较多；从活动的创新探索看，部分区域组织推动了社区教育的试验区建设，系统推进了社区教育活动的开展。

三、一流学校引领的服务全民终身学习的教育体系构建

学校始终是服务全民终身学习的体系中的关键部分之一，一方面是因为学校本身就是终身学习的教育体系中的关键组成，担负着培养和造就担当民族复兴大任的时代新人的历史重任；另一方面学校还是研究、组织和推动终身学习的教育体系的主要力量与智库，始终引领着终身学习的发展和建设。在构建服务全民终身学习的教育体系进程中，我国学校承担着重要的组织职能，做出了巨大的贡献。

（一）中国学校教育服务全民终身学习的实践进程

1）一流学校普遍重视并积极推进终身学习实践进程。姚舜牧在《药言》中说：

"学者，心之白日也。不知好学，即好仁好知，好信好直，好勇好刚，亦皆有蔽也，况于他好乎？做到老，学到老，此心自光明正大，过人远矣。"①"做到老、学到老"成为终身学习或终身教育的重要价值内涵，引领着包括教育主体和学习者在内的终身学习利益相关者的行动实践。随着国家经济水平的提升，我国民众接受的学校教育时限不断增加，教育类型也变得多样。新中国成立初期，中国高校数量、在校学生数量都非常少，成分构成单一，经过70余年的发展，到2022年，中国高校数量达到3013所，其中普通本科学校1239所。各种形式的高等教育在校生总规模达4655万人，高等教育毛入学率达到59.6%。全国成人本专科在校生933.65万人，网络本专科在校生844.65万人。②"双一流"高校中，学生总数不断扩大的同时，类别也在不断丰富，从最初的文、理和综合发展到理工类综合大学、文理类综合大学和特色类大学，建设目标也分为顶尖世界一流大学、专业或行业特色的顶尖世界一流大学、进入世界一流大学之列、整体实力进入世界一流大学之列等层次。一流大学在实现终身学习规模扩张的同时，学校类型也得到不断丰富。

2）一流学校推进终身学习的代表性举措。不同层级的一流学校对学生终身学习意识及相关能力的培养与重视，能更为高效地引领整个教育体系中各级各类教育机构实现服务全民终身学习的教育体系构建。例如，我国高等教育中，在"985工程""211工程"建设的基础上，一流大学建设发展迅速，为终身学习的教育体系构建做出了很多有益和示范性的探索。比较有代表性的是教育部推进了"终身学习服务体系的建设与示范"，确立了一批"高等学校继续教育示范基地"，包括清华大学、北京大学、中国人民大学、浙江大学、新疆大学等一流大学，北京师范大学"高等学校继续教育课程学分标准及质量内涵和学分转移制度与机制的研究及应用"项目获得立项，北京大学"普通高等学校继续教育数字化学习资源开放服务模式的研究及应用"项目获得立项。③此外，在机构建设上，一流大学也普遍建立了以继续教育学院为代表的面向社会的终身学习服务机构，将高校教育资源推向社会，成为支撑和引领学习型社会建设的重要力量与关键举措。

---

① 江兴祐. 中国历代名人家训精华[M]. 太原：三晋出版社，2020：285.

② 2022年全国教育事业发展统计公报[EB/OL].（2023-07-05）[2024-01-23]. http://www.moe.gov.cn/ jyb_sjzl/sjzl_fztjgb/202307/t20230705_1067278.html.

③ 教育部 财政部关于批准"终身学习服务体系的建设与示范"系列项目的通知[EB/OL].（2011-01-28）[2024-01-23]. http://www.moe.gov.cn/srcsite/A07/moe_743/201101/t20110128_116163.html.

3）一流学校服务终身学习的特色品牌。终身学习内涵丰富、形式多样，与各校特色、区域及导向叠加，形成了不同学校推进和服务终身学习的特色品牌。尤其是对全国影响和辐射力度都较大的一流高校，比如，北京大学就以干部教育培训为重点，集聚大量优秀师资，在为国家培养优秀青年干部方面做出了积极的探索，在依法行政与法治政府、"互联网+"背景下的企业转型升级、扶贫开发与新型城镇化、教育改革与教师素质提升等 8 个专题上形成精品课程。①北京师范大学在整合资源开展继续教育工作的同时，还围绕教师教育积极开展北京师范大学中华优秀传统文化传承与创新基地②和北京师范大学教师教育研究中心建设，全方位推动教师发展与管理的理论和实践创新。③中国科学技术大学聚力组建基础教育集团开展中小学教育，服务区域基础教育质量提升。④华南理工大学是教育部批准的首批全面实施现代远程教育的试点单位、首批教育部出国留学培训与研究中心和国家级专业技术人员继续教育基地建设单位。与其他大学不同的是，华南理工大学已经停止了成人高等教育、网络教育等学历继续教育招生工作，未来华南理工大学将"集中力量发展高端管理培训、出国留学培训、职业技能培训、自考助学培训、专业技术人员培训等非学历教育，助力我国学习型社会建设"⑤。西安交通大学拥有自主知识产权的"天地网"知识服务传输平台，可实现"随时、随地，人人皆可自主学习"。该校还依托国际工程科技知识中心面向"一带一路"共建国家和地区开展科技、教育等专项培训，2016 年以来，已惠及 136 个国家和地区约 1.5 万名学生及政府官员。⑥可见，一流学校在推进服务于终身学习的体系构建方面已经探索出许多有特色、可复制、可推广的实践举措。

（二）一流学校构建服务全民终身学习的体系框架

1）组建服务全民终身学习的组织机构。从历史进程来看，学校推进终身学习

---

① 北京大学继续教育学院. 依法行政与法治政府专题培训班模块[EB/OL]. [2024-01-23]. https://sce.pku.edu.cn/ mspx/jpkc/yfxzyfzzfztpxbmk/index.html.

② 北京师范大学人文和社会科学高等研究院. 中国优秀传统文化研究与传播中心[EB/OL]. [2024-01-23]. https://rsgyy.bnu.edu.cn/yjjg/zgyxztwhyjyzbzx/index.html.

③ 北京师范大学教师教育研究中心. 中心简介[EB/OL]. [2024-01-23]. https://cter.bnu.edu.cn/ zxgk/zxjj/index.html.

④ 中国科学技术大学基础教育集团. 集团介绍[EB/OL]. [2024-01-23]. http://jcjy.ustc.edu.cn/jtjs_21114/list.htm.

⑤ 华南理工大学. 关于停止成人高等教育、网络教育等学历继续教育招生的声明[EB/OL]. （2020-05-20）[2023-04-01]. http://sce.scut.edu.cn/2018/1123/c16913a468885/page.htm.

⑥ 西安交通大学. 网络教育学院[EB/OL]. （2021-05-13）[2023-04-01]. http://www.xjtu.edu.cn/xynr.jsp?urltype=tree.TreeTempUrl&wbtreeid=1051.

事业发展的组织建设在不断发展，包括夜大学、成人教育学院、网络教育学院、培训学院、干部培训学院以及继续教育学院等，一批不同时代的组织机构的诞生、发展、演进，逐步交融并普遍发展成为继续教育学院。

2）探索服务全民终身学习的多元路径。因为终身学习涵盖了中小学教育、高等教育、成人教育、老年教育等不同年龄段、不同内容和不同对象，所以学校推进服务全民终身学习的内容也在不断丰富。比如，以华东师范大学、中国科学技术大学为代表的一流高校组建了基础教育集团，为地方基础教育发展建设做出巨大贡献；北京大学、中国人民大学着力开展干部教育等专门培训；绝大多数一流高校都在开展面向成人的学历教育（包括网络教育、夜大学、函授等不同形式的学历教育）和专业培训等。除此以外，高校还通过加强本硕博的学历教育机构建设，来推进服务于终身学习的教育体系构建，书院、研究生院、研究所等也在不同历史时期发挥了重要的作用。

（三）一流学校推进服务全民终身学习的重要举措

1）加强终身学习的理论研究。以清华大学的《现代教育技术》、西北师范大学的《电化教育研究》为代表的教育技术期刊和以北京大学的《北京大学教育评论》、复旦大学的《复旦教育论坛》等为代表的综合性教育期刊，均从不同领域、不同视角研究分析了中国终身学习理论与实践，为全国终身学习的实践发展提供了理论指导。

2）推进终身学习的学历实践。一方面，全国师范类高校的普遍建设，教育学及其相关学科和专业的建设获得较快发展，为终身学习的发展奠定了坚实基础；另一方面，全学科本科、硕士、博士乃至博士后的教育体系的构建，使学校成为实践和建设终身学习理念、推动国家终身学习事业发展的重要阵地，成为提高社会大众终身学习能力的主要平台。

总之，推进服务全民终身学习的教育体系的构建，是在社会经济事业发展中成长起来的，是在 10 个"五年计划"和 4 个"五年规划"的有力支撑下逐步推进的。全民终身学习的内涵丰富、途径多样、利益相关者众多，服务和推动社会经济发展的作用显著。因而，我国应在既往服务于终身学习的教育体系建设的基础上，以全面建设社会主义现代化国家和全面推进乡村振兴战略为指导，加强终身学习的教育体系的战略引领，不断推进终身学习的教育体系的治理体系和治理能力现代化。

第三节　服务全民终身学习的教育体系标准研究

终身教育以其更加开放、公平的理念，超越传统学校教育制度，强调保障学习者个人的权利和建设多元包容的教育体系，让全社会每个个体享有均等的学习机会。服务全民终身学习的教育体系是对教育体系根本上的重塑，因此需要对各级各类教育进行内涵式和关联性的深化改革。本节首先通过学理分析，深入剖析服务全民终身学习的教育体系的准入机制和设置标准；其次在该机制和标准下，分析各级各类教育如何积极参与服务全民终身学习，为完善教育体系的服务性、全民性、终身性提供智慧支撑。

一、服务全民终身学习的教育体系的准入机制与设置标准研究

服务全民终身学习的教育体系具有不同于传统教育形态的特征，特别是服务全民终身学习的教育体系所具有的公平性、开放性、灵活多样性等，为全体社会成员创造学习机会，尽最大可能保障教育公平，并且为学习者提供多元化的教育资源，基于人的全面发展理论并结合学习者个体的具体学习需求，让不同年龄、不同职业的学习者可以在服务全民终身学习的教育体系中获得个性化教育供给，促进每一个社会个体在整个人生阶段得到更高质量的成长和发展。因此，构建服务全民终身学习的教育体系，必须通过准入体系和设置标准的建立，保障教育体系的"人民中心"立场，确保教育体系真正能够服务于经济、科技、文化等社会子系统。

（一）服务全民终身学习的教育体系准入机制的理论分析

从理论上来看，服务全民终身学习的教育体系主张个体终身进行连续学习和接受教育，终身学习同时满足加快建设高质量教育体系、促进人的全面发展的双重需要。从实践层面来看，建设服务全民终身学习的教育体系，简单来说，就是通过改造现有教育形态，使教育成为一体化开放体系，让全体社会成员可以获得

更加公平的教育机会，是对传统学校教育形态的超越。因此，该体系所能提供的教育资源和教育机会就变得更加重要，在理论与实践的双重约束下，准入机制直接影响了服务全民终身学习的教育体系的建设质量，关系到终身学习的教育体系是否可以服务全民、是否可以让全民满意的基础性问题。本部分对服务全民终身学习的教育体系准入机制的内涵和功能展开深入分析与研究，使现有不同类型教育资源通过该准入机制接入服务全民终身学习的教育体系，确保终身学习的教育活动在时间和空间上的连续性，进而提供更加多元化、个性化的教育供给，最大限度地利用现有各种类型、各种形态的教育资源，充分调动学习者的主观能动性，促使终身学习的教育理念深入人心。

1. 服务全民终身学习的教育体系准入机制内涵

研究服务全民终身学习的教育体系准入机制的内涵，首先需要回答体系中包含什么类型的教育资源，以及哪些教育资源可以纳入体系这两个关键问题。从终身教育相关理论来看，服务全民终身学习的教育体系必须满足人们终身学习的需求，利用相对灵活多样的教育内容及形态，尽最大可能实现教育对象的普遍性以及教育目标的多元性，为全体社会成员提供高质量的终身教育服务，最大限度地促进社会成员整体素质的提升以及个人全面发展。终身教育理论极大地促进了个人的全面发展，打破了传统不同类型教育相互隔离的状态。终身教育思潮起源于20世纪五六十年代的欧洲，保罗·朗格朗明确提出教育并非仅存在于儿童时期和青年时期，它应当伴随人们的一生而且持续地进行[①]，这一全新教育理念促使人们重新审视和研究教育，打破了将教育等同于学校教育的片面认知，并且将学校教育、家庭教育、社会教育等有机地联系在一起，使教育能够适应个体生命发展的全部阶段，构建服务全民终身学习的教育体系，促进个人和经济社会发展同频共振。

从国际终身教育实践发展来看，不同国家建设终身教育体系的方案也不尽相同。美国终身教育发展有着自身特殊的历史背景和特点。由于美国开始工业化进程的时间较早，在终身教育出现以前，成人教育就得到了极大程度的发展，19世纪末到20世纪初期，以学习职业技能为主的成人教育得到了极大的发展，有效地促进了当时经济社会的发展和进步，成人教育在与经济社会发展互动的过程中不断发展成熟。1966年，美国通过《成人教育法》（Adult Education Act），为终

---

① 保罗·朗格让. 终身教育导论[M]. 滕星，等译. 北京：华夏出版社，1988：65.

身教育的发展奠定了坚实的基础；1976 年，美国通过《终身学习法》（Lifelong Learning Act），正式运用法律来保障和促进终身教育的发展。在美国终身教育体系中，社区学院发挥了重要的枢纽和连接作用，是一种兼具学校教育、成人教育、职业教育特点的综合体，具有开放、功能多元、学制灵活且相对较短的特征。它对经济社会需求和个体各类学习需求的把握较为准确，为本地区的全体成员提供开放式入学机会，且毕业生认可程度相对较高，可以进一步在高等院校深造，在终身教育体系中发挥着枢纽作用，社区学院可以最大限度地利用现有高等教育资源，提高终身教育体系的建设质量。

终身教育在欧洲发展较早，并且相关教育体系建设相对完善，其中英国、法国的终身教育实践的代表性较强，可以帮助我们理解终身教育体系准入机制内涵。法国的终身教育思想及理论出现较早且发展成熟，受近代欧洲资本主义工业大生产的影响较大，教育思想家孔多塞（Condorcet）较早地提出学校后继续教育的概念，并且大众教育和终身教育已经开始得到学者与公众的关注。1956 年，法国教育部部长方案《关于延长义务教育年限和公共教育改革的方案》（Plan for Extending Compulsory Education and Public Education Reform）中首次提及"终身教育"这一术语，由此可见，法国较早就开始重视大学在终身教育发展中的重要作用。①1971 年，法国国民议会颁布《关于在终身教育的范围内继续职业教育组织的法律》（The Organization Law of Vocational Continuing Education within the Scope of Lifelong Education），成为世界较早的有关继续教育的法律，提出发展终身职业教育应该是国家的义务。②法国终身教育的发展为其战后崛起提供了源源不断的人才支撑，同时较高的国民素质为现代经济飞速发展打下了坚实的基础。此外，法国还出台了专门法律保障工人及农民的职业培训，建立起以政府为主导、地方和社会积极参与的终身教育体系。

法国终身教育体系的特色之处在于有正规学校教育之外的保障制度及学习认证体系，法国社会通过学习认证体系来承认个人通过非正式学习所获得的文凭。1992 年，法国建立了职业获得认证制度，拥有 5 年以上工作经验的劳动者可以通过考试获得相应的文凭。2002 年，《社会现代化法》（Loi de la modernisation sociale）颁布，进一步设置了经验获得认证制度，持续扩大学习认证的范围，更多的人可以通过工作经验申请不同类型的文凭，并且前置条件改为 3 年相关工作

---

① 袁媛. 法国终身教育的发展及对我国的启示[J]. 成人教育，2007（1）：90-92.

② 陈跃. 法国的继续教育及其借鉴意义[J]. 云南民族大学学报（哲学社会科学版），2004（3）：156-158.

经验。①完善的终身教育相关法律体系是法国终身教育保障制度的重要支撑，通过立法以及相关制度设计，保障每个社会成员的终身学习权利，不断增强终身教育体系的吸引力，降低参与终身教育的门槛，扩大终身教育的范围，极大地提高了社会公众对终身教育的认可程度，通过终身教育的开展持续提高全体社会成员的素质。

英国终身教育实践也具有鲜明的特色。首先，从历史发展渊源上看，终身教育初现于英国。1919 年，一份英国成人教育委员会报告提出了成人教育是一种永久的国民需要，应当是普遍的和终身的。②这是关于现代终身教育概念较早的表述，被认为是现代终身教育理论思想发展的转折点和分水岭。其次，从法律保障角度来看，20 世纪末期，英国发布了《学习的时代》（The Learning Age）、《学会成功》（Leaning to Succeed）、《学习与技能法》（Learning and Skill Act）等终身教育相关法案，出台了多种有利于社会成员参与终身学习的政策制度，促进了英国终身教育的萌芽与发展。最后，从英国终身教育体系的构成来看，广播电视等新技术手段的应用，在很大程度上保障了更多社会成员参与终身教育的权利，通过建设开放大学和开放学院，以远程教学为主要授课形式，并通过英国广播公司以及电视节目向社会成员提供终身教育资源，将电视与广播作为教育辅助技术手段开展终身教育，有效降低了社会成员参与终身学习的成本和门槛，满足了劳动力市场对高素质劳动者的需求。此外，英国较早地成立了人力资源服务委员会，协调就业需求和职业培训之间的差异，重点针对尚未就业的年轻人、转岗者及失业人员开展更加全面的教育培训，降低社会整体失业率，促进社会公平和稳定。

综上所述，无论是从终身教育的国际发展历史经验来看，还是从国内终身教育本土实践来看，终身教育体系的建设都是随着本国终身教育发展实践的变化而不断变化的。我国服务全民终身学习的教育体系的建设也必须根据我国当前终身教育发展实际情况进行不断的调整，准入机制是服务于终身教育体系建设的。因此，关于终身教育体系准入机制的内涵，从概念角度来看，就是通过准入机制提高终身教育体系建设的质量及吸引力，满足人民群众对高质量终身教育体系日益突出的需求；从内容上来看，终身教育体系准入机制的内涵是丰富的，可以通过准入机制来调整当前终身教育发展实践中存在的问题和矛盾，例如，突出一流学

---

① 转引自 CNCP. Rapport d'activité 2017 de la CNCP[R]. Paris: CNCP, 2017.
② 霍玉文, 兰传斌. 回溯与导向: 终身教育语境下当代成人教育的表征[J]. 继续教育研究, 2010（12）: 9-11.

校在终身教育体系中的地位和作用，提高终身教育体系的质量和吸引力，纠正国内社会各行各业对终身教育等同于成人教育的片面认知等。

2. 服务全民终身学习的教育体系准入机制功能

准入机制旨在增加全体社会成员参与终身学习的机会，通过准入机制的完善引导教育体系向着普惠、服务及终身的方向发展，从而提高教育体系内部各级各类教育的关联程度和教育体系与其他社会子系统协同创新的能力。具体来看，服务全民终身学习的教育体系准入机制功能主要体现在以下几个方面。

其一，通过准入机制丰富我国教育体系的内容，不断提高服务全民终身学习的能力，进一步提高全社会对终身教育的认可程度。服务全民终身学习的教育体系准入机制功能在于增强终身教育体系的吸引力，扩大体系所包含的内容。高质量是教育体系发展的重要目标，党和国家强调新时代教育体系要服务全民终身学习，那么就需要通过准入机制的建设增强教育体系的赋能能力。我国教育体系建设的重点是服务全民终身学习。终身教育有两个重要特点：一是终身教育贯穿人的一生，需要不同阶段、不同类型的教育提供服务，同时个体综合接受学校教育、家庭教育和社会教育，既需要在纵向上接受不同阶段的教育，也需要在横向上接受不同类型的教育；二是终身教育面向全体社会成员，具有突出的公益性和普惠性，需要进一步降低教育门槛，并通过建设服务全民终身学习的教育体系，打破不同类型教育之间的壁垒和阻碍，实现正规教育与非正规教育等不同类型教育的立交贯通，进一步提高教育体系的便利性及吸引力，让更多的社会成员参与到终身学习中去。总体而言，服务全民终身学习的教育体系准入机制功能在于不断提高体系建设的质量，增强体系的吸引力和开放性，为全体社会成员服务，助力我国学习型社会建设，培养具备自觉学习和创新能力的高素质国民，从整体上提高全民族的文化素质及人才竞争力。

其二，通过准入机制明确我国各类型教育组织在构建服务全民终身学习的教育体系中的作用，利用终身教育理念与终身学习思想促进各类型教育之间的衔接，为全体社会成员提供更加便捷的终身学习机会。首先，通过准入机制将各类型正规的学校教育纳入终身教育体系之中，明确不同阶段不同类型教育组织在终身教育体系中的作用，利用终身教育思想推动教育综合改革。例如，利用终身教育思想打破职业教育和普通教育之间的壁垒，明确各级各类学校在终身学习体系中的责任与担当，突出各级各类一流学校对服务全民终身学习的教育体系的引领作用。其次，不同类型的教育组织利用终身教育思想改革当前发展过程中存在的问题与矛盾，推动服务全民终身学习的教育体系内各类型教育组织走内涵式发展道路，提高人民群众的满意度。最后，通过建立服务全民终身学习的准入机制，将各级各类学校纳入服务全民终身学习的教育体系之中，明确各类型学校在终身学习体系中的职责，以终身教育思想不断推进教育综合改革，破除长久以来各类型教育发展过程中存在的问题和矛盾，特别是那些学校自身无法解决，需要国家出台宏观政策统筹协调解决的问题，通过准入机制突出服务全民终身学习的教育体系的建设重点，系统地推动各类型教育改革高质量发展。

其三，通过准入机制保障全体社会成员接受终身教育的权利，降低参与终身学习的门槛和条件，提高全体社会成员的劳动素质，保证社会的稳定。21世纪，一些发达国家纷纷加大力度促进终身教育发展，提高本国人才的竞争力，例如，美国的《不让一个孩子掉队法案》（No Child Left Behind Act）等法律法规的出台，都凸显了终身教育的重要性。在我国这样一个超大型发展中国家，不同地区之间的经济社会发展差异还是很大，各类型教育资源分布并不均衡，不同地区教育发展情况存在很大差异。因此，在我国，一般是由地方人大颁布本地区的终身学习条例，兼顾终身教育发展与各地区经济社会发展。当前，我国进入新的发展时期，人民群众对终身学习的要求在不断提高，需要更多的受教育机会，以及更高质量的教育资源配置，这些都可以通过建设全国性的终身教育体系来实现。未来，我国应当进一步完善服务全民终身学习体系建设的顶层设计，出台全国性的终身教育相关法律法规，推动服务全民终身学习的教育体系高质量建设，着重加强终身教育的普惠性和公益性，努力提高教育质量，实现更高水平的教育公平。

（二）服务全民终身学习的教育体系设置标准实证分析

我国应以构建服务全民终身学习的教育体系为目标对教育体系内各类型教育组织设置标准，降低参与终身学习的门槛，惠及更多的社会成员，利用终身教育理念改造现有的各类型教育组织。因此，有必要对其体系设置标准展开实证分析，重点分析研究教育体系设置标准的目的、原则及指标。不同于终身教育思想理论，服务全民终身学习的教育体系设置标准是一个实践性很强的研究议题，直接与经济社会发展水平及教育综合发展水平等诸多现实因素相关。制定服务全民终身学习的教育体系设置标准，关系到该体系的建设方向及改革步伐。在终身教育理论思想的指导下，既要考虑理论层面该教育体系未来发展的趋势和需要，又要考虑我国现实的国情及各地区的发展差异，力争使体系设置标准达到推动服务全民终身学习的教育体系高质量建设，又不至于因标准过高而脱离我国实际发展情况。

1. 终身教育体系设置标准的目的

制定体系设置标准的目的在于提高我国服务全民终身学习的教育体系建设质量，推动教育综合改革，为人民群众提供更加满意的终身教育服务。从宏观上来看，当前我国不同地区之间的教育发展差异很大，同一时期，不同类型、不同阶段的教育发展程度不一，更值得关注的是城乡经济社会发展差距依然存在，城乡教育发展不均衡的局面没有得到彻底改善。终身教育是近年来国内外教育领域普遍关注的研究议题，也是世界发达国家在实践层面发力推动的一项教育改革。服务全民终身学习的教育体系中需要融入当前教育中已有的各种学历教育与非学历教育、普通教育与职业教育等诸多类型教育，最终实现服务全民终身学习的教育体系内多种资源共享、不同类型的教育优势互补、不同地区不同阶段的教育协调发展，城乡教育资源实现更高水平的均衡配置。首先，服务全民终身学习的教育体系需要和现有教育互相兼容，从时间上实现纵向无缝衔接，从社会整体上实现学校教育、家庭教育及社会教育的横向统一，以满足不同年龄阶段、多样化人员的差异化终身学习需求，构建服务全民终身学习的高质量教育体系，实现教育资源的最优配置，最大限度地方便全体社会成员参与终身学习，并在整个体系中得到发展。

具体来讲，服务全民终身学习的教育体系设置标准需要以便利个体参与终身学习为目的。

一方面，以时间为坐标轴打通个人一生的终身教育体系，促进各级各类教育组织的纵向连接。当前，我国的教育体系需要进一步提升建设质量，学习教育应当进一步突出普惠性，进一步加大政府支持和参与力度，大力提倡托幼一体化发展，积极鼓励有条件的企事业单位开展托育服务，降低当前社会整体的生育及养育成本，解决群众的难点痛点问题。在义务教育阶段，应当进一步提高义务教育的城乡均衡发展水平，不断缩小乡村与城市之间的教育差距，均衡城乡师资配置，有效促进教育公平，推动城市义务教育改革，降低非户籍学龄儿童入学门槛，采用教师轮岗、优质学校集团化办学等措施，解决城市不同学区之间差距过大问题，进而解决由此引发的"学区房"等社会问题，持续提升人民群众对义务教育的满意度。在中职教育及高中教育阶段，有条件的地区应当进一步提高中等职业教育和高中教育的普及程度，推动全民受教育程度的提升，进一步推动职业高考改革，推动中等职业实现更高质量的发展；在高等教育阶段，一流大学应当承担更多终身教育的责任，引领终身教育体系高质量发展，提高该教育体系的吸引力。在老年教育阶段，要充分发挥社区的作用，充分考虑老年人群的特征，特别是需要促进经济社会发展滞后地区老年教育的普及。

另一方面，以社会整体为坐标轴促进家庭教育、学校教育、社会教育以及不同类型教育之间的横向连接，个体可以在终身教育体系之内便捷、自由地选择不同类型的终身教育服务。在我国，不同的教育领域之间存在着一定的流动壁垒，所以实现各领域之间的互通和交流至关重要，意义重大。现有学校教育等要通过教育体制改革，明确自身在终身教育体系中的定位和责任，统筹协调提供终身教育服务。学校教育要加强同社会教育、家庭教育等之间的交流，充分利用彼此的资源，提高整体的教育质量。

2. 终身教育体系设置标准的原则

在构建服务全民终身学习的教育体系大框架下，服务全民终身学习的教育体系设置标准的原则主要有开放性原则、普惠性原则、便捷性原则和可行性原则。

1）开放性原则。终身教育的核心理念之一就是所有社会成员不分年龄，均可以参与终身教育。个人从出生到死亡，一生所有需要的教育都将包含在服务全民终身学习的教育体系之内。无论是从出生到青年的学校教育，还是参加工作后的职后教育，其目的都在于使公民能终生不断地掌握与更新有关职业的知识、就业的技能，并使他们能够持续适应或引领社会发展，增强国家的人才竞争力和创新发展能力，构建学习型社会。终身教育打破了"教育就是学校教育"的片面认知，同时也改变了教育是将人严格分类分层的错误认识，教育应当是服务于全体社会成员的，教育也应当是服务于人的终身发展的。因此，终身教育体系设置标准的第一个原则就是开放性，服务全民终身学习的教育体系是服务全民的，应该向所有社会成员开放，提供人一生发展所需的各类型教育服务。

2）普惠性原则。终身教育能够持续有效地提高劳动者的科学素养，增强国家人才竞争力，对国家发展产生重大促进作用。因此，服务全民终身学习的教育体系设置标准的另一原则是普惠性原则。社会成员参与终身教育不仅仅有利于个人的发展，更有利于国家的发展。世界发达国家终身教育发展的经验提示我们，在传统教育向终身教育转变的过程中，要积极构建终身学习的社会氛围，提高国家的软实力。只有终身教育具有普惠性，才能够吸引更多的社会成员参与终身学习，有效降低终身教育的门槛，为每一位公民提供终身学习的机会。

3）便捷性原则。终身教育需要考虑不同社会成员对于终身教育的不同需求，以及个体的差异，因此服务全民终身学习的教育体系设置标准应当符合便捷性原则，方便全体社会成员参与。随着新一轮科技革命的深入发展，社会成员需要保持终身学习，适应社会发展的快速变化。特别是要积极使用新科技、新工具来推广终身教育，使接受终身教育更加便捷，让更多的社会成员能够随时随地接受更高质量的终身教育。终身教育是面向所有社会成员的，不同社会成员的经济状况及学习基础等都不同，因此就要尽最大可能让终身学习变得更加便利，调动全体社会成员参与终身教育的积极性，这也是推动服务全民终身学习的教育体系建设的不竭动力。

4）可行性原则。终身教育理念是美好的，但是我国是一个发展中大国，各地区经济社会发展情况差异很大，终身教育设置标准应当具有可行性，符合国家和地区的经济发展状况。在认识到终身教育对现代社会发展的重要性后，我国既应以终身教育思想统筹教育变革，也要清晰地认识到我国仍是一个发展中国家，城乡之间、东中西部地区之间的发展还存在一定差距，所以在现实条件下建设终身教育体系会面临各种实际困难。这就需要坚持可行性原则，建立与经济社会发展水平相适应的终身教育体系，对不同教育水平和不同学习需求的人员进行分层次、多水平的终身教育。更重要的是，要提高社会大众的整体思想觉悟，转变思想观念，认识到终身教育的重要性与紧迫性，树立正确的终身教育观念，积极参与终身教育，促进服务全民终身学习的教育体系的建设，形成正向发展循环。

3. 终身教育体系设置标准的指标

对于终身教育体系设置标准的指标，我们主要从办学理念、办学模式、办学管理三个方面展开分析研究。

1）办学理念引领服务全民终身学习的教育体系的建设。终身教育理念是对一次教育理念的重要革新和超越。办学理念的转变是改造传统教育，使其融入终身教育的第一步，必须让政府、学校、社会等多方主体认可终身教育理念，进一步加深对传统教育与终身教育差异的认识，发现当前教育的问题及其与终身教育理念的矛盾，通过办学理念引导服务全民终身学习的教育体系的构建。

2）办学模式吸引多主体全面、深度地参与终身教育体系的建设。当前，我国教育体系的主阵地仍是各级各类高校，互联网平台、公共文化设施与机构以及民营教育投资等主体的参与程度仍处于较低或较为初级的状态。财政投入是构建终身学习和终身教育体系的重要保障，是提高各主体参与教育体系构建的积极性的重要外部手段。政府应当在服务全民终身学习的教育体系构建中发挥基础性作用。相关政府部门需要加大财政支持力度，增加终身学习事业发展的财政预算，尽最大可能保障终身教育的发展。在我国，终身教育经费的来源较为单一，主要是各级政府的财政资金，因此需要通过改革办学模式、吸引社会资本投入，服务全民终身学习的教育体系构建。

3）办学管理能够有效推动服务全民终身学习的教育体系内各教育组成部分的健康可持续发展。政府对服务全民终身学习的教育体系内不同类型、不同阶段的教育进行办学管理，能够有效监督办学质量，提升终身教育发展的质量水平，引导终身教育健康可持续发展。从我国与世界发达国家终身教育实践的发展可以看出，我国与其的差距表现在终身教育的组织机构、政府支持、法律保障、经济等多个方面，科学合理的办学管理能够有效监督服务全民终身学习的教育体系正常运转，提高办学质量。

二、服务全民终身学习的教育体系下各级各类教育设置标准研究

经济、社会的快速发展，以及教育现代化的不断推进，使得我国服务全民终身学习的教育体系建设事业被提到了一个新的高度。构建服务全民终身学习的教育体系是一项系统工程，要使得我国的教育体系服务全民终身学习的能力进一步提升，提高教育体系的质量和吸引力，就必须对教育体系下的各级各类教育设置标准展开研究，以此来保障教育体系的公益性和普惠性，降低全民参与终身学习的门槛和条件，优化终身学习体系内容，有效激发人民群众参与终身学习的热情。

通过综合比较世界发达国家建设终身教育体系的经验，并结合我国经济社会发展的实际情况，在对过去推动终身教育体系发展的有益做法和问题矛盾进行总结和分析后，我们认为我国服务全民终身学习的教育体系构建应当进一步加强法律保障、政府支持、组织改革等方面的工作，特别是需要根据终身教育理念的要求，有针对性地开展教育体系内各级各类教育改革，通过建立一套科学、可行的设置标准，提高服务全民终身学习的教育体系建设的质量，突出"服务全民"这一特征，提高人民群众的参与度和满意度，统筹解决当前各级各类教育发展过程中存在的问题和矛盾，积极营造全社会成员参与终身学习的氛围，大力提高全体国民素质，提高国家的整体创新力和国际竞争力。

（一）学前教育的设置标准

学前教育是终身教育的开端，"教育从娃娃抓起"这一朴素的观念深入人心。学前教育是面向未来的奠基工程，优质的学前教育能够在促进个体终身成长方面

起到重要作用。学前教育是人形成正确认知、价值观念、情感健康以及社会化意识的初级阶段，因此在服务全民终身学习的教育体系中，学前教育的设置标准必须进一步提高，着重解决当前群众反映突出的问题。同时，应持续降低学前教育的入学门槛、提高普惠程度，使得服务全民终身学习的教育体系构建有一个良好的开端。

1. 办学理念

在服务全民终身学习的教育体系下，学前教育的办学理念应当重点突出开放性、普惠性、质量性。学前教育阶段，主要是培养个体的优良品行、积极乐观态度、广泛兴趣，以及促进大脑潜能初开发等。目前，国际上的一些研究表明，科学的学前教育有利于幼儿学习认知潜能的开发，可以提高幼儿正式入学以后的学习效率。

首先，学前教育应当突出开放性办学理念。一方面，降低准入门槛，减少户籍等条件的限制。随着我国城市化的深入发展及生育政策的变化，应当逐步放开学前教育入学的各种限制，出台更多便利措施，让非本地户籍人口以及租房群众的孩子就近入学，让更多的社会成员享受到便捷、高质量的学前教育。另一方面，大力推动托幼一体化发展。当前，托儿所主要接收 3 岁以下婴幼儿，幼儿园主要接收 3—6 岁儿童。随着我国老龄化进程的加快，年轻父母工作压力大，人民群众对托育机构的需求会进一步增加。国家应当大力推动托幼一体化发展，鼓励有条件的企事业单位积极开展托育服务，解决年轻父母养育孩子的痛点问题。

其次，学前教育应当突出普惠性办学理念。当前，我国学前教育尚未纳入义务教育体系之中，但是仍然不能忽视学前教育对整体国民素质提升的重要基础作用。现阶段，学前教育应当突出普惠性办学理念。各级政府应当积极加大对学前教育的投入和支持力度，增加公办学前教育机构，有效扩大学前教育优质、廉价的服务供给，以充分满足社会民众对学前教育的多样化需求。此外，各级政府应当加强对民办学前教育的支持和管理，一方面要加强对民办学前教育办学质量的监督管理；另一方面应当出台相关财税配套政策，降低民办学前教育运行成本，努力推动民办学前教育健康可持续发展。同时，相关部门应该从公办学前教育与民办学前教育两个角度入手，集中力量解决现阶段学前教育发展中的突出问题，有效化解人民群众反映强烈的关键矛盾，在服务全民终身学习的教育体系下重点突出学前教育的普惠性办学理念。

最后，学前教育应当突出质量性办学理念。学前教育是终身教育的起点。根据学龄前儿童身心发展的特点，学前教育应重视促进儿童的体、智、德、美、劳全面发展，以及身体健康、心理素质、道德观念、价值取向等方面的发展。因此，学前教育的质量性办学理念就显得尤为重要。学前教育是为人终身教育打基础的阶段，基础越牢，对人生后续的发展越有利。各级教育行政部门应当加强对学前教育办学的指导，强调办学的规范性，积极按照国家标准配置师资力量，鼓励学前教育机构开展教科研活动，加强本土学前教育相关的理论研究，积极进行实践创新，努力实现学前教育高质量发展，从而增强服务全民终身学习的教育体系的吸引力。

2. 办学模式

从不同的举办主体来看，我国学前教育办学模式主要分为公办和民办两大类，其中公办具体可以细分为教育行政部门主办、集体办以及其他类型部门举办。此外，除公办和民办两种办学模式之外，还有一些地区尝试了"公助民办"等混合所有制形式。当前，我国学前教育机构以幼儿园为主力军，也有托儿所、学前班等其他学前教育机构。从办学主体来看，我国的学前教育机构主要是教育部门（主要指公办大中小学以及各级教育行政部门）办的幼儿园、集体（主要指城市街道办事处、农村乡镇委员会等）办的幼儿园，还有其他部门（如国有企事业单位、妇联、军队等）办的幼儿园以及民办幼儿园。

从服务全民终身学习的教育体系构建的要求来看，未来我国学前教育办学模式应当从以下几个方面进一步完善。首先，增加公办学前教育机构的数量和类型。政府应提高对学前教育的重视程度和加大投入力度，特别是要促进公办托儿所及公办托幼一体化发展，增加托育服务的有效供给；鼓励有条件的国有企事业单位开展托育服务，承担更多社会责任，增加公办以及集体办学前教育机构的数量和类型，最大限度地解除年轻人生育和养育孩子的后顾之忧。其次，提高相关民办托幼机构的办学质量。可以说，民办幼儿园极大地增加了我国学前教育服务供给，但民办学前教育本质上采用的是市场化办学模式。这种办学模式既有优点也有缺点，需要加强政府监管来规避民办学前教育办学模式的缺点，持续监督民办学前教育机构的办学质量及收费标准，推动民办学前教育办学模式实现可持续发展。最后，要加强社区与学前教育机构的联系。学前教育是个体终身教育的开始，早托班、幼儿园等相关机构应该与社区联合，聘请相关专业教师开展各种早教知识大课堂，让家长能够及早意识到关注孩子各阶段成长的特点的重要性，增强其早教意识。

3. 办学管理

第一，加强政府在学前教育办学管理中的责任。目前，学前教育中还存在一些问题，如政府机构责任弱化，对学前教育的重视程度不够；市场化的学前教育功利色彩过浓，片面追求学前教育的效率与经济价值；教育资源配置不均衡；等等。因此，政府需要明晰自己在学前教育发展中的角色定位，立足本职责任，以终身学习思想为引导，重视并狠抓学前教育。

第二，各级政府需要更加重视学前教育的普惠价值，重点关注学前教育的公平配置，对学前教育资源配置进行更为细致、严谨的研改，大力推进"民办公助"策略的落地，促进学前教育良性健康发展。同时，要完善幼师培养管理机制，采用多样的科学方法进行培训，提高幼师的职业素养与教学质量，掌握幼师的流动情况及流失率，积极探寻解决方案，力求提高并稳定幼师师资力量。

第三，增加乡村地区学校教育投入，缩小城乡差距。目前，农村地区的学前教育在我国整个学前教育中发展相对迟缓，需要通过政府主导来加快农村学前教育的机制改革，以及满足其发展需求。同时，相关部门要关注农村学前教育的特点，政府主导进行深入研究，设计出不同于城市办园机制的合理体制。个体的终身学习意识需要从小确立，在帮助家长和孩子提高终身学习能力方面，学前教育变得至关重要。只有重视并大力发展学前教育，才能在现代化社会中为公民的综合素质提升以及个人的终身持续发展打下坚实的基础。

（二）学校教育的设置标准

学校教育是构建服务全民终身学习的教育体系的核心组成部分。一方面，由于我国经济社会发展存在不平衡、不充分的问题，学校教育，特别是义务教育是我国绝大多数社会成员接受教育的主阵地。因此，高质量的学校教育本身就是我国教育体系综合改革的重要组成部分。另一方面，高等教育和职业教育本身就是知识、技术创新服务地方经济社会发展的重要策源地，完善学校教育体系的设置标准，能够精准应对我国人口、人力、人才发展的压力与需求。学校教育设置标准需要以终身教育理念对传统的学校教育进行全方位改革，理顺学校教育体系，将学校教育纳入服务全民终身学习的教育体系之中。服务个体终身学习的教育体系是由人在成长过程中所需各种类型的教育组成的，并且通过系统性设计促使彼此之间相互衔接，从而形成有机的统一整体，建设成为以终身学习为理念的现代教育体系。可以说，学校教育是服务全民终身学习的教育体系的主干部分，学校教育的设置标准需要以终身教育理念改革学校教育，打破不同类型学校教育之间的壁垒，理顺其关系，同时降低学校教育中一些不合理的准入门槛，突出终身教育的普惠性，让学习者能够在整个教育体系中便捷地获得所需的教育服务。另外，不同类型的学校教育之间应该形成立交互通，通过学校教育变革，推进多种形式教育的发展，以及各级各类教育的协调并进，构建服务全民终身学习的教育体系。

1. 办学理念

在办学理念上，要以终身教育理念审视和发展学校教育，推动学校教育融入服务全民终身学习的教育体系中。

第一，在义务教育阶段，办学理念应当更加注重教育公平。特别是在一些教育资源较为紧张的地区，要降低学生入学的门槛和条件，重点关注农民工子女以及新市民群体子女的入学问题，减少户籍、住房等限制条件，充分体现终身教育的普惠性。各级政府应当持续推动城乡义务教育均衡发展，在城市主要解决优质学校过于集中而导致的"学区房"等问题，促使优质学校实施集团化办学，平衡城区之间的义务教育资源；在乡村主要实现更高水平的城乡师资均衡配置，建设一支高素质的乡村教师队伍，持续提升乡村义务教育发展水平，缩小城乡之间义务教育发展的差距，进一步实现更高水平的教育公平。

第二，在普通高中及中等职业教育阶段，办学理念应当注重学生未来成长的通道。当前，在我国，义务教育阶段结束之后，通过中等职业招生实现职业教育和普通教育的分流，更多的家长期待孩子能够读高中、上大学，对于孩子上中等职业院校的积极性不高。因此，国家应当进一步推动职业教育高考改革。

第三，在高等教育阶段，办学理念应当更加重视对学生的分类培养，推动高等院校分类发展，加强不同类型高校之间的纵横联系。我国从国家层面已经按照人才培养类型将大学分为研究型、应用型和职业技能型，不同类型高校的培养模式是不同的，并且不同类型高校的发展路径也是不同的，避免了高校之间同质化发展的倾向。与此同时，要打破以往高等职业教育与普通高等教育隔绝的状态，推动两者之间的相互沟通和补充，促进两者的共同发展。构建服务全民终身学习的教育体系的重要目标之一，就是让终身学习者能够在整个教育体系内便利地学习，并且要为不同类型学校的学生开辟更为宽阔的升学和学习渠道，为其就业后的学习提供更多的职业培训机会，提高其职业技能，帮助其更好地就业。

2. 办学模式

学校教育在办学模式上相对成熟，在服务全民终身学习的教育体系下，学校教育办学模式需要重视终身教育立交互通的实现，打破各级各类教育之间的壁垒，实现纵横向的衔接沟通，为终身学习者提供自由且多样的教育资源选择，减少"一考定终身"对个人所产生的影响。在义务教育阶段，政府应持续加大投入力度，努力实现更高水平的教育公平。不同于其他类型的教育，义务教育具有强制性、公共性等特征，需要政府不断加大投入，保障人民群众接受义务教育的权利，促进城乡之间、不同地区之间的义务教育均衡发展。在普通高中以及中等职业教育阶段，相关部门在办学模式上需要进一步明晰顶层设计思路，从更加宏观的角度出台职业教育高考等相关改革政策，更加重视学生未来的成长和发展。在高等教育阶段，应努力实现不同类型教育之间的立交互通。一方面，成人教育和普通高等教育之间应当实现互联互通，建立全国权威的学分系统，学习者个人可以通过不同教育机构之间的学分互认形成个人学习经历；另一方面，职业高等教育与普通高等教育应当进一步加强融通互联。当前，按照人才培养类型，可以将我国高等院校类型划分为研究型、应用型、职业技能型三大类，高等院校分类发展是职业教育和普通教育相融合的重要契机，职业教育发展不应是"断头路"。不同于其他国家和地区实行职业教育和普通教育双轨制，我国应用型大学的出现可以有效连接研究型和职业技能型的人才培养，进一步明晰不同类型人才培养通道和路径，促进职业教育和普通教育深度融合。

3. 办学管理

在服务全民终身学习的教育体系下，学校教育的办学管理应当进一步突出终身教育的特性，以终身教育理念为指导，改革创新办学管理机制，突出终身教育的开放性和普惠性等特点。

第一，打破传统办学理念的束缚，统筹协调不同类型学校教育融入服务全民终身学习的教育体系。历经多年的发展，学校教育早已形成了固化的对象、领域及利益相关者。要想打破学校教育中的各种壁垒，需要政府从宏观层面协调各级各类教育的内部关系。政府从宏观角度倡导服务全民终身学习的教育体系构建，就是在努力将各级各类教育囊括在终身教育这一体系之中，以实现各级各类教育相互之间的纵横向沟通，建立便于个人进行终身学习的立交互通教育体系。特别是不同类型的学校教育组织要构成统一的服务全民终身学习的教育体系，互相打通、互相衔接、互相关联、互相承认，实现各类各级教育的互相衔接，最终形成服务全民终身学习的教育体系。

第二，探索并建立个人终身学习账户，解决学习成果与学分的认证、学分的积累与转换的标准和评估等问题，保证学习者在服务全民终身学习的教育体系内畅通流转。此外，应持续发展开放教育，进一步提升开放大学等开放教育组织的科技含量，利用移动互联网技术、虚拟现实技术等新一轮科技革命成果，增强学习者参与终身教育的便利性，并进一步提升终身教育服务的质量。在这个过程中，需要充分考虑我国不同地区的文化传统、地域习惯，更需要考虑不同地区经济社会发展的程度、学习型社会建设程度，科学地推动学校教育融入服务全民终身学习的教育体系。

第三，推动国家层面的终身教育立法，理顺不同类型学校教育之间的关系，让社会全体成员便利地接受终身教育。国家应当从顶层设计角度出发，加强终身教育立法，我国虽然在《中华人民共和国宪法》《中华人民共和国教育法》等法律中有终身教育相关的表述，但总的来说，目前的终身教育法律支持体系还不完善，还未制定国家层面的独立终身教育法。虽然已有的教育相关的法律法规中，如《中华人民共和国义务教育法》《中华人民共和国高等教育法》等，都涉及终身教育相关问题，但大多数法律法规还是局限于管理与规范某一教育阶段的内容，关于服务全民终身学习的教育体系还缺乏必要的法律规范和保障。因此，国家需要通过专门的法律，来理顺不同类型学校教育之间的关系，做出清晰的顶层设计，持续而有效地推动学校教育融入服务全民终身学习的教育体系。

（三）职后教育的设置标准

随着经济转型升级步伐的加快，以及高等教育步入普及化阶段，我国高学历人才进入劳动力市场的比例越来越高，对已有职后教育提出了越来越高的要求。在服务全民终身学习的教育体系之下，职后教育的设置标准必须提高，以满足高学历人才及企业创新研发对高质量职后教育的需求。职后教育作为社会劳动力和专门人才就业后的教育和培训，是指通过脱产、半脱产等形式，组织在职员工学习政治、文化以及专业技能等各方面知识的教育活动。在我国，职后教育有带薪或不带薪、脱产或半脱产、利用业余时间进修等多种形式，各级各类成人教育学校是实施职后教育的主要机构。此外，也有全日制职业技术学校和高等院校承担了部分职后教育的任务。当前，高质量成为我国经济社会发展的主题，在服务全民终身学习的教育体系下，职后教育设置标准应当进一步提高，通过高质量的职后教育不断推动人才创新成长，服务我国经济产业转型升级和行业企业创新发展。

1. 办学理念

在服务全民终身学习的教育体系下，职后教育办学理念是应当进一步提升质量，充分发挥优质高等院校在职后教育发展中的作用。各地在不断推动经济发展转型升级，努力实现经济高质量增长。行业企业对高质量创新人才的需求不断增加，并且我国高等教育迈入普及化阶段，劳动力市场中高学历人才比例越来越高，因此，传统以成人教育学校为主的职后教育的发展受到极大挑战。构建服务全民终身学习的教育体系需要进一步提升职后教育质量，增强其开放性，增加优质研究型、应用型以及职业技能型大学参与职后教育，持续推动职前教育与职后教育有效衔接，为学习型社会注入新的内涵。职前教育和职后教育是人才培养的两个重要组成部分，虽然二者在培养目标、内容体系建设等方面存在明显的区别，但也有诸多相似之处，合理统筹协调二者的发展将有利于提升人才的培养效率。特别是探索职前教育中的高等教育阶段和职后教育融合，既能够解决目前高等院校在培养各类型人才过程中缺乏实践应用等问题，又能够为人才的长期发展营造一种良好的氛围。

2. 办学模式

目前，我国职后教育的办学模式以各种类型的成人教育为主，包括各类广播电视大学、开放大学以及高校开设的继续教育学院等开办的成人教育等多种形式，但是这些成人教育形式的社会认可度相对较低，与现有高等院校联系较少。在服务全民终身学习的教育体系下，相关部门应当进一步改革创新职后教育办学模式，推动职后教育高质量发展，不断提高职后教育的吸引力和社会认可度。

首先，从概念上来看，职后教育更加强调从学校毕业以后参加工作时接受的教育，而成人教育更加强调学习者的年龄。虽然从起源来看成人教育是终身教育发展的重要起点，但是职后教育包含的内容更加广泛，针对性更强。因此，在服务全民终身学习的教育体系下，需要进一步对职后教育的办学模式进行改革创新，加强职前与职后教育的衔接，不断提高职后教育发展质量。

其次，职后教育是服务全民终身学习的教育体系的重要组成部分，大力发展职后教育有利于激发广大在职人员参与终身教育的热情。无论是从国际相关研究来看，还是从国内相关研究来看，终身教育思想不断发展并逐步完善，以最初的成人教育或职业培训教育为出发点，逐步扩大到了整个社会成员的终身教育。在这个过程中，终身教育的原则、特征逐渐清晰和明确，从而在很大程度上促进了终身教育理论和实践的发展。当前，服务全民终身学习的教育体系构建需要对职后教育提高设置标准，加强质量建设，促使数量庞大的从业人员及市场主体积极参加终身教育，开发现有人力资源，服务国家创新驱动发展战略。

最后，职后教育发展关系到服务全民终身学习的教育体系的吸引力。相较于职前教育，职后教育更需要激发学习者的主观能动性。作为构建服务全民终身学习体系的关键部门，职后教育实现高质量发展对于提升服务全民终身学习的教育体系的吸引力具有重要意义。职后教育特别是职后教育与高等院校的结合，是人类社会发展到一定阶段的特殊终身教育形态，在一些发达国家已经开展，如企业与高校联合进行科研创新，联合开展职后教育培养人才，并且这种形式受到世界各国的高度关注。但是，当前我国职后教育发展还面临一些困难，无论是个人，还是行业企业等市场主体，对于职后教育的认可程度均有待进一步提升，职业教育在服务全民终身学习的教育体系构建中的作用和潜力还没有完全被挖掘，优质高等院校参与职后教育的程度有待提升。同发达国家相比，职后教育联合高等教育开展科研创新、人才培养以及社会服务方面还存在一定的欠缺，需要行业企业等市场主体根据自身的需求，联合优质的研究型、应用型、职业技能型大学开展职后教育，有效推动自身的人才培养创新，助力行业企业走高质量发展道路。

3. 办学管理

在服务全民终身学习的教育体系下，相关部门在职后教育的办学管理方面应做好以下几个方面的工作。

第一，持续利用好科技手段开展职后教育，降低职后教育的门槛，为在职员工参与职后教育提供便利。改革开放之初，广播电视大学在我国发挥了非常重要的作用，推动我国终身教育实践不断向前发展。随着科学技术的飞速发展，职后教育中运用科技手段能够更加凸显终身教育开放性、适应性、灵活性和高效性的特点。特别是随着移动互联网技术的蓬勃发展，以及虚拟现实技术等新科技手段的出现，职后教育在通过科技工具帮助人们构筑知识经济时代服务全民终身学习的教育体系的同时，在潜移默化之中使终身教育理念根植于每个人的心中。相关部门应运用科技手段推动职后教育发展，满足学习者时间灵活的学习需求，为学习者提供丰富的资源，营造公平且自由的学习环境。从成本上来看，信息化的职后教育不需要特定的、独立的学习空间与专门的教学器具等，个体可以通过电脑、手机等电子设备进行学习，不受场地的限制，成本低且覆盖面广。从课程资源来看，它克服了传统教育受限于器材、课本、师资以及教室等条件的不足，为学习者提供了丰富的课程资源，甚至能够提供可视化的学习环境来满足学习者的学习需求。

第二，积极推动优质高等院校参与职后教育，提高职后教育的质量和社会认可度。无论是从经济高质量发展的维度来看，还是从高等院校培养人才方面来看，优质高等院校参与职后教育都有利于促进经济高质量发展和高质量人才培养。一方面，市场主体需要进一步加强对员工的职后教育，提高员工的创新发展水平，助力企业解决转型升级过程中遇到的技术难题，提高企业的研发创新水平。因此，行业企业需要与高等院校联合开展科研创新和人才培养，与此同时推动职前教育与职后教育有效衔接，为企业人才成长提供良好的氛围和通道。另一方面，高等院校要参与职后教育，不断调整学校人才培养计划，加强对学生实践能力及就业能力的培养，提高人才培养质量，做好产教融合工作，服务经济社会转型发展。不同类型的高校可以根据人才培养类型的不同，主动与相关行业企业沟通联系，增强不同类型人才培养的针对性和科学性。

第三，进一步创新办学管理机制，推动职后教育实现高质量发展。职后教育面向的是广大在职员工群体，并不像学校教育那样相对具有权威性和一定的强制性。职后教育是最能体现终身教育理念特点的教育阶段，要促进职后教育的发展，需要提高职后教育的质量和吸引力，激发广大在职员工群体参与职后教育的热情。各级教育行政部门应当持续推动职后教育办学管理改革创新，通过相关财税政策引导优质高等院校参与职后教育，激发企业与优质高等院校联合开展职后教育的积极性，统筹协调多方共同发力，推动职后教育实现高质量发展，不断提升社会公众对职后教育的认可度。

（四）老年教育的设置标准

21世纪，像多数发达国家一样，我国社会逐步进入了老龄化阶段。人口老龄化问题作为不可避免的新课题，涉及社会的各方面。我们需要用科学的发展观来稳步推进我国老年教育的发展，促使老年人在健康的晚年生活中创造无限精彩。2016年10月，国务院办公厅印发《老年教育发展规划（2016—2020年）》，对扩大老年教育资源供给、创新老年教育体制机制、促进老年教育可持续发展等方面做出部署。目前，我国的人口老龄化趋势进一步凸显，相关部门可以通过构建服务全民终身学习的教育体系让老年人心灵有所安放，努力满足老年人的内在精神需求，保障老年人接受终身教育的权利。

1. 办学理念

在服务全民终身学习的教育体系下，我国老年教育的办学理念应当是迅速扩容、持续提质。我们需要认识到我国老年教育资源供给不足,并且分布极不均衡。20 世纪 60 年代婴儿潮出生的人口开始陆续退休,未来将会有更多老年人步入退休生活,对于老年教育的需求也会不断增加,我国各类老年教育机构在老年教育供给方面将会面临极大的挑战。此外,从农村及乡镇所拥有的老年教育机构的数量来看,我国老年教育的城乡发展极不平衡,相当比例的农村老年人无法享受到终身教育。因此,面对来势汹汹的"银发潮",我国应当进一步推动老年教育发展,扩大老年教育的规模,提高老年教育的质量,缓解我国目前老年教育资源供不应求的问题。由此可见,老年教育是服务全民终身学习的教育体系中必不可少的一环。另外,应当持续提高老年教育质量。我国的老年人通过参加老年大学等方式,极大地丰富了晚年生活。新中国成立 70 多年来,我国人口受教育程度不断提高,老年人口中高学历人口比例不断提升,这对老年教育提出了更高的要求。因此,相关部门应该持续提升老年教育质量,增强服务全民终身学习的教育体系对于老年人的吸引力,努力开创具有中国特色的老年教育发展新格局。

2. 办学模式

当前,老年教育的办学模式主要是以政府办学为主,社会资本参与老年教育的积极性不高,各地老年大学、老年学校报名难的问题并未得到有效缓解。未来,在服务全民终身学习的教育体系下,应当进一步拓展老年教育发展路径,丰富老年教育办学模式。目前,我国老年教育资源供给与需求不平衡的局面尚未得到根本性改善,面对这一现实情况及未来我国老龄化人口的压力,在服务全民终身学习的教育体系下,老年教育的办学模式需要进一步改革。第一,鼓励各方力量积极参与老年教育的建设发展,实现老年教育与相关产业的联动、可持续发展。老年教育的发展不能仅仅依靠政府,应当整合多方资源形成合力推动老年教育的发展。在社会主义市场经济条件下,各级政府可以通过财税相关政策调动市场主体参与老年教育的积极性。第二,积极开发老年人力资源。伴随着知识经济的迅猛发展,老年教育迎来新的发展机遇。在知识经济兴盛时代,要大力开发老年人力资源,就必须让老年人紧跟时代的步伐,在思想上保持先进的观念,持续建设服务全民终身学习的教育体系,大力发展老年教育。第三,积极推动各种新信息化技术在老年教育领域的渗透,并且整合文化、科技等各类资源,共同促进老年教育的发展和提升。老年人同样享有平等的受教育权利,老年教育不仅仅是为老年人提供了一种更好的紧跟社会发展的高质量生活方式,更是为老年人继续参与国家建设提供了新的机会。

3. 办学管理

在服务全民终身学习的教育体系下，相关部门在老年教育办学管理上应当注意两个方面：一方面，创新老年教育办学管理机制；另一方面，通过立法保障老年教育的健康可持续发展。首先，在创新老年教育办学管理机制上，需要进一步理顺管理机制，明确高等院校在发展老年教育方面的责任。目前，我国老年教育的发展推进主要依靠的是政府力量，但是老年教育发展推进的具体操作需要依赖于各类教育组织以及各个职能部门，因此明确各主体的责任、建立科学有效的实践运行机制至关重要。高等院校师资充足，在服务全民终身学习的教育体系中应当承担更多的责任，特别是一流大学提供老年教育服务，既能有效利用自身的退休教师资源，又能够满足广大群众的老年教育服务，能够有效增加优质老年教育资源供给，极大地增强服务全民终身学习的教育体系的吸引力。其次，通过立法保障老年教育健康可持续发展。老年教育体系需要建立完善的法律制度予以保护，社会大众的传统认知一般是受教育权利的保障仅仅是保护个体接受学校教育的权利。但在终身教育理念下，任何阶层和年龄的社会成员受教育的权利时刻平等，老年人的受教育权同样也需要法律保护。但是，我国老年教育的发展还不够成熟，老年教育相关的法律法规建设刚刚起步。因此，老年教育的法律保护工作还需要进一步推动，完善的法律体系是老年教育健康可持续发展的重要保障。

此外，社区及基层组织参与老年教育，可以有效地丰富老年教育的类型和内容。社区及基层组织参与终身教育是推进全民终身学习的新方式。以终身学习理念为指导思想，将老年教育与社区各机构组织结合，不仅能够让老年人更加便捷地接受老年教育，也能够将终身教育体系打通，贯穿至人生的各个阶段，真正实现人的终身学习与成长。具体来看，社区组织可以通过配备专门的人员组织老年人教育，利用专业知识，设置适合的项目与课程，在保障老年人身体健康的基础上，帮助他们时刻与社会发展接轨，避免老年人对现代社会产生疏远感和孤立感。

第五章

服务全民终身学习的教育体系创新设计与体系建构

　　现行的教育体系中存在职前教育与职后教育脱节的现象，表现为学校内外教育的割裂。构建服务全民终身学习的教育体系本质上需要弥合这一割裂，使终身学习思想贯穿人的一生。本章以服务全民终身学习教育体系的创新设计与体系建构为重点，对服务全民终身学习教育体系的终身学习力指标进行梳理与理性反思，对服务全民终身学习的教育体系的核心要素与关键要点、立体化设计与论证等方面进行分析。

第一节　服务全民终身学习的教育体系的终身学习力指标设计

终身学习是国家与人类永续发展之必然。在构建服务全民终身学习的教育体系进程中，需要对面向个人的终身学习力及相应的指标进行明晰与构建。本书对终身学习力指标的初步设计，主要是基于国际终身学习力指标梳理与终身学习力指标的质性研究两方面进行的。

一、国际终身学习力指标梳理

学习力是促使个体与学习材料及社会环境之间互动，是个体理解和认识外部世界的手段，是学会认知的能力。学会认知具体是指个体掌握和积累相关专业知识，运用专业知识解决非预设的复杂学习、工作和生活环境中遇到的问题，在各种社会实践中科学运用所学知识，并在学习与运用知识的过程中形成和锤炼思考力、合作力、沟通力等思维品质。终身学习与学习力概念呈现出高度的一致性。简言之，终身学习的本质就在于持续提升学习者学会认知、学会学习的能力，即提升其在学习型社会中的终身学习力。[①]

我们进一步梳理了国际层面的终身学习力要素及指标设计。首先，通过阅读分析联合国教科文组织、欧盟委员会等权威性国际组织所发布的代表性文件，可以从中提取出其蕴含的终身学习关键能力。1972 年，联合国教科文组织发布了报告《学会生存——教育世界的今天和明天》，并鲜明地提出了培养"完人"的目标。该报告指出，教育的基本目的是把一个人在体力、智力、情绪、伦理各方面的因素综合起来，使他成为一个完善的人。所谓"完人"，除了具备获得知识，掌握研究与表达思想的工具的能力，还包括一个人的观察、试验和对经验与知识进行分类的能力，在讨论过程中表达自己的意见和听取他人意见的能力，不断

---

① 傅金兰. 终身学习力：学习型社会一种必要的生存能力[J]. 成人教育，2008（7）：36-37.

进行阅读的能力，把科学精神和诗情意境相结合以探索世界的能力等。①

1996 年，联合国教科文组织在报告《教育——财富蕴藏其中》中，提出并详细阐释了终身学习的四大支柱，具体包括：①"学会认知"（learning to know），即掌握认识世界的工具。学会认知更多的是为了掌握认识的手段，而不是获得经过分类的系统化知识。②"学会做事"（learning to do），即学会在一定的环境中工作。该报告指出，从技能到能力的转变需要接受社会实践，在具体的工作环境中实现对知识技能的运用与锤炼，掌握包括处理人际关系的能力、主观能动性、管理和解决矛盾的能力，以及敢于承担风险的精神等综合能力。③"学会共同生活"（learning to live together），即培养在人类活动中的参与和合作精神，它可能是今后教育中的重大问题之一。④"学会生存"（learning to be），即适应和改造自己所处的环境。②该报告指出，国际 21 世纪教育委员会完全赞成报告《学会生存——教育世界的今天和明天》提出的观点：发展的目的在于使人日臻完善；使他的人格丰富多彩，表达方式复杂多样；使他作为一个人，作为一个家庭和社会的成员，作为一个公民和生产者、技术发明者和有创造的理想家，来承担各种不同的责任。③

2003 年，联合国教科文组织在报告《开发宝藏：愿景与策略 2002—2007》（Nurturing the Treasure：Vision and Strategy 2002-2007）中，又将"学会改变"（learning to change）作为终身学习的第五大支柱，以强调个体适应外界变化的能力，具体包括接受、适应、主动、引导改变四个关键方面。④

欧盟委员会在 2002 年发布的《欧洲终身学习质量指标报告书：15 项质量指标》（European Report on Quality Indicators of Lifelong Learning：Fifteen Quality Indicators）中提出的读写能力、计算能力、学习型社会中的新技能、学会学习的能力、积极的公民文化和社会能力等"技能、能力和态度"维度的质量指标，对于理解与分析基础教育阶段学生的终身学习学力内涵及其表征，有着重要的参考价值。⑤

---

① 联合国教科文组织国际教育发展委员会. 学会生存——教育世界的今天和明天[M]. 华东师范大学比较教育研究所，译. 上海：上海译文出版社，1979：35-38.

② 联合国教科文组织. 教育——财富蕴藏其中[M]. 联合国教科文组织总部中文科，译. 北京：教育科学出版社，1996：8-9.

③ 联合国教科文组织国际教育发展委员会. 学会生存——教育世界的今天和明天[M]. 北京：教育科学出版社，1996：2.

④ UNESCO Institute for Education. Nurturing the Treasure: Vision and Strategy 2002-2007[R]. Hamburg, 2003.

⑤ European Commission. European Report on Quality Indicators of Lifelong Learning: Fifteen Quality Indicators [EB/OL]. (2002)[2023-04-02]. http://www.aic.lv/bolona/Bologna/contrib/EU/report_qual%20LLL.pdf.

随着以上研究与实践的不断深入，国际上有关终身学习力的探究逐渐从对于终身学习力内涵的探索和结构的解析，发展到探究终身学习力的有效测量指标及其与个体学习、教学等因素的关系。其中，最具代表性且运用广泛的终身学习力测量指标研究成果是由英国学者盖伊·克拉斯顿（G. Claxton）等发起与实施的"有效终身学习指标"（Effective Lifelong Learning Inventory，ELLI）项目。具体而言，ELLI 项目通过系统研判影响个体学习的诸多要素，首先形成了有关学习力研究的理论基础，并在此基础上探究终身学习力的应用性，设计出科学、有效的终身学习测量问卷。而后，通过对来自不同学校的 1064 名 6—18 岁学生展开问卷调查，在实证研究中归纳出了学习力的 7 个关键要素，具体包括：①"向上信念"（growth orientation），即学习者相信通过自己的努力，自己可以变得更强，并认为学习是一种积极的体验，能够在学习中获得快乐和自尊；②"批判性的好奇心"（critical curiosity），即学习者表现出试图弄清事物本质的欲望，重视对事情真相的了解，更加倾向于选择深层学习方式而不是浅层学习方式，具体而言，学习者不会不假思索地接受别人告知的东西，而是通过自己的主动思考和探索得出结论；③"意义建构"（meaning making），即学习者将所学内容与已知内容建立联系，从而形成具有个人意义的学习；④"抗压力"（compression resistance），即学习者在遇到失败、挫折以及应对未知时仍然能够坚持不懈的能力；⑤"创造性"（creativity），即学习者敢于冒险、把玩知识，善于采用不同方法、从不同角度想象、理解、思考和处理学习内容；⑥"学习互惠"（learning relationships），即学习者既能独立学习，也能够与他人一起学习，并向他人学习；⑦"自我管理意识"（self management awareness），即学习者能够有意识地管理自己的学习过程，清楚自己的学习水平和需要，控制自己的情感，并能根据自身学习发展需要，运用有效的学习策略来帮助自己掌握相关知识和提升相关能力。[①]

在 ELLI 项目不断推进的同时，有不少学者通过运用与反思、修正前者测量指标，制定了关于终身学习能力的测量量表。其中，约翰·科比（J. R. Kirby）等强调，终身学习作为人类不可回避和必须深思熟虑的活动，值得专家学者持续开展深入研究和倡导鼓励，并认为 ELLI 项目缺少了关于个体学习目标设定、现有

---

① Crick R D, Broadfoot P, Claxton G. Developing an effective lifelong learning inventory: The ELLI project[J]. Assessment in Education: Principles, Policy and Practice, 2004(3): 247-272.

知识和技能运用以及学习自我评估等方面的内容。[1]据此，他们首先依据肯迪（P. Candy）等[2]和克纳珀（C. K. Knapper）等[3]对终身学习者的 5 大特征的归纳概述，即设定目标、运用适当的知识和技能、进行自我指导和自我评估、定位所需信息、灵活转变学习策略以适应不同的问题与环境，明确了终身学习能力的重点在于"知道如何学习"，强调终身学习能力与学习方法高度相关。进一步地，他们结合比格斯（J. B. Biggs）[4]和埃文斯（C. J. Evans）等[5]学者对学习方法的研究成果，研发出了一套简明的终身学习测量方法以评估终身学习的维度，并研究了终身学习与学习方法的关系。概言之，该研究从终身学习者的 5 个特征出发，运用学习方法相关领域知识，设计出了包含 14 个具体问题的终身学习测量量表，用以衡量学生终身学习的倾向。研究发现，自我管理与规划、元认知、自我调节、自我意识在个体终身学习中发挥了关键作用。

除此之外，学者乌尊博伊鲁（H. Uzunboylu）等在充分梳理关于终身学习量表现有研究的基础上，通过对一所中学的 300 名教师开展调查，设计出了 "终身学习能力量表"（Lifelong Learning Competencies Scale，LLLCS），经检验的量表共包括 6 大维度、51 个测量指标。其中，6 大终身学习力维度分别是自我管理能力、关于如何学习的能力、主动性和企业家能力、获取信息的能力、数字能力和决策能力。[6]

总的来看，在以联合国教科文组织为主的各大国际组织的倡导与推动下，诸多学者和机构对终身学习力的测量指标与量表展开了系统研究，尤其以 ELLI 的影响力最大。国际层面关于终身学习力要素的内涵解读以及要素结构解析，为我国开展个人终身学习能力的构建研究提供了一定借鉴。

① Kirby J R, Knapper C, Lamon P, et al. Development of a scale to measure lifelong learning[J]. International Journal of Lifelong Education, 2010(3): 291-302.

② Candy P, Crebert G, O'Leary J. Developing Lifelong Learners through Undergraduate Education[M]. Canberra: Australian Government Pub. Service, 1994.

③ Knapper C K, Cropley A J. Lifelong Learning in Higher Education[M]. London: Kogan Page, 2000:30.

④ Biggs J B. What do inventories of student's learning processes really measure? A theoretical review and clarification[J]. British Journal of Educational Psychology, 1993(1): 3-19.

⑤ Evans C J, Kirby J R, Fabrigar L R. Approaches to learning, need for cognition, and strategic flexibility among university students[J]. British Journal of Educational Psychology, 2003(4): 507-528.

⑥ Uzunboylu H, Hürsen Ç. Lifelong learning competence scale (LLLCS): The study of validity and reliability[J]. Hacettepe University Journal of Education, 2011(41): 449-460.

二、终身学习力指标的质性研究

作为国民教育体系的最高层次、人才培养的重要基地，高校是推动构建服务全民终身学习教育体系的主力军。因此，关注个体终身学习力的培养，首先要实现高等教育人才培养向终身学习体系转轨。史秋衡在国家大学生学习情况调查中对大学生学习情况展开系统而深入的研究，其中包括对大学生学习力与可持续发展能力等方面的考察，为我们探究终身学习力的指标构成提供了数据支持与理论支撑。[①]

本书课题组成员王芳主要聚焦于我国大学生群体的学习力模型研究。首先，在参照 ELLI 项目提出的学习力 7 要素以及借鉴学习心理学和系统动力学相关理论成果的基础上，厘清了大学生学习力的内涵和结构要素，建构了大学生学习力的理论模型。具体而言，大学生学习力包括以下几个方面：①学习驱动力，主要是指驱动学生主动学习的内在力量；②学习策略力，主要是指辅助学生更有效、更有意义地学习以实现学习目标的手段；③学习行动力，主要是指学生在内在需要的驱动下，运用学习策略与外部环境发生互动的行为表现；④知识力，主要是指学生通过与外部环境互动而获得的知识方面的收获；⑤认知力，主要是指学生通过与外部环境互动而获得的认知方面的收获；⑥技能力，主要是指学生通过与外部环境互动而获得的技能方面的收获；⑦情感力，主要是指学生通过与外部环境互动而获得的情感方面的收获。随后，其通过批判性地借鉴对大学生学习研究领域影响较大的大学影响理论，以及融合"个人-环境匹配"理论，提出了大学生学习力模型的系统影响因素。在此基础上，其借助 NCSS 数据库对理论模型加以验证，构建了我国大学生学习力的实证模型，并分析了该模型的影响因素及动态发展特征。同时，其运用质性研究方法探究了学习卓越大学生的学习力模型，深入分析了我国学习卓越大学生学习力模型的特殊性。[②]

本书课题组成员谢玲从关注个体发展的终身学习持续性角度出发，探究了大学生可持续发展能力的培养模型，以未来的眼光重新审视教育，关注高等教育对人才以及社会可持续性发展的作用。具体而言，其主要采用量化为主、质性为辅的混合研究方法，以实现学生终身可持续发展为研究目标，链接大学生发展这一成熟研究领域，探究大学生可持续发展能力的内涵、模型及其影响因素和作用机制。首先，在系统梳理大学生可持续发展能力的内涵的基础上，运用改进的德尔

---

① 史秋衡. 国家大学生学情发展研究[M]. 厦门：厦门大学出版社，2020：15-20.

② 王芳. 我国大学生学习力模型研究[D]. 厦门：厦门大学，2019：150-155.

菲法构建了大学生可持续发展能力结构要素模型，发现大学生可持续发展能力作为一项综合能力，包括目标管理能力、自我评估与指导能力、合作能力、学会如何学习的能力、综合解决问题能力、批判思维能力 6 大子能力，其中，学会如何学习的能力为可持续发展能力的关键要素。其次，其通过批判性地借鉴对大学生发展研究影响较大的理论，提出大学生可持续发展能力模型的影响因素。在此基础上，其借助 NCSS 数据库的 2020 年数据对模型加以验证，并通过结构方程模型、分位数回归模型以及夏普利值分解法对我国大学生可持续发展能力的现状与影响因素展开分析，探究了个体特征与院校特征等前置性因素、学生学习过程与教师教学过程等过程性影响因素与我国大学生可持续发展能力模型的作用机制。[①]

有关终身学习力的指标梳理与构建，还需要关注高等教育阶段以外的、其他时期的个体终身学习力指标研究。2016 年，清华大学与丹麦乐高基金会（LEGO Foundation）共同建立了清华大学终身学习实验室，旨在通过前沿研究，探索创新终身学习的模式，支持从早期教育到高等教育的终身学习活动。该实验室描绘了培养终身学习者的框架，并认为个人的终身学习力养成需要具备五大要素：一是目标感；二是跨学科学习内容；三是科学的学习方法，强调培养学生的科学创新精神，注重深度学习的实现；四是有效的学习过程，强调培养学生具备学、思、习和行的能力，即通过学习、认识、行动与反思以形成认知迭代和行动价值输出整合的完整、动态、螺旋上升、贯穿一生的学习之路；五是内在动力系统，终身学习贯穿一生，唯有激发好奇心、热情，坚定信念和拥有毅力，才能确保学习热情源源不断地生发。同时，该实验室指出，要提高终身学习力，家长与教师应该从小帮助孩子养成持久的热情、掌握科学的学习方法、学习跨学科的学习内容，不断地循环熔炼，实现未来的人生目标。[②]

概言之，构建服务全民终身学习的教育体系要求凝聚政府、产业界、学术界的共识与合力，促进教育生态发生系统长期的改变，为祖国培养更多创新研究型、应用型、职业型等人才。未来，关于面向个体的终身学习力的要素明确与指标构建，还需要根据个体成长的阶段性特征与发展规律，开展更为详细的分阶段、特定化的分析与研究。

---

① 谢玲. 我国大学生可持续发展能力培养模型研究[D]. 厦门：厦门大学，2022：180-183.
② 清华大学未来实验室. 终身学习实验室简介[EB/OL]. [2024-01-24]. http://thfl.tsinghua.edu.cn/kxyj/zxjg/zsxxsys/index.htm.

第二节　服务全民终身学习的教育体系的核心要素与关键要点

新时代我国社会主义现代化建设在教育方面的要求突出表现为着力推进教育治理体系与治理能力的现代化。构建服务全民终身学习的教育体系就是实现教育治理体系现代化的关键举措。在构建服务全民终身学习的教育体系的过程中，需要对建设中暴露的薄弱环节开展查缺补漏式的重点建设，明确存在于供给层的核心要素以及不容忽视的关键要点，将政府意志真正落实到体系构建的实践之中。[①]

一、我国服务全民终身学习的教育体系供给层的核心要素

教育体系以结构为基石、以关系相联结，由互联互通的各级各类教育机构构成，抑或是教育生态系统中各种教育要素的有序组合。构建服务全民终身学习的教育体系供给层的核心要素，主要表现为基于实现全民终身学习的价值信念整合而成的、现有各级各类教育中所有的教育技术与资源，具体包括虚实交互的教育信息化基础设施、智能联动的教育"互联网+技术"、教育数字化赋能资源以及终身教育师资队伍。

（一）虚实交互的教育信息化基础设施

随着移动互联网、大数据与云计算等技术的快速普及，"信息惠民""智慧城市建设""互联网+"行动成为我国信息现代化的重要战略。加之新科技与新技术在教育领域的不断渗透，教育信息化得以快速发展。教育领域"以学习者为中心"的教育教学理念已经逐步落到实处。近年来，我国利用现代技术不断进行教学改革，技术更新使得终身学习发展进程发生变化，已然呈现出"应用深化不断加强、创新案例竞相涌现"的局面。数字化教学能够打破时空的束缚，即使我

---

① 史秋衡，季玟希. 新时代教育体系要素变革的理路[J]. 高等教育研究，2022（7）：14-21.

国有着庞大的人口基数和辽阔的土地，也能在全国范围实现优质教育资源的汇集与共享。在信息技术的支持下，个体可以在获取优质共享教育资源后，在学校以及教师的个性化指导和辅助下，结合自身的学习特点与发展需求，量体裁衣，获得个性化的终身学习方案，以全面提高我国各级各类教育人才的培养质量，使学生获得成功。因此，各级政府需要推进信息技术与个体终身学习的结合，完善并拓展社会终身学习公共服务平台，将其视为教育改革与社会发展工作的重中之重。

本书第一作者史秋衡教授自 21 世纪初便开始解读德国大学虚拟仿真实验室的科技前沿性及其在设计性教学方面的内容先进性。随着计算网络、信息技术在教育领域的不断渗透，现代教育形态已经发生了天翻地覆的变化，线上教育将成为国际层面一种传播速度更快、覆盖范围更广的新型教育形式，与课堂教育、广播教育、电视教育一同构成了 21 世纪全球多元化的教育手段。网络教育由于具备投资少、覆盖面广、效率高等明显优势，成为教育发展的热门领域。目前，网络教育正以线上大学、网络开放大学等多种形式在世界各国竞相兴起。同时，在疫情期间，远程网络教育在全球各地的发展更是迅猛。

在发展中抢得先机是至关重要的获胜秘诀，我国应加强教育信息化建设，以信息化带动教育现代化。具体来说如下：第一，配合国家信息通信基本建设策略，尽快建立线下线上融合的网络教育机构，加快以强大信息技术与通信技术为基础的中国教育现代远程教育网络建设，建成一批优质的网络学校。第二，大力开发网络教育资源。国家应重点投资并开发能够实现教育信息资源共享的软件，尽可能地满足不同社会群体的多样化、个性化的高质量教育需求。同时，创造条件，建立社区网络信息中心及国家级、全国性的终身教育信息网络平台，实现人人共享社会优质教育资源，营造健康的终身学习环境。第三，提高教师的信息素养，培育信息网络与多媒体教学师资，加强对各层次的计算机软件人才的培养和培训，尤其是要加强对师范教育专业学生的信息技术教育以及中小学专任教师的计算机基本技能培训。第四，普及网络知识和技术，鼓励各级各类学校充分利用现代信息技术。全国中小学要开设信息技术教育必修课，帮助广大青少年掌握相关知识与操作技术，并培养其信息收集、理解、判断、处理的能力。同时，成人学校也要开设信息技术教育课程，为学员扫除进入信息社会的知识和技能方面的障碍。第五，加强网络教育的管理。积极借鉴国外在推进教育信息化方面的有益经验，特别是先进的技术与管理制度，建设一支适应教育信息化需要的管理队伍。另外，服务全民终身学习的教育体系的对象是社会所有成员，因此整合社会已有的公共教育文化设施与资源，是构建该教育体系的必要策略。整合现有资源能够避免建设重复，也能够提高现有资源的育人效能。

（二）智能联动的教育"互联网+技术"

我国作为全球公认的互联网使用大国，网络信息技术发达。利用现有条件，以推动教育改革发展为核心，以实现全国教育领域互联网普及为发展政策，将"互联网+"作为我国教育现代化发展战略中的重要举措，是实现教育信息化的关键条件。从这个角度来看，国家明确提出"互联网＋"目标，凸显了互联网在全民终身学习中的重要作用。但是，目前我国不同学习形态的"互联网+"公共服务平台存在各自为政的现象，形成了"信息孤岛"，致使学习者在访问平台的过程中经常会遇到使用不便、服务不到位、资源质量不高等诸多问题。种种迹象表明，我国的"互联网+"发展实践尚未有效为全民提供个性化、规模化的学习支持与服务。现有"互联网+全民终身学习"模式及其实践更是呈现出有零散的政策，但缺乏具体且系统的制度支撑与保障的现象，即多数相关政府文件只是呈现政策导向，而确切的保障制度体系仍未建立，"互联网+全民终身学习"存在可操作性不强、应用性不高、普及性不广等显著的共性问题。可以说，到目前为止，我国的"互联网+全民终身学习"模式的显著优势还未得到充分显现。

5G、无线接入技术和移动终端技术的飞速发展，以及移动互联网的飞速发展与成熟，为服务全民的终身学习的教育体系构建提供了强有力的支持及广阔的发展空间。移动互联网的移动性、互动性、可识别性、实时性、可控性、便携性、可定位性等特点，能够有效地满足广大用户群体的多样化、个性化、时间碎片化学习需求。2015年5月，习近平同志在首届国际教育信息化大会的贺信中明确指出，"因应信息技术的发展，推动教育变革和创新，构建网络化、数字化、个性化、终身化的教育体系，建设'人人皆学、处处能学、时时可学'的学习型社会，培养大批创新人才，是人类共同面临的重大课题"[①]。可以说，利用信息技术及"互联网+"政策来支撑引导传统教育改革，是构建面向未来的服务全民终身学习的教育体系的必要手段。基于此，"互联网+全民终身学习"将成为社会成员学习的主流，即满足人们在任何时间、任何地点学习的需要，打破学习的时空局限性，增强教育资源的地域性，并且帮助师生、生生以及师师之间实现有效的多向

---

① 习近平致国际教育信息化大会的贺信[EB/OL].（2015-05-23）[2023-01-10]. http://www.xinhuanet.com//politics/ 2015-05/23/c_1115383959.htm.

互动和交流，成为社会不同群体各成员学习和交流的主要手段。

具体来说，实现"互联网+全民终身学习"，一方面需要通过信息技术推动教育资源的汇集与流动，分析教育资源的特征以及掌握高效的学习方式；另一方面，需要利用网络平台构建包含全民学习信息的大数据学习地图，收集整合学习者的学习态度、行为习惯、情感表征以及学习方式等生物及行为数据，为学习者构建个体学习画像及群体学习画像，揭示学习者的真实学习状态与规律，分析学习者的知识缺陷，发现学习者的能力特长，在此基础上为学习者生成个性化的学习成长路径与方案，让每个学习者都能够利用学习成长方案进行高效学习，满足学习需求。值得注意的是，在服务全民终身学习的教育体系中，学习者的学习成长路径是根据其现实发展需求的变化而持续更新和优化的，并且在该过程中一直都以帮助学习者养成终身学习的关键能力为目标。因此，这种基于大数据的全民学习系统，需要满足每一位学习者了解自己目前在个人终身学习成长完整路径中的位置，并且能够清晰地了解自己在个人终身发展每个具体阶段的学习内容及目标的需要。随着云计算、生物识别、物联网等科学技术的进步及其在学习领域的应用，学习者能够快速察觉自己在学习成长过程中的变化及发展水平，及时调整自己的学习路径，以最高效的方式达到学习目的。

（三）教育数字化赋能资源

数字化的信息资源是互联网技术的精髓。一方面，以优质的数字化信息资源满足多元化、个性化的民众需求，是构建服务全民终身学习的教育体系的逻辑起点；另一方面，以服务全民终身学习的教育体系的思想理念与构建实践来统筹发展教育数字化资源，将其提升到配置资源与结构布局能够满足全民学习需求的高度，进而推动全民开展数字化学习，同样也是构建服务全民终身学习的教育体系的关键。对此，一是需要加强教育领域数字化学习资源库的建设与优化，通过合作、自建及购买等方式整合各方学习资源，并对各类学习资源进行深加工，通过提高"教育+短视频"、微课程的存量，链接并满足移动学习的特有需求；二是要加大地区相关方对资源共建共享的合作力度，结合地方特色，对地方自由的教育资源进行整合分类，提供能够满足社区居民共享学习需求的本土化教育资源。具体来说，目前我国的学校教育制度已经相当完善和成熟，利用数字化信息资源补充正规学校以外的各层各类教育资源短板，充分发挥数字教育的力量，是我国当下丰富和完善终身学习资源的有效措施。

在已有实践中，我国大力推进教育信息化改革，通过拓展数字教育的广度与深度，力求使面向人人的终身学习成为可能。一方面，部分一流高校开始建设网络教育学院或者继续教育学院，逐步扩大高等教育的覆盖面；另一方面，在政策及资源的支持下，现有诸多省市级电视大学改建为一定规模的社区学院或者社区大学，不少高校、社区学校与村委会、居委会等共建了学习点，组成了资源丰富、架构规范的基层学习组织。这一系列层级化的学习网络构建举措让面向全民的教育体系构建成为事实，为实现全民终身学习奠定了基础。此外，在信息技术的支持下，教育数字化能够为每个社会成员配备个性化的终身学习账户，共享大量优质教育资源，在量身定制的学习方案的指导下，开展高效、优质的学习，全方位提高全民终身学习的质量。因此，以终身学习理念统筹推进信息技术与教育资源的深度结合，将成为未来很长一段时间各级政府工作的重点内容。

（四）终身教育师资队伍

高质量的终身教育需要一支高水平专业素养的专职教师队伍。不可否认的是，美国、欧洲以及韩国、日本等发达国家与地区的终身教育起步较早且发展迅速，现已取得了令人瞩目的成就。[1]我们通过对同为亚洲国家的日本、韩国的终身教育发展理念与思路进行分析可以发现，日本构建终身学习平台以调动全社会的积极参与[2]，韩国则建立了终身教育振兴馆，并由专职的终身教育师来推进终身教育发展[3]。在充分考虑终身教育工作内容规模庞大以及贯穿人的成长全过程等特殊性质的基础上，借鉴国际上的先进经验，我国在大力推进服务全民终身学习的教育体系构建中，需要关注以下几点：①设立专门的岗位，设立相应的岗位准入制度以及相关资格证书制度，并且为专职岗位的相关人员提供专门培训，提升专职人员的专业水平和服务质量，确保终身教育工作队伍的职业化与专业性，保证终身教育工作的可持续性；②完善相应的专业技术职称制度，并将其与现有的专业技术职称制度并轨，帮助从事终身教育的专职人员走向专业发展的良性晋升道路，有效激发专职人员的工作积极性；③可以借鉴日本、韩国实施的终身教育专业工作人员必须由高校来培养的制度，鼓励和支持大学设置终身教育相关的本硕博专业，来保障终身教育工作人员的专业性；④充分利用各级各类教育中现有的师资资源，通过增强其终身教育意识，积极鼓励和引导他们开展旨在培养学生终

---

① 周俊华. 终身教育发展保障机制研究：基于国际比较的视角[J]. 教育学术月刊，2016（4）：67-73.

② 龚福鹏. 日本终身学习平台的构建及对我国终身学习公共服务平台建设的启示[J]. 成人教育，2021（3）：86-93.

③ 梁荣华. 韩国"终身教育师"制度介评[J]. 中国远程教育，2017（5）：72-76.

身学习能力的教学改革,并为其提供专业的终身教育培训以及个人终身发展支持,进一步壮大终身教育师资队伍。此外,在以数字化教育推动全民终身学习的现代战略中,还需要加强数字化专业队伍的建设,充分发挥政府的领导与组织作用,通过外引内培,组建高水平的数字化人才队伍,有效管理、维护、推广以及运营终身学习数字化平台。

二、我国服务全民终身学习的教育体系构建的关键要点

当前,我国处于重大战略转型期,在构建服务全民终身学习的教育体系进程中,需要明确改革和调整教育体系的有力抓手,坚持以一流学校主导为关键抓手,坚持办学主体多元化,实现各级各类教育的积极转变。

(一)以一流学校主导为关键抓手

作为社会的轴心机构,学校尤其是高等学校在推动建设服务全民终身学习的现代社会过程中发挥着重要作用。当前,我国劳动力结构调整总体仍滞后于产业结构调整,高技能人才缺口较大。同时,在面临老龄化、少子化与劳动人口持续下降等一系列挑战时,人口红利期将基本结束,这都将对全民终身学习提出更高的要求。教育是推动产业转型升级与促进人口红利转化的关键动力,高等教育作为我国国民教育体系的最高阶段,成为全民终身教育的有效组成部分与关键推动力量。2021年,联合国教科文组织发布《一起重新构想我们的未来:为教育打造新的社会契约》(Reimagining Our Futures Together: A New Social Contract for Education),提出未来教育的发展原则之一就是确保人们获得高质量的终身学习权利,且教育内容不仅包括知识和技能,还包括团结关爱的精神与信念,这从根本上隐含了教育开始成为一项承载人类社会共同发展愿景的公共事业。[①]一流高校作为发展高质量教育的重要载体,在各级各类教育中具有重要的目标引领、价值引导与动力补给的功能和作用,理应成为推动全民终身学习的"发动机"。同时,一流学校作为优质教育资源的相对聚集地且最为专业的主体,需要以吸引和满足学习者发展所需作为最高目标,支撑引领他们在学前教育、小学教育、中学教育、高等教育等各阶段的学习成长。种种迹象表明,在目前服务全民终身学习的教育体系构建过程中,各级各类学校对个体终身学习的重视不足,以及高等教

---

① 林可,王默,杨亚雯. 教育何以建构一种新的社会契约?——联合国教科文组织《一起重新构想我们的未来》报告述评[J]. 开放教育研究,2022(1):4-16.

育普及化、内涵式发展程度不够等，制约着人才培养面向终身发展的进程。因此，促使学校积极融入国家战略，尤其是一流学校参与服务全民终身学习的教育体系的构建，具有重要的现实意义。

在坚持以人民为中心、办好人民满意的教育的价值导向下，一流学校需要提供多元化、个性化及动态化的一流终身学习服务，满足人们多元化、个性化、动态化的学习需求。一方面，做终身学习理念的先行者，将终身学习理念融入一流学校人才培养体系，基于学习者的学习发展需求，营造开放、扁平与弹性的学习氛围，促进多元化学习模式的交叉与融合，提升学生终身学习的素养与能力；另一方面，做提升终身教育质量的"压路者"，推动其他一流学校融入服务全民终身学习教育体系的教育空间结构，丰富其终身学习的教育品牌与品种，促进其增强参与社会服务的使命感及社会影响力，发挥自身在服务全民终身学习的教育体系建构中的重要支撑作用，积极探索以一流学校为主导的终身教育新模式。

（二）坚持办学主体多元共推

构建服务全民终身学习的教育体系是一项庞大而复杂的系统性工程。从目前各级各类教育发展的实际情况来看，我国在支撑服务全民终身学习事业的教育形式、教育环境、教育类型以及教育机会等方面还处于初期发展阶段。未来较长一段时间内，服务全民终身学习的教育体系构建，仍需要大规模的人力、财力与物力等资源，以及社会组织、民间团体和社会公众的多元参与、协同支撑。因此，构建服务全民终身学习的教育体系，仅依靠政府推进是远远不够的，必须充分调动社会各种积极力量的配合，利用这种协同参与和互相支撑增强服务全民终身学习教育体系构建的科学性与民主性。

具体而言，在政府简政放权的大背景下，基于2021年修订的《中华人民共和国教育法》中鼓励和支持民间资本进入教育领域的导向，首先需要通过借助自媒体等开展广泛宣传，同时发挥图书馆、科技馆、博物馆等社会公共文化场所的教育功能，为社会各界提供多样资源，让终身学习潜移默化地融入人们的生活，使终身学习成为每个公民自觉的意识和行为。近几年来，开辟新的教育经费融资渠道已经成为我国教育创新与发展的重要内在逻辑。因此，从这个角度来说，民间组织与团体的协同、辅助作用将会在整体融资的过程中得到进一步彰显。

放眼国际，社会民间组织在推进终身学习发展方面一直扮演着重要的角色，在协助政府开展全民终身学习的活动中也持续发挥着重要的作用。它们都有推动终身教育的组织支持体系，只是各国依靠的力量有所不同而已。但一个共同点是，它们都有终身学习的信息技术、智能技术支持体系。换句话说，网络资源是社会民间组织推动终身学习的重要手段，目的就是让公民随时随地可以学习。在终身学习的经费支持方面，英国、法国两国都有专门的终身学习经费管理组织及相应的财政资源支持体系，美国则是从政府到地方全面支持终身学习。总体上而言，其通过促进社会各组织、各机构、各团体的集体行动和协同配合，建构服务全民终身学习的教育体系，引导办学主体进行多元协同的共同建设与管理。

我国一方面要进一步促进各级各类学校，特别是开放大学、地方普通大学与社会教育的融通；另一方面，要继续健全社会、社区及街道等文化公共设施建设，促使校内学习与公共设施在一定的规范要求之内有效衔接、联动，通过这些公共的基础设施为公民提供优质、丰富且便利的学习资源。同时，要积极打造相关的终身学习网络平台，进一步促进资源的共享与信息互通，切实营造人人参与、人人共享、时时可学、处处可学的基层学习自组织形式，增加全民终身学习的机会，激发全民参与终身学习的热情。

第三节　服务全民终身学习的教育体系的立体化设计与论证

在构建服务全民终身学习的教育体系进程中，对教育体系的法规政策与实施路径进行框架制定与多层次论证，既是真正实现新时代我国教育体系变革的基本保障，也是促进教育高质量发展的重要手段，更是激励人民群众持续开展终身学习的重要原动力，能够进一步提高构建服务全民终身学习教育体系改革实践与新时代历史方位、全民终身学习发展目标、现代化强国建设目标之间的契合度。[①]

一、服务全民终身学习的教育体系的法规政策框架

依法治教是树立教育发展正确方向、有效建设现代教育体系的必然要求。2021年4月公布的《全国人大常委会2021年度立法工作计划》明确提出，要"研究启

[①] 史秋衡, 谢玲. 构建服务全民终身学习的教育体系的价值解读[J]. 北京大学教育评论, 2021（3）: 178-187.

动环境法典、教育法典、行政基本法典等条件成熟的行政立法领域的法典编纂工作"。这意味着着力推进教育法典化将成为当前乃至未来更长时间我国教育体系法治化、现代化建设的重要内容。^①事实上，自党的十九大报告提出服务全民终身学习的教育体系建构目标至今，虽然当前国家行政性政策文件以及专门教育工作会议中关于终身学习立法的相关议题不断，但也存在一些局限：一方面，现有条例规章多是停留在方向性纲领与原则上，即便涉及终身学习或终身教育内容，也大多是宏观的、抽象的；另一方面，终身学习的法律法规制定进程缓慢，缺乏与服务全民终身学习的教育体系相关联的法规支撑机制、资源协同机制及经费保障机制等。由于以上明确制度框架与实操性举措和方案的缺失，国家层面"终身学习法"或"终身教育法"的缺位，使得我国服务全民终身学习的教育体系构建在整体性法治规则、系统性政策目标和长期性规划方面存在缺失，造成了地方政府在贯彻终身学习理念精神与落实终身学习法治化实践上的乏力。纵观世界终身学习的改革与发展，英国、美国等国家的终身学习发展水平之所以较高，就是因为其有强大的法律体系做后盾。因此，我国需要加快终身学习立法进程，在法律框架中推进服务全民终身学习的教育体系构建，在法治高度上传递终身学习的精神、立场与价值观，使服务全民终身学习的教育体系建构目标沿着法治化的道路发展。

（一）以"立德树人"理念为根本，确立体系构建的立法思想

"立德树人"是教育的时代使命。党的十八大报告提出把"立德树人"作为教育的根本任务。2019年，中共中央、国务院印发的《新时代公民道德建设实施纲要》中明确提出，要坚持育人为本、德育为先，把思想品德作为学生核心素养、纳入学业质量标准，构建德智体美劳全面培养的教育体系。对于服务全民终身学习的教育体系建设而言，更应该强调育人中的以德为先，要求全民终身学习体系建设中注重将个人的价值追求和社会发展目标结合起来，鼓励全民通过终身学习把视线投向个人发展与社会发展的阶段性融合，促进人的全面、终身可持续发展，帮助个体实现人生价值。

我们通过梳理终身学习的发展史不难发现，"立德树人"思想与"终身学习"理念在本质上是一致的，即倡导贯穿于个体一生的学习（教育），并使学习（教育）成为个体生存与发展持续一生的内在动力。通过"立德树人"进行道德培养

---

① 全国人大常委会2021年度立法工作计划[EB/OL].（2021-04-21）[2023-10-20]. http://www.npc.gov.cn/npc/c30834/202104/1968af4c85c246069ef3e8ab36f58d0c.shtml.

和人格塑造，是对培育德智体美劳全面与可持续发展人才的最好回应。"立德树人"是服务全民终身学习的教育体系构建的归宿，而不仅仅是其中的一个组成部分。这就亟须通过全民终身学习重新梳理"立德"与"树人"在终身学习立法中的地位，通过法制培养全民关于真、善、美的正确价值观，形成良好的教育法治生态圈。

（二）以"终身学习"内涵为基础，确立体系构建的立法思路

终身学习是贯穿于人生命始终的学习，其横向上包括公民在人生各个阶段所接受的各种形式的学习，纵向上则包括校内学习与校外学习。为深入贯彻落实党的十九大以及党的十九届四中全会精神，朝着"构建服务全民终身学习的教育体系"方向前进，需要在以往教育体系的基础上重构新型教育体系。若想让重构及早落地、落实，需要通过国家层面的立法指引，积极推动构建服务全民终身学习的教育体系的实践，这是核心的客观助推条件。

一部良法的诞生是普适性与特殊性原则相融合的有机统一体。如果说我国教育法的立法目的是为各种校内教育依法治教，以规范普遍意义上的学校教育制度，那么"终身学习法"就是在促进教育均衡发展的前提下，以终身学习的特殊内涵为基础，强化校外教育发展以及各种教育形式的沟通和衔接。因此，对于"终身学习法"的构建，既要做到尊重终身学习本源，又要与普通的教育法相区分。具体来说，终身学习的发展不能仅满足于正规的、普适的校内学习，还要将多样的、特殊的校外学习内容与形态作为发展重点，构建完整的终身教育法律体系。比如，我们探究美国终身学习法治建设的历程可以发现，1976年颁布的《终身学习法》首先从根本上确定了国家终身学习与教育体系发展的基本框架和基本内容。此后，从1980年颁布《中学后继续教育法》到1994年颁布《2000年目标：美国教育法》以及1997年提出教育的"四大目标"和"十大原则"，都是在坚持终身学习内涵与本源的基础上不断充实与完善终身学习相关法治建设，加强从小学到大学学习活动等正式教育与继续教育、成人教育的垂直衔接和横向整合，促进整体教育体系的改革与发展。①

（三）以"法治化"为条件，使终身学习覆盖全教育发展规划

伴随社会主义现代化强国和法治国家建设的全面提速，将"法治化"融入国

---

① 桑宁霞，岳蓉. 角色、视野、能力：政府统筹终身学习资源研究——基于各国终身学习法的文本解读[J]. 中国成人教育，2020（7）：3-8.

民教育体系建设已是大势所趋。党的十八大以来，国家特别强调教育发展规划在法治层面的重要性。教育发展规划是保障全民终身学习的基本条件，是构建服务全民终身学习的教育体系的基本法律依据，也是《中华人民共和国宪法》《中华人民共和国教育法》中关于公民受教育权规定的应有之义。教育发展规划一经被教育部批准，便具有宪法解释力，具备根本法的属性和权威。因此，从服务全民终身学习的教育体系建设的依据来说，教育发展规划是服务全民终身学习的教育体系构建的直接法律依据；从服务全民终身学习的教育体系的功能来说，作为消解教育机会公平与正义矛盾的重要抓手，基于规划的终身学习规范性指标是对教育公平的最有力补充。

实际上，20世纪90年代起，在终身教育法治化进程中，发达国家既会在上位法律层面给予终身学习应有的地位，也会把终身学习列入教育发展规划中。例如，法国主要将终身学习理念与原则渗透在相关教育法律法规中，从1919年颁布的《阿斯杰法》（Loi Astier）、1956年颁布的《终身教育草案》（Draft of Lifelong Education）到1971年颁布的《终身职业教育法》（Lifelong Vocational Education Law）、《技术教育法》（Technical Education Law），都是以"终身学习理念"作为整体教育发展的导向；美国则主要通过颁布有关终身学习的独立法规，为美国全民终身教育体系建设提供了强有力的制度保障，如《终身学习法》《高等教育法案》。[1]在亚洲国家中，日本于1990年颁布了《终身学习振兴法》，韩国于1999年制定了《终身教育法》。[2]可以说，基于法治的角度将终身学习纳入整体教育体系的指导理念与原则中，是以上国家终身学习发展水平较高的重要原因。

（四）以"公民学习权"保障为核心，加快终身学习立法

公民学习权是指学习者能自由支配其学习过程的权利，是从学习者个人角度出发的，体现了学习者"自下而上"的主动学习行为。概言之，学习权是每个公民都应享有的基本权利，是一项需要被保障的基本权利。促进全民享有终身学习机会的前提，就是以终身学习权作为基础。继而，如何充分保障每位公民终身的学习权益，成了终身学习立法的核心问题。1985年，联合国教科文组织在第四次国际成人教育会议上通过的《学习权利宣言》（Declaration on the Recognition of the

---

① 游文亭. 法、美终身教育立法体系对我国的启示[J]. 中国成人教育，2021（4）：54-58.
② 兰岚. 论日、韩终身教育立法的嬗变及对我国的立法启示[J]. 终身教育研究，2020（1）：38-45，64.

Right to Learn），就特别强调了"学习权"的概念，明确规定了学习权的主要内容，包括读与写的权利、质疑与分析的权利、想象与创造的权利、研究自己本身的世界而撰写历史的权利、获得教育资源的权利以及发展个人及集体技能的权利。①

公民的学习权是教育立法遵循的关键要素。从学习阶段角度阐释，学习权主要包括开始阶段的"学习机会权"、过程阶段的"学习条件权"和结束阶段的"学习成功权"。②对于服务全民终身学习的教育体系构建而言，这同样是终身学习立法进程的基本阶段与主要逻辑。2015 年，联合国教科文组织发布的《教育 2030 行动框架》（Adoption of the Education 2030 Framework for Action）指出，学习权自产生那一刻起便贯穿人的一生，要为全体公民提供全纳、公平、有质量的教育，以增进全民学习和全民终身学习机会为教育的总体目标与任务。③2020 年，联合国教科文组织终身学习研究所发布的《拥抱终身学习文化：对教育未来倡议的贡献》（Embracing a Culture of Lifelong Learning：Contribution to the Futures of Education Initiative）进一步明确提出了要把终身学习视作一项新的人权，有效保障人们终身接受优质教育与学习资源的权利。④

概言之，《学习权利宣言》体现了国际层面对学习权的基本共识，《教育 2030 行动框架》则将学习权的落实视为终身学习立法的先决条件。然而，学习权在当前我国教育立法体系中尚不具备明确的法定意蕴，还停留在权利呼吁的阶段。具体而言，自 1995 年《中华人民共和国教育法》规定要"建立和完善终身教育体系"，终身教育立法已多次被纳入全国人大、教育部年度工作与地方人大工作计划之中。目前，地方层面已经制定的明确的终身教育促进条例共有 5 部，包括《福建省终身教育促进条例》《上海市终身教育促进条例》《太原市终身教育促进条例》《河北省终身教育促进条例》《宁波市终身教育促进条例》。相比较而言，我国在宏观层面现行有效的教育单行法，诸如《中华人民共和国教育法》《中华人民共和国义务教育法》《中华人民共和国高等教育法》《中华人民共和国职业教育法》等，对终身学习权的实现起到的是间接保障作用，而能够对终身学习权实现直接

---

① 周志宏. 教育法与教育改革[M]. 台北：高等教育文化事业有限公司，2003：510-511.

② 龚向和. 受教育权论[M]. 北京：中国人民公安大学出版社，2004：37-56.

③ 国家教育发展研究中心专题组. 迈向全纳、公平、有质量的教育和全民终身学习：《教育 2030 行动框架》之总体目标和策略方法[J]. 世界教育信息，2016（1）：12-15.

④ UNESCO Institute for Lifelong Learning. Embracing a Culture of Lifelong Learning: Contribution to the Futures of Education Initiative[M]. Hamburg：UNESCO Institute for Lifelong Learning, 2020.

保障作用的"终身教育法"还未出现。[①]纵观全世界的终身教育发展，对终身学习权的保障已经成为彰显各发达国家教育水平的一种外在体现，也是各国建设学习型社会在制度供给方面的重要体现。目前，《中国教育现代化2035》以"建立国家资历框架"方式确立了终身学习发展以及建设服务全民终身学习的教育体系的主要目标。因此，从公民学习权实现的角度来讲，需要关注以下方面：一是需要尽快制定统一的资历框架，并按一定标准进行等级划分，解决公民学习权无"法"可依的现实难题；二是可以在国家资历框架中融入相应的学分银行和学习成果认证制度，通过官方的课程标准设计，促进学习成果融通互认，确保公民学习权的实现。

（五）以现有法律为基准，与现有法律体系协调统一

从法律的诞生与代际进化来看，新时代教育立法需要以传承以往人类法律文明普适经验与智慧结晶为基础。[②]《依法治教实施纲要（2016—2020年）》指出，要坚持教育立法和改革决策相衔接，做到重大改革于法有据，加快推进"终身学习法"等法律草案的起草工作。[③]因此，以现有法律为基准，实现服务全民终身学习的教育体系法规政策框架与国家现有教育法律体系的相互呼应与良性互动，成了终身学习立法的现实要求。

具体而言，党的十一届三中全会以来，国家高度重视教育立法工作，在《中华人民共和国宪法》《中华人民共和国教育法》等国家与教育事业"根本大法"的引导下，中央层面各级各类具体教育法律法规的研究取得了丰富成果。一方面，改革开放后，以1980年颁布的《中华人民共和国学位条例》为起点，我国逐步建立起以《中华人民共和国教育法》为基本法，包括多部教育法律、教育行政法规、教育部门规章及大量地方性法规、地方政府规章在内的教育法律法规体系整体框架。[④]因此，未来确立的"终身教育法"需要与现有的教育法保持协调一致，与整体教育体系法律框架相互呼应和统一。另一方面，《中华人民共和国宪法》是我国开展各项教育工作、制定各项教育法律法规的最高权威依据。在沿袭《中华人民共和国宪法》规定的公民受教育权的基础上，《中华人民共和国教育法》还

① 龚向和. 教育法法典化进程中的终身学习权保障研究[J]. 国家教育行政学院学报，2022（1）：20-31.

② 何勤华. 法典化的早期史[J]. 东方法学，2021（6）：4-21

③ 教育部关于印发《依法治教实施纲要（2016—2020年）》的通知[EB/OL].（2016-01-11）[2023-04-02]. http://www.moe.gov.cn/srcsite/A02/s5913/s5933/201605/t20160510242813.html.

④ 申素平. 教育立法与受教育权的体系化保障[J]. 教育研究，2021（8）：35-47.

规定了"公民不分民族、种族、性别、职业、财产状况、宗教信仰等，依法享有平等的受教育机会"，并对不同群体受教育保障做了细致规定。服务全民终身学习的教育体系相关立法虽然在《中华人民共和国宪法》中没有直接的依据，仍需以《中华人民共和国宪法》的精神作为先决条件，在遵循最高法律原则的基础上，与《中华人民共和国宪法》《中华人民共和国教育法》等重要法律条例相协调和统一。此外，教育方针、教育条例、教育行政等条款在部门法中也有呈现，构成了保障教育运行的具体规则与制度支撑。当前，我国正在为构建服务全民终身学习的教育体系而努力，其中一项重要任务就是要打破校内外教育与学习的利益共生链条、行政壁垒，这就需要基于法律法规的强制性和规范性进行自上而下的顶层设计，通过法律法规的强制和规范，促进服务全民终身学习的教育体系的建设。

二、服务全民终身学习的教育体系的多层次论证路径

构建服务全民终身学习的教育体系是我国主动应对国际形势错综复杂的变化趋势、积极面向国内全面深化改革的现代化建设需求所做出的战略研判。构建服务全民终身学习的教育体系，就是要进一步发挥教育事业在我国新时代新征程中的基础性、全局性、战略性功能，以教育强国支撑经济强国、科技强国、人才强国以及文化强国等强国战略的关键布局。因此，需要深入地阐释服务全民终身学习的教育体系与社会主义现代化建设之间的关系，全面分析构建服务全民终身学习的教育体系的理论框架、实践维度及其建设路径和策略，通过多层次论证彰显构建服务全民终身学习教育体系的历史必然与时代需要。

（一）服务全民终身学习的教育体系对我国现代化建设的重大意义

《中国教育现代化 2035》将"更加注重终身学习"作为基本理念之一，并将"建成服务全民终身学习的现代教育体系"作为 2035 年主要发展目标，不仅展现了中国式教育现代化的本质特色与价值旨归，也拓展了终身教育与终身学习的内涵和范围，使其从传统政策的"职后"立场转变为贯通整个教育体系的终身发展进程。换言之，高质量的教育体系必然指向服务全民终身学习，这既体现了党和国家"以人民为中心"办教育的初心与使命，亦顺应了全体国民对美好生活向往的发展需求。

具体而言,服务全民终身学习的教育体系对我国现代化建设的重大战略意义,体现在以下几个方面。

第一，构建服务全民终身学习的教育体系有利于满足全体人民共同富裕的需求。具体而言，全民是高质量教育体系的服务对象，既包括青少年等学龄群体，又包括青壮年、老年人等成年人群体；共同富裕是社会主义的本质要求，这为教育体系的建设、教育事业的发展指明了新的发展方向，即不断满足各类人群对教育的需求、对高质量教育的渴望。在改革开放后40余年的发展历程中，我国综合国力显著增强，各项事业发展趋势持续向好，实现了经济发展的"中国奇迹"。教育作为人才的供给方，同样经历了从"量"为主走向"质"优先的递进发展。1978年以来，我国各级各类教育蓬勃发展，适龄学生的毛入学率持续提高，为我国经济社会发展提供了充沛、丰富的人才资源。[①]但随着我国经济走向"新常态"，原有的粗放型发展模式已经不能满足新的发展需求，教育体系必须适应经济社会发展的新特征，进行自我变革，以更为灵活的方式容纳各类学习者，实现学龄人口"人人尽学"，已有劳动力"人人乐学"，老年人、残障人等社会弱势群体"人人"能学，推动我国实现由"人口大国"向"人才强国"的转变。

第二，构建服务全民终身学习的教育体系有利于实现精神与物质双建设。我们要实现的现代化不仅是物质层面的现代化，更是精神层面的现代化。"终身学习"是构建服务全民终身学习的教育体系的重要内容，联合国教科文组织提出的"学会认知、学会做事、学会生存和学会共同生活"21世纪教育四大支柱也指向了以"学"为本的核心理念。[②]学习是一个动态的过程，是不断发展变化的。个体在不同的生涯阶段必然会面临不同形式的困境与挑战，这也预示着个体需要在实践中不断地发现问题、解决问题，主动学习。因此，终身学习既是全体国民不断解决生活和工作中所遇到的困难的不二"法宝"，亦是其不断增强自身认知、技能以及情感发展的有效路径；既是通过增强个体综合实力以创造更多物质财富与社会价值的实践方式，亦是个体更好地认知自我、认知社会，最终实现自我价值与社会价值相统一的发展路径。同样，构建服务全民终身学习的教育体系对于当下社会存在的"佛系""躺平"等可能对社会发展、个人成长产生负面影响的思想与情绪也有着较好的疏解、引导和规范作用。

第三，构建服务全民终身学习的教育体系有利于增强教育体系的支撑性。教育作为战略力量，以培育人才为主要手段，以输出技术为间接方式，支撑着经济

---

① 中华人民共和国教育部. 中国教育事业发展状况[EB/OL].（2011-10-31）[2023-10-30]. http://www.gov.cn/test/2011-10/ 31/content_29930.htm.

② 联合国教科文组织. 教育——财富蕴藏其中[M]. 联合国教科文组织总部中文科，译. 北京：教育科学出版社，1996：8-9.

社会的全面发展。这种战略支撑性地位对教育体系在包容性、灵活性与韧性等方面提出了基本要求。首先，包容性要求教育体系需理顺各级各类教育之间的关系，并为新兴教育领域预留发展空间，促进各级各类教育协同并进，特别是要处理好普通教育与职业教育、学校教育与非学校教育、显性教育与隐性教育等几对重要关系，实现教育成效的倍增发展。其次，灵活性要求适应教育信息化等新部署、新要求，通过产业、政府、事业单位等外部力量的介入，打破教育系统内部的闭塞局面，通过促进各类主体参与教育的过程，间接提高教育服务社会发展的能力。最后，韧性强调教育体系要增强危机应对能力。疫情期间，全球各级各类教育主体或通过直播、会议平台，或通过电视、广播平台开展线上教学。尽管取得了一定的成果，但也存在一些教师线上教学能力不高、家校合作缺失、学校应对能力不足、管理部门应对方式僵化以及企业参与缺席等问题。因此，相关部门需要深刻反思教育体系在其中暴露的弊端，通过系统整理教育体系内部各构成部分之间的关联，增强教育体系与外部社会环境的多维互动与共生共长，以更具弹性与韧性的教育体系适应、服务与有效地促进经济社会发展。

（二）服务全民终身学习的教育体系构建的理论框架及实施的基本路径

设计服务全民终身学习的教育体系构建框架及实施的基本路径，需要从立足中央长治与个人久安的理论框架、纵横融合的基本路径、部门联动的机制创新、上下交泰的体制建构、确立终身教育对现有教育体系的引领与衔接以及服务全民终身学习的教育体系构建的保障机制六方面着手。

1. 立足中央长治与个人久安的理论框架

明晰理论层面终身教育的基本内涵与内容，是实践操作的基础。终身教育与终身学习是国际理念与中华优秀传统文化结合的思想结晶。诸如"诲人不倦""学而不厌"的教育智慧与"学到老、活到老"的学习情怀，已经鲜明地表达了终身学习的思想。近代，无论是中国共产党在中国近代革命时期基于革命根据地对群众展开的"冬学""夜校"，抑或新中国成立后积极实施的"广播电视大学""函授"，其一经提出便得到广大人民的热切回应。可以说，终身教育与终身学习的推行在我国本身就具备良好的文化氛围与思想基础，它既是从古至今个体对增强自身能力的渴望追求，又是党和国家坚持"人自由且全面发展"理念的体现。

具体而言，一方面，服务全民终身学习的教育体系指向个体的全面发展。首先，从教育内容的全面性来看，德、智、体、美、劳"五位一体"的培养路径是支撑个体一生全面发展的关键。其中，良好的社会公德、个人品德与职业道德是促进个体发展自我、适应职业、融入社会的根基；广泛的通用能力与扎实的专业能力是个体实现社会化的有效支撑；体、美、劳三者通过与德智的融汇，不断促进个体的多维认知、技能与情感的发展，是个体习得与实践转化的系统性复合体。其次，从学习方式的全面性来看，知识生产模式变革视角之下的学校与社会都成为个体有效学习的场所。具体而言，伴随社会向知识经济时代的转变与深化，知识生产模式的变革使得知识弥散在社会的各个角落，必然会对以往的教育活动产生深刻的影响。与基于单一学科的早期知识生产模式 I 不同，知识生产模式 II、知识生产模式 III 是跨学科的，其特点是基础与应用之间、理论与实践之间不断交互。^①因此，个体需要通过终身学习的路径，从各种情境与实践中获取自己所需的知识与技术。这种学习已不再是家庭、校园以及图书馆等传统学习场域的专属。这为学习型社会的建设奠定了基础，即让知识产生于社会的各个角落，让知识实现自由的流动与交互，让知识成为个体发展与社会进步的强有力支撑。最后，终身学习促使个体重新思考"人"的价值。人之所以为人，正是因为其能有意识地学习，终身学习强调个体学习行为的持续性、参与性与收获性。可以说，人对于学习的主观能动性程度决定了其能获取社会上弥散知识的程度。构建服务全民终身学习的教育体系，就是以完备的机制体制鼓励个体学习，以"人人尽学"的同伴效应引领个体学习，以学习型家庭、学习型组织、学习型政府等团体营造的向上学习氛围吸引个体学习，最终促使个体意识到"我"才是学习的主体，内容与方式最终需统一至"我"的需求之中。概言之，终身学习通过唤醒个体对"人"的价值理解以及对"我"的内涵解读，使全体国民真正实现自我的解放。^②

另一方面，服务全民终身学习的教育体系指向社会长治。首先，是以"全民"为导向，坚持"以人民为中心"的教育观。2021 年 7 月，习近平总书记在庆祝中国共产党成立 100 周年大会上强调，"江山就是人民、人民就是江山，打江山、守江山，守的是人民的心"^③。构建服务全民终身学习的教育体系，既是党的人民观的集中体现，也是对教育公平精神的深入阐释。具体而言，起点、过程与结

---

① 迈克尔·吉本斯，卡米耶·利摩日，黑尔佳·诺沃提尼，等. 知识生产的新模式：当代社会科学与研究的动力学[M]. 陈洪捷，沈文钦，等译. 北京：北京大学出版社，2011：17.

② Mukherjee M, Agrawal S. Decolonising Lifelong Education: Learning from J. Krishnamurti[J]. International Journal of Lifelong Education, 2021(1): 1-11.

③ 习近平：在庆祝中国共产党成立 100 周年大会上的讲话[EB/OL]. （2021-07-01）[2023-04-02]. http://jhsjk.people.cn/article/32146278.

果公平是教育公平的三大组成部分。健全与完善终身学习教育体系，能够保障全体国民受教育的权利、保障全体国民终身的受教育过程、保障全体国民教育成果的有效展现，即以教育公平之有效落实，深化党和政府"为人民服务"的宗旨。其次，是以"体系"为抓手，坚持"全面深化改革"的发展方向。探索出适合我国国情的教育发展方向，是突破教育改革"深水区"的有效举措。推进服务全民终身学习教育体系的重塑和完善，是整合我国教育资源、提升我国教育治理能力与教育体系现代化的突破点，它能够通过聚焦人才与教育的内在联系，扩大教育体系涉及的范围，将育才、聚才与用才结合起来，充分调动各利益主体的积极性，进一步强化教育对社会经济发展的战略性、基础性、前瞻性功效。最后，是以"服务"为前提，强调教育在实现社会主义现代化强国中的战略地位。概言之，构建服务全民终身学习的教育体系，一方面需要提升各类参与群体的积极性、创造力，以及增进各级各类普通教育与职业教育、成人教育等方面的协同，释放教育在知识创新、社会服务等方面的潜能；另一方面，需要通过教育理念、体系、成果等方面的"走出去"，深入参与全球教育治理，增强话语权，提高我国在世界的影响力与竞争力。

2. 纵横融合的基本路径

教育体系的完善与重构是实现服务全民终身学习这一目标的重要路径。具体而言，我国面临着人口庞大、地域辽阔、发展仍不平衡不充分等现实问题，要想形成能够服务全民的实力与基础，就需要统筹调动各行政部门、企业公司、学校机构、社会组织等多元主体的力量。同时，终身学习目标要求我们要提供海量的教育资源以支撑和满足全体国民终身发展的需求，这同样离不开各类团体的精诚合作。实际上，20 世纪 80 年代终身教育思想传入我国以来，我们已经陆续建立起较为完善的体制机制，但由于彼时终身教育体系仅仅囿于成人教育的范畴，与学校教育体系缺乏足够的融通，我国的终身教育与终身学习体制机制未能取得制度设计之初所希望达成的效果。因此，在全面深化改革的新时代，需要秉持"推陈出新"的建设思路，在原有机制体制的基础上进行改革、变通，构建纵横融合的、可持续发展的体制机制。

（1）构建"政府主导、个人主体、社会主动"的发展格局

构建服务全民终身学习的教育体系既需要完善教育体系，又需要唤醒个体的学习意识，二者都离不开政府、学习者及各类社会组织的通力合作。

第一，发挥政府的主导功能。政府需要转变观念，摒弃"就教育论教育"的

传统思维，充分理解教育与人才、教育与社会、教育与经济的深度联系。构建服务全民终身学习的教育体系，不仅是教育系统内部的变革，它既是精神文明建设的重要组成部分，即通过优质的教育内容促进个体的德智体美劳全面发展，又是物质文明建设的重要动力，即能够持续支撑个体适应经济、社会、技术的变化，提高自身的劳动能力与水平，并进一步促进产业转型与经济发展。因此，构建服务全民终身学习的教育体系，不仅需要教育行政部门下大力气，更应该促使多部门协同工作。换言之，凡是涉及服务与支撑人才发展全链条的部门，都应该自觉、积极地成为建构服务全民终身学习的教育体系的重要牵头者，通过使用创新工具，以健全法律法规为突破口，建立起体系化的领导机制、实施机制、保障机制与评价督导机制等，激发各政府部门参与的积极性。

第二，发挥个人的主体功能。政府凭借强大的资源调控能力构建起的教育体系究竟能发挥多大的效能，取决于个体的学习能力。若个体采取消极倦怠的态度，缺乏有效的学习技巧与方式或养成不良的学习习惯，会使本已经完善、系统、全面的教育资源供给体系无法有效转化并为学习者所用。因此，促使个体形成正确的学习观念显得尤为重要。全面展示个体的学习成果和营造良好的学习氛围，则是激发个体形成向上学习观念的重要突破点。一方面，可以采用以"数字徽章""微证书""微学位"等为代表的数字教育时代学习成果认定新路径，在传统的成绩单、职业资格证书等凭证之外展示学习者的自主学习成果，同时在学校的学习评价、用人单位的招聘与考核评价等阶段加以充分展示、全面考虑，无疑会增强个体的学习积极性；另一方面，可以通过"学分折算""带薪进修"等措施，营造鼓励成人学习者主动学习、全面学习、终身学习的氛围，维持个体主动学习的内驱力，使学习者逐步养成终身学习的理念。

第三，发挥社会力量的主动功能。企事业单位、社会团体等组织并不是被动地"卷入"终身学习的教育体系，而是应主动地融入。因此，各类社会组织同样需要转变思想，从单纯的用人单位转向"育人、用人、聚人"三位一体的角色定位，成为终身教育体系的重要参与者和领导者，不仅要发挥自身的资源、信息、平台等优势，投身学校教育或社会教育之中，成为全民终身学习的学习内容供给者，还要主动转变为学习型组织，将内部组织成员作为教育对象，以促进其适应经济社会的全面变革，实现人力资源的再开发，提高组织运行的效率与效益，以学习型组织的聚合助力学习型城市的建设。综上所述，政府的"全面引导"、个体的"全面学习"以及社会力量的"全面参与"，能够拓展个体的学习空间、延长个体的学习时间，让终身学习在社会主义现代化建设的过程中蔚然成风。

（2）建设集"内容制造、传输传播、支撑保障"于一体的全民终身学习平台

多元化学习平台是有效满足不同个体发展需求、助推全民实现终身学习的关键载体，是突破时空藩篱、保障教育公平的有力支撑。[①]一方面，全民终身学习平台主要具备数字化、公益化、系统化等特征。具体而言，数字化即运用现代信息与通信技术，使电视、广播、互联网平台等智能设备终端覆盖全国各地；公益化即学习平台的建设不是为了营利，而是彰显国家意志、履行国家责任、体现国家义务的实体载体；系统化则是指其内容要涵盖各个年龄阶段、各个学科领域，兼顾理论学习与实践学习。另一方面，一个完善且可持续发展的全民终身学习平台需要拥有海量的内容制造、高精准的传输传播、强有力的支撑保障。

第一，建设优质内容制造平台。这需要调动各级各类学校、行业企业、事业单位、社会组织等多方主体，以自身定位为基础、以差异化内容为手段、以优质讲师为主体，通过系统、丰富、生动且实际的课程设计吸引学习者"人人乐学"。同时，可以通过搭建若干数字教育资源中心，形成从学前教育、基础教育、中等教育到高等教育都能面向学生自学、家长辅导、教师进修的全员学习路径，形成家庭教育、社会教育、老年教育等涵盖各年龄阶段学习者的全面学习路径，形成技术创新、经济发展、社会变革等通识性与专业性相结合的全方位学习路径。

第二，建设高新技术的传输传播平台。也就是说，以政府投入为主导、市场参与为基础形成传输传播平台的市场化发展机制，鼓励拥有高清视频制播、高速信息通信、空天信息通信、互联网直播平台以及信息安全等技术的企业参与共建，实现"人人能学"。采用教育资源的发布、学习过程的监管、学习成果的测评、学习成就的认证等系统化、体系化的方式，构建"空中课堂""云上校园""虚拟学习空间"等承载机制，既促进了数字化学习的师生互动、生生互动，又能保证数字化学习的真实性、过程性与有效性。

第三，建设动态适应的支撑平台。一方面，支撑全民终身学习平台建设需要强调"弹性应急"思维。当前，公共健康与卫生形势的错综复杂、自然灾害的突发频生等问题，给社会长久稳定治理提出了一定的挑战。为了进一步减少全体人民的不安情绪，需要增强学习平台的灵活性与应急性，既要在日常中形成与学校教育、个人发展相补充的学习机制，又要在重大公共事件出现时及时替补线下教学与学习，尽可能地维持学习过程、教育体系乃至社会运行的稳定性。另一方面，

---

① 王亮,李锋亮,刘家荣. 欧洲终身学习平台助力终身学习体系建设的实践路径分析[J]. 终身教育研究,2022（5）：79-85.

支撑平台建设需要强调"全面数字"思维，即以建设服务全民终身学习的平台为契机，稳步推进各地图书资源、文博资源、文体资源等内容的全面数字化，突破城乡、区域的限制，在保障数字安全的前提下供国民学习。

（3）建立"中央统筹、地方推进、央地协同"的服务全民终身学习的教育体系管理机构

服务全民终身学习的教育体系需要建立国家层面主导、地方层面主责、央地协调分权的领导机制，促使各职能部门之间形成合力，以地方特色和发展实际为基础增强终身学习的教育体系的实用性与特色，以央地共商共建实现全体国民的教育共享。

第一，建设强有力的国家级统筹、协调与管理的专职机构。完善顶层支撑，统筹整合各级各类学校教育机构和各类非正式教育组织团体一心向"学"（学习者），保障每一位学习者都能够有权利享受到公平且有质量的教育资源及学习机会，这是构建服务全民终身学习的教育体系的重要原则。国际上，各国在推进终身学习方面设置专门机构早有惯例。例如，法国在《自由选择职业未来法》（Loi Pour la Liberté de Choisir Son Avenir Professionnel）的规范下，依法设置了法国能力署以统一协调政策、监管教育教学过程，从而保障个体终身学习的权利；英国设置了英国资格认证和考试管理办公室（The Office of Qualifications and Examinations Regulation），通过国家资历框架体系整合职业教育与普通教育，并增强职前与职后、学校与公司之间的融通性；日本则在第二次世界大战后设立了文部省，主管终身教育与终身学习事务，并将原有机构改组扩充为"终身教育局"来行使主管职能。[①]

第二，建立完善的地方推进机制。如前文所述，政府需要转变"就教育论教育"的传统思维模式，要将加快构建服务全民终身学习教育体系的理念扩大至财政、教育、人社、文广、工商、工信等各个部门，调动学校、博物馆、图书馆、文化馆、电视台、广播台、企业等各实体积极参与。因此，发挥地方在推进高质量发展方面的作用是一项重要议题。对此，地方政府既要利用立法这一权威路径，继续推动有关终身教育、终身学习的地方法律法规体系建设，形成"一张蓝图绘到底"的治理风格，也要在法律体系的基础上系统剖析各级各类教育的特点、优势、重点与难点，促使政府部门与社会团体之间有针对性地对接，并承担相应的责任；既要全面贯彻执行国家对构建服务全民终身学习的教育体系的全局性部署，

① 何光全，何思颖. 全球视域下的终身教育发展脉络[J]. 终身教育研究，2019（1）：19-26，54.

把握该体系的精神内涵与重点要点，以专项行动方案、专项工程等方式抽调各部门有生力量组成专业化、交叉型的执行队伍，又要依据本地区的发展需求、特色、优势与传统实现"百花齐放"，减少发展阻力，增强实施效能。

第三，促进中央与地方的事权划分和权责协同。划分中央与地方关于推进服务全民终身学习的教育体系的管辖事宜，要处理好事权下放与积极承接的关系。省级政府对教育事业的统筹管理是我国教育体制改革的重要领域，2013 年 11 月，《中共中央关于全面深化改革若干重大问题的决定》明确提出要"深入推进管办评分离，扩大省级政府教育统筹权和学校办学自主权"。因此，省级政府及市县级政府需要积极发挥主动性，在国家推进服务全民终身学习的教育体系的政策框架下因地制宜，形成自身的推动方案，做好事权下放，在承接过程中做到不忽视、不盲从、不遗漏。

3. 部门联动的机制创新

构建服务全民终身学习的教育体系是支撑我国社会主义现代化强国建设的关键，旨在通过教育体系的完善实现人才的源源不断供给。可以说，服务全民终身学习的教育体系是人才培养的第一供给力，能够有效地为社会经济各方面发展提供智力支持。因此，如何使该教育体系得到充分落实，是所有相关者应着重考虑的核心问题。总的来说，使教育体系更有活力、使相关配套政策更有推力、使教育治理更有效力，离不开多元主体协同参与的投入机制，"分类、分层、分段"的责任机制，可持续发展的开发机制以及丰富的激励机制。

（1）投入机制是前提

服务全民终身学习教育体系的建设核心指向更公平、更高质量的教育供给能力，建设主体涉及政府、社会组织、学校、企业、个人等多方利益相关者。当前，我国的终身教育体系建设在对象的广泛、内容的全面、时间的跨越等方面面临挑战，需要进一步加强与完善多元主体协同投入机制的构建。

首先，要发挥政府的主导功能。构建服务全民终身学习的教育体系，要求各级行政部门逐步完善与形成优质且均衡的基本公共教育体系，增强各级各类教育之间的内在联系。这一方面要求政府促进教育资源的均衡分布，包括以发达地区帮扶弱势地区，以实力强校带动基础弱校，以卫星班、基础教育集团化办学、公办教师"轮岗制"等方式优化区域内部教育资源的重新布局。同时，要以教育资源的均衡发展为目标，实现稳中动态调整，满足人民群众的教育需求。另一方面，要求政府统筹引导基层社区完善公共服务体系，以社区大学、银龄大学、健康养生大讲堂、家庭教育指导课程等实体组织或常态化授课机制，增强学校教育体系的支撑力度，鼓励高等院校、中小学等教育机构将基层公共服务作为社会实践的"试验田"，深化校地之间的合作，促进学校教育体系与社会学习体系之间的渗透和互助。

其次，要发挥市场的参与功能。当前，我国不断深化"管""办""评"分离改革，政府对构建服务全民终身学习的教育体系不能也不应全包全揽，市场对资源配置的功能应得到充分展现。市场的参与，一方面要坚持公益性的原则，即各行业企业应履行社会责任，基于自身优势及领域特点，积极投入到教育体系的重塑性改革之中，通过校企合作、产教融合等方式，以平台建设、课程、教材、见习实训等为载体，不断深化与各级各类教育机构的合作，例如，在中小学教育阶段积极参与生涯教育、职业认知等环节；在高等教育、职业教育阶段直接参与人才培养和知识创新等环节，实现产业、教育与城市之间的深度嵌合。另一方面，市场的参与要坚持"自我扬弃"的理念。事实上，行业企业参与构建服务全民终身学习的教育体系，有利于盘活自身庞大的人力资源。受技术升级、代际教育经历等方面的影响，目前部分企业中存在因掌握不了新兴技术而产生人力"不良资产"的困境，影响了企业的运行效率与技术的使用深度。投身终身教育体系的建设，实现"自我扬弃"并盘活人力资源，有利于企业提升整体效能。

最后，要实现多主体协作。这一方面指向政府各部门之间的深度配合，将服务全民终身学习作为各部门工作的战略目标之一，形成部门间常态化、高执行、系统性的办公机制，增大各项配套政策落地的可能性；另一方面指向政府、市场以及其他各类组织之间要形成良好的共治机制，断然不能出现一方强势而其他方面"失语"的情况，通过合理地划分权力清单、责任清单等，让各主体充分发挥自身的优势，促使各主体间形成互不干扰、互相促进的共商共享局面。

（2）责任精准划分是条件

"分层、分段与分类"是精准划分构建服务全民终身学习的教育体系过程中各主体应履行的责任的重要原则。

首先，"分层"要求精准划分各级政府之间的管辖权与治理责任。我国幅员辽阔、历史悠久，不同地区的文化有不同的特征。因此，在构建服务全民终身学习的教育体系过程中，必须照顾到各地区的差异，使各项配套政策能够具备较强的落地性以及有利于营造终身学习的氛围。这就要求省、市、县各级政府要依据自身的财政实力、区位优势、产业结构以及发展目标等，合理划分各级地方政府应承担的责任，避免千篇一律的发展趋势，增强教育体系的灵活性与互动性。

其次，"分段"要求精准划分各级各类教育主体的责任，避免学校教育体系与社会教育体系之间出现不匹配的情况，增强服务全民终身学习的教育体系的凝聚力。实践中，学校教育体系与社会教育体系之间的关系分为冲突、互补以及协商三种。冲突即双方就某一内容共同发力，造成资源的争夺与精力的浪费；互补即两者的发展领域截然不同，双方没有形成良好的耦合；协商即两者之间拥有较好的互动，形成了良好的调配机制。服务全民终身学习，需要学校教育体系与社会教育体系之间形成融合态势，只有做到"你中有我，我中有你"，通过学校教育体系的专业能力以及社会教育体系的知识外溢，才能形成协同发展的态势。

最后，"分类"即做好目标的拆解。"补短板、固优势、冲一流"是分类建设的重要思路。一方面，通过剖析当前教育体系存在的弊端、人才发展的需求、技术创新面临的挑战，分析哪些是短板，哪些是优势；另一方面，通过拆解目标的方式，细化各级各类教育主体应承担的责任，明确各级政府、各部门之间的责任红线，促进各项任务之间形成良性互动，从而避免精力与资源的浪费。

（3）资源开发是载体

"地方性"是目前传统教育体系的显著特征。尽管在国家整体教育体系下各省级教育体系的相似程度极高，但其主要是为地方经济社会发展服务的。除了高等教育中的一流大学能够获取全国性生源，基础教育、职业教育、继续教育等教育体系剩余部分更多地可能是服务本区域。区别于这种"地方性"特质，服务全民终身学习的教育体系要求突破时间、空间的限制，着眼于"全民"与"终身"，教育资源在信息技术的加持下得以跨越时空的限制，最终实现优质教育资源的全国供给与消费。因此，如何保证资源开发的可持续成为关键。

首先，要进一步提升高等教育的资源供给能力。一方面，高等教育自身是优质教育资源的提供者。大学是研究高深学问的场所，"能上学"曾经是几代人的梦想。随着高等教育结构的完善，"上好学"成为新一代国民的追求。通过短视频平台，大学教师的经典授课片段能够得到传播，时常会在社会上引发热议，足以反映出高深学问始终是普罗大众精神的最高层次。对此，大学应该抓住人民群众的庞大需求这一主线，以知识的宣传与普及作为服务社会的新形式。另一方面，高等教育是优秀的资源融合者。随着产教融合、科教融汇、普职融通以及德智体美劳"大中小一体化"建设等的推进，大学越来越成为内部连通各级教育以及外部融合各类主体的枢纽，这就提高了大学对实践的与理论的、高阶的与一般的、高深的与通俗的等方面知识进行汇融的能力，成为集优质教育资源产生、传播于一体的核心机构。

其次，要盘活已有的资源。构建服务全民终身学习的教育体系，需要调动文化、文艺、文博、文体等机构的积极性。我国拥有规模庞大的博物馆、文化馆、科技馆、美术馆、体育中心等社会机构，拥有海量的藏品、技术、信息等各类形式的载体。以前，如此庞大的教育资源存量往往处于边缘地位，很少与正式教育发生联系，往往作为一个展示平台，静静地向游客、观众展示表象的内容，而其作为涵养各年龄阶段群体的教养性功能却很少得到挖掘。因此，需要系统提升其教育能力，一方面，提高其资源深度挖掘能力，以现有的资源为基础，进一步深挖这些资源背后的意义与蕴含的知识，形成系统的、连贯的认知体系；另一方面，加大宣传教育力度，以面向各类群体需求的课程体系设计、讲解互动方式设计、学习体验空间设计以及专职队伍与志愿队伍重构等方式作为切入点，全面盘活其拥有的资源。

（4）全面激励是保障

服务全民终身学习的教育体系是对整个教育体系的重塑，将教育体系全面地融入社会、经济、文化、科技等社会子系统之中，以各类型、各领域、各层次人才的持续供给，巩固教育的全局性、基础性、战略性地位。因此，构建服务全民终身学习的教育体系，需要有全面的激励机制，这样才能调动各方主体积极参与，并维持终身学习的理念。

首先，要发挥财税手段的作用，鼓励企业、社会与个体的参与。财税是政府实现宏观调控的主要手段，政府可以通过财政补贴、专项经费以及税收减免等多种形式进行宏观调控。一是鼓励企业积极转型为学习型企业、产教融合型企业，实现自身教育培训能力及学校教育资源创新能力的"双提升"；二是鼓励各类事业单位与社会组织积极利用财政支持，深度挖掘自身潜能、盘活存量资源；三是鼓励个体在日常学习、工作之余分配更多的时间在提升自我的方面，增强学习观念，实现从外部激励到内部动机的转变。

其次，要发挥信息技术手段的作用。我国在信息技术的累积方面拥有较大优势，随着移动互联网的迅猛发展，各类信息聚合平台逐步融入人们日常生活的方方面面。一方面，积极发挥信息技术的优势，进一步完善各类在线学习平台的内容与运行机制，健全学生学习全过程监督与反馈，提高学生学习、教师教学的互动程度，实现学习的虚拟空间建设；另一方面，以数字档案袋方式，结合定量、定性的评价标准，凸显个体学习的连贯性与丰富性，全面体现个体的正式学习与非正式学习成果，并形成相应的学情报告，为个体的自我规划提供参考。

再次，要发挥综合学分手段的作用。"学分银行"是部分国家推进终身教育的重要方式。因此，要有效发挥学分的综合性、灵活性、权威性功能，而不仅仅是将其视为一种成果的展现形式，这样能促使个体形成更为积极的态度。学分在得到权威部门认可的情况下才具备长期效能，包括当个体选择升学攻读学位时可以抵消部分规定学分；当个体考取职业资格证时，学分可以替代某些科目的课程学习等，从而使个体认识到通过终身学习获得的学分是有长远用处的。

最后，要转变人才评价方式。2020年，中共中央、国务院印发的《深化新时代教育评价改革总体方案》体现了人才评价改革的重要指向，不仅要实现学生在学期间各学习阶段、各学习内容的评价转向，还要在培养人才、招聘人才、考核人才等方面建立起贯通式的评价改革体系，使教育评价超脱出传统"就教育论教育"的惯习。通过"育人""聚人""用人"的整体性评价体系改革，将"学历本位"转向"能力本位"，无疑会增强个体对自身发展的重视程度，有利于个体养成终身学习的理念，并积极践行。

4. 上下交泰的体制建构

上下交泰的全民终身学习体制建构离不开国家的顶层设计规划、法律体系保障、与经济社会发展相适应的制度体系保障。

第一，构建服务全民终身学习的教育体系是一项重大系统工程，需要中央进行顶层设计，对如何建构上下交泰的体制进行规划。终身教育理念和传统教育理念是存在一定冲突的。终身教育理念要求整个教育体系是开放的，全体社会成员均可以参加终身学习，而传统教育以学校教育为主，具有较强的筛选性与功利性，且公众普遍将到更好的学校读书和找到更好的工作联系起来。因此，为了有效化解以上矛盾，需要在国家层面出台顶层设计，对现有教育体系进行统筹考虑，并基于现有经济社会发展水平，在终身教育理念的指导下进行顶层设计，为上下交泰的体制建构勾画科学的蓝图。具体而言，一是国家顶层设计中可以设置总目标和分阶段目标，逐步实现上下交泰的体制建构。二是我国服务全民终身学习的教育体系构建，需要政府、学校、社会等多方主体形成合力，同时也需要考虑如何破除现有教育遇到的阻力，理顺当前教育体系中各级各类教育的关系，为终身学者积极主动参与终身教育打下坚实的基础。三是在教育管理体制上，应当以国家和政府主办的教育组织作为服务全民终身学习的教育体系的主导力量，同时主动创新管理体制，鼓励市场主体、社会组织等多主体参与到终身教育办学中，有效扩大终身教育资源和服务的供给，不断满足人民群众日益增加的终身教育需求。只有越来越多的社会成员主动参与终身学习，服务全民终身学习的教育体系才能够充满活力，上下交泰的体制建构才会实现正向发展循环。

第二，上下交泰的体制建构需要国家的相关法律体系作为保障。伴随近年来我国高等教育进入普及化发展阶段，高等教育供需矛盾得以逐步缓解，加之人口出生率下降在一定程度上为提高人口质量、优化需求端结构提供了契机，推动终身教育在国家层面落地具有一定的社会基础。然而，目前我国还缺乏国家层面关于终身教育的专门法律。国家层面推动完善终身教育法律体系建设，一方面能够保障终身学习的法律地位，促使各级政府不同部门之间形成合力，推动教育综合改革，以终身教育理念为指导推动现有教育体系改革，在这个过程中建构上下交泰的体制；另一方面使得终身学习者的权利得到法律保障，明确服务全民终身学习的教育体系构建的蓝图，促使全体社会成员获得全面发展。同时，有利于大幅度提高社会对终身教育的认可程度，积极营造全体社会成员主动参与终身教育的氛围，建设学习型社会，服务国家创新发展战略实施，提高人才的国际竞争力。

第三，上下交泰的体制建构需要统筹协调服务全民终身学习的教育体系与经济社会发展相适应。终身教育理念是美好的，但是上下交泰的体制建构不是一蹴而就的，终身教育实践的发展需要充分考虑各地区的经济社会发展情况，特别是当地教育资源的配置水准。当前，我国部分地区从学前教育到高等教育阶段的整体学校教育资源还比较紧张，与当地人民群众的期待还有差距，在这样的情况下推动服务全民终身学习的教育体系构建，应当考虑当地经济社会的承受度。因此，上下交泰的体制建构应当明晰总体目标和建设思路，各地区可以按照自身的发展情况，统筹协调服务全民终身学习的教育体系与地区经济社会发展的匹配程度，加快上下交泰的体制建构的步伐。这也是我国各地区率先出台省级和市级层面终身教育相关法律法规立法的经验，各地根据自身经济社会以及教育发展的实际情况，统筹协调推动终身教育实践的发展进程，既推动了终身教育理念的落地，又充分考虑到了当地教育发展的整体水平。

第四，上下交泰的体制建构需要各级政府出台完善的制度保障体系。服务全民终身学习的教育体系的建设是一项系统工程，需要多部门、多主体协同配合才能完成。在这个过程中，各级政府应当出台完善的保障制度体系。首先，在管理制度上，应适当运用法律手段，确定学校、政府和市场的权力配置，促进教育地方化和社区化。为此，一方面，应该实现"政校分开"，让政府成为秩序提供者和行为监管者。通过建立学校法人制度和完善政府公共治理结构，剥离学校与政府之间的直接隶属关系，使政府能够向所有教育机构、教师和学生提供良好、公开、公平、公正和有效的管理环境。另一方面，加快事业单位的机构改革进程，鼓励教育服务性质的商业存在，由中介组织承担认证、评估、审计仲裁、听证等社会职能。其次，在教育行政权力的配置上，坚持适当分散的原则。一方面，推进政府在体制内的公共教育权力下放以及微观管理领域全面退出，实行宏观管理、间接管理，切实履行好规划、执行、指导、监督等方面的职责，提高教育行政效率，降低教育行政成本。另一方面，要增强政府的教育秩序供给者、多元供给倡导者、主体关系协调者、公共行政服务者等的角色定位及其责任意识，建立政府公共政策的决策咨询论证制度、社会公示听证制度、公共政策问责制度等。

5. 确立终身教育对现有教育体系的引领与衔接

终身教育与现有教育并不是相互冲突的两个体系，而是终身教育理念对现有教育的改革和衔接。加强终身教育对现有教育的引领与衔接研究，有助于现有教育通过改革平稳地融入服务全民终身学习的教育体系。关于终身教育的引领与衔接，一方面需要建构起促进学校教育与学校外教育有机衔接的终身教育"立交桥"融通机制；另一方面，需要进一步培育社会上的终身学习主体意识和社会文化环境。也就是说，要在外部提供更便捷的终身教育服务，从内部增强社会成员个体的终身学习意识，即内外形成正向循环，促进终身教育实践的发展。

首先，推动学校教育与学校外教育有机连接，构建终身教育立交桥融通机制。终身教育不仅仅是学校教育，人的一生不仅需要纵向的学校教育，更需要横向的家庭教育和社会教育。增强学校教育与学校外教育之间的联系，是建设服务全民终身学习的教育体系的关键步骤。[①]有鉴于此，我国应当加快建设形成由各级政府主导、不同部门协调联动、社会多主体之间聚力配合、全体社会成员积极参与的终身学习立交桥新格局，以实现各种教育形态的环环相扣、打通不同环节、补齐体系短板的纵向衔接与横向连通为关键点，建设便捷的服务全民终身学习的教育体系。同时，我国服务全民终身学习教育体系的建设需要实现对现有教育的衔接，降低服务全民终身学习的教育体系的构建成本，提高体系建设效率。在这个过程中，相关部门要切实加快教育综合改革步伐，解决长期以来各阶段各类型教育在发展过程中存在的问题和矛盾，推动我国教育整体发展水平再上新台阶。

其次，优化教育资源融通布局，缩小不同经济社会发展地区之间的教育资源

---

① 袁松鹤. 搭建终身学习"立交桥"的四个关键问题：基于国际比较的视角[J]. 现代远程教育研究，2013（3）：104-112.

配置差距。一方面，城乡教育发展差距不断拉大，影响了服务全民终身学习的教育体系的建设质量，尤其是城乡间和区域间学习资源分布不均衡，导致了地区和城乡间终身学习机会的差距明显，农村居民、流动人口等群体的终身学习需求较难通过学习资源得到有效满足[①]；另一方面，教育资源分布不均且利用效率不高，也不利于提升终身教育服务的吸引力和社会公众对终身教育的认可程度。在服务全民终身学习的教育体系中，学校教育内部资源相对丰富且质量较高，但并不面向社会开放，这种学校学习资源的专属限制降低了学习资源的利用率，导致学习资源整体上依然短缺，并不利于服务全民终身学习的教育体系的建设。有关教育资源融通布局的思考，本书课题组成员提出的有关高等资源布局结构亟待调整，优化"普职分流"政策设计的对策建议，撰写的我国独立学院转设的风险隐患与应对策略等方面的资政报告，得到了习近平总书记的批示并被相关中央部门采用。

再次，加快新科技手段的应用，增强终身教育服务的便利性，充分调动人民群众参与终身教育的积极性。在信息化背景下，由于对学习资源的理解存在认识偏差，目前学习资源建设关注的重点普遍仍停留在开发制作上，忽略了对其统筹规划、资源管理、推广应用和良性机制的探索；加之缺乏有效管理，未形成资源建设的可持续发展机制以及协同机制，庞大的学习资源尚处于分散、无序且更新缓慢的状态。对于学习者来说，"海量资源等于没有资源"，导致了目前的学习资源利用率不高、推广应用不力。同时，教育机构之间、教育机构与行业和企业之间缺乏有效协同，导致可用性资源不多，重复建设现象比较突出，资源的市场运作机制尚未形成，从而无法激发全民学习的内在动力。

最后，加强终身学习主体意识和社会文化环境培育，形成多元投入的办学格局。一方面，要培育终身学习主体意识，促使全体社会成员积极主动参与终身教育，使服务全民终身学习的教育体系焕发出蓬勃的生命力和产生强大的吸引力；另一方面，要大力培育有利于终身教育发展的社会文化环境，大力推动学习型社会建设，营造社会多主体热情参与服务全民终身学习的教育体系构建的氛围，并通过终身教育实践的发展，进一步提高社会对终身教育的认可程度和满意程度。

6. 服务全民终身学习的教育体系构建的保障机制

构建服务全民终身学习的教育体系离不开完善的保障机制。关于构建服务全

---

① 韩清林，秦俊巧. 中国城乡教育一体化现代化研究[J]. 教育研究，2012（8）：4-12.

民终身学习的教育体系的保障机制研究，包括以下方面：一是要对促进学校外教育形态及活动内容规范化的体制机制开展研究；二是从学校层面研究如何真正实现教育的开放化与终身化；三是凸显开放大学对促进服务全民终身学习的教育体系建构的时代新作用。基于这些维度的研究，能助力服务全民终身学习的教育体系的构建，并在这个过程中建立完善的保障机制，以此推动终身教育发展迈上新的台阶。

（1）促进学校外教育形态及活动内容规范化

促进学校外教育形态及活动内容的规范化，必须要明确学校外的教育形态有哪些，在服务全民终身学习的教育体系的构建过程中发挥什么样的作用，需要以怎样的体制机制加以保障，这是研究这一问题的重点。在此研究主题背景下，足以引发对未来我国终身学习的教育体系发展方向的思考。如何促进形成学校外教育形态及活动内容规范化的体制机制，是我们要回答的主要问题。具体来说，要从以下几个方面出发开展工作。

一是以终身教育理念为指导，在综合考虑我国现有教育整体发展水平的基础上，建立具有开放性特征的服务全民终身学习的教育体系。新中国成立70多年来，我国经济社会发展取得了举世瞩目的成绩，教育整体发展水平有了较为显著的提高，为建立具有开放性特征的服务全民终身学习的教育体系提供了坚实的基础。过去，由于我国经济社会发展以及教育整体发展水平的制约，教育资源供给比较紧张，学校教育特别是高等教育建立了较为严格的入学门槛，学校教育的筛选特征较为明显，与终身教育理念相冲突。当前，我国义务教育普及率不断提升，高等教育发展迈入普及化阶段，构建服务全民终身学习的教育体系处于较为有利的宏观环境。同时，现今各级各类教育在发展过程中也存在诸多问题和矛盾，可以通过终身教育的建设，进一步加快教育综合改革的步伐，推动我国教育实现高质量发展。

二是在服务全民终身学习的教育体系框架下，探索建立更加灵活、便捷的大学学制。目前，我国的大学学制相对固定，一般来说，高等职业专科为三年制，普通本科专业为四年制，医学类等其他专业为五年制，并有着严格的入学考试以及毕业要求。未来，随着服务全民终身学习的教育体系的建立，应当探索更加灵活、便捷的大学学制，将时间年限要求改为学分要求，探索建立全国认可的学分制度，方便学习者在服务全民终身学习的教育体系内便捷地流转，满足全体社会成员多样化的学习需求。同时，探索建立更加灵活、便捷的大学学制的过程，也是学校教育和终身教育深度融合的过程，可以尝试将学分作为两个体系融合的关键，最终达到学校教育融入服务全民终身学习的教育体系的目的，改变人们的学校教育质量高而终身教育质量低的固有印象，有效提高服务全民终身学习的教育体系的整体质量。

三是构建服务全民终身学习的教育体系，要求现有教育体系建设应当由重视"学科逻辑"转向更加重视"应用逻辑"，吸引更多完成学校教育的社会成员参与终身教育。在我国当前的教育体系中，学校教育的质量相对较高且吸引力较大，但是职后教育发展相对落后，且对于在学校毕业后参加工作的群体吸引力不大。因此，构建服务全民终身学习的教育体系，需要大力发展职后教育，特别是要重点提升职后教育的发展质量，注重增加劳动力市场需求程度较高的项目培训。同时，随着我国经济产业转型升级步伐的加快，应当尽快帮助职后教育摆脱发展滞后的局面，进一步明确高等院校和科研院所在职后教育中所发挥的作用，服务我国经济产业转型升级，不断提高我国人力资源的利用效率，切实提高我国的人才创新能力和国际竞争力，通过终身教育的发展，进一步明确职后教育服务经济高质量增长的重任。

四是以终身教育理念引发关于个体学习以及教师教学的变化，从注重教师传授知识的教学原则转向更加重视学生自适应学习的主体性原则。终身教育强调服务社会成员的终身学习，强调营造有利于全体社会成员积极参与终身学习的氛围，继而构建服务全民终身学习的教育体系的过程，也是推广终身教育理念、激发全体社会成员积极主动学习的过程。从比较视野出发，传统教育更加重视教师的教，而终身教育更加重视学生的学。因此，我国在推动服务全民终身学习的教育体系建设过程中，需要对传统教育进行改革，使其适应终身学习理念的要求，改变以往的强调教学的原则，转向重视激发学习者个人内在学习的积极性和主动性，让全体社会成员认识到学习是终身的事情、是自己的事情，并不是只有在学校才需要学习，走向社会同样需要持续学习，以主动适应未来经济社会的发展要求。

（2）在学校层面实现教育的开放化与终身化

学校教育是服务全民终身学习的教育体系的重要组成部分，通过学校教育改革实现教育的开放化和终身化，是学校教育融入服务全民终身学习的教育体系不可或缺的环节。具体而言，学校是服务于终身学习的教育体系的基本组织，终身教育的任务主要是通过各级各类学校教育来完成的。一方面，学校教育与其他类型的教育相比具有明显的优势，主要表现在学校教育有明确的目的，并且配备有专职的教育工作者，有比较详细的系统化教学内容、科学的教学方法以及良好的环境和完善的配套保障机制；另一方面，相较于终身教育，学校教育组织主要是以升学任务为中心并且较为封闭的科层组织，具有其自身不可克服的弊端。在我国的学校改革中，也存在组织结构的模式化、管理行政化的倾向，需要在构建服务全民终身学习的教育体系的过程中进一步改革和克服，与终身教育发展理念相适应。

首先，学校管理制度上需要进一步改革，推动教育开放化和终身化的理念落地生根。当前，教育改革过程中存在行政要素过多的问题，例如，在推动素质教育、创新教育、课程改革等过程中，学校管理人员没有结合学校自身的实际情况，而是依靠行政力量推动改革；学校管理人员的行政职务制度以及教育财政管理的一元化体制等，都突出体现了科层组织的思想，不利于终身教育的发展。因此，必须用终身教育理念与终身学习加以改造，使之成为服务于终身学习的教育体系的有机组成部分。对学校组织的重塑，就是对学校组织的改革，打破传统学校教育的封闭体系，促进学校教育的社会化、个性化、民主化，优化学校内部的各种因素，理顺各要素之间的关系，优化组织成长的环境，发展组织文化，形成良好的组织学习氛围。另外，要推动终身教育理念落地，让开放化和终身化成为我国终身教育的标签，根据实际情况，尽可能地降低社会全体成员参与终身学习的门槛和提高其便利程度，吸引越来越多的社会成员参与终身教育，同时通过终身教育的发展助力社会整体发展水平的提高，形成正向发展循环。

其次，在服务于终身学习的教育体系框架中，需要形成学校内部教育与校外社区、社会相互开放、互动互通的良好态势。个人所接受的教育并不是孤立的，单纯的学校教育并不是一个人所接受教育的全部。终身教育包括学校教育、社会教育、家庭教育等多种教育形式，共同构成了人一生的教育。因此，在服务全民终身学习的教育体系中，学校教育、社会教育、家庭教育等并不是割裂的，需要以终身教育理念进行改革和融合，形成有机的联系整体。同样，也只有越来越多的社会成员参与终身教育，终身教育才会发展得更好，达到全体社会成员参与到终身教育中的理想状态。对此，学校教育应当进一步向广阔的社会、社区开放，这也是接纳更多社会成员参与终身教育的过程，在为社会成员提供终身教育服务的同时，社会成员也推动了终身教育的发展。

（3）开放大学对促进服务全民终身学习的教育体系构建的时代新作用阐释

党的十九届四中全会明确指出，构建服务全民终身学习的教育体系需要有效"发挥网络教育和人工智能优势，创新教育和学习方式，加快发展面向每个人、适合每个人、更加开放灵活的教育体系"①，这既是对教育的新要求，也是新时代开放大学的新使命。因此，服务于全民终身学习的教育体系建设，必须考虑到各类人群的学习需求，形成更加开放、灵活的教育体系，充分挖掘面向实践的社会教育。在构建服务全民终身学习的教育体系过程中，开放大学具有十分重要的作用。具体而言，开放大学是一种致力于网络教育的、没有围墙的大学，具有办学形式灵活、办学资源丰富、招收人数众多、专业丰富等特点，它在普通教育与成人教育之间搭起了一座桥梁，将办学力量与资源向社区教育方向延伸，旨在构建"网络化、数字化、个性化、终身化的教育体系"，让教育能够面向每个人、适合每个人、发展每个人。2020年1月，孙春兰视察国家开放大学，对学校40年来扎根中国大地办教育给予了充分肯定，体现了党中央对构建服务全民终身学习的教育体系的重视和对国家开放大学的关心，是国家开放大学改革发展的重要里程碑。②这种具有显著包容性与个性化特点的开放教育，也成为构建更加开放、灵活的终身教育体系的"定盘星"。

事实上，建设教育强国，开放教育是基础，但在实际中，我国开放教育实施现状也暴露出一些短板及弱项。办好开放大学，正是补上教育强国的短板、做强短板中的弱项的关键举措。自2012年开放大学、现代远程教育启动全面转型以来③，开放大学大力推进互联网及其衍生的相关技术与教育深度融合，在发挥网络教育和人工智能优势方面更加积极主动。2019年5月，习近平在致国际人工智能与教育大会的贺信中指出，要"加快发展伴随每个人一生的教育、平等面向每个人的教育、适合每个人的教育、更加开放灵活的教育"④，这既是对人工智能时代教育变革及创新提出的要求，也为开放大学指明了前进方向。

一是建立开放制度，即每位公民都有平等接受教育的机会，并且学校教育应当体现更强的普惠性与包容性，承认入学者学校经历以外的工作与实践经历。首先，随着社会经济发展以及人口结构与生活方式的变化，越来越多的非传统学生进入学校学习，各级学校应该关注这些学生的学习需求。其次，学校应改变传统

① 中共中央关于坚持和完善中国特色社会主义制度 推进国家治理体系和治理能力现代化若干重大问题的决定[EB/OL].（2019-10-31）[2023-04-02]. https://www.gov.cn/zhengce/2019-11/05/content_5449023.htm?eqid=92a9ff38000540eb000000026460ae9d.

② 孙春兰在国家开放大学调研[EB/OL].（2020-01-15）[2023-04-02]. https://www.gov.cn/guowuyuan/2020-01/15/content_5469571.htm.

③ 李继梅. 开放大学试点转型改革发展研究[J]. 北京教育（高教），2020（4）：24-28.

④ 习近平向国际人工智能与教育大会致贺信[EB/OL].（2019-05-16）[2023-04-02]. http://www.moe.gov.cn/jyb_xwfb/s6052/moe_838/201905/t20190516_382241.html.

的招生考试制度，适当提高非传统学生、成人学生的招生比例，放宽入学年龄限制，实行灵活、弹性、宽松的学习制度，允许学习者按照个人的节奏完成学业，允许学习者分阶段完成学业。再次，建立学分累积与转移制度，搭建不同类型教育之间的立交桥。最后，持续提高非全日制学生的比例，推动高等学校认可自学考试成绩，探索职业教育、社区学院向大学的转化机制，建立学习成就多元肯定制度。

二是开放空间和资源。现在虽然有许多包括学校及其他教育机构在内的教育资源，但是这些教育资源的使用是有限制的，没有得到充分利用与开发，造成了严重的教育资源浪费。因此，要充分利用社区的各种教育资源，包括各类图书馆、博物馆、科技馆、美术馆、文化中心等终身学习机构，密切学校与社区的联系，促使学校为社区服务。

三是开放活动与内容。这意味着一方面学生要走出校园，走向社会，积极参与各类社会实践活动，学校要重视学生的劳动教育，培养学生的动手能力和社会参与能力；另一方面，开放学校不仅表现在学校向社会开放，还表现在社会向学校开放。社会向学校开放主要是指学校以外的组织、个人为教育贡献重要力量。其中，教育行政部门、家长与学校之间的关系特别紧密，他们的参与、支持对形成高质量的学校教育发挥着不可或缺的作用。因此，要加强家校合作，使家长了解学生的学习，使教师了解学生的成长环境，促进家校互助，并鼓励具有丰富背景的社区专业人士参与到学校教育中，为师生的学习提供必要的协助。与此同时，也要基于"互联网＋教育"模式，充分利用人工智能和大数据的优势，为办好开放教育提供全方位的信息资源支持。

（三）服务全民终身学习的教育体系的建设策略

构建服务全民终身学习的教育体系应树立高质量终身学习的观念、建立终身教育的国家资格制度及框架、加强高效率终身教育组织建设、建立"以学习者为中心"的终身学习网络、加强全方位的服务全民终身学习的教育体系保障建设。

1. 树立高质量终身学习的观念

树立高质量终身学习的观念是建构服务全民终身学习的教育体系的前提条件。当前，受传统观念的影响，大部分群众对终身学习的内涵理解不够透彻，加之由于接受学校外教育的成年人心智已经成熟、社会阅历较丰富，他们的初衷大都是功利性质的获得职位晋升与福利待遇，纯粹出于提升自我修养的而受教育的人少之又少。要进行终身学习思想的普及，就要进行终身教育思想的研究，帮助人们克服学习观念障碍，树立科学的终身学习观。具体来说，以个人为单位的终身学习观以及以组织为单位的终身学习观构成了终身学习观的两个基本方面。一方面，以个人为单位的终身学习观就是要回答为什么要学习、在什么时间和什么地方进行学习、怎样学习的问题。在终身学习观视野之下，学习只有建立在自觉自愿、积极主动的基础上，才能长期持续促进人的发展，变为"真正的财富"。[①]另一方面，以组织为单位的终身学习观是指学习是现代组织持续生存和发展的基本需要，学习是组织适应环境、持续提高自身竞争力的保证。高质量的终身学习观将组织视为持续学习的群体或机构，从领导到普通员工都是终身学习者，组织的活动都是学习成长性活动。

2. 建立终身教育的国家资格制度及框架

资格制度和资格框架是两个不同的概念。资格制度包括制定和实施国家或区域资格政策、体制安排、质量保证程序、评估和授予程序、技能认可以及将教育和培训与劳动力市场和社会联系起来的其他机制的手段。资格制度的一个特征是有明确的资格框架。资格框架是根据一套学习水平标准制定和对资格进行分类的工具。资格框架的范围可以是所有学习成就和方式的综合，也可以局限于某一特定部门，如初级教育、成人教育和培训或职业领域。有些可能有法律依据，而另一些则代表社会伙伴的共识。然而，所有资格框架都为提高国内外教育质量、可获得性以及公共或劳动力市场对资格的认可程度奠定了基础。[②]

首先，国家资格框架已经成为发达国家终身学习的驱动力。从供应方的角度来看，资格框架能够为质量保证和标准的制定、信用的积累和转让系统提供支持，并增强资格的可转让性、可比性和兼容性，有利于在当下区域化、分散化和个性化的教育服务中减少复杂性，实现一致性、透明度和一体化。从需求方的角度来看，在当前职业流动较快的社会中，资格框架按照学习者以及需求方的特点提出了统一的资格要求，这有利于为学习者的学习成果提供认可，有利于其职业发展规划的确定。在跨国交流方面，资格框架为不同国家提供了一种"共同语言"，使得来自不同国家和区域的学习者的学习成果可以得到认可，学分可以相互转化，学历可以相互承认，有利于促进流动、合作、交流以及跨文化理解和信任。[③]从

① 张德彭，邹显林. 学习成就未来：习近平终身学习观研究[J]. 成人教育，2021（1）：1-7.
② 李玉静. 国家资格框架制度：意义与构建策略[J]. 职业技术教育，2018（4）：1.
③ 王立科. 国家资格框架：模式、结构和运行[J]. 教育研究，2017（7）：44-54，78.

监管和立法角度来看，统一的资格认证标准为部门之间开展监督提供了有效的参照点，有利于促进质量的持续反馈、监督及保证。

其次，国家资格制度有利于编制获得普遍认可的指导材料，并推动各个国家推广终身学习文化，以及促使更多的学习者参与到终身学习行动中。同时，也可以减少学习者重新学习的时间，为学习者提供了更加个性化的学习机会，使得每一名学习者都可以定制属于自己的独特的、服务于个人需求的学习计划，获得更加有意义、丰盈的生命体验。

3. 加强高效率终身教育组织建设

明确的组织目标是构建服务全民终身学习的教育体系的领航标，这个目标就是满足全民终身学习的需求，并且这个目标要落实于每个工作人员的内心深处。追根溯源，终身教育的最复杂之处就在于，它不是某种形式或类型的教育，也不是各种教育的简单堆砌，而是跨越个体整个生命周期的复杂的综合教育。因此，在终身教育发展的初级阶段，国家力量是构建服务全民终身学习的教育体系的重要保障。

首先，需要以政府投入为主，促使社会各界共同支持构建服务全民终身学习的教育体系。一方面，政府和各个组织之间相互配合，在充分了解公民的学习诉求之后，合理分工，努力为全体公民的终身学习构建学习型社会；另一方面，要充分发挥国家财政的支柱性作用，将政府拨款作为终身教育的主要来源，以法律形式保证经费来源。此外，要广泛动员社会力量参与投资，拓宽经费的筹措渠道，最终形成"政府主导、多元投入"的新格局。

其次，要充分发挥政府的统筹作用，对资源进行整合。一是可以出台与全民终身学习相关的政策法规，合理地规定各职能部门及社会组织在开放教学资源过程中的职能与责任，并实行问责制度。二是在开放教育资源的过程中，要阶段性地了解公民的需求的变化，使得公民的需求可以及时地向上传递。三是各职能部门在分工协作的同时，也要保持有效沟通，可以根据公民反馈的需求及时调整策略，真正形成一个有效且实用的组织结构，从而为服务全民终身学习的教育体系的构建提供组织层面的支持。

4. 建立"以学习者为中心"的终身学习网络

以学习者为中心的终身学习意味着学习者对自己的学习过程负责，而不是依靠教师或机构等外在力量推动。终身学习者是自我导向的，考虑到其不同的学习需求，学习者可能会在不同的环境中进行不同的学习活动，也可能在同一环境、同一时间进行不同的学习活动。由于学习者在一生中通常交叉从事各种正式和非正式的学习活动，这意味着终身学习设施的提供不是单一机构的任务，必须由全球范围内不同的主体提供。一方面，这种超越课程和方案，以学习者为中心的终身学习模式必须要开发新的学习网络。学习网络的核心是自主学习者与学习资源交互，这些网络设施既可以在工作、家庭以及学校和其他教育机构中被使用，也可以在单一访问点或代理软件的帮助下获得。另一方面，这种以学习者为中心的终身学习由于历时性长，就有必要寻找到合适的学习设备，以持续和适当的方式记录个人终身学习能力的提升。其中，便携式电子档案袋是一种可考虑的方式。便携式电子档案袋归学习者所有，可以用在非正规教育和正规教育中，可以终身使用并实时更新。

5. 加强全方位的服务全民终身学习的教育体系保障建设

服务全民终身学习教育体系的全方位保障建设主要涉及质量监控、经费保障与监控认证三方面。

1）构建符合终身教育特征的质量评估体系，是驱动服务全民终身学习的教育体系构建的关键步骤。终身教育的质量评估应当用含义定位取代成果定位、用多维评估取代简单评估、用发展评估取代结果评估，同时构建专业的第三方中介来探讨、安排与落实。

2）在经费保障上，一是加大政府的直接投资力度，以履行促进社会公平的基本职责；二是建立以政府为主的多元投入机制，调动社会组织和企业积极参与，构建包括政府、不同类型的终身教育组织、企事业单位、城镇与农村社区、社会团体、创立者在内的投资体系；三是努力构建政府、企业与个人三者负担的终身学习经费融资体系。

3）在监督体系上，利用全局意识与思维改进"动态监督—政策调控—合理督促—质量改善"的运行机制，通过制定科学合理的体系监测策略、主张地区政府自行开展监测、建立基于监测结果应用的政策调适机制等手段，及时分类分析，弥补出现的不足。

第六章

服务全民终身学习的教育体系的未来国策定位与战略制度设计

　　服务全民终身学习的教育体系构建，要求我国教育体系要素变革不再囿于学校教育系统的建设，而是关注到学校内与学校外教育的全部范畴，其中重点关注每个人的终身学习与发展，致力于超越传统育人极限，重塑现代教育体系，构建人人可学、终身成长、赢在终点的学习型社会。[①]本章的重点在于分析构建服务全民终身学习的教育体系的未来国策定位，并对其进行战略制度设计，具体内容包括服务全民终身学习的教育体系的战略及定位、政策配套调适机制、内部协创机制、设置标准及外部行业适应性。

---

① 史秋衡，季玟希. 新时代教育体系要素变革的理路[J]. 高等教育研究，2022（7）：14-21.

第一节　服务全民终身学习的教育体系的未来战略与定位

　　国家和社会的发展得益于人才的支撑，终身教育体系能丰富和完善个体的教育经历，最大化促进人的成长和发展，最终为社会发展持续贡献力量。随着我国进入社会主义建设的新时期，我们更需要关注社会发展的持续动力，关注社会公平和教育公平，关注个体的终身发展。服务全民终身学习的教育体系构建在促进国家发展、社会公平、个体发展等方面将发挥重要作用，为满足不同群体的受教育需求提供机会。在国家未来大政方针中，尤其是教育体系的完善和全面发展中，要充分认识到终身教育体系在当前全面建成小康社会的关键进程中发挥的不可动摇的作用，完善终身教育体系迫在眉睫。

　　立足当下，改革开放以来独特的历史进程与基本国情决定了我国终身教育在走一条不同于西方的发展道路，更具有中国特色与中国底蕴。展望未来，我国要在战略层面就终身教育的内涵、目标及行动达成共识，明确建设什么样的新时代终身教育以及怎样建设新时代终身教育。同时，要毫不动摇地服务于高质量教育体系建设，将终身教育作为顶层教育理念，对各级各类教育体系进行统筹，即对现有的各级各类教育进行系统科学的分类和结构整合，建构具有全面性、普遍性、开放性和多层次等特征的有机教育大系统，以承担起构建现代教育体系的重任。一些发达国家在推进终身教育上早于我国，因而我国既可以最大程度地借鉴发达国家的经验，但也要识别、防范其潜在风险，最重要的莫过于不忘根、不忘本，扎根祖国大地办终身教育，构建彰显中国特色社会主义制度的显著优势、体现新时代社会主义独特价值的终身教育体系。

　　当前，我国已经深刻意识到终身教育的重要性，将终身教育的理念思想转化为终身学习的实践行动已得到各方的认同。2019 年，《中共中央关于坚持和完善中国特色社会主义制度 推进国家治理体系和治理能力现代化若干重大问题的决定》《中国教育现代化 2035》两份战略性、纲领性文件，强调了终身学习是指导教育改革与发展的统领性理念。其中，前者把"构建服务全民终身学习的教育体系"列为统筹城乡民生保障制度的重点内容。显然，强化终身学习理念、建立终身学习制度环境，直至构建服务全民终身学习的教育体系，已成为政府保障公民学习机会、权利，乃至提高全民素质，促进国家教育治理体系与治理能力现代化的重点工程。政策的落地绝非一蹴而就，需要各方配合，共同推动政策做实、做细。未来，可以从推动终身教育立法与实践、落实"服务全民"的信念内核、建立融合共通的体制机制等方面发力。

一、推动终身教育法立法与实践

顶层设计层面的终身教育立法是推动终身教育理念普及和政策推进的重要举措，也是实现构建服务全民终身学习的教育体系目标的必要保障。2010 年颁布的《国家中长期教育改革和发展规划纲要（2010—2020 年）》在其"战略目标"中就明确提出了要"构建体系完备的终身教育"，即把终身教育提升至国家顶层教育改革与发展的战略高度。该纲要颁布后，各地积极推动终身教育立法，从法规起草到审议都经过了严密的论证，以良法促进地方乃至全国的终身教育发展。

总体而言，当前我国终身教育立法与实践呈现出"中央薄弱、地方兴盛"的特点。

在中央层面，1993 年颁布的《中国教育改革和发展纲要》将"终生教育"概念正式纳入国家政策规划框架之中。1995 年颁布的《中华人民共和国教育法》第十一条规定："国家适应社会主义市场经济发展和社会进步的需要，推进教育改革，促进各级各类教育协调发展，建立和完善终身教育体系。"第十九条规定："国家鼓励发展多种形式的成人教育，使公民接受适当形式的政治、经济、文化、科学、技术、业务教育和终身教育。"2004 年发布的《2003—2007 年教育振兴行动计划》中也强调，到 2020 年"形成体系完整、布局合理、发展均衡的现代国民教育体系和终身教育体系"。虽然以上政策法规中提出了终身教育概念，但一方面各方对终身教育的本质内涵的理解未达成一致，政策指导思想存在分歧和相互矛盾，一种说法是终身教育涵盖各级各类教育，另一种说法是终身教育只包括成人教育；另一方面，我国尚未制定国家层面的全民终身学习专门法律，缺乏对终身学习的目标、保障等的明确规定和详细设计。终身教育法律地位的模糊，使得我国难以发挥"强国家"的巨大集中优势，较难形成有效的公共资源，严重制约了终身教育的高质量发展。放眼国际，一些发达国家在终身教育体系构建进程上远领先于我国，其终身教育发展均与法律法规的强制规范以及国家机构的大力推动密切相关。因此，我国亟须制定国家层面的"终身教育法"，并且以此为契机修改教育相关的一揽子法律，将各级各类正规教育纳入服务全民终身学习的教育体系中，并整合组织机制，明确经费来源以及其他资源支持依据等。目前，我国已从理论研讨及实践推动等方面全方位、大力推进终身教育立法，课题组成员也曾作为智库成员，提交过有关高等教育法实施情况评估以及终身教育立法倡议等资政报告，相关成果多次被全国人大以及教育部全文采纳。

在地方层面，作为地方终身教育实践的真实写照，地方性终身教育法律在吸取地方经验的基础上有效地指导了地方终身教育活动的开展，地方先行先试，逐渐形成燎原之势，为逐步提炼出具有中国特色的终身教育形式、推动国家终身教育立法发挥了不可替代的作用。具体而言，2005 年颁布并实施的《福建省终身教育促进条例》，是我国较早的关于终身教育的地方立法；北京市"十二五"时期教育事业发展目标中明确提出，要大力发展各种形式的成人教育，并着力构建终身教育体系及"学习型城市"①；2012—2014 年，太原市、河北省、宁波市分别通过了相应的终身教育促进条例。需要注意的是，目前各地对终身教育的内涵与外延处于探索阶段，地方性法律对终身教育的表述较为笼统，难以达成共识，且地方性法律的效力较弱，地方终身教育执法依据不足的问题突出。因此，需要制定国家层面的终身教育法，即通过国家法律的规定，对终身教育的推进、教育资源的有效整合、公民终身学习权利与机会的保障等进行严格规范，从而保证现代教育体系朝正确与健康的方向发展。要出台国家层面的终身教育法，首先需要厘清终身教育法与其他教育法的关系。但学者对终身教育法与其他教育法的关系各执己见，并无定论。对此，课题组主张将终身教育作为上位的教育理念统领整个教育体系，实现不同教育子系统之间的衔接与整合，将终身教育法提升至基本法的法律地位，而不是实质上的学校教育法律，以基本法的法律地位引领现代化的教育体系建设。

法律是理性的最高概念和最终目的。终身学习是一种解放、包容、自由的教育理念，终身教育的最终目的是使得个体最大限度地实现自我能力、在经济上提高就业竞争力、在社会上寻找到个体的认同感、在政治上展现负责的公民形象。因而，国家终身教育法将保障人人平等享受终身教育机会，学习者可以自由参与和自愿学习，并且其学习结果能够得到社会承认与认可。以往以学校围墙作为标准将终身教育窄化为校外教育的观念是过时的，终身教育应该是包括学校教育在内

---

① 北京市教育委员会，北京市发展和改革委员会. 北京市"十二五"时期教育改革和发展规划[EB/OL].（2011-12）[2023-04-05]. https://www.beijing.gov.cn/zhengce/zhengcefagui/202111/W020220324597633189275.pdf.

的整个人生教育，具有一定的综合性质，其辐射范围与对象很广，国家终身教育法是存在多种关系法的法律。因此，终身教育法可以从多种角度对终身教育关系进行分类，应该具有教育的母法与基本法的性质，具体包括对职业教育、成人教育、校园教育、农业教育、儿童教育、青少年教育、老年教育、妇女教育、学校和准学校教育、产学合作教育、劳动教育、体育教育等的法律规定。然而，当前我国的教育基本法是《中华人民共和国教育法》，终身教育仍不具有独立的法律属性，更谈不上具有基本法的性质。因此，要以基本法的性质修改终身教育法的目的、定义、与其他法律的关系、领域和适用范围等相关规定。在法律的适用范围上，终身教育法应适用于政府所有部门，而不是仅适用于教育部及下属部门。

作为一项社会关注度高、任务艰巨且综合性强的教育系统工程，推进新时代终身教育需要社会其他部门，诸如财政、人力、文化等中央国家机关以及地方众多部门同心协力，充分发挥我国"强政府"的优势，汇聚全社会的人力、物力和财力，推动建成服务全民终身学习的教育体系。

二、落实"服务全民"的信念内核

教育是民生之首，是与人民群众根本利益关系最为密切的事业之一。党的十九届四中全会公报明确了我国建立全民终身学习制度环境的特色新要求。因此，呼吁构建服务全民终身学习的教育体系，不仅仅是让教育发展成果更多、更公平地惠及全体人民，更是以促进公平为重点，以提高质量为核心，努力为全民提供高质量的终身教育，这是站在人民的立场上把教育的地位和作用提上了新的高度，进一步强化了教育的国家战略地位。[①]

首先，"以人为本"是教育的本质原则与精神内核。例如，20世纪初，杜威提出教育应该遵循儿童成长程序，以儿童为中心，所有教育措施应围绕他们转动，将他能转为儿童本能，直到儿童能自己教育自己为止[②]；20世纪中期，苏联教育家凯洛夫（Каиров）等指出教育的目的是"培养全面发展的人"[③]。20世纪70年代出现并盛行的人文主义教育思想更是进一步强调教育的目的在于每个个体的自我实现、完美人格的形成以及潜能的充分发展。"以人为本"是教育的根本价

---

① 史秋衡. 以人民为中心促进教育公平[J]. 人民论坛，2019（6）：23-25.

② 约翰·杜威. 民主主义与教育[M]. 王承绪，译. 北京：人民教育出版社，2001：49-52.

③ 伊·阿·凯洛夫，恩·克·冈查洛夫，勃·朴·叶希波夫，等. 教育学[M]. 陈侠，朱智贤，邵鹤亭，等译. 北京：人民教育出版社，1957：21.

值取向已经成为世界共识，我国同样关注"以学生发展为本"的教育理念变革。^①

其次，"以人民为中心"是中国特色社会主义重要思想，也是新时代我国治国的重要理论。我国始终坚持以人民为中心发展教育，提出并实施回归学生本位、内涵式发展以及全民教育等重要教育改革策略。可以说，教育的最高目标是培养全面发展的人。但因为外部社会因素的影响，在很长一段时间内，教育的人才培养要求过于追求对标社会行业人才需求。由于社会行业发展迅速以及教育人才培养的滞后性，教育的人才培养既不能充分满足社会行业的需求，也无法促进学习者的全面发展。随着不断的试错与反思，人们开始意识到，只有让教育回归促进人的自由全面发展的本心，提供适合每个人的多样、弹性、开放、灵活的教育服务，才能实现社会进步和个体发展的双赢。

同时，作为教育改革与创新的动力，以"服务全民"为信念内核的终身学习话语体系不仅源自对国际终身学习经验的学习与借鉴，更来自我国教育内部延续至今的传统思想体系。只有扎根于中华优秀传统文化，才能有力地巩固我国终身学习话语的本土化乃至国际化地位。因此，终身学习话语应体现基本的中国终身学习思想文化立场，以终身学习思想文化为精神根基，探索保障终身学习话语权的长效机制，全面推动终身学习实践与发展。相比西方的终身学习思想，从先秦诸子百家到宋明理学，我国独具本土特色的思想文化始终闪烁着耀眼的终身学习思想光芒。例如，孔子的"吾十有五而志于学，三十而立，四十而不惑，五十而知天命，六十而耳顺，七十而从心所欲，不逾矩"（《论语》），从人才成长的阶段性角度体现了现代终身学习的某些基本观点；庄子的"吾生也有涯而知也无涯"（《庄子·内篇》）隐含了丰富的终身学习意蕴；北齐颜之推提出"幼而学者，如日出之光；老而学者，如秉烛夜行，犹贤乎瞑目而无见者也"（《颜氏家训·勉学》），来勉励人们持续学习；宋代欧阳修则云"学之终身，有不能达者矣。于其所达，行之终身，有不能至者矣"^②，主张终身学习与终身实践并行。20 世纪初期，陶行知提出了"生活即教育""社会即学校""教学做合一"等教育理念。^③可以说，我国终身学习对人文与民生负有使命，注重对人性的回归，是一种超越个体、国家的具有普遍意义的理念，人本价值是我国终身学习的终极旨归。

---

① 蔡克勇. 以学生全面发展为本——一个重要的教育理念及教育改革[J]. 高等教育研究，2000（5）：11-15.
② 欧阳修. 欧阳修文集[M]. 北京：北京联合出版公司，2018：127.
③ 陶行知. 陶行知选集[M]. 太原：山西教育出版社，2021：206.

概言之，使每个个体都能拥有终身学习的机会，并最大程度地实现个体终身学习，是我国服务全民终身学习的教育体系的终极目标，具有"人人学、时时学、全面学、处处学"等基本特征。构建服务全民终身学习的教育体系立足全民，旨在构建满足每个人终身学习需求的教育体系，在新一代信息技术以及其他国家资源的支持下，通过联结学校、家庭与社会的所有教育资源，推动教育在目标、内容、方法以及形式上实现全面、系统的变革，打破空间与时间壁垒，促使服务学习者形成随时、持续、永久学习的教育新生态，并实现全社会、全员覆盖，通过满足人人终身持续学习，切实实现人人成才、人人出彩。

三、建立融合共通的体制机制

进入新时代，以融合共通的体制机制助力教育体系的关键要素变革势在必行。目前，我国已具备各模块良好发展的不同类型、不同层级教育，也有较为丰富的地区终身教育实践经验，未来有待进一步将不同类型、不同层级的教育连接在一起，形成一个综合、连贯的教育整体，构建完备的、横纵贯通的、覆盖社会全场域的高质量终身教育体系。[①]现有的关于服务终身学习的教育体系构建存在以下不足：一是没有从整体、全面和统筹的角度充分考量整个体系构建的方方面面；二是没有从时间上设计各阶段教育在服务终身学习的教育体系中的角色与作用；三是没有从结构上厘清不同类型、不同层级教育的分类关系。这些导致在终身教育具体落实的实践中，不同类型、不同层级的管理部门条块分割，缺少跨部门的合作与协商，即"纵向割裂、横向阻断"的现象十分突出，引发了终身教育体系的结构失调、治理失效，终身学习的理念无法在各级各类教育的衔接中有序推行和实现，亟须建立起"融合共通"的终身教育体制机制。

具体而言，学习具有高度的灵活性，具体表现在学习具有时间和空间两大维度。从时间上看，从牙牙学语的幼年到耄耋老年，学习覆盖了个体全部的生命周期；从空间上来看，学习可以发生在任何时间、任何地方，以任何形式开展；从功能模块来看，终身学习强调满足个体不同的需要，包括就业需要、职业发展需要、个体精神追求及生命体验需要等；从内涵来说，其既包括横向的普通教育、职业教育和继续教育，又包括纵向的学前教育、初等教育、中等教育和高等教育，而绝不仅是针对少数"特殊对象"的某一类教育。终身教育具有极强的包容性，

---

① 史秋衡，张妍. 中国终身学习话语体系的嬗变与重构[J]. 教育研究，2021（9）：93-103.

将不同类型、不同层级的教育连接在一起，形成一个综合连贯的教育整体。因此，在正确的终身学习的思想的引领下，在明确的终身学习的目标的指引下，我国终身教育体系的建成需要充分利用学校资源，打破学校的封闭性，实现学校资源的充分共享；发展振兴社会教育，实现社会性教育资源的有机整合。同时，若要打破各种教育之间的壁垒，厘清各级各类教育之间的关系，也必须以终身教育思想为指导，对各级各类教育进行统一的顶层设计，确保各个阶段的教育、各种形式的教育高效、有序地衔接在一起，从而构建起完备的、横纵贯通的高质量终身教育体系。

以人民为中心的终身教育体系应纵向贯通各级各类教育，横向兼顾正式学习与非正式学习，着力打破不同类型、不同层级教育间的壁垒，加快促进各级各类教育的融通，实现整体结构优化。同样，洞察个体特性及其发展所需，打造"泛在可选"、多元立体的终身学习通路，对于推进全民终身学习的落地以及构建服务全民终身学习的教育体系也具有重要意义。融合的关键在于"打通"，具体而言，一方面需要打通各种归属不同、机构不同、体制不同以及利益不同的教育组织或形态之间的壁垒与障碍；另一方面要在国家层面形成一体化的融合机制，以国家为主导，制定科学全面的政策法规，为服务全民终身学习的教育体系构建提供各类资源和政策支持。对此，我国应在中央层面设置终身教育办公室以及统筹省、市、县及乡镇层面的独立的终身教育机构，并设置专门的工作人员，赋予其指导权、监督权。在该机构的统筹领导下，各责任主体协同开展相关工作。

第二节　服务全民终身学习的教育体系的政策配套与调适机制

教育政策是确保教育思想与实践同步的重要基石。有关服务全民终身学习教育体系构建的配套教育政策，需要在彰显"服务全民、实现终身学习"这一主旨的同时，考虑我国现有的教育政策实践情况，在认可优化现有教育政策的基础上，融合新时代终身教育政策价值取向，最终实现各阶段、各类型教育价值观的大融合和教育政策价值内容与形式的统一。

一、服务全民终身学习的教育体系的政策配套问题

立足于现有教育实践来分析构建服务全民终身学习的教育体系相关配套问题，需要通过明确政策方向、设计推进规划、明确政策规定来分步科学地实现服务全民终身学习的教育体系的政策设置与落实。

（一）服务全民终身学习的教育体系的政策方向

党的十八大以来，以习近平同志为核心的党中央深入判断我国所处的发展时代方位，并在新的发展阶段提出"创新、协调、绿色、开放、共享"的新发展理念。服务全民终身学习的教育体系作为实现我国教育现代化目标的关键路径，必须秉持五大新发展理念，实现健康、高效及可持续的发展。

1. 激发教育系统内部各主体的活力，实现教育创新发展

首先，构建服务全民终身学习的教育体系，需建立维系办学者热情的支持体系。一方面，应理顺教育管理部门与办学机构之间的权责关系，以教育领域"放管服"深化改革为抓手，进一步以负面清单等机制为核心，完善教育行政部门与具体办学机构的契约，将办学权下放至办学机构与教育者的手中，充分保障办学者与教育者的施教权利；另一方面，形成多元治理体系，共建教育生态。构建服务全民终身学习的教育体系，要求学前教育、基础教育、高等教育以及职业教育等不同阶段教育之间形成合力，既需要各级政府相关职能部门之间相互协作，又要求产业界、科研机构等方面的参与，营造起支持不同年龄阶段、不同发展需求的学习者的学习氛围，最终指向学习型社会的构建。

其次，构建服务全民终身学习的教育体系，需要建立促进创新人才发展的支持体系。教育体系的创新与完善，归根到底是为了保障每一位学习者的学习权利、使个体学习者具备学习能力，从而营造有利于创新人才发展的环境，提高人才培养的质量。这就需要政府、学校及社会形成联动，在教材、课程、实践、评价等方面切实做到由"成绩本位"转向"能力本位"，由"应试教育"转向"素质教育"，由"课堂学习为主"转向"学习空间重构"，贯穿校内校外、课内课外，形成联动的、系统的、持续的高质量教育活动体系，从而提高学习者的创新意识与创新能力，构建崇尚创新精神的学习型社会。

2. 提供更优质的教育资源，实现教育协调发展

党的十九大报告指出，我国社会主要矛盾已经转化为人民日益增长的美好生活需要和不平衡不充分的发展之间的矛盾，如何充分协调配置教育资源成为构建服务全民终身学习的教育体系需回应的社会关切。首先，教育体系应注重实现其与国家经济社会发展之间的良性互动。作为社会的子系统，教育体系的改革与完善需要顺应国家经济、政治、文化以及科技等领域的发展趋势。从各类教育的供给体系看，《中华人民共和国职业教育法》将职业教育明确规定为一种教育类型而非教育层次，从根本上理顺了职业教育与普通教育之间的关系。因此，我国需要进一步促进各级普通教育与职业教育的良性互动发展，不拘一格培养人才、发展人才、任用人才，实现人才队伍的丰富与多元化发展，助力我国建设人才高地。

其次，教育体系应满足全民的教育需求与发展实际。构建服务全民终身学习的教育体系，需要平衡发达区域与欠发达区域、省域中心城市与省际毗邻地区、中心城区与农乡地区之间在师资水平、生源质量、办学条件、政策支持、环境建设等方面的差异性。此外，还应关注适龄儿童、青少年、青年及其他年龄群体学习者之间的学习机会平等的问题，形成"人人尽学、人人可学、人人要学"的社会氛围。

3. 构建健康良性的氛围，实现教育绿色发展

教育的绿色发展是提升我国教育软实力的价值遵循。绿色发展，就是以优质的教育环境与氛围涵养学习者的学习动机，塑造学习者的学习能力，带动整个社会形成正确的学习观。[①]当前，随着经济社会发展水平的提升，人民群众的教育需求由"能上学"转向"上好学"。然而，教育体系机制的不健全造成了教育资源供需结构失衡的客观局面，面对有限的优质教育资源，超前学习、过度培训以及非法入学等功利化行径增加。

以绿色发展理念构建服务全民终身学习的教育体系，首先要通过体系机制的完善重塑社会学习观念。一是改革学习评价方式，促进教学方式的改变，从过于注重记忆知识转变到引领学生主动学习、深度学习。二是通过引导普通教育与职业教育协同发展，改进职业教育内容与育人方式，增强职业教育的适应性，以扭转公众对职业教育的刻板印象。其次，要以健康的生活习惯、正确的道德价值、德智体美劳五育并举以及建设美丽中国的绿色发展理念为引领，增强教学内容的

---

① 程斯辉，李汉学. 以五大发展理念引领教育事业新发展[J]. 教育研究，2017（6）：4-11.

实用性、迁移性、涵养性，在接受知识的过程中潜移默化地培养学生的社会责任感，鼓励学生探寻自身生涯规划与生命意义，增强学生的主人翁意识和强化其终身学习的观念。

4. 增强教育体系的全球胜任力，实现教育开放发展

教育现代化是我国现代化的关键组成部分，随着国内国外"双循环"的开展，完善服务全民终身学习的教育体系需要实现国内国外两方面的开放。首先，通过我国教育体系内部开放，实现教育资源的均衡配置。一方面，通过大中小幼各学段德育、体育、美育、劳育等方面的一体化建设的契机，凝聚共同目标、创新教育方式、增强学段衔接、贯通育人内容、强化机构合力，最终实现育人活动贯穿学习者成长成才的始终。同时，通过各教育阶段之间的系统性合作，充分挖掘各领域具有较大潜力的学习者，合理调整创新人才的支持体系、学习体系，挖掘其潜力。另一方面，通过对口帮扶、异地帮扶、专项计划等形式，缩小发达地区与薄弱地区之间的资源差异，通过信息技术的改善、师资能力的提升、教学资源的共享、教学环境的改善等途径实现教育共同发展。

其次，通过国内外教育体系的融合，加大我国全球教育治理的力度。一方面，积极引进优质教育资源，以师资、教学方式及课程内容等的国际接轨，使学习者更深入地理解中国所处的国际形势，全方位地拓展国际视野和提升全球胜任力。同时，通过引进国外优质教育资源，加快教育现代化发展速度，促进全球人才流动，丰富人才队伍建设。另一方面，积极贡献中国智慧、中国方案，以国际组织、"一带一路"倡议为突破口，形成具有中国特色的教育体系开放、合作与互助机制，满足外籍在华务工人员及其子女的教育需求，打造"留学中国"的高质量品牌，增强我国在全球教育治理中的影响力。

5. 促进教育共享发展，实现社会稳定前进

"一切为了人民"是构建服务全民终身学习的教育体系的价值旨趣。换言之，教育体系的构建与完善要保障人民获取教育的机会、过程以及结果的平等。

首先，构建服务全民终身学习的教育体系应以教育信息化为契机，实现优质教育资源的共享。随着信息技术的发展，越来越多新路径可促进课堂形式、教学内容等方面提质增效。同时，随着信息传播范围的拓宽、信息传播速度的加快、信息传播形式的丰富，教育资源不再受时间、空间的限制，因此需要以优质内容为核心，以专业化平台和官方、民营多种平台为依托，消除获取各级各类学习资源的障碍。

其次，构建服务全民终身学习的教育体系应满足不同学习者的学习需求。学习者学习过程中存在面对教学内容"吃不饱"或"不消化"的两极分化，且在高等教育和职业教育的学习阶段，个体生涯规划不一致，因此需要提供个性化的学习方式，使学习者的学习需求真正得到重视和满足。

最后，构建服务全民终身学习的教育体系应打通各级教育主管部门之间的壁垒，形成合理有效的行政管理体系，使教育管理、教育评价、教育督导等职能分类协同，进一步激发办学者和教育者的热情。

（二）服务全民终身学习的教育体系的五年规划

编制和实施"五年规划"是实现国家治理体系与治理能力现代化的重要路径。自新中国成立初期制定第一个五年计划起，党中央与中央政府始终不断完善与健全五年规划（计划）体系，其对我国经济、社会、文化等各项事业的指导意义越来越强。首先，五年规划体系的名称变迁充分彰显了我国在发展方向上从优先满足经济增长需求，到满足经济社会协调发展需求，再到满足"富强民主和谐文明美丽"的社会主义现代化国家建设的全面需求的转变。其次，除国家总体发展规划外，教育部依据总体规划制定教育事业发展五年规划，深入指导教育事业发展。最后，除五年规划外，我国在各发展关键时期出台了中长期教育规划，与五年规划体系相配合，全方位引导我国教育事业的发展。总体而言，我国服务全民终身学习的教育体系经历了分轨期、协同期及并轨期三个阶段。

1. 分轨期：终身教育体系与学校教育体系分轨设置（20 世纪 80 年代末—2009 年）

随着党的十四大确立社会主义市场经济体制的改革目标，劳动者素质成为经济快速、优质发展的关键支撑。党的十四大报告强调，"我们必须把教育摆在优先发展的战略地位，努力提高全民族的思想道德和科学文化水平，这是实现我国现代化的根本大计"。1993 年颁布的《中国教育改革和发展纲要》进一步强调，"成人教育是传统学校教育向终生教育发展的一种新型教育制度,对不断提高全民族素质，促进经济和社会发展具有重要作用"，这是我国教育政策中首次提出"终身教育"，点明了终身教育对于个体和国家的重要意义，并将终身教育认定为促进劳动力发展的职后教育形式,拉开了终身教育与学校教育分轨设置的序幕。1995年颁布的《中华人民共和国教育法》指出，"国家鼓励发展多种形式的成人教育，使公民接受适当形式的政治、经济、文化、科学、技术、业务教育和终身教育"，这从法律意义上确立了成人教育和终身教育的合法地位，一方面强化了终身教育由理念到实践的合法地位；另一方面，从国家层面深化了成人教育与终身教育的联结关系。在《面向 21 世纪教育振兴行动计划》中，国家层面首次提出"基本建立起终身学习体系，为国家知识创新体系以及现代化建设提供充足的人才支持和知识贡献"。据此，终身学习体系首次成为我国教育改革的目标之一，系统化、贯通化、全面化的终身学习体系雏形得到确认。2002 年，党的十六大报告中指出"加强职业教育和培训，发展继续教育，构建终身教育体系"，进一步强调了终身教育体系是职后教育的重要组成部分，是支撑学校教育外的教育体系。2006 年颁布的《中共中央关于构建社会主义和谐社会若干重大问题的决定》提出深化教育改革，提高教育质量，建设现代国民教育体系和终身教育体系，这两个体系的提出为学校教育体系与终身教育体系分轨普及、拓展奠定了基础。

在这一阶段，以体系化、法治化方式确立终身教育和终身学习的官方地位是教育体系改革的主线之一。国家通过法律、规章、制度以及行动方案等形式，从指导思想到具体实施，充分肯定了终身教育在我国人才发展过程中的重要地位。此时关于终身教育体系的认识，一方面强调其作为职后教育的重要存在，与学校教育体系、学历教育相平行，是对在职人员的一种教育涵养机制；另一方面，从确定终身教育到终身教育体系，不断依据经济社会发展需求与我国教育方针、教育规律丰富其内涵与形式，开启本土建构。

2. 协同期：终身教育体系与学校教育体系协同发展（2010—2018 年）

2010 年印发的《国家中长期教育改革和发展规划纲要（2010—2020 年）》明确指出，要构建体系完备的终身教育，学历教育和非学历教育协调发展，职业教育和普通教育相互沟通，职前教育和职后教育有效衔接，且强调要搭建终身学习立交桥，促进各级各类教育纵向衔接、横向沟通，提供多次选择机会，满足个人多样化的学习和发展需要。这是"终身教育体系"首次被纳入顶层教育改革的目标体系，并由此拉开终身学习体系与学校教育体系协同发展的序幕，以"立交桥"机制为抓手，促进各级各类教育之间的沟通发展，实现"全体人民学有所教、学有所成、学有所用"的教育事业愿景。2015 年修订实施的《中华人民共和国教育法》同样突出强调要"推进教育改革，推动各级各类教育协调发展、衔接融通，完善现代国民教育体系，健全终身教育体系，提高教育现代化水平"，国民教育体系与终身教育体系由并行状态迈向协同状态。教育内容的嵌套、互认、融通、衔接使教育体系更加包容、多元与更具有韧性，能满足不同学习者的个性化、终身化学习需求。2017 年，《国家教育事业发展"十三五"规划》则将全民终身学习机会进一步扩大列为教育发展的目标之一，并提出要"形成更加适应全民学习、终身学习的现代教育体系，现代职业教育体系更加完善。学前教育机会显著增加，义务教育普及成果进一步巩固提升，普及高中阶段教育，高等教育发展进入普及化阶段，继续教育参与率明显提升，学习型社会建设迈上新台阶"。

这一阶段，在建设终身教育体系、深化终身学习理念的基础上，国家致力于打破各阶段、类型教育之间的隔阂，各级各类教育之间的衔接互动得以加强。一方面，由体系的建设完备转向学习者自主学习导向的融通机制，以保障各类学习者的学习权，满足各类学习者的学习需求，拓展各类学习者的学习空间，以体制机制的深化改革激发学习者的学习主动性，增强学习者学习的内在动力；另一方面，在强调自主学习导向的同时，深化教育体制机制的管理模式，共建共享优质教育资源，使各级各类教育机构达成目标共识，丰富各级各类教育的内容体系。

3. 并轨期：全面构建服务全民终身学习的教育体系（2019 年至今）

2019 年，《中国教育现代化 2035》提出构建服务全民的终身学习学习体系，要通过"构建更加开放畅通的人才成长通道，完善招生入学、弹性学习及继续教育制度，畅通转换渠道"，实现学习活动的自主、贯通。同年，《中共中央关于坚持和完善中国特色社会主义制度 推进国家治理体系和治理能力现代化若干重大问题的决定》中将"推动城乡义务教育一体化发展，健全学前教育、特殊教育和普及高中阶段教育保障机制，完善职业技术教育、高等教育、继续教育统筹协调发展机制"作为构建服务全民终身学习的教育体系的发展方向。2021 年，《中华人民共和国国民经济和社会发展第十四个五年规划和 2035 年远景目标纲要》明确指出，优化高质量教育体系，以实现"优化人口结构，拓展人口质量红利，提升人力资本水平和人的全面发展能力"的全民素质提升目标。

在此阶段，国家层面正式提出"构建服务全民终身学习的教育体系"这一政策目标，核心要义是进一步塑造学习者的学习观念，将学习与生活、生产以及生存结合起来：一是在空间上，学习突破校园的边界限制，学习资源突破区域、国别限制，使全体国民更便捷、迅速地获取更优质的教育资源；二是在学习目标上，突破"安身立命"的功利化思维，将学习与个人终身发展、社会兴衰协同起来，将学习真正视作个人生存的基本方式之一；三是在体系上给予学习者发展空间，建设丰富多元的各级各类教育，使学习者能够灵活、自由地转变学习轨道，并以以能力为本的建设思路，贯通个体成才发展的支持体系。

（三）各级各类教育设置标准政策具体规定

为实现教育体系要素变革与教育高质量发展，在构建服务全民终身学习教育体系的实践中，我国还注重在薄弱环节上加大革新力度并做好整体设计，重点之一就是盘活教育存量，充分调动校内外教育资源，实现各级各类教育的融通。我们以人一生接受教育的时间历程划分，将教育分为学前教育、义务教育、高中教育、高等教育、职业教育五大方面，下面按照这些阶段分别进行阐述。

1. 普惠高质——布局学前教育

学前教育注重儿童早期发展。2012 年，《国家教育事业发展第十二个五年规划》指出，要基本建立"广覆盖、保基本、多形式、有质量"的学前教育体系并重点发展农村学前教育；2017 年，《国家教育事业发展"十三五"规划》进一步提出"继续扩大普惠性学前教育资源，基本解决'入园难'问题……提高幼儿园保育教育质量"；学前教育作为基本公共教育服务的重要组成部分，在今后一个时期内需要坚守普惠性与高质量发展主线。

其一，"普惠性"指向进一步优化城乡学前教育资源布局，持续扩大学前教育机构普及范围，坚持多元参与治理的原则，并进一步加大企业、集体的参与力度，扩大公办学前教育的教育供给。特别是要强调农村地区学前教育的普及力度，进一步宣传科学保育、科学育儿的重要性，使农村地区重视儿童早期智力开发与健康习惯培养。同时，根据自然村、乡、镇的分布情况，合理布局谋划学前教育机构的分布，落实保障适龄儿童的学习权，因地制宜地鼓励多方力量共建公立农村学前教育，进一步缩小城乡差距。

其二，"高质量"意味着一方面从师资、课程内容、教学方式以及教材等方面入手，将健康保育与智力开发结合起来，严格遵循儿童发展规律实施教学活动，培养学龄前儿童良好的学习习惯、生活习惯，做好幼小衔接，减少幼儿入园、入学和升学的不适应。另一方面，严格督导、控制、查处超前学习的各种行为，呵护幼儿对学习的好奇心。同时，要加强 0—3 岁幼儿家庭教育指导，建立幼儿教育机构、保健站、社区以及家庭互相合作的家庭早期教育共同体，提升家长的育儿能力，建立贯通式幼儿发展支持体系。

2. 均衡优质——提升义务教育

接受义务教育是全民受教育权的重要体现。《国家中长期教育改革和发展规划纲要（2010—2020 年）》提出了巩固提高九年义务教育水平，推进义务教育均衡发展，减轻中小学生课业负担的改革方向；《国家教育事业发展"十三五"规划》进一步提出推动县域内均衡发展，缩小区域差距，巩固提高普及水平的发展要求；在今后一段时期内，义务教育的发展仍需要坚持更优质与更均衡的发展方向。

首先，"更优质"指向进一步提升义务教育阶段的教育质量。凝聚五育发展共识，牢牢把握思想政治教育，培养具有健康世界观、人生观、价值观的时代新人和社会主义接班人；紧跟经济社会发展的趋势，在教育内容和方法上既传承文化瑰宝，又增添具有时代性的新内容，帮助学生在继承优良传统的基础上适应未来社会的发展；要将五育结合起来，落实理论与实践相结合的教育传统，改变死记硬背、应试教育等倾向，加深学生对知识的体验性理解、记忆，同时丰富学生学习的内涵，扩展学生的学习空间，将传统课堂学习与课外实践结合起来，培养学生的终身学习意识与能力。

其次，"更均衡"指的是下大力气缩小区域间、城乡间的教育差距，完善义务教育入学、升学机制，减小升学考试制度的影响。一方面，进一步推进义务教育集团化办学，以学校管理人员、师资的合理流动来优化、整合教育资源；另一方面，进一步提升教育信息化水平，通过卫星班等创新形式，实现优秀教育成果全民共享。同时，通过完善"学校-社区-妇联-共青团-教育主管部门"等组织机制，健全义务教育成果巩固监测系统，保障每一位适龄儿童的入学权利，完善义务教育帮扶资助体系，解决因经济、交通等原因无法入学学生的相关问题。

3. 创新多样——改革高中教育

高中阶段是促进学习者社会化、个性化、终身学习的关键阶段。2017年3月，教育部等四部门印发《高中阶段教育普及攻坚计划（2017—2020年）》，并提出"十三五"期间高中阶段教育的重点任务是提高普及水平、优化结构布局、加强条件保障、提升教育质量。2019年6月，《国务院办公厅关于新时代推进普通高中育人方式改革的指导意见》再次强调了办好普通高中教育对"巩固义务教育普及成果、增强高等教育发展后劲、进一步提高国民整体素质"的重要意义。2024年3月5日，李强总理在第十四届全国人民代表大会第二次会议上提出应"加强县域普通高中建设"[①]。由此可见，今后一个时期内，各类高中教育要朝着多样化和深化高中与大学衔接两个方向发展。

---

① 中华人民共和国民政部. 政府工作报告（全文）[EB/OL].（2024-03-13）[2024-05-24]. https://www.mca.gov.cn/ zt/n2799/n2800/c1662004999979998140/content.html.

首先，高中教育多样化强调普通高中教育与中等职业教育协同发展。这一方面要求相关部门重点关注课程、培养标准以及学分的设置特点，规范中等职业教育学校的发展模式，增设普通高中社会类、实践类内容；另一方面要求通过学分互换系统、桥梁课程等机制促进普职通融，不以考试制度、分流制度限制个体发展的可能性、多样性。同时，高中教育多样化也强调民族地区、边疆地区、经济发达地区等依据本区域的特色，积极对接当地经济社会发展特色，建设特色高中或开设地方课程、校本课程。

其次，深化高中与大学衔接，一方面要求大学开放优质资源，以大学附中体系、挂牌合作机制以及共建育人基地等形式，既从高中生群体中挖掘优秀生源，进而展开系统性、贯通性的创新人才培养，又通过素质教育、生涯规划与指导等方式协助高中生群体找到自身的意义价值、兴趣爱好以及职业方向等；另一方面要求高中依托大学资源进行变革，对师资、课程、实践体系等进行提质增优，通过高中与大学的合作，解决大学新生适应相关问题。

4. 撬点凸显——变革高等教育

我国高等教育的进步与发展始终同国家民族的命运休戚相关、与国家战略的需要同频共振。党的十九大以来，习近平总书记从党和国家各项事业发展的战略全局高度，多次强调高等教育作为国家创新动能的策源地作用以及为党育人、为国育才的主阵地作用。[①]《中国教育现代化 2035》《加快推进教育现代化实施方案（2018—2022 年）》开启了我国加快建设教育强国、推进各级各类学校治理现代化等的新征程，也使得高等教育强国建设的路线图和时间表更加清晰。[②]2021 年 3 月，《中华人民共和国国民经济和社会发展第十四个五年规划和 2035 年远景目标纲要》提出，构建高质量的教育体系，建设高质量本科教育，提升研究生教育质量，优化区域高等教育资源布局，推进高等教育分类管理和高等学校综合改革，构建更加多元的高等教育体系。2022 年 1 月，《教育部 财政部 国家发展改革委关于深入推进世界一流大学和一流学科建设的若干意见》发布，要求"突出'双一流'建设培养一流人才、服务国家战略需求、争创世界一流的导向，深化体制机制改革，统筹推进、分类建设一流大学和一流学科，在关键核心领域加快培养战略科技人才、一流科技领军人才和创新团队，为全面建成社会主义现

---

① 教育，培养时代新人的坚强阵地[EB/OL]. (2023-03-09)[2024-01-26]. http://www.moe.gov.cn/jyb_xwfb/s5147/202303/t20230309_1049957.html?eqid=a39946f9000087980000000264467228.

② 钟登华. 加快推进高等教育治理体系和治理能力现代化建设[N]. 学习时报，2019-11-29（06）.

代化强国提供有力支撑"①。因此，今后一个时期内，我国高等教育体系应朝着深入推进分类设置、"双一流"建设以及治理现代化等方向发展。

首先，深入推进高校分类设置，要求各高校根据自身特色、发展目标、地方经济社会特点等客观条件，合理规划发展前景，系统调整学科、专业、院系等的设置。同时，地方政府要加大引导力度、支持力度，增强本区域内高等教育资源在结构与层次上的丰富性和合理性。

其次，高校要深入推进"双一流"建设，瞄准世界一流的发展目标，摸清自身优势及劣势，合理利用、整合、升级校内资源，不断深化体制机制改革，在培养机制、聘用机制、评价机制、交流机制以及合作机制方面不断推陈出新，破思维、创路径、试经验、树典型。

最后，要深化高校内部治理体系与治理能力现代化建设，落实好办学自主权。通过理顺校内行政、学术等各部门之间的关系，学科群内各主干学科与支撑学科之间的关系，校级管理与基层学术组织之间的关系等，完善以高校章程为核心的校内规章制度体系②，以"法治""善治""自主办学"为纽带，释放高校内部各利益相关者的创新活力。同时，要深入推进高等教育资源共建共享，通过政府政策支持、校际合作发展等形式，推动东部、中部、西部教育资源的共享，特别是要支持边境地区、民族地区以及经济落后地区的高等教育事业发展，重视省域内教育资源的布局优化，以及积极引进境外优质教育资源。

5. 现实衔接——完善职业教育

职业教育是有效调节我国劳动力供需结构的关键环节、推进深化新时期教育改革的重要突破口。2019年1月，被看作"办好新时代职业教育的顶层设计和施工蓝图"的《国家职业教育深化改革实施方案》指出，要根据国家经济结构转型等需求，深入解决"体系建设不够完善、职业技能实训基地建设有待加强、制度标准不够健全、企业参与办学的动力不足、有利于技术技能人才成长的配套政策尚待完善、办学和人才培养质量水平参差不齐等问题"。2021年颁布的《关于推动现代职业教育高质量发展的意见》则明确将巩固职业教育的类型定位、强化职业教育类型特色、实现"职业教育供给与经济社会发展需求高度匹配"作为加快

---

① 教育部 财政部 国家发展改革委关于深入推进世界一流大学和一流学科建设的若干意见[EB/OL].（2022-01-29）[2024-01-26]. http://www.moe.gov.cn/srcsite/A22/s7065/202202/t20220211_598706.html?eqid=be9b5139007b2e 550000000264295129.

② 史秋衡，李玲玲. 大学章程的使命在于提高内生发展质量[J]. 教育研究，2014（7）：22-27.

推进现代职业教育体系构建以及新时代技能型社会建设的主要目标。[1]因此，职业教育应抓住当前发展的关键机遇期，朝着优化职业教育布局结构、增强产业匹配度的方向发展，从而深化产教融合。

一方面，优化职业教育办学层次。推动现有职业教育院校进行资源重整，关闭一批质量较差、产业结合不紧密的院校，合并一批方向相似、互补的院校，升级一批基础优异、学科建设清晰、产学结合紧密的院校，新建一批国家、地方经济社会急需人才的培养院校。同时，推动中职院校与高职院校，高职院校与应用型、研究型大学之间的合作，延长人才培养链条，重视人的能力终身成长的特征，构建起"能力本位"的贯通性人才培养渠道。

另一方面，增强产业匹配度。增强产业匹配度的核心为调整学科、专业布局，摒弃"摊大饼"、追求"大而全"的学科建设思路，破除职业院校办学层次低、同质化的现象。随着新科学技术对传统产业岗位的冲击，新兴产业岗位应运而生，因此职业院校应进一步加强与企业、地方之间的联系，并根据劳动者生产实际需要优化学校内部的院系及专业设置。

二、服务全民终身学习的教育体系配套政策的调适重点

"构建服务全民终身学习的教育体系"这一命题明确了教育体系的发展目标，目前的学校教育体系并非建立终身学习体系的充分条件，还需要文化、科技、环境、卫健等多个体系共同参与，才能够为全民提供充分的终身学习服务。若按照传统思维，仅仅依赖教育部门和学校来提供全部的资源与服务，无法有效实现"人人皆学、处处能学、时时可学"的学习型社会建设目标。因此，在设置服务全民终身学习的教育体系配套政策时，需要结合现有实践，明确政策调适重点，利用国家力量，形成服务全民终身学习的高效教育政策体系。

（一）国家教育发展规划提出的整体精神

整理五年规划与国家教育发展规划相关文件，可以汇总出其中的若干整体建设精神，具体包括：适度超前，培养社会主义现代化建设者；更加优质，秉持以人民为中心的价值根本；更加公平，维护人民追求美好生活的权利。

---

① 推动现代职业教育高质量发展[N]. 人民日报，2021-10-13（10）.

1. 适度超前，培养社会主义现代化建设者

从国际看，世界正经历百年未有之大变局，全球政治、经济、文化以及科技等格局面临多极化、全球化、信息化的深刻影响。从国内看，建设社会主义现代化强国是我国今后一个时期的重心，由于育人活动具备周期长、影响大、成效展现较慢等特点，需要适度超前深化人才培养规格、教育内容及教学方式等。2021年9月，习近平总书记在中央人才工作会议上指出，当前"我国进入了全面建设社会主义现代化国家、向第二个百年奋斗目标进军的新征程，我们比历史上任何时期都更加接近实现中华民族伟大复兴的宏伟目标，也比历史上任何时期都更加渴求人才"①。建设人才强国需要教育强国的支撑，服务全民终身学习的教育体系秉持贯穿人终身发展的原则，促使学习者的发展与经济社会的发展良好契合。教育作为社会发展的子系统，既应以社会发展需求变革其内容、方式与途径，又通过适度超前反作用于社会的发展，形成良好的互动生态。人工智能、大数据、云计算、区块链等现代技术的深化普及，深刻地影响着学习者的思维方式、生活方式、生产方式等多方面的变革。为了增强学习者对未来科技的适应、对未来社会的融合以及与未来生存方式的契合，需要塑造符合未来发展趋势的教育体系，以此培养具有较高学习胜任力、生存适应力的时代新人。

2. 更加优质，秉持以人民为中心的价值根本

"培养什么人、怎样培养人、为谁培养人"是我国教育事业需要回答的根本问题。我国是人民民主专政的社会主义国家，全心全意为人民服务是中国共产党的宗旨。全面贯彻党的教育方针是实现社会主义现代化建设、中华民族伟大复兴和人的全面发展的坚实基础。②从1993年颁布《中国教育改革和发展纲要》，到2019年推出《中共中央关于坚持和完善中国特色社会主义制度 推进国家治理体系和治理能力现代化若干重大问题的决定》，从提出"终身教育"到构建"服务全民终身学习的教育体系"，党和国家始终坚持以人民的教育需求、教育利益为出发点，纵横谋划形成具有中国特色、本土意义的教育体系与治理思想。

"以人民为中心"是构建服务全民终身学习的教育体系的价值根本，即在理念与内容上重视人民的生存、生活与生产方式的时代性，在过程与结果上重视人民

① 习近平：深入实施新时代人才强国战略 加快建设世界重要人才中心和创新高地[EB/OL].（2021-12-15）[2023-04-05].http://www.cppcc.gov.cn/zxww/2021/12/15/ARTI16395560327 21323.shtml?eqid=e8bb93e300151a5f00000003647c2296.

② 史秋衡，孙昕妍.以人民为中心：我国高等教育的使命担当[J].中国高等教育，2021（23）：13-15.

的参与感和获得感。通过增强教育体系的供给能力，优化升级师资、课程、教材等育人要素，强化教育治理结构、院校办学能力、教育与社会协同方式的现代化，从而实现以"人人学、时时学、全面学、处处学"为基本特征的高质量教育体系。换言之，以人民为中心的教育体系应纵向贯通各级各类教育，横向兼顾正式学习与非正式学习方式，以现代信息技术为关键手段，从而打破学习的校园壁垒，使处在不同年龄阶段、具有不同发展需求的学习者都能够随时随地获取知识与教育，使学习的途径与方式得到丰富，从而使学习者均能适应个性化、终身性的时代发展趋势。

3. 更加公平，维护人民追求美好生活的权利

维护社会公平正义，不断满足人民日益增长的物质文化需求，提高全民族的思想道德与文化修养，是服务全民终身学习的教育体系的战略定力。2016 年 1 月，习近平总书记在学习贯彻党的十八届五中全会精神专题研讨班上再次强调，"要坚持人民主体地位，顺应人民群众对美好生活的向往，不断实现好、维护好、发展好最广大人民根本利益，做到发展为了人民、发展依靠人民、发展成果由人民共享"[①]。可见，党中央始终把维护全体人民对于美好生活的追求与权利置于最高位置，将其视为奋斗目标，并在顶层设计上加以统筹协调与规范。例如，党的十三大报告指出，"必须下极大的力量，通过各种途径，加强对劳动者的职业教育和在职继续教育，努力建设起一支素质优良、纪律严明的劳动大军"；党的十四大报告强调"要优化教育结构，大力加强基础教育，积极发展职业教育、成人教育和高等教育，鼓励自学成才"；党的十五大报告提出"认真贯彻党的教育方针，重视受教育者素质的提高，培养德智体等全面发展的社会主义事业的建设者和接班人"；党的十六大报告强调"坚持教育创新，深化教育改革，优化教育结构，合理配置教育资源，提高教育质量和管理水平，全面推进素质教育，造就数以亿计的高素质劳动者、数以千万计的专门人才和一大批拔尖创新人才"；党的十七大报告在延续强调发展各级各类学校教育的同时，提出坚持"鼓励和规范社会力量兴办教育。发展远程教育和继续教育，建设全民学习、终身学习的学习型社会"；党的十八大报告再次指出"积极发展继续教育，完善终身教育体系，建设学习型社会"；党的十九大报告强调"推动城乡义务教育一体化发展，高度重视农村义务教育，办好学前教育、特殊教育和网络教育，普及高中阶段教育，努

---

① 中共中央党史和文献研究院. 十八大以来重要文献选编（下）[A]. 北京：中央文献出版社，2018：168.

力让每个孩子都能享有公平而有质量的教育"；党的二十大报告进一步强调办好人民满意的教育，并提出"推进教育数字化，建设全民终身学习的学习型社会、学习型大国"。

尽管在过去一个时期内我国教育事业取得了巨大的成就，建立了惠及全球人口最多的教育体系，但仍需在新阶段进一步深化教育体系机制改革，使学前教育、义务教育、高中教育、高等教育、职业教育更为系统化、科学化，密切联合学校教育、社会教育以及家庭教育等形式，构建丰富的学习形式与良好的学习氛围，进一步缩小城乡之间、区域之间的教育差异，使得教育资源全民共享，加大教育对外开放，坚持"走出去"与"引进来"相结合，深度参与全球教育治理、贡献教育智慧、融合教育经验，构建具有中国特色的教育体系与制度。

（二）五年规划要体现国家各行政主管部门之间的协调、监管与服务

在注重国家各行政主管部门之间的协调配合过程中，应进一步加强跨部门协同合作，打通关键环节，构建跨层级与跨省域的协同机制，增强省级教育治理能力，兼顾多方利益主体，构建广泛参与的教育事业发展格局。

1. 跨部门形成合力，打通关键环节

构建服务全民终身学习的教育体系需要跨部门形成合力。首先，加强顶层设计，从制度管理体系入手，成立多部门参与的管理小组负责统筹规划体系机制。教育体系的构建需要完善教育主管部门各司、局之间的合作，理顺各级各类教育主管权限，对涉及幼小衔接、高中大学衔接、职业教育与普通教育融通等关键环节，设置专门的协调小组将关键事务、关键举措落实到实处。对于涉及不同级别、不同类型教育之间机制的内容，要听取多方建议、形成管理合力，增强政策的有效性、实用性与创新性。以高考制度改革为例，应加强教育部内普通教育司与高等教育司之间的沟通传递机制，使高考制度既顺应普通高中改革的需求，又适应高等教育招生培养的实际，以制度带动人才培养的连贯性。

其次，加强跨部门间的合作。服务全民终身学习的教育体系应满足且适当超前国家现代化建设的实际，服务全民终身学习的教育体系不仅包括学校教育体系，还包括家庭教育、老年教育、社会教育以及特殊教育等多方合作，不仅要完善师资、课程以及教材等关键要素，还应大力发展现代信息技术，以国家级资源开放平台、开放大学、图书馆、博物馆等公共服务设施为中介，形成广泛的学习空间。这就需要财政、科技、工信、文化、民政等多部门之间形成合作，破除部门间合

作壁垒，建立育人共同体。通过融通正式学习与非正式学习、学校教育与社会教育、职前教育与职后教育，将传统学校教育积淀而成的优质教育资源向社会共享，同时通过公共平台与设施的参与进一步提升教育资源的质量。

2. 构建跨层级、省域间的协同，增强省级教育治理能力

构建服务全民终身学习的教育体系需要完善省级统筹权改革，从而理顺中央-地方管理体系和省域间协同体系。"十三五"时期，《国家中长期教育改革和发展规划纲要（2010—2020年）》中再次明确："中央政府统一领导和管理国家教育事业，制定发展规划、方针政策和基本标准，优化学科专业、类型、层次结构和区域布局。整体部署教育改革试验，统筹区域协调发展。地方政府负责落实国家方针政策，开展教育改革试验，根据职责分工负责区域内教育改革、发展和稳定。"由此，需要在总结分析已有省级教育统筹权的基础上，进一步完善教育外部治理体系。一方面，制定好中央政府与省级政府之间的权责清单，进一步深化、丰富中央教育事权下放名录，完善教育法规体系，从法理上确定双方负责的事项。同时，强化中央政府在全国教育事业方面的规划、引导、监督等职能。省级政府深化体制机制改革，强化承接下放事权的能力，协同省级各部门将国家规划与地方实际情况有机结合起来。另一方面，深化区域间合作的机制体系。通过人员、政策、财政、资源等互补与支持，在中央政府牵头下促进区域间强强合作、帮扶合作等机制的展开，配合国家区域发展战略，形成共享、协调、开放发展的教育事业格局。

3. 兼顾多方主体利益，构建广泛参与的教育事业发展格局

构建服务全民终身学习的教育体系，需要建立多方参与、多元共治的合作机制。提高全民族的素质，是推动我国由人力资源大国向人才强国转变的关键。一方面，教育需要培养充足的劳动力，适应经济社会发展需求；教育行政主管部门需要紧密联系产业界、企业界发展的实际，扭转我国人才供给的不平衡现象。随着我国实施创新驱动发展战略，推进"大众创业、万众创新"，实施"中国制造2025"与"一带一路"倡议，都需要我们在高等教育与职业教育方面深入开展产学研合作，瞄准现代产业与未来技术，培养不同层次的高新技术领域从业者；需要在义务教育、高中教育方面增强数理等学科与社会生产和生活的密切联系，增强数理化等学科对学生的吸引力，深入了解先进制造业等产业的发展实际。继续教育、远程教育与成人教育领域，应不断加强职后教育培训，帮助现有劳动力适应技术发展趋势。另一方面，教育需要保障全社会的学习权益，夯实学习型城市

建设的基础。学习型城市的构建，首先要保障各类学习者的学习权益。实践中，成人的学习权往往被忽视，对此相关部门应积极促进学校与各类文化教育设施、居委会、村委会等机构组织间的合作，构建全纳的学习空间、场所、体系。

（三）五年规划应体现我国不同地区教育发展的要求与特点

"尊重地域特点、顺应地域特点、满足地域特点"应该是规划制定的基本原则之一。规划中应体现出我国不同地区教育发展的要求与特点，既能满足国家区域发展战略的需求，又能满足教育强省建设的需求。

1. 满足国家区域发展战略的需求

我国幅员辽阔，地区经济社会发展呈现多样化的形态，教育体系的构建应照顾多样化的特点，给予适当的侧重，更好地引导教育与社会相互支撑发展。首先，应支持东部地区率先实现现代化，通过深化教育体制改革、新投入教育资源倾斜、对点帮扶、重大能力建设工程引领等机制，提高教育支撑力度，以及其与当地经济社会发展的适应性，用以支撑东北老工业基地振兴、中部崛起以及西部大开发的国家区域发展战略。同时，通过省域间的教育合作、支援、帮扶机制，促进相对发展落后地区教育质量的提升。

其次，发挥各地优势，提高对外开放水平。鼓励"一带一路"沿线参与省份积极参与国际交流与合作，支持京津冀、长三角、粤港澳大湾区以及海南自由贸易港等教育资源丰富地区利用政策支持优势提高教育对外开放水平，开展新经验、新机制、新方法、新方向的探索。同时，支持各省份依据中国-东盟教育合作框架、金砖国家教育合作机制等路径，围绕上海合作组织、亚太经济合作组织等国际组织开展教育合作与开放，提升中西部内陆省份的教育开放水平，夯实边疆区域教育对外开放的基础。

最后，推动区域内部教育资源发展，包括通过深化京津冀协同发展战略，合理配置教育资源，疏解北京非首都功能，发挥北京、天津的教育资源外溢优势，提升河北的教育承载力度，共享优质教育资源；通过深化长三角教育一体化战略，优化长三角省际教育合作与交流，增强安徽地区的教育发展实力，推动江浙沪皖地区实现教育资源互联互通；通过深化粤港澳大湾区建设，增强粤港澳地区之间全方位、高水平的教育合作及发展，进而增强港澳地区青年的国家、民族认同；通过深化川渝发展战略，统筹推进川渝地区教育资源提质增优，释放两地科教资源创新活力，支撑西南地区打造科教高地。

2. 满足教育强省建设的需求

首先，强调"强省会"发展战略下兼顾各地教育发展需求。"强省会"战略多见于中西部地区，其因区域位置、产业结构等造成省域内没有经济支撑点或省会城市自身建设能力不足。对此，可以通过强省会战略的实施，调整行政区划、谋求国家重大政策支持以及省域内优势集聚等行动，增强省会对全省经济的引擎作用。需要注意的是，在推动"强省会"建设的过程中，势必会造成省会城市对周边乃至全省城市资源的虹吸效应。因此，在支撑省会城市做大做强、资源集中的过程中，相关部门应关注其他省市的教育需求，在集中供给省会城市的过程中，兼顾各地对优质教育资源的需求。特别是需要照顾到各省毗连地区，因为省会辐射范围、省域行政区划等问题易造成省际连片呈现教育薄弱的问题。

其次，在乡村振兴战略下，进一步缩小城乡教育差距。一方面，在教材编订、课程开发、实践应用等过程中体现乡村特色，打造"美丽乡村"的形象与品牌，增强农村青少年对乡村的归属感、城市青少年对乡村的认同感。另一方面，加大教育资源倾斜力度。具体而言，一是要巩固脱贫攻坚的成果，通过建立县域现代职业教育体系、强化基础教育校际帮扶、深化乡村师资专业发展机制以及落实城乡教育资源互补等措施，保障乡村振兴教育支撑力度。二是要实施乡村教育优势再造，包括通过因地制宜开发校本课程、地方课程，打造城郊地区、民族乡村地区"乡村劳育、美育、体育"品牌；通过产城融合发展机制，促进优质科教资源支撑县乡产业发展，适时与高等教育、职业教育院校联合打造培养、实践、转化基地，打造"乡村科学教育"品牌；通过村委领导、村民讲述、文化机构整理，整合本地区的文化传统、代际记忆、脱贫经验等，打造"乡村思政德育"品牌等。在这方面，本书课题组成员撰写的有关乡村教育振兴以及学习型乡村建设的资政报告均被相关部门采用。

（四）五年规划应着力加强对各地区服务全民终身学习的教育体系构建的成效复查

各地区在加强构建服务全民终身学习的教育体系的进程中，应注意到对实施进程做到成效复查，完善教育综合执法相关工作，健全教育评价体系。

1. 完善教育综合执法

落实依法行政是建立现代化教育体系的重要保障。各级政府要严格按照法治政府建设的要求，深入推进教育领域依法行政，严格落实各级教育行政主管部门的责任，严格查处违法乱纪、侵犯办学者与学习者学习权利以及扰乱教育教学秩序的各种行为。

首先，要推进部门间教育综合执法机制建设，以教育部门牵头，推动教育、文化、体育、卫生、公安以及市场监督等多个部门协同执法。同时，通过划分教育部门与行政执法部门之间的权责、组织合作机制等，推动教育行政执法更高效、更权威。

其次，要推进信息化手段的发展。信息化、智能化的政务机制与行政审批机制是建设数字政府的发展方向。因此，教育部门需要利用大数据、人工智能等现代化信息手段，分类处理教育监督管理事件，并确立各级各类教育行政审批事项、各级各类教育年度（阶段）审查数据填报事项以及各级各类教育违规案件等。同时，促进教育行政部门对审批、监督以及违规查处事项建立案例库与处置流程，让办学者等主体"最多跑一次"，同时促进部门间教育综合执法的数据共享。

最后，要推进基层组织与教育部门之间形成合力。基层组织是网格化管理体系的前哨，是深入人民群众生活实际的关键。构建服务全民终身学习的教育体系，同样要求协同图书馆、博物馆、艺术馆、体育场等公共设施，开展家庭教育、社区教育、老年教育以及社区教育，并促使其深入广大群众、深入各地基层。因此，需要联动教育部门及其他行政执法部门和基层组织，形成网格化指导、监督与管理机制。

2. 健全教育评价体系

评价是促进教育事业发展的重要手段。遵循教育发展规律的评价机制能够引导办学者、教学者以及学习者形成正确的学习观，引导各级各类教育实现良好、健康的发展。因此，要以更加适应我国国情、遵循教育规律、回归评价本质的教育评价生态巩固服务全民学习教育体系的成果。

首先，深入推进教育领域"管办评"分离。相关部门应进一步完善顶层设计，以修订《中华人民共和国教育法》《中华人民共和国高等教育法》《中华人民共和国义务教育法》为抓手，明晰各级各类教育评价的宗旨、目的、方式等关键要素。同时，依据各级各类教育所服务的学习者的特征、各级各类教育的规律以及各级各类教育实施机构的办学侧重点，从国家法律法规方面做出规定与解释，为各级政府展开评价提供法律依据。

其次，以现代教育信息技术作为治理手段。随着现代信息技术的普及应用，人工智能、大数据、云计算、区块链等技术促使数据管理与应用朝着智能化、安全化、系统化的方向发展。对此，一是可以通过建立各级各类教育动态监测系统，创新教育评价工具与方式。二是通过建立各级各类教育动态监测系统，对各级各类学校教育教学秩序进行监测、预警、预测等。三是通过定量数据与定性材料相结合的方式，扭转以结果评价为主的评价机制，突出过程评价与增值评价的重要性。四是通过把握各级各类教育立德树人状态和学校教育机构服务社会的状态，强调服务全面的价值观念。

最后，健全多元评价体系。教育评价应建立包括教育行政部门监管、第三方教育评价组织参与以及学校内部评价在内的生态机制。一方面，需要通过以健全法律法规的政策指引、大数据动态监测平台为抓手，增强教育行政部门监管端的科学性、现代性、智慧性、便捷性和系统性；另一方面，第三方教育评价组织应发挥其公平公正的评价职能，关键是其评价结果要得到社会公众的认可。因此，一是可以推动各级各类学校依据国家规章制度的要求，加大信息公开的力度与水平，公布更多公众关切、不涉及侵犯学习者隐私的数据信息，增强第三方教育评价组织评估数据来源的可靠性及提高评估结果的可信度。二是需要完善法律及教育规章制度，厘清教育行政部门与第三方教育评价组织的权责关系、合作机制等，明晰其身份、地位与权责。同时，学校内部评价应该更倾向于教育教学结果的评价，主要评价教师的教学情况和学生的学习情况。对此，要尽量采取定量数据与定性材料相结合的评价方式，破除唯数字、唯成绩等不良评价观念，坚持以教学能力与评估能力为主导、以发展的眼光看待教师与学生的成长，牢固树立"立德树人"的评价观。

第三节　服务全民终身学习的教育体系的内部协创机制

构建服务全民终身学习的教育体系的内部协同创新机制，要求纵向贯通学前教育至老年教育，横向无缝对接学校内教育与学校外教育，各种类型、各种层级的教育之间相互交融、沟通衔接，体现教育体系的整体性和完备性。全面、系统地探索服务全民终身学习的新型教育体系中从幼儿至老年、从校内到职后教育的创新方向及其动力，构建以培育与服务终身学习者为基点的、多元灵活的终身教育内部协创机制。

一、服务全民终身学习的教育体系下的学前教育创新方向与动力

学前教育作为我国服务全民终身学习的教育体系的开端，在实现教育的现代化建设和人的现代化培养进程中起着重要的奠基作用。新时代教育现代化背景之下的学前教育发展目标为"普及有质量"，因此构建服务全民终身学习的教育体系，必须坚持学前教育公益普惠的发展方向。创建有质量的学前教育，亟须政府从政策和行动方面进行规划安排、统筹设计，同时这也是满足人民群众对"幼有优育"美好期待的必然要求。

（一）服务全民终身学习的教育体系下的学前教育创新方向

服务全民终身学习的教育体系的高质量发展离不开"普及有质量"的学前教育。根据《中国教育现代化 2035》，中国教育现代化的战略任务之一，就是建设高质量、全覆盖的学前教育。因此，我国的学前教育需要以终身学习理念为基点，开展理念革新、内部改革以及外部衔接。在构建服务全民终身学习的教育体系进程中，学前教育以坚持实现双普优质、建构具有中国特色的现代化学前教育模式为创新方向。

1. 坚持双普优质的学前教育发展方向

学前教育的普及对于提升国民素质、建设人力资源强国具有重要意义。党的十八大以来，党中央、国务院对学前教育事业高度重视并大力支持，学前教育资源大幅扩充，2021 年全国学前三年毛入园率大幅提高至 88.1%，而 2011 年这一数据仅为 62.3%。[①]虽然学前教育的普及水平在不断提高，但仍然存在"入园难""入园贵"等难题，学前教育资源尤其是普惠性资源不足，城乡、区域学前教育发展依然存在较大差距，中西部地区和农村地区的学前教育发展滞后，学前教育仍是整个教育体系的短板。同时，伴随着国家新生育政策的落地实施，未来学前教育资源供给与配置将面临更大挑战，区域性和结构性矛盾将更加凸显。因此，在服务全民终身学习的教育体系的构建下，学前教育需持续推进普惠性发展，大力发展公办园，积极扶持民办园提供普惠性服务，进一步提高学前教育的普及水平

---

① 全国学前三年毛入园率达 88.1% 学前教育实现基本普及[N]. 人民日报，2022-04-28（04）.

和资源供给能力，切实满足适龄幼儿的入园需求，更好地服务国家人口发展战略。在学前教育资源配置方面，要优化普惠性资源的城乡布局和区域布局，加大对中西部地区和农村地区学前教育的投入力度，完善普惠性学前教育保障机制，健全学前教育公共服务体系（包括资源供给、经费投入、师资队伍建设等），深入推进学前教育双普优质发展。

服务全民终身学习的教育体系的高质量发展离不开"有质量"的学前教育。当前，部分幼儿园呈现"小学化"倾向，存在课程设置缺乏幼小衔接、师资力量薄弱等影响学前教育实现内涵发展的关键问题。破除高质量发展瓶颈要在学前教育的理念、师资、课程等方面下功夫，重点关注学前教育的育儿质量。具体而言，一是树立科学的保教理念，遵循幼儿发展规律和教育规律，既让儿童过当下健康快乐、有意义的童年生活，又帮助儿童获取有益于身心的学习和发展经验，为终身学习打下基础。二是在课程方面，树立"以儿童为中心""以游戏为基本活动"的价值取向，建立与现代社会需求相适应的儿童能力发展课程框架和学习标准，增强幼小课程的衔接性和连续性。三是在师资队伍建设方面，通过提升培养层次、制定专业标准和资格考核等手段，提高幼儿保教人员的专业能力和水平，改善幼儿园教师的工资福利及其他工作条件，吸引更多优秀的人从事幼儿教育事业。另外，应充分发挥家庭在学前教育中的作用，推动家长积极参与早期教育和保育活动，加强家园协作共育，共同促进儿童的健康成长。

2. 建构面向现代化的中国特色学前教育模式

《中国教育现代化 2035》提出要发展"普及而有质量的学前教育"。对此，我国的学前教育需要以终身学习理念为基点，开展理念革新、内部改革以及外部衔接等，积极配合国家在 2050 年打造出现代化国家的战略部署，高水平地实现学前教育现代化发展。一是可以通过推动教育信息化、构建"智慧型"幼儿园课堂，积极探索人工智能技术在学前教育中的运用，提高幼儿的人文科技素养。二是要进一步打破教育资源壁垒，缩小公立园与私立园之间的差距，实现资源共享均衡，发展"普惠型"学前教育。三是推动体制机制升级，创新学制，实现幼小平稳、顺利、高质量地衔接，打造"发展型"学前教育。四是改革教育理念，坚持将立德树人作为学前教育的基本理念和价值导向，重视对幼儿优良品德和健康价值观的培养。五是要强化品牌意识，积极总结我国学前教育发展的经验和优势，构建具有中国特色的学前教育模式。打造"中国式现代化"的学前教育，一方面需要凸显中华传统文化中的人文情怀；另一方面要与国际接轨，使幼儿拥有国际格局和视野。概言之，要立足中国实际，努力建设坚持公益、开放多元、优质均衡、充满活力、具有中国特色的学前教育模式。

（二）服务全民终身学习的教育体系下的学前教育创新动力

在构建服务全民终身学习的教育体系进程中，学前教育的创新发展既以政府为主导，又以人民群众为根本利益受众。

1. 政府对学前教育的有为举措

近年来，我国相继颁布了学前教育改革的发展规划、行动计划等战略性政策文件，以及有关办园条件、幼儿保育和幼儿园教师专业发展的标准体系及管理办法。例如，2018 年颁布《中共中央 国务院关于学前教育深化改革规范发展的若干意见》、2021 年推出《"十四五"学前教育发展提升行动计划》等政策文件，从扩大资源供给、优化办园布局、健全经费投入、加强教师队伍建设、完善监管体系与规范发展民办园等方面，为学前教育"普及有质量"地发展提供了动力。在推进科学保教方面，教育部印发了《幼儿园教育指导纲要》和《3—6 岁儿童学习与发展指南》等一系列文件，建立了较为完善的幼儿教育指导体系，为科学保教提供了强有力的专业引领。可以看出，从中央到地方，学前教育发展的政策措施力度愈发增强，学前教育法也在紧张研制中。对此，要继续坚持以政府为主导，持续加大学前教育政策供给，明确和落实各级政府在学前教育规划、投入和师资队伍建设等方面的责任，通过加大财政投入，强化普惠性幼儿园配套建设，实施政策优惠，积极扶持普惠性民办园，持续扩大学前教育资源供给。在这一方面，课题组成员提出的有关建议如加快颁布"学前教育法"促进学前教育健康发展的资政报告成功被中央部门采纳。上述一系列政策和文件的出台，成为推动服务全民终身学习的教育体系下的学前教育创新发展的重要支撑和推动力量，为实现"普及有质量"的学前教育提供了基本前提和根本保障。

2. 满足人民群众对"幼有优育"的美好期待

办好学前教育，关乎亿万儿童的健康成长，关乎党和国家事业的未来，是党和政府为老百姓办实事的重大民生工程，能不断满足人民群众对"幼有优育"的美好期待。新中国成立 70 多年来，我国学前教育在政治逻辑、经济逻辑以及教育逻辑的推动下取得了举世瞩目的成就，但学前教育发展不平衡不充分的问题仍然突出。随着经济生活水平的提高及消费水平的升级，人们对学前教育的质量提出了更高的要求，"幼有优育"越来越受到人民群众的重视。因此，面对学前教育"量"与"质"的现实需求，扩大资源供给、提高保教质量仍是学前教育发展的方向，也是满足人民群众对"幼有优育"美好期待的必然要求。

二、服务全民终身学习的教育体系下的学校教育创新方向与动力

学校教育，是个体一生中所受正规教育的重要组成部分，也是服务全民终身学习的教育体系的重要支撑。学校教育旨在培养德智体美劳全面发展的社会主义建设者和接班人，着重培养学生的终身学习能力，这是在服务全民终身学习的教育体系下学校教育现代化变革需要坚持的方向。同时，得益于前沿技术教育应用的推动，构建未来学校教育新形态亦成为学校教育的创新方向之一。

（一）服务全民终身学习的教育体系下的学校教育创新方向

在构建服务全民终身学习的教育体系的进程中，学校教育有责任在发展学生的终身学习能力以及充分开发学生潜能的过程中提供支持，以着重培育学生终身学习能力，构建未来学校教育新形态为创新发展方向，推动教育更加公平、更有质量地惠及每一个人，即学校教育需要实现均衡、高质量发展，培养具有终身学习能力的高素质创新型人才。

1. 着重培养学生的终身学习能力

当前，世界正经历百年未有之大变局，第四次科技革命的浪潮席卷而来，知识经济、数智化发展方兴未艾。立足中华民族伟大复兴战略全局，学校教育所培养的人才应能快速适应不断变化的社会，因此学校教育要面向未来社会，回归教育本质，坚持立德树人的根本宗旨，培养学生以终身学习能力为代表的关键能力或核心素养。具体而言，学校教育所培养的中国学生核心素养分为三个方面，分别为文化基础、自主发展和社会参与，综合表现为六大素养，分别为人文底蕴、科学精神、学会学习、健康生活、责任担当和实践创新。[①]学校教育有责任为发展学生的终身学习能力、促使学生充分发挥潜能提供支持，学校教育激励并使人们有权利获得生存所需要的知识、技能与价值观等，持续更新、深化和拓展，使人们在任何任务、环境及情况下，都能有信心、创造性地运用从学校教育中习得的知识与技能、价值观等，成为具备终身学习技能、能力和态度的终身学习者。

---

① 核心素养研究课题组. 中国学生发展核心素养[J]. 中国教育学刊，2016（10）：1-3.

同时，学校在教与学方面也要做出相应的改革创新，教学过程由"以教为中心"向"以学为中心"转变，教学环境更加自由、多元，使学习者自觉、自主地去习得知识、技能和价值观，学习需求由外驱向内驱回归，学习资源、学习途径、学习方式、学习内容等方面更加开放、灵活。在这一方面，课题组成员撰写的《关于治理中小学教辅材料乱象、促进"双减"落地见效的建议》《中小学自然科学课程缺乏实践亟待重视》《关于健全中小学教材全链条管理体系的建议》资政报告被中央部门批示采纳。

2. 构建未来学校教育新形态

数智化时代，教育与技术的深度融合发展将在推动新兴技术教育应用、脑认知机理与教学模式匹配、教育机器人研发应用、智慧教育、个性化学习与规模化教育等方面取得突破性进展乃至颠覆性创新，有效激发学习者的学习兴趣和创造力，推动教育更加公平、有质量地惠及每一个人。新一轮科技革命为构建以学习者为中心的教育生态提供了前沿技术支撑，有助于构建个性化、数字化、智能化、差异化、多元化的未来学校教育新形态，促进服务全民终身学习的教育体系建设。"未来学校"是在先进技术与创新方法融合下发生学校系统性变革的，是基于未来人才培养需求构建的学校教育新形态，是服务全民终身学习的教育体系下学校教育的创新方向。具体而言，在学校形态上，未来学校主要表现为虚实交融的泛在学校时空、人机环境融合的学校结构性系统以及基于学习者自适性学习的学校教育服务形态，是整个学校教育形态从宏观学校时空到微观学习服务的根本变革。[①]在教育特征上，我们基于国际基础教育的创新变革总结出未来学校教育的六大特征，具体包括：个性化的教育理念与"做中学"的思想，课程设置跨学科与面向真实世界问题，教学组织富有弹性，基于项目的学习方式，学习空间灵活多样，技术赋能等。[②]

（二）服务全民终身学习的教育体系下的学校教育创新动力

学校教育应遵循现代化发展变革之需要，充分应用前沿技术，并以此作为创新发展动力。

---

① 罗生全，王素月. 未来学校的内涵、表现形态及其建设机制[J]. 中国电化教育，2020（1）：40-45，55.
② 祝智庭，管珏琪，丁振月. 未来学校已来：国际基础教育创新变革透视[J]. 中国教育学刊，2018（9）：57-67.

1. 学校教育现代化发展变革的需要

《中国教育现代化 2035》是指导我国之后 15 年加速推进教育现代化发展的行动纲领和实施指南，各级各类学校教育须明晰其方向、对接其目标、践行其方略，坚持以改革促发展、以创新探路径，为构建服务全民终身学习的教育体系提供强大支撑。具体而言，在要素层面，教育现代化的关键要素包括教育理念现代化、体系现代化、制度现代化、内容现代化、方法现代化和治理现代化等。在理念层面，《中国教育现代化 2035》提出了实现教育现代化必须坚持的八大基本理念，即更加注重以德为先，更加注重全面发展，更加注重面向人人，更加注重终身学习，更加注重因材施教，更加注重知行合一，更加注重融合发展，更加注重共建共享。在行动层面，《中国教育现代化 2035》聚焦教育发展的突出问题和薄弱环节，重点部署了面向教育现代化的十大战略任务，在各级教育高水平高质量普及、基本公共教育服务、一流人才培养与创新能力、教师队伍建设、教育信息化、教育治理体系和治理能力等方面均提出了发展的目标与要求。

2. 前沿技术的教育应用

全球数字化与智能化浪潮驱动新一轮科技革命深入发展，整合多种新兴技术优势的元宇宙、虚拟世界等展现出蓬勃的发展潜力，人类正在逐步突破时空界限，打造虚拟与现实相互融合的社会发展形态，这将会深刻影响包括教育在内的各行各业的变革与发展，未来学校也将会在前沿技术的赋能下发生大变革。具体而言，当前教育信息化高速发展，数字化基础设施大规模建设，学校教育得以突破时空限制，优质教育资源全球共享成为现实。基于人工智能技术与教育的深度融合与创新，学习者学习过程的大数据和信息资源得以开发利用，学校教育越来越走向个性化服务。同时，通过人工智能技术与虚拟现实的有机结合，学习环境发生了极大改变，学习者的认知效率和学习兴趣极大地提高。以高等教育为例，虚拟教学的出现为大学人才培养创新提供了全新的路径选择，虚拟与现实的融合将会使得师生在现实与虚拟双重维度开展教学，这将使大学教学内容、教学模式、教学理念发生重大变革，最终实现大学教学范式的革新。课题组成员针对这一问题撰写的《我国前沿学科布局存在的问题及建议》成功被中央部门采纳。

三、服务全民终身学习的教育体系下的职后教育创新方向与动力

职后教育是职业教育的关键内容，也是构建服务全民终身学习的教育体系和

学习型社会的重要组成部分。职后教育体系建设应以不断提高我国人力资源市场规模和质量为目标，致力于畅通在职职工和专业技术人才的学习与职业成长通道。课题组首席专家史秋衡提出的高等学校三分类发展观点[①]被国家采纳，其他成员提出的关注现代职业教育发展的相关资政报告也被采纳，这无不彰显着我国现行教育综合改革对职业教育的关注。在社会经济发展的人才要求以及新技术革命的动力激发下，全方位构建与学校教育零距离对接的职后教育体系的创新方向在于，提供多渠道供给，催生泛在学习新生态，同时也需要多措施并举，激发学习者的学习动力，努力建成一个人人皆学、时时能学、处处可学的学习型社会。

（一）服务全民终身学习的教育体系下的职后教育创新方向

在构建服务全民终身学习的教育体系进程中，重点之一就是实现职后教育的高质量发展，弥合学校内教育体系与学校外教育体系之间的明显断层，最终实现"超越传统育人极限，重塑现代教育体系"[②]。具体来看，职后教育应以多渠道供给，催生泛在学习新生态，同时多措施并举，激发学习者的学习动机。

1. 多渠道供给，催生泛在学习新生态

新形势下，科学技术快速发展，知识更新速度进一步加快，广大社会成员尤其是在职职工和专业技术人员继续学习的自觉性、积极性进一步增强。职后教育的主要目的在于，满足在职人员的成长与职业能力提升需求。它以职业为导向，具有较强的应用性和实践性。在教育智能时代，专业系统的教育培训行业、教育科技企业以及企业大学、在线教育等新型教育供给形式涌现，教育需针对日益多样化的教育需求灵活转变教育形态，如在职攻读学位、网络课程、学习视频、在线课堂等多种渠道的教育供给就完美契合了一线劳动者群体的学习特点，移动学习、碎片化学习成为职后教育的学习新形态，能够使在职人员实现处处可学、时时能学、有用易学。其中，开放大学是以促进终身学习为使命、以现代信息技术为支撑、开展远程开放教育的新型高等学校类型。从未来发展来看，开放大学将借助当前我国职业教育发展的有利时机，培养应用型、职业型人才，在为在职人员提供学历教育与非学历继续教育方面贡献自己的力量。

① 史秋衡，康敏. 探索我国高等学校分类体系设计[J]. 中国高等教育，2017（2）：40-44.
② 史秋衡，张妍. 中国终身学习话语体系的嬗变与重构[J]. 教育研究，2021（9）：93-103.

2. 多措施并举，激发学习动机

职后教育的另一创新方向即有效地增强在职职工和专业技术人员等广大社会成员终身学习和发展的动力，在学习成果认证、学习模式创新、学习内容转变等方面建立健全继续学习的激励机制。同时，推动构建多样化的学习成果认证机制，使社会成员能根据自己的状况和需求进行自我选择，学习完成后对学习成果进行转换，也是有效激发劳动者学习动机的重要方式。通过有效搭建学分"立交桥"、学习地图，以及将企业员工的学习、绩效和职业发展紧密关联起来等手段，从根本上解决企业员工学习动力不足的问题。另外，在开放教育思维、共享资源机制以及多终端知识传输模式的支持下，互动式学习、混合式学习、研究式学习以及翻转式学习成为成年人合作学习、打造学习生态圈的重要方式，有助于推动终身学习成为有品质、有价值生活的一部分。学习内容不再是基于知识的体系性学习，更多是从工作实际问题出发，采用行动学习实现知识的价值转化，这能够有效激发学习者继续学习的动力。

（二）服务全民终身学习的教育体系下的职后教育创新动力

在构建服务全民终身学习的教育体系进程中，职后教育应该适应社会经济发展对人才培育的要求，紧抓新技术革命带来的时代机遇。

1. 社会经济发展对人才的要求

当前，我国正处于从人力资源大国向人力资源强国迈进的关键时期，知识和人才成为国家提升持续发展能力和国际竞争力的第一资源。职后教育在提升劳动者素质、促进我国经济增长方式转变，实施创新驱动发展战略、建设人力资本强国等方面具有重要作用。促进职后教育创新的动力，涉及职业环境因素、经济因素、社会关系因素、内部驱动因素、个体自我提升因素等方面，其中社会经济发展对人才的要求是职后教育发展最主要的推动力，解决工作中出现的问题和为应对未来社会的快速变化做好准备，是人们在职学习的主要动机。要应对智能时代工作岗位的竞争和挑战，劳动者应不断更新知识、技能和价值观，培育和提高自身的核心竞争力，通过终身学习，积累和工作有关的专业知识、提升相关能力，同时内在提升个人的综合素质。此外，通过终身学习，个体有可能获得物质、晋升以及社会关系等外部收益，可以促进自身的职业发展。在这一方面，本书课题组重要成员有关经济三重压力下高校毕业生就业面临的挑战与建议的资政报告成功被相关部门批示采纳。

2. 新技术革命带来新机遇

在新技术革命的冲击下，教育的数字化转型与信息技术的变革为发展职后教育带来了无限的机遇，"泛在学习"将成为学习型社会一种重要的学习方式，这意味着我们正步入"泛在学习和智慧学习"时代。具体而言，云计算、人工智能、5G、大数据、物联网、区块链等新兴信息技术的变革为发展职后教育提供了强大动力，优质教育资源共享、跨时空学习以及个性化学习成为现实。随着现代科学信息技术的不断发展和应用，传统教育方式的时空限制得以突破，优质资源的成本更低、覆盖的范围更广，同时可以让更多的学习者进行共享，并兼具个性化、开放性和交互性等特点。事实上，智能技术已经成为职后教育创新的关键变量，它的价值在于：一是能够针对传统继续教育的目标进行重构，培养具有智能素养的公民成为新的目标取向；二是能够助力课程资源结构的优化，使得数字课程、网络课程、微课和翻转课堂等新形式课程资源成为主流；三是可以搭建泛在教学时空，使得学习方式更加灵活、便捷；四是能够重塑教育管理模式，智能化、数字化管理更为精准、高效，大数据驱动及个性化评价将推进管理方式的持续改进。

四、服务全民终身学习的教育体系下的老年教育创新方向与动力

"活到老，学到老"是终身学习观的朴素表达。老年教育是构建服务全民终身学习的教育体系不可或缺的重要环节，也是提高老年人的生命和生活质量、增进老年人福祉的重要内容。发展老年教育既是对目前的人口老龄化问题的有效应对，也是构建服务全民终身学习的教育体系以及实现教育现代化的重要举措。同时，随着信息化、智能化的发展，老年人的精神和学习需求不断增长，推进"老有所教、老有所学、老有所为、老有所乐"成为服务全民终身学习的教育体系下老年教育发展的迫切愿景。因此，对老年教育资源供给的扩大与老年教育服务模式的创新是未来变革的方向。这一变革动力一方面来自政策规划的推动与保障，另一方面来自社会力量的调动与参与。

（一）服务全民终身学习的教育体系下的老年教育创新方向

社会数智化、老龄化对构建服务全民终身学习的教育体系提出了严峻挑战，也正是在此背景下，我国应加快构建更加开放的服务全民终身学习的教育体系。唯有如此，方能化解老龄化问题对既有人口红利的严重冲击，才能应对未来社会数智化发展给民众工作和生活带来的诸多挑战。在构建服务全民终身学习的教育

体系进程中，老年教育的创新方向为扩大老年教育资源供给与创新老年教育服务模式。

1. 扩大老年教育资源供给

国家统计数据显示，2022 年我国 60 岁及以上人口数量高达 28 004 万人，占据全国总人口的 19.8%。[①] "十四五"时期，我国社会将进入中度老龄化阶段。因此，在可预见的未来，我国老龄化、长寿化、少子化的基本面不会发生根本变化。人口老龄化对于我国社会保障体制提出的挑战是深刻的，即面临着人口比例失调问题。具体来说，随着我国人口老龄化形势日趋严峻，老年教育资源供给和老年人日益增长的学习需求之间的差距逐渐扩大，供求矛盾更加突出，城乡、区域间老年教育发展不均衡的问题更加凸显。通过各种形式扩大老年教育资源供给与缩小城乡、区域差距，成为首先要解决的问题。其中，上海市作为老年教育发展的示范终身学习型城市，已建立市、区、街镇、居村委四级网络，类型多样的教育机构为老年人提供了丰富的学习机会。[②]放眼国际，许多国家通过兴办第三年龄大学、帮助老年人充分利用网络进行自主学习和推动社区老年人进行互助学习等多种形式，来发展老年教育。因此，相关部门需要鼓励各类教育向老年人友好开放、互联互通，运用互联网等科技手段开展老年教育，通过开发远程学习资源与建立线上学习组织，促进老年学习资源和学习形式的整合与多样化。同时，在优化老年教育布局方面，把基层和农村作为老年教育的增量重点，形成一种以基层需求为主要导向的老年教育供给结构。同时，要集聚各方办学优势，努力实现区域资源的充分共享，同时加快区域老年教育共同体建设，促进老年教育城乡一体化均衡发展。

2. 创新老年教育服务模式

开发老年"人口红利"是缓解老龄化人力危机的举措之一。社会需要根据老年群体的实际生活发展需求，提供适合的教育，帮助其实现个人的持续成长，充分利用"生之者众、食之者寡"的人口年龄结构所带来的机遇，充分开发老年人口的丰裕人力资源。这在帮助老年群体继续实现个人价值、提高个人生活质量的

---

① 王萍萍. 人口总量略有下降 城镇化水平继续提高[EB/OL]. （2023-01-18）[2023-04-05]. http://www.stats. gov. cn/ xxgk/jd/sjjd2020/202301/t20230118_1892285.html.

② 上海市教育委员会 上海市学习型社会建设与终身教育促进委员会办公室关于印发《上海市终身教育发展"十四五"规划》的通知[EB/OL]. （2022-03-01）[2023-04-05]. http://edu.sh.gov.cn/xxgk2_zhzw_ghjh_01/20220211/17055c3b4cbd4309899602bab62b04ab.html.

同时，可以为社会发展开发老年群体的人力资源价值，推动老龄社会的健康老龄化和积极老龄化。

目前，老年教育机构多数为社会团体组织形式，老干部系统举办的老年教育机构占比较高，少数老年教育机构为事业单位。未来，相关部门应考虑采用"养老+教育""社区+老年教育""互联网+老年教育"等多样教育形态支持老年教育，创新老年教育服务模式。近年来，有关老年教育的政策文件都强调要推进与探索"养教结合"模式，鼓励在养老院、敬老院、社区老年人日间照料中心、托老所等各类养老服务机构中设立老年课堂等固定学习场所，通过设置课程、举办讲座、开发项目等方式开展老年教育活动，推进养教一体化，推动老年教育融入养老服务体系。《中国教育现代化2035》提出了"扩大社区教育资源供给，加快发展城乡社区老年教育，推动各类学习型组织建设"的新要求。笔者认为，在推动老年教育与社区教育相融合的过程中，相关部门应建设一大批老年人身边的学习场所，让老百姓在家门口享受到教育服务；充分利用信息技术的优势，推进老年教育的数字化建设，开通多个线上学习渠道，构建"线上线下、互联互通"的教育网络；鼓励有条件的老年教育机构、高等学校、行业企业开设网上老年大学，打造各种老年教育学习平台，组织引导老年人跨越"数字鸿沟"，积极参与网络学习。

（二）服务全民终身学习的教育体系下的老年教育创新动力

以政策规划为推动与保障，以社会力量的积极参与为依托，是服务全民终身学习的教育体系下建设高质量老年教育的关键点。

1. 老年教育政策规划的推动与保障

随着社会经济的发展和消费水平的提升，老年人的精神文化以及学习需求得以快速增长。为了更好地满足老年人多样化的学习需求、提升老年人精神和生活品质、促进社会文明和谐，必然要发展老年教育。国家对老年教育与养老问题的积极关注，是服务全民终身学习的教育体系下老年教育发展创新的动力之一，政策的引导和支持为老年教育的发展提供了规范性、持续性保障。具体而言，2016年国务院办公厅印发的《老年教育发展规划（2016—2020年）》是我国为老年教育制定的第一个专门的国家专项规划，旨在促进老年教育事业持续健康发展。伴随着人口老龄化形势的日趋严峻，2019—2020年，国家接续出台了《国务院办公厅关于推进养老服务发展的意见》《国务院办公厅关于促进养老托育服务健康发展的意见》等一系列政策文件，以推动养老社会保障服务体系不断走向成熟。

2. 调动社会力量

随着新一轮科技革命、消费及需求的升级，教育服务产业迅速发展起来，已成为市场配置教育资源的重要方式和服务终身教育生态体系的重要组成部分。政府、市场和社会组织多元供给模式的形成，有助于优化教育资源的配置、推动公平且有质量教育目标的实现。因此，相关部门应摆脱长期依赖政府的供能渠道，积极引入市场机制，通过政府购买服务、整合社会资源等方式激发社会参与活力，广泛吸纳市场环节的资金投入，吸引具备专业经验或公益性服务老年教育的社会组织积极参与；通过相应的制度和供给模式赋予老年教育新的活力，满足老年学习者个性化、多元化、优质化的学习需求。具体而言，一方面，要强化老年大学的示范引领作用，构建老年教育全社会供给多元机制，建立完备的老年教育支持服务体系，以形成全国及全社会总动员、齐努力的局面，有效提高老年教育的覆盖率；另一方面，鼓励社会力量举办老年大学或云上老年大学，支持和引导各高校、企业及社会组织等通过多种方式参与或举办老年教育活动，积极培育各类公益性服务老年教育的社会团体或组织，给老年教育注入更多活力，增强老年教育可持续发展的动力。

第四节　服务全民终身学习的教育体系的设置标准与外部行业适应性

随着新技术、新发明的更新迭代速度不断加快，新时代需要更多的高水平终身学习者来适应经济社会发展的需要。在世界范围内，终身教育理念不断得到重视和推广，加强服务全民终身学习的教育体系建设已经成为世界发达国家提升国际竞争力的重要手段。然而，教育并不是孤立地存在于社会之中，外部行业对劳动力的需求会直接影响服务全民终身学习的教育体系的设置标准。因此，必须深入研究服务全民终身学习的教育体系设置标准与外部行业的适应性，实现个人全面发展与经济社会发展的双赢。

一、服务全民终身学习的教育体系对行业标准的适应原则

服务全民终身学习的教育体系不仅需要满足人民群众多样化的学习需求，更需要满足社会对于终身学习者的要求，只有这样才能最大限度地提高社会成员的素质，促进学习型、创新型社会的建设，助力产业转型升级，提高经济增长的科技含量。唯物主义辩证法认为，生产力是教育发展的基础，教育的进步亦能反作用于生产力发展。要让服务全民终身学习的教育体系焕发强大生命力，在构建这一教育体系过程中，一方面要让其满足终身学习者的多样化学习需求；另一方面要强调其对行业标准的适应原则，终身学习者个体与经济社会不同主体的共同认可至关重要。简言之，构建服务全民终身学习的教育体系，是我国经济社会实现高质量发展的重大战略抉择，服务全民终身学习的教育体系对行业标准的适应原则主要包括三个方面：一是以教育主动适应为原则；二是以创新评价机制为原则；三是以深度融合为原则。

（一）以教育主动适应为原则

首先，确定以教育主动适应为原则有着深刻的理论基础。无论是从唯物辩证法的角度来看教育与生产力之间的关系，还是从人力资本理论、新经济增长理论等视角审视教育与经济之间的关系，教育都应当主动适应经济社会的发展。此外，从教育的起源来看，教育始终都与个人生活、人类发展以及社会进步密切相关，相辅相成，共同向前发展，终身教育亦是如此。服务全民终身学习的教育体系，一方面是社会个体从出生到死亡的一生所有教育的统称，另一方面是指不同类型教育构成的有机整体，具备时间上的终身连续性和空间上的社会整体性双重特征。因此，从理论层面审视服务全民终身学习的教育体系构建过程，必须以教育主动适应为原则，强调服务全民终身学习的教育体系对行业标准的适应，只有这样才能更好地为个人和社会提供更高质量的终身教育服务。

其次，以教育主动适应为原则能够赋予服务全民终身学习的教育体系强大的生命力。从个人维度来看，个人积极主动参与终身教育的重要动因之一，是适应经济社会的发展变化，以满足个人在不同发展节点的多样化需求，促进个人更好、更加全面地发展。也就是说，个体接受终身教育能够获益，所以服务全民终身学习的教育体系才对社会中的个人有吸引力。从社会维度来看，政府、各类型教育组织、行业企业等不同社会主体积极参与构建服务全民终身学习的教育体系，是因为服务全民终身学习的教育体系能够协调个人发展与社会需求，在促进个体发

展的同时推动整个社会的进步，提高国家整体人力资源利用率，并在建设学习型社会的过程中推动国家创新发展战略的实施。

最后，以教育主动适应为原则能够有效增强个人发展与经济社会发展的协调性。值得我们关注的是，在终身教育出现以前，传统教育极其重视学校内教育，而将学校后教育置于边缘化位置，这对于个人终身发展而言是不利的，即未能将人一生所需要的教育视为终身连贯、互为衔接、统一整合的有机体。特别是社会成员学习期、工作期、退休期的划分，将不同阶段、不同类型教育的整体性破坏殆尽，极大地限制了人的全面发展。此外，传统教育体系中不同类型的教育是呈独立分割状态的，例如，正规教育与非正规教育之间，学校教育、家庭教育、社会教育之间，相互协调配合较少且一体化程度较低，未能从服务全民终身学习的教育体系的角度来整合不同类型的教育。服务全民终身学习的教育体系坚持以教育主动适应为原则，主动适应个人学习教育的时间连贯性和社会教育体系的空间整体性，能够有效增强个人发展与经济社会发展的协调性，践行终身教育理念，增强个人学习教育的纵向连贯性，统筹社会教育体系的横向整体性，有效推动个人发展与经济社会进步密切结合。

（二）以创新评价机制为原则

首先，构建服务全民终身学习的教育体系离不开科学的评价机制，坚持以创新评价机制为原则，能够有效引导服务全民终身学习的教育体系设置标准与外部行业相适应，充分发挥教育评价的"指挥棒"作用。终身教育实现的过程是多样化的，不同于传统教育体系中将教育等同于学校教育的狭隘观念，服务全民终身学习的教育体系更加强调学校教育、家庭教育、社会教育的相互联系与相互配合，更加重视非正规教育对于正规教育的补充作用，同时强调充分发挥不同类型教育在经济、文化、社会等各领域的特殊作用，打破传统教育的时空限制，以多样化的终身教育实现过程促进个人的全面、有机发展。终身教育实现过程的多样化，客观要求创新评价机制在服务全民终身学习的教育体系中，实现教育类型多样化、教育内容多样化、培养模式多样化、参与主体多样化等，以满足不同个人不同阶段的个性化终身教育需求，这样必将要求对传统评价机制进行革新，有效引导服务全民终身学习的教育体系设置标准与外部行业相适应。

其次，在构建服务全民终身学习的教育体系的过程中，需要以终身教育理念对现有教育体系进行综合改革，以创新评价机制为原则是实施教育改革的必然要求。一方面，以学校为主导的正规教育迫切需要创新评价机制推动自身改革。随着我国教育入学率、普及率的逐渐上升，以及人口增长速度不断下降，未来受教育人口规模将不断缩小，为教育公平、教育质量等系列问题的解决提供了契机。终身教育理念有助于推进学校教育综合改革，进一步实现学校教育入学机会均等化，打破不同类型学校教学之间的互通障碍，持续提高个人接受终身教育服务的质量。另一方面，校外职业培训等非正规教育需要提质增效。随着我国经济增长由规模数量型向质量内涵型转变，企业内部职业教育培训已不能满足创新发展的需要，企业开展职后教育培训需要依托正规教育组织，因此应当以创新评价机制引导政府力量介入，提高职后教育培训质量，降低企业人力资源培训成本，促进产业结构优化升级，引导校外职业培训等非正规教育提质增效，以适应行业企业走质量内涵式发展道路的需要。

（三）以深度融合为原则

实现服务全民终身学习的教育体系设置标准与外部行业相适应，需要以深度融合为原则，既要有效增强职前教育与行业企业的联系，又要切实提升职后教育的质量。具体而言，新一轮科技革命是终身教育推广和普及的强大动力引擎。步入 21 世纪，人类知识创造以及科技更新迭代的速度不断加快，劳动力市场对于人才的需求也在不断变化。因此，以深度融合为原则构建服务全民终身学习的教育体系，既是知识经济时代的必然要求，也是新时代信息科学技术迅猛发展的强烈呼唤。坚持以深度融合为原则，推动服务全民终身学习的教育体系设置标准与外部行业相适应，首先需要增强职前教育与外部行业的联系。世界经济增长的科技和创新含量越来越高，我国实现经济高质量增长需要大量的创新型科技人才，服务全民终身学习的教育体系必须适应经济社会发展阶段的变化，加强职前教育与外部行业的联系，避免职前教育与经济社会发展脱节。其次，需要提升职后教育的质量。职后教育是影响我国产业转型升级的重要因素，发达国家逐渐淘汰落后的加工制造产业，转向重视发展高新科技等尖端工业等历史经验，都在提示我们要加快产业转型升级的步伐。然而，产业转型升级并不是一蹴而就的，需要提高职后教育质量，为行业企业创新发展提供技术支持和人才支撑。

同时，以深度融合为原则，推动服务全民终身学习的教育体系设置标准与外部行业相适应，能够为经济社会创新发展提供不竭动力。教育与经济社会发展之间的辩证关系，蕴含了深度融合原则对于服务全民终身学习的教育体系的重要性。首先，终身教育与外部行业的深度融合能够有效防止知识的固化，即保持知识生产的创新活力，确保个人接受学习教育的连续性，使得个人全面发展与经济社会发展保持同步，为经济社会创新发展提供源源不断的高质量创新人才。其次，随着经济社会发展水平的提高，个人的学习、生活方式等都在不断发生变化，个人对于教育学习、未来生活方式等有着更高层次的追求，化解传统教育中过度筛选竞争、制度束缚等影响个人全面发展的因素迫在眉睫。以深度融合为原则推动服务全民终身学习的教育体系设置标准与外部行业相适应，重点正是实现人与社会的协调发展。最后，以深度融合为原则推动服务全民终身学习的教育体系设置标准与外部行业相适应，能够进一步改变社会公众对终身教育的认知，从根本上扭转公众对终身教育等同于成人教育的片面印象，让参与教育受益终身的理念深入每个人的心中，进而促进学习型社会建设以及国家创新发展战略的实施。

二、服务全民终身学习的教育体系设置标准对人才规范的适应机制

教育本质上是培养人的事业，面向未来培养人才则具有其内在的科学规律。推动服务全民终身学习的教育体系设置标准与外部行业相适应，需要建立服务全民终身学习的教育体系设置标准对人才规范的适应机制，具体来说，要做到以下三个方面。

（一）个体成才与社会升级相适应

建立服务全民终身学习的教育体系设置标准对人才规范的适应机制，坚持个体成才与社会升级相适应是关键。这既蕴含着终身教育对传统教育的超越，又彰显了经济社会不断向前发展的客观需要。实现个体成才与社会升级相适应，首先要改变传统教育中个体成才的诸多狭隘认识。终身教育理念有助于克服传统教育中的不利因素，并助力个体成才。例如，传统的学校教育体系的选拔倾向、"一考定终身"等对学生的可持续发展影响很大。对此，学生、教师、家长、社会等多方主体需要转变理念，树立终身教育理念——个体成才是连续的、整体的，终身教育贯穿人的一生。

其次，要改变传统教育中偏重学校教育的片面观念。随着社会发展步伐的加快，单纯依靠学校教育培养人才的观念已经落后，新的教育观念转向学校、家庭、社会等多方主体共同参与人才培养的方方面面。建立服务全民终身学习的教育体系设置标准对人才规范的适应机制，进一步体现了终身教育社会成员全员参与、全程参与的教育社会化趋势。

最后，个体成才与社会升级相适应，是以终身教育理念打破不同类型教育分

割、封闭的状态，推动不同类型、不同阶段教育的相互开放、衔接与融合。无论是从义务教育的普及率来看，还是从高等教育的普及率来看，适合"精英教育"等观念生存的土壤已经不存在，当前各个阶段的教育都在重点强调公平和质量。因此，基于我国经济社会以及教育整体发展的现实情况，构建服务全民终身学习的教育体系具有深厚的社会基础。在此基础上利用终身教育理念打破不同类型教育之间的壁垒，既能够解决传统教育中长期以来存在的问题，又能够促进个体的成才，保障个体在不同人生阶段都能够接受高质量的终身教育。

（二）完善持续满足需求的人才培养机制

新一轮科技革命深入发展，国际科技创新竞争十分激烈。科技创新的竞争本质上就是人才的竞争，在这样的时代背景下，个人和社会对人才培养的需求不断变化，完善持续满足需求的人才培养机制，尤其是重点发展职后教育迫在眉睫。

首先，从个人角度来看，技术更新迭代速度加快，个人职后学习的教育需求也不断增加，广大民众对基本知识、基本技能和文化知识素养等基础层次的教育需求转变为更高层次、更多内容、更加多样的终身教育需求。此外，随着国民整体受教育年限的增加及整体学历水平的提高，一些高学历人才在职后会根据自身需求开展"第二学历"学习，亦有学习高端技能成为创新型、复合型人才等的情况。

其次，从社会角度来看，行业企业高层次人才培养需求不断增加，越来越多的行业企业参与攻克"卡脖子"等关键技术，走经济高质量发展的道路。在我国经济转型发展以及行业企业大力开展科技创新的背景之下，行业企业对职后教育质量有了更加严格的要求，主要表现为从单纯的提高职工专业技能以及学历水平，转向在联合大学及研究院所开展科研攻关的同时提升员工的创新能力和综合素养。因此，在服务全民终身学习的教育体系中引入优质高等教育资源及优质科研资源至关重要。同时，推进整个教育体系的重大融合，满足行业企业对于高质量人才职后教育的多样化需求，既是教育领域的重大变革，也是经济增长与科技创新双重融合发力的重要契机，有利于推动国家整体产业转型升级，为中华民族伟大复兴提供强有力的人才支撑。

（三）健全产业行业参与人才培养的机制

建立服务全民终身学习的教育体系设置标准对人才规范的适应机制，迫切需要健全产业行业参与人才培养的机制，进一步创新体制机制，提高广大行业企业参与人才培养的积极性和实际效果。一方面，职前教育需要产业行业的参与，提高学校人才培养与经济社会发展的适切度。随着经济社会的发展，知识生产以及科技创新不断加快，而这种快速的变化是以往知识系统无法有效应对的，客观上教育需要时间去整理新的知识，并系统化地进行人才培养。加之职前教育以学校正规教育为主，相对来说较为固定。因此，职前教育需要以构建服务全民终身学习的教育体系为契机，通过健全产业行业参与人才培养的机制，增强职前教育的灵活性，及时在教育内容上做到补充与更新，进而让受教育者能够及时接受并适应社会现在以及未来的变化，同时满足个人发展与社会发展的双重需要，有效提高职前教育人才培养与经济社会实践发展的适切度。

另一方面，职后教育需要产业行业的参与，准确把握职后教育提质增效的目标和方向。职后教育应当是产业行业参与的重点，特别是在职业教育领域，产业行业参与的程度还不够高，产教融合、校企合作等仍需进一步推动和加强。健全产业行业参与人才培养的机制，重点要解决行业企业以什么形式参与、参与程度如何等关键问题，特别是要出台相关的配套政策体系以解除市场主体的后顾之忧、调动市场主体参与人才培养的积极性，让行业企业切实看到参与人才培养实实在在的好处，引导校企联合开展科研以及社会服务。产业行业参与职后教育也可表现为在高质量科研攻关与社会实践中培养人才，这有助于准确把握职后教育提质增效的目标和方向，切实提高职后教育的质量。

三、服务全民终身学习的教育体系设置标准对市场需求的自主选择

推动服务全民终身学习的教育体系设置标准与外部行业相适应，需要强调服务全民终身学习的教育体系设置标准对市场需求的自主选择。面对市场需求，服务全民终身学习的教育体系不仅要考虑市场需要什么，更要考虑自身能够提供什么，即在适应市场需求变化的同时，要精准地把握自身的定位和价值，结合教育实际情况自行改革，突出服务全民终身学习的教育体系设置标准对市场需求的自主选择。有效驱动服务全民终身学习的教育体系设置标准与外部行业相适应，主要体现在以下三个方面：一是教育体系"适应发展"的自觉定位；二是教育体系"服务终身"的内部联动；三是教育体系"追求高质"的自发改革。

（一）教育体系"适应发展"的自觉定位

若要有效构建服务全民终身学习的教育体系，应当全面且准确地把握不同类

型教育的特征及人才发展规律，并在经济社会中瞄准教育体系的定位，着力实现终身教育体系设置之标准与外部行业之需求的相互融通。

首先，重点发挥一流学校在助力加快构建服务全民终身学习教育体系中的中坚作用，以一流教育资源满足学习者"学有所教、学有所获"的需求。对此，一流学校应当在服务全民终身学习的教育体系中找准自身定位，进一步开放优质教育资源，通过制度改革以及完善终身教育相关政策，为全体社会成员提供优质的终身教育服务。特别是一流建设高校更需要在高等教育普及化发展阶段承担更多终身教育相关职能，持续满足当前人民群众对于优质职后教育资源的需求，在有效促进高校自身发展的同时，促进经济社会整体的发展。

其次，我国社会已经进入老龄化阶段，未来老年教育应当进一步扩大规模，同时提高质量。事实上，20 世纪 80 年代以来，我国少儿人口比重下降趋势明显，而老年人口比重不断上升，且自 2012 年出现拐点后，我国劳动适龄人口总量也在波动中趋于走低。①第七次全国人口普查主要数据显示，与 2010 年相比，虽然 2021 年我国 0—14 岁人口的比重小幅回升了 1.35 个百分点，但 60 岁及以上老年人口的比重增加了超过 5 个百分点②，即人口老龄化的现实问题进一步加剧，这将给我国社会未来发展和老年教育带来严峻挑战。因此，各级政府应当积极应对我国人口老龄化以及退休高峰，提前扩大老年教育规模，积极主动提高老年教育质量，努力促进退休人员更好地适应退休生活，同时掌握新的知识和技能，在扮演新的社会角色过程中发挥更大的作用。

最后，积极利用新科技、新手段推动远程教育实现更高质量的发展。近年来，随着移动互联网以及教育元宇宙等新兴技术的发展，实施远程教育有了更多的技术选择。同时，从传统的广播电视大学向国家开放大学转变，从名称的变化可以看出，终身教育推广的形式正在发生变化。对此，开放大学系统应当积极利用新的科技手段，积极谋求从互联网在线教育向移动互联网教育转型，探索教育元宇宙等新技术、新手段在远程教育中的应用，进一步提高远程教育的发展水平。

（二）教育体系"服务终身"的内部联动

以服务全民终身学习为内核的教育体系是涵盖多种教育类型的综合体，对此，

---

① 李红梅，杨洁. 劳动力人口连续三年下降 劳动力短缺现象日益加剧[EB/OL]. （2015-07-03）[2023-04-02]. http://politics.people.com.cn/n/2015/0703/c1001-27247829.html.

② 国家统计局，国务院第七次全国人口普查领导小组办公室. 第七次全国人口普查公报[EB/OL]. （2021-05-11）[2023-04-05]. http://www.gov.cn/guoqing/2021/05/13/content_5606149.htm.

应当实现不同类型教育之间的内部联动、资源共享及融通互认，同时促进终身教育体系内部设置标准与外部社会发展的纵向贯通。简言之，要促进教育体系的内部联动，应当从时间和空间两个维度出发，理顺服务全民终身学习的教育体系。

首先，从时间维度来看，应当从纵向——人一生发展的时间角度出发，加强服务全民终身学习的教育体系中各类型教育之间的衔接和联系。从服务全民终身学习的教育体系内部来看，按照人一生的发展阶段进行划分，其可以分为学前教育、普通教育（初等、中等、高等）或职业教育、成人教育或继续教育以及老年教育等。在不同阶段，各类型的学校教育占主导地位。这些不同类型教育的发展具有不同的特点，而在终身学习教育体系之中，各类型教育之间的衔接和联系应当进一步加强，以终身教育理念为指导，更强调个人接受教育权利的保障，注重突出教育的公平、公益以及普惠属性，让个人得到更加优质的终身教育服务，避免传统学校教育中过度选拔、筛选的倾向，通过教育体系的内部联动，实现个人学习教育的终身连贯性，促进个人的全面发展。

其次，从空间角度来看，应当从横向——社会整体发展角度出发，打破服务全民终身学习的教育体系中各类型教育之间的壁垒与隔阂，推动个人发展与社会发展的双赢。从社会整体层面来看，服务全民终身学习的教育体系包括学校系统教育资源、行业企业系统教育资源以及社会系统教育资源，通过加强三者之间的横向联系，形成全体人民广泛参与的服务全民终身学习的教育体系，进而有效增强终身学习体系的生命力。具体而言，学校教育系统资源以各级各类学校为主，其主要特点为正规且质量较高，但是入学门槛也较高。行业企业系统教育资源主要以行业企业的培训为主，主要特点是灵活且贴近实际，缺点是认可度不高且质量较低。社会系统教育资源主要包括公益组织或专业团体开展的教育活动，其主要特点在于社会公众获取便利且可接受程度高，是正规教育的补充，一般属于非正规教育。对此，服务全民终身学习的教育体系应加强内部联系，促使学校系统、行业企业系统及社会系统中的教育资源形成合力，共同促进终身教育的发展，这样个人能够根据自身需要，选择范围更加广泛的终身教育服务。

（三）教育体系"追求高质"的自发改革

构建服务全民终身学习的教育体系，既是国家实施创新发展、建设学习型社会等重大战略的要求，又是加快推动教育综合改革的重要契机。服务全民终身学习的教育体系中的不同类型的教育组织，应当根据终身教育理念及国家相关政策精神积极主动开展自发改革，使服务全民终身学习的教育体系设置标准与外部行业相适应。

首先，教育体系内部相关机构应当积极主动进行自发改革，摒弃"等、靠、要"思想，不能等着各级政府及教育行政部门出台政策进行自上而下的改革，而是应当面对经济社会发展变化的实际，积极应对未来的挑战。同时，教育体系内部相关机构要客观分析自身的优势和缺陷，进行需求传导式改革，加大对终身教育发展及改革相关政策、财政资源的倾斜力度，为服务全民终身学习的教育体系的自发改革提供各项资源保障和支持，以自下而上的改革回应人民群众对于终身教育的要求。

其次，服务全民终身学习的教育体系的自发改革，既要发挥各类型教育组织的主观能动性，又要注重各类型教育改革的系统性，统筹协调各类型教育的改革发展，充分发挥各类型教育的优势，促进各类型教育之间的优化组合，弥补各类型教育的缺陷，形成合力。此外，积极促进终身教育组织的多样化发展，特别是终身教育中的非正规教育，要充分调动社会、市场的积极性和主动性，利用社会组织以及行业企业对终身教育需求敏感的特点，将非正规教育作为正规教育的补充，让广大人民群众根据自身的实际需求，灵活选择终身教育服务。

最后，要推动落实终身教育的相关立法。国家是教育立法的核心主体，在介入教育发展的过程中发挥着重要的引导作用。因此，相关部门要出台制度层面的立法举措，切实保障公民接受终身教育的权利。事实上，启动教育法典编纂工作是 2021 年全国人大常委会立法计划的重要内容,实现教育法法典化为新时代教育立法的新目标。实现终身教育立法，对于国民终身学习权的保障作用是最为直接的，对于国家教育发展所起到的规范与引导作用也是最为有效的。从地区发展实践来看，上海、浙江、福建、北京等地开展了关于构建服务全民终身学习教育体系的实践行动，并探索了地方立法，已积累了诸多可加以推广的优秀经验。接下来，需要进一步加强终身教育立法研究，及时总结有关地方立法的实践经验，在相关法律法规修改中增加终身教育有关内容和制度设计，争取早日使终身教育从自觉行动变成法律要求。

结　　语

　　立足于中国特色社会主义新时代，现行教育体系应向构建服务全民终身学习的教育体系转变。构建服务全民终身学习的教育体系，既是如今加快推进教育现代化及建设教育强国的关键性举措，也是面向新发展格局，持续深化"以人民为中心"思想的教育使命。基于"构建服务全民终身学习的教育体系研究"重大项目的核心理念与基本思路，本书紧扣新时代国家重大战略之诉求、经济社会变革之走向及教育发展之规律，融汇国际视野与本土实践，从基于终身学习的教育体系政策实践、现实困境嬗变、理论要点辨析、标准框架格局、未来国策定位与战略制度设计等方面，对服务全民终身学习的教育体系建构进行了全方位的深入阐释与系统规划。在研究关键点和攻关点上，本书课题组成员撰写并提交的若干资政报告建议得到了中央领导人等的批示，并在《教育研究》等教育学相关刊物发表了相关主题的高质量学术论文。

一、以实现强国富民的全民终身学习为价值信念

从 2011 年我国全面完成普及义务教育及扫除青壮年文盲的艰巨任务,成为发展中国家推进全民教育的成功范例与重大突破,到十年后的 2021 年高等教育毛入学率跃升至 57.8%[①],迈入世界公认的普及化发展阶段,建成国际上规模最为庞大的高等教育体系, "有教无类" 的千年夙愿得以实现。面对构建服务全民终身学习的教育体系新部署、新征程,如何促使各类教育资源供给从满足广大群众 "有学上" 转向强调全民终身能够 "上好学" ,是新时代教育需要回答、规划的深刻命题以及描绘的宏伟蓝图。

服务于全民终身学习,是党和国家的政策焦点,它要求教育作为一种公共服务与资源做到 "质优、高效、公平" 。其一, "质优" 是新时代教育治理之基本规律指向,是指以促进学习者终身学习与成长为中心,合力搭建各级各类教育的有效衔接路径,整合形成 "家校社" 三方协同的终身育人 "同心圆" ,营造浓厚的 "学习文化" 氛围及培育学习型组织、社会,从而使得各个年龄阶段、不同社会地位的群体 "人人能学、人人可学、人人尽学" ,让终身学习、持续学习的信念与能力,成为有效适应当下乃至未来 "不确定性" 时代的制胜之道。其二, "高效" 是新时代教育治理之建构准则所在,是指欲建立起高质量的终身教育体系,以实现服务全民终身学习发展的目标,必然要使教育场景、形态、资源、平台等更加灵活、更具韧性与更加丰富。作为世界人口大国、教育大国,面对多元社会群体的多样化学习需求,我们的教育体系需要有效统筹各种正式教育与非正式教育、学校教育资源与继续教育活动、社会教育平台与家庭教育实践,通过整体优化教育布局结构、丰富教育类型结构,使新型终身教育体系既能够增强以个体优质发展为核心的资源供给能力,又能增强以社会持续进步为目的的技术创新及人才涵养能力。其三, "公平" 是教育治理之核心要义的体现,旨在平衡 "质优" 与 "高效" 进程,保持与增进公众对于教育公平的获得感、认同感、信任感。尤其是要充分利用数字化时代人工智能、大数据等现代教育技术的更新升级与持续普及,既使教育发达地区与欠发达地区之间形成区域优质教育资源的长期共享共建,又要促进广大儿童青少年、中壮年、老年群体等连续年龄阶段群体教育的融

[①] 王鹏. 我国高等教育毛入学率达到 57.8%[EB/OL]. (2022-05-17) [2023-12-27]. http://www.moe.gov.cn/fbh/live/2022/54453/mtbd/202205/t20220517_628223.html.

通互动，保障每一位社会成员从出生到暮年都能够高质量享有终身学习权、高效率行使终身学习权。

二、以落实顶层设计的终身教育法立法为权力保障

"法律是治国之重器。"[①]加快实现终身教育之重要领域立法，以良法为各级各类教育改革及发展"保驾护航"，是国家以及教育系统治理法治化、科学化与现代化的反映和要求。全国人大常委会 2021 年度立法工作计划安排明确提出将研究启动教育法典编纂工作，由此我国教育立法工作迈进法典编纂的新阶段。[②]"终身教育法"能够给公民终身学习权以最直接、最规范且最有效的保障。我国正致力于构建服务全民终身学习的教育体系，其中一项重要任务是打破校内外教育与学习的利益关系、行政壁垒。这便需要基于法律法规的强制性和规范性进行自上而下的顶层设计，通过法律法规的权威性保障服务全民终身学习的教育体系的高效建设。

实现顶层设计层面的终身教育立法，一方面要明确"终身教育法"的立法重点是规范终身教育的发展，打破各种教育壁垒，侧重于各种资源的优化配置，着力于终身教育体系的建设，以法治为条件，使终身学习覆盖全教育发展规划；另一方面则要找准"终身教育法"的定位，明确它是其他教育单行法的同位法，以现有法律为基准，实现与现有法律体系协调统一的"一揽子"修订。经由数十年的立法演进，目前我国已在零散的教育法规规章的基础上陆续出台了包括《中华人民共和国学位条例》《中华人民共和国义务教育法》《中华人民共和国教师法》《中华人民共和国教育法》《中华人民共和国职业教育法》《中华人民共和国高等教育法》《中华人民共和国国家通用语言文字法》《中华人民共和国民办教育促进法》《中华人民共和国家庭教育促进法》等九部基础性、主干性的教育法律。虽然仍存在不足，但总体而言教育法律体系已经初步建成，涵盖了基础教育、职业教育、高等教育等各个学段。因此，终身教育立法不是"另起炉灶"，而是应当自觉地嵌入既有的教育立法体系之中，以便妥善处理它与关联立法的衔接性。

① 习近平谈全面推进依法治国：法律是治国之重器[EB/OL]．（2014-10-28）[2023-12-23]．http://politics.people.com.cn/n/2014/1028/c70731-25926164.html．

② 王大泉．我国教育法典化的意义与路径[EB/OL]．（2022-09-15）[2023-11-23]．http://www.jyb.cn/rmtzgjyb/202209/t20220915_2110946828.html．

三、以构建高质量、纵横衔接的新教育体系为实践要义

建设高质量教育体系的关键作用在于有效服务全民终身学习，从强化固有教育体系迈向重构新型教育生态，则是实现服务全民终身学习战略目标的重要变革逻辑。20 世纪 80 年代终身教育思想传入以来，我国已经陆续建立起较为完善的学校教育体系。党的十九届四中全会更是明确表达出构建服务全民终身学习的高质量教育体系的决心。对此，我们亟须加快构建各级各类教育纵横融合的新教育体系，将方针政策真正落实到具体实践之中。

实践证明，"分类管理"制度已然成为教育体系中最重要的思想引领。笔者主持的教育部重大课题攻关项目成果已于 2017 年初被采纳，其中的研究成果被纳入新的国家高校分类体系政策之中。近年来，全国高校教育教学审核评估和"双一流"建设都在逐步走向分类管理，教育体系管办评也在快速启动分类体制机制改革，这有利于维护教育体系和谐稳定的基本形态，加强各类教育之间的内在联系，为教育体系实现高质量发展保驾护航，同时也是教育体系内部各子系统更新升级的必然选择。但当前我国教育治理仍然存在一定的固化"层级"思想，而"分类"管理制度相对薄弱，这一方面导致中央与地方教育治理纵向分割、各级各类教育发展横向割裂、职后教育体系的规模与服务能力不足等问题时有发生；另一方面，在此分层治理体系之下，大多数人仍根深蒂固地秉持着"一次性"学校教育观念和致力赢在起跑线，即自然地接受着"学习—工作—养老"的单线型人生轨迹，尚未养成连贯性规划个人成长目标的习惯，在结束学校教育走进社会后，其学习热情与求知欲望便大幅度降低。面对以上现实问题与隐忧，站在全面深化改革的新时代，我们需要秉持"推陈出新"的建设思路，在原有教育体系的基础上以终身教育思想引领整个教育体系的分类改革与发展，构建纵横融合的、分类系统的、可持续发展的教育体系。首先，注重学历教育系统内各教育环节的分类与衔接，坚持中央统筹、地方系统、央地协同，进而科学设计各类教育系统，明晰各类教育的功能和定位，提升其社会服务能力，更好地服务全民终身教育与学习型社会创建。其次，注重学历教育、家庭教育与社会教育的衔接，重点发展高质量的职后教育和改革现行薄弱的继续教育，确保民众可以在人生不同阶段与不同环境中接受良好教育，构建"政府主导、个人主体、社会主动"的发展格局。最后，关注集内容制造、传输传播、支撑保障于一体的全民终身学习平台的建设，通过有效调动各级各类学校、企事业单位、社会组织等主体，以海量优质的内容制造、高精准的传输传播、强有力的支撑保障来协同建设一个完善、可持续发展

的全民终身学习体系。此外，在构建纵横衔接的服务全民终身学习的教育体系时，需要把握以下几个重点方向：盘活教育存量，充分利用校内外教育资源；调整资源布局，协调区域教育发展；优化教育结构，促进各级各类教育的融通。

　　总体而言，以构建服务全民终身学习的高质量教育体系为深化教育现代化发展的主要目标与价值取向，既体现出了党和国家"以人民为中心"、以中国特色社会主义为方向、以建设教育强国为目标的伟大初心与重要使命，又顺应了全体国民向往美好生活、优质教育的切身需求，彰显出中国式教育现代化的内涵特质。诚然，服务全民终身学习的高质量教育体系研究并非一蹴而就，真正实现构建以全民终身学习为内核的新型教育体系目标更需要久久为功。立足于重大战略转型关键时期，我国教育学界应持续且深入地关注构建服务全民终身学习高质量教育体系这一重要学术研究议题，同时以"超越传统育人极限，重塑现代教育体系"为教育改革实践的主色调，理顺教育体系内部关系及内外部共生规律，以更具弹性与韧性的体系建设、更加完善的教育构成，支撑及服务于实现全面建设社会主义现代化国家之历史宏愿。